예수재

예수재

초판 1쇄 인쇄 2011년 02월 12일
초판 1쇄 발행 2011년 02월 19일

지은이 I 慧日明照
펴낸이 I 손형국
펴낸곳 I (주)에세이퍼블리싱
출판등록 I 2004. 12. 1(제315-2008-022호)
주소 I 서울특별시 강서구 방화3동 316-3번지 한국계량계측협동조합회관 102호
홈페이지 I www.book.co.kr
전화번호 I (02)3159-9638~40
팩스 I (02)3159-9637

ISBN 978-89-6023-530-4 13220
ISBN 978-89-6023-541-0(전3권) 13220

불교음악 총서 시리즈 1

예수재

慧日明照 지음

ESSAY

현행 생전예수재와 조선시대 생전예수재 비교 고찰

-의식 절차와 음악을 중심으로-

중앙대학교 대학원
음악학과 한국음악학 전공
노 명 열

　불교 재 의식의 올바른 이해와 전수, 그리고 발전을 위해서는 불교의 부흥기였던 고려시대와 대중 불교가 자리 잡은 조선시대를 비롯한 전(前) 시대의 다양한 불교의식 복원과 재현 연구가 깊이 있게 다뤄져야 함에도 불구하고 현재 이와 같은 의식 복원을 위한 연구는 시도하지 못하고 있는 것이 사실이다. 이와 같은 현상은 불교 재 의식에 관한 자료가 의례집(儀禮集) 등의 문헌으로만 한정되어 음악적・역사적 전개의 흐름을 가늠하기 힘든 것이 그 이유이고 불교계나 학계의 소수 연구 인력만으로 불교 재 의식의 정립이나 역사적 전개에 관한 연구를 시도하기에는 그 방대한 양과 범위를 감당하기 힘들기 때문이다. 그러나 이 같은 이유로 불교 의식에 관한 역사적 전개와 음악적 분석이 미뤄지고 있는 사이에 현행 불교 재 의식은 아무런 검증 절차를 거치지 않은, 목적을 상실한 의식들로 채워져 의식을 진행하거나 축소・생략하는 등의 부작용을 낳고 있다.

필자는 과거 조선시대, 재 의식의 구성과 진행 모습을 생전예수재
에서 찾아볼 수 있을 것으로 기대하는데 이는 대우(大愚) 스님의『예
수시왕생칠재의찬요』(預修十王生七齋儀纂要)가 온전하게 전해지고
있기 때문이다. 더군다나 다른 재 의식과는 달리 윤(閏)달을 맞이해
전국 사찰에서 꾸준히 봉행되어 왔기에 의식을 주관하는 몇몇 범패승
들은 그 소리와 태징법 등을 올바르게 재현·전수하고 있다. 이와 같
은 원전자료와 현장자료를 근거로 기술한 본 연구는 크게 네 가지로
나눠볼 수 있다.

첫째, 현행 생전예수재에 관한 검토로서 생전예수재의 정의와 유래
를 확인할 수 있는 원전 자료인『불설관정수원왕생시방정토경』(佛說
灌頂隨願往生十方淨土經)·『불설예수시왕생칠경』(佛說預修十王生七
經)·『예수천왕통의』(預修薦王通儀)·『불설수생경』(佛說壽生經) 등
을 통해 생전예수재가 불교의 지옥사상과 중국 도교사상을 바탕으로
정립된 불교 의식이며 16세기, 임진왜란과 병자호란 등의 국가적 재
난과 자연재해 등을 거치며 정착한 재 의식인 것을 확인하였다. 이때
정립된 사상적 배경과 예경(禮敬) 대상은 은 현행 불교 재 의식으로
이어져 영산재와 수륙재를 비롯한 일반 천도재에 지대한 영향을 주
고 있다. 또한 불교 의식을 진행하는 반주 악기인 태징(太鉦) 연주법
은 송강 스님의『요집』과 박삼우 스님의『예수재의범』에서 보여 지
는 영산재 등의 영향으로 정립된 시련·대령·관욕·신중작법·영
산작법 등을 살펴 현행 생전예수재 절차와 진행을 보다 쉽게 정리하
였다.

둘째, 조선시대 생전예수재에 관한 검토에서는 먼저 1576년 안동
광흥사(廣興寺)와 1632년 경기도 용복사(龍腹寺)에서 간행된 생전예
수재 의식집인 대우(大愚) 스님이 집술(集述)한『예수시왕생칠재의찬
요』(預修十王生七齋儀纂要)와 현행 범패승이 참고하는『석문의범』상
권에 기술된『예수시왕생칠재의찬요』를 중심으로 그 절차를 확인하였

는데 1576년 저본의 경우 상단과 중단 그리고 하단의 공양의식을 명확하게 구분한 정례 의식으로 볼 수 있고 1632년 저본은 공양의식과 회향의식을 축소한 약례로 여길 수 있다. 그리고 이 두 저본에서는 각 단의 소(疏)를 부록으로 분류하였다. 『석문의범』의 경우는 부록으로 편집된 각단 소를 본문에 포함시켜 의식진행에 용이하도록 했지만 1576년과 1632년 저본을 정례와 약례의 구분 없이 정리하였기 때문에 저본의 확인 없이 그대로 진행할 경우 상단과 중단 그리고 하단의 공양의식을 반복하는 오류가 있는 것으로 확인되었다. 불교 음악에 관한 기존 연구 성과물에서 설명한 홑소리는 생전예수재를 포함한 일반 재 의식을 구성하는 주된 소리인 것은 분명하지만, 조선시대 생전예수재는 홑소리가 아닌 유치성(由致聲)·편게성(片偈聲)·개계성(開啓聲)·게탁성(偈鐸聲) 등의 독(獨)소리가 의식 진행과 구성에 보다 중요하게 작용하고 있음을 확인하였다.

셋째, 현행 생전예수재와 조선시대 생전예수재를 비교하여 그 절차와 음악적 구성 등을 확인한 결과 현행 생전예수재는 현행 재 의식의 절차를 그대로 받아들여 무용과 현장 장엄(莊嚴) 등이 전 시대에 비해 발전했지만 한정된 시간 속에서 의식을 진행하다보니 상단과 중단의 관욕의식을 생략하거나 소리를 축소하여 진행하는 등, 정작 본 의식은 본래 목적을 벗어나 봉행하는 오류를 보이고 있어 조선시대 생전예수재 절차를 바탕으로 한 현 시대에 맞는, 그 목적에 부합하는 생전예수재 절차를 새롭게 정립하여 소개하였다.

넷째, 위와 같은 절차를 통해 정립한 생전예수재를 오전과 오후 의식으로 나눠 태징 연주법과 소리·사물 반주 등을 기호로 표시, 재 의식 현장에서 범패승이 직접 활용할 수 있도록 의식집의 구성으로 정리하였다.

이와 같은 조선시대 재 의식 재현 작업을 통해 필자는 현행 생전예수재를 올바르게 전승시키는 데 일익을 담당하고자 하며 더불어 현행 생전예수재의 검증되지 않은 의식 절차와 그 해결점을 모색하여 본 연구를 접하는, 불교의식에 관심을 갖고 있는 학자와 범패승에게 과거 봉행되었던 생전예수재의 올바른 의식절차를 이해하는 데 도움을 주고자 한다.

삼보에 귀의하옵고 지장보살과 명부시왕, 그리고 일체 권속께 삼가 예를 올립니다.

지금 이 순간에도 박사학위 논문을 책으로 출간한다는 것이 정말 쉽지 않은 작업임을 거듭 실감한다. 참 어렵고 힘든 연구였다.

행자 시절, 선암사에 울려 퍼지는 법고 소리에 취해 북을 연주하였고 그 소리를 연구하려 중앙대학교 대학원과 인연을 맺었다. 학자의 길을 그렇게 시작했다. 그리고 4년 반의 노력으로 석·박사학위를 취득했다. 남들은 무척 빠르다고 말하지만 사실, 개인적으론 결코 빠르지 않다고 느낀다. 지난 10년간 끊임없이 고민한 결과로 여기기 때문이다.

그동안 자료 수집 한답시고 참 많이도 돌아다녔다. 전국 각 지역을 대표하는 범패승은 거의 모두 찾아뵈었고 또 질문하기를 수도 없이 반복했다. 그동안 차를 세 번 바꿨고 지금 있는 것도 20만 킬로미터가 넘은 지 한참 되었다. 다행이 아직도 쌩쌩하다. 앞으로 한 3년은 거뜬할 것으로 믿는다. 그러고 보면 우리나라는 차를 참 잘 만든다. 기술력만큼은 세계 으뜸이라 자부한다.

이렇게 수집한 자료를 가지고 연구서를 만들었지만 막상 돌이켜 보니 내 모든 성과물도 결국엔 오류 덩어리다. 문제가 이만저만이 아니다. 정말, 수정할 것투성이다. '이래서 책 내는 것이 힘들구나' 생각하며 지금도 매달리기를 반복한다.

지난 날, 모든 것을 버리고자 출가했지만 여전히 아무것도 버리지 못한, 늘 삿된 의구심에 사로잡혀 살아가는 보잘것없는 땡초가 감히 불교 의식에 관한 이론서를 펴내려고 한다. 뻔히 손가락질 받을 걸 알면서도 말이다. 그래도 연구를 지속할 작은 이유가 있다. 이렇게라도 문제제기를 해놓으면 언젠가 정말 뛰어난 연구자가 인연이 되어 내 부족한 것을 지적하고 때론 비판하며 완벽하게 수정해줄 것으로 믿기 때문이다. 그러면 지금의, 오류가 가득한 내 결과물도 결국엔 불교 의식 발전에 조금은 기여한 것 아닌가. 이런 상상을 펴며 스스로 재촉한다.

결과물이 나오기까지 지켜봐주신 소중한 분들이 있어 소개한다. 먼저, 이메일조차 제대로 보내지 못했던 나를 아무런 걸림 없이 받아주셨던 지도교수 전인평 교수님, 불교 의식 연구자로 성장하도록 길을 열어주셨던 권오성 교수님, 와병 중에도 논문을 수정하시고 지도하셨던 노동은 교수님, 늘 부족함을 채워주시려 노력하신 사진실 교수님, 논문이란 이런 것임을 일깨워주셨던 송방송 교수님, 강단에서 학인 지도를 허락하신 최상화 교수님, 항상 열린 마음으로 의견을 존중해주셨던 사형 현성 스님, 은·법상좌로 삼아 모든 가르침을 전해주셨던 당대 최고 어장 구해 스님, 계를 내려주시고 연구소 설립을 이끌어주셨던 청산 스님, 작은 의견이라도 깊이 고민해주신 동주 어장 스님, 자료 제공에 흔쾌히 응해주신 동봉 스님, 항상 명쾌한 반론을 제시한 도경 스님, 크고 작은 조언을 아낌없이 전해주신 서인화·서정매·오혁 선생님께 고마움과 감사함을 전한다.

연구비가 없어 쩔쩔매는 내게 학비를 지원해 주신 삼촌, 대안 스님, 원일사 혜명 대보살님, 망월사 성법 노스님과 현원 스님, 광명사 륜성 스님. 늘 한결같은 마음으로 응원해주신 양미지·남초롱·유희경 조교님을 비롯한 중앙대학교 대학원 음악학 박사과정 선생님들께도 무한한 사랑을 전한다. 그리고 늘 곁에 함께해준 동생 내외와 가족에게 감사하며 부족한 본인을 스승삼아 정진하는 청룡사 모든 신도와 불찬범음연구소 연구원, 해송 종밀 스님, 노주희, 노성희 선생님께도 감사함과 송구스런 마음을 전한다.

작은 발원이 있다면 성불은 내생으로 미루고 금생엔 그저 변함없이 불교 의식 연구에 몰두할 수 있기를 서원한다. 끊임없이 의심하고 탐구하면서 말이다. 끝으로 아버님, 도봉문선 대종사 영정에 본 성과물을 올리고 평생 부족한 아들을 위해 헌신해 오신 어머니, 복혜주(박복순) 대보살님께 모든 공덕을 돌리고자 한다. 어머니께서 전해주신 은혜와 사랑을 세세생생 날 적마다 꼭 갚아 가리라. 나무 마하반야바라밀.

눈 내리는 밤 불찬범음연구소에서

慧日明照 三拜

차 례

IV 현행 생전예수재와 조선시대 생전예수재의 비교 371

I 서론

① 문제제기 및 연구목적

한국 불교에서 행하는 재(齋) 의식[1]으로는 크게 상주권공재(常住勸供齋)와 시왕각배재(十王各拜齋)·생전예수재(生前預修齋)·수륙재(水陸齋)·영산재(靈山齋) 등이 있고[2] 작게는 단태징과 별시식 등으로 나눌 수 있다.[3] 이 중 석존(釋尊)이 법을 설하는, 영산회상의 재현

---

[1] 대부분의 범패승과 학자들은 재(齋)를 무조건 망자(亡者)와 연결시켜 그 대상을 위로하기 위한 목적으로 설행하는 것으로 인식하고 있다. 물론, 틀린 정의라고 볼 수는 없지만 필자는 재 의식의 목적을 불·보살을 찬탄하고 공양 올리는 데 무게를 두고 이를 작법(作法)이라 정의하고자 한다. 그러므로 망자의 천도(薦度) 목적은 재 의식을 설행하는 전체 목적의 단지 일부에 해당하는 것으로 인식할 수 있다.

[2] 韓萬榮,『佛敎音樂硏究』(서울: 서울대학교 출판부, 1982), 1~2쪽.

[3] 상주권공재보다 규모가 작은 형식의 재로 일반적인 사십구재나 천도재를 의미한다. 일반인들이 상주권공재와 단태징을 구분하는 것은 쉽지 않다. 먼저 두 의식은 의식의 참여인원과 규모면에서 많은 차이가 있다. 또한, 상단 의식에서 소리의 구성이 어떻게 이뤄지느냐에 따라 그 차이가 분명하게 구분된다. 단태징보다도 규모가 작은 의식을 별시식이라 칭하지만 단태징 혹은 별시식이란 명칭은 범패승들만이 쓰는 말이기에 일반적인 스님들이나 불교 의식을 처음 접하는 이들은 그 차이를 가늠하기가 쉽지 않다. 혜일 스님,「한국불교 의식 진행을 위한 태징 연주법에 관한 연구Ⅰ」,『제3회 중앙대학교 국악대학 박사과

을 상징하는 의식인 영산재는 불교 재 의식을 대표하는 것으로 인식하여 현재, 한국 불교 의식에서 가장 큰 규모로 봉행하고 있다.4) 그렇기에 매년, 불교 의례에 관심을 갖는 많은 학자들이 영산재와 관련된 연구 성과물을 발표하고 있다. 그러나 현재까지 발표된 대부분의 자료들은 현행하는 영산재의 음악·작법무(作法舞)·가사(歌詞)에 관한 연구5)이거나 현행, 불교 의례에 초점을 맞춘 한정된 연구6)가 주류를

정 학술논문집』(서울: 중앙대학교 대학원, 2008), 36~37쪽.

4) 현재 한국 불교 의식과 관련된 무형문화재의 명칭만 살펴봐도 국가중요무형문화재 제50호 '영산재'를 비롯하여 전라북도 무형문화재 제18호 '영산작법', 경상남도 무형문화재 제22호 '불모산 영산재', 제주 무형문화재 제15호 '제주불교의식'(보유자: 영산재 이수자 석천 스님), 충남도지정 무형문화재 제140호 '내포영산대재'(보유자: 영산재 이수자 보명 스님), 부산시 무형문화재 제9호 '부산영산재' 등이 있다. 그리고 인천·밀양(작약산 영산재)·대구(팔공산) 등 각 지역을 대표하는 '영산재'가 다양하게 전해지고 있다. 慧日明照,『水陸齋 魚山·作法 保存事業 計劃書』(서울: 홍원사 어산작법보존회, 2010), 1쪽.

5) 강선이, 「靈山齋 바라춤의 미적구조에 관한 연구」(석사학위논문, 한양대학교 대학원, 2003); 김민재, 「重要 無形文化財 第 50號 靈山齋 바라춤 音樂 硏究」(석사학위논문, 동국대학교 문화예술대학원, 2007); 김영배, 「영산재의 구성과 그 신앙적 의의에 관한 연구」(석사학위논문, 동국대학교 대학원, 1994); 김영배, 「상주권공재의 작법절차에 관한 연구」(석사학위논문, 원광대학교 대학원, 1994); 김영열, 「영산재의 무대화에 관한 硏究」(석사학위논문, 동국대학교 문화예술대학원, 2002); 김원선, 「영산재에 연주되는 태평소 가락 분석」(석사학위논문, 동국대학교 문화예술대학원, 1991); 김응기(법현), 「영산재구성과 그 신앙적 의의에 관한 연구」(석사학위논문, 동국대학교 대학원, 1995); 김종우, 「나옹과 그의 가사에 대한 연구」,『부산대학교 논문집』(부산: 부산대학교, 1974), 제17집; 법현,『불교무용』(서울: 운주사, 2002).

6) 정각(문상련),『한국의불교 의례』(서울: 운주사, 2002); 정각,『불교 의례의 의미와 구분』(서울: 동국역경원, 1998); 홍윤식,『佛教儀式과 音樂』(서울: 대원정사, 1988); 법현,『불교 음악감상』(서울: 운주사, 2005); 김성배,『한국불교가요의 연구』(서울: 아세아문화사, 1973); 이성운,『불교 의식해설』(서울: 청우서적. 2000); 具美來,「「사십구재」의 의례체계와 의례주체들의 죽음 인식」(안동: 안동대학교 대학원 박사학위논문, 2005); 권기종,「『지장경』: 지극한 예배 공양과 염불 수행으로 중생을 구제한다」,『불교와문화』(서울: 대한불교진흥원, 2008).

이루고 있다. 특히, 불교 음악에 관한 저서의 대부분은 불교 의식을 소개하기 위한 개론서[7] 형식을 취하고 있어 한국 불교 재 의식의 탄생과 정립, 역사적 전개 등을 가늠하기 힘든 것이 사실이다. 또한, 재 의식 진행을 위한 음악적 설명[8]을 포함하지 않아 범패승(梵唄僧)이 현장에서 활용할 수 있는 의식집의 역할을 담당하지 못하고 있는 실정이다.

이 중 불교 의식과 음악에 영향력 있는 기존 성과물을 살펴보면 다음과 같이 정리할 수 있는데 먼저, 현행하는 한국 불교 음악을 소개한 한만영의『佛敎音樂硏究』[9]는 1960년대 이후 시도된 불교 음악 연구의 기초 자료로서 당시, 베일에 가려져 있던 불교 의식을 채보·채록하여 일반 학자와 불자(佛者)에게 홑소리와 짓소리, 그리고 화청(和請) 등을 알리는 데 크게 기여하였다. 그러나 문헌 자료 수집의 한계와 증언에 의지할 수밖에 없었던 시대적 배경으로 인해 상당 부분 범패승의 증언 자료를 바탕으로 이론 정립을 시도하였다. 그 결과 불교 의식 관련 연구자에 의해 수정할 부분이 발견되고 있고 현재도 진행 중이다.

2000년 이후 발표된 박범훈의『한국불교음악사연구』[10]는 불교 음악의 역사성을 확인할 수 있는 귀중한 자료로 평가하는데, 석가모니의 탄생과 함께 존재한 불교 음악을 시대적 흐름에 따라 분류·정리하였

---

7) 김무조,『한국 신화의 원형』(서울: 신지서원, 1996); 김영규,『불교전통작법무』(서울: 삼불사, 2000); 김효탄,『고려사불교관계사료집』(서울: 민족사, 2001); 박범훈,『한국불교 음악사연구』(서울: 장경각, 2000); 심상현,『불교 의식각론』(서울: 한국불교출판부, 2000); 이혜구,『한국음악연구』(서울: 대한기획, 1996); 이해구,『영산재』(서울: 대원사, 1996).

8)『天地冥陽水陸齋儀梵音刪補集』과『作法龜鑑』를 비롯한 조선시대에 간행된 불교 의식집에서 음악적인 연구를 진행할 수 있는 설명이 기술되어 있음에도 이와 같은 연구 성과물은 찾아보기 힘들다.

9) 韓萬榮,『佛敎音樂硏究』(서울: 서울大學校出版部, 1982).

10) 박범훈,『한국불교 음악사연구』(서울: 장경각, 2000).

고 경전에 나타나는 악기와 음악 용어는 물론, 한국적 전개 상황을 소개함으로써 불교 음악을 보다 쉽게 이해할 수 있도록 했다. 다만, 의식이 아닌 음악 전개에 무게를 둔 성과물이어서 불교 재 의식의 역사적 흐름에 관해서는 언급하지 않았다.

불교 의식에 관한 연구 성과물로는 심상현의『佛敎儀式各論』[11]과 정각 스님의『한국의 불교 의례』[12] 등을 꼽을 수 있다. 두 저자 모두, 불교 의식과 의례를 연구하는 학자로서 일반인 접근하기 어려운 원전 자료를 통해 현행 재 의식과 상용(常用) 의식을 설명하고 있다. 다만, 의식에서 사용하는 반주 악기에 관한 정보가 부족하고 연주법을 악보로 정리하지 않아 현장에서 의식 전개를 위해 활용할 수 없음이 아쉽다.『한국의 불교 의례』윤달편[13]에 본 연구와 동일한 주제인 생전예수재에 관해 설명하고 있는데『석문의범』을 바탕으로 정리하여 보다 쉽게 재 의식을 이해할 수 있도록 했다. 그러나 현행 생전예수재 절차는 언급하지 않아 생전예수재의 변화 과정을 알 수 없고 그 차이점도 추측할 수 없다.

영산재와 관련한 연구서는 주로 법현 스님에 의해 소개되었다.『불교음악감상』[14]과『불교 음악 영산재 연구』[15]에서는 현행 영산재의 소리와 사물장단 등을 악보로 옮겨 불교 음악을 소개하고 있으며 서울을 중심으로 활동한 근대 범패승의 계보를 정리함으로써 현행 불교 의식의 흐름을 이해하는 데 도움을 주고 있다. 그러나 영산재의 탄생 배경과 역사성을 확인할 수 있는 구체적인 문헌 자료를 수륙재 관련 의식집을 통해 설명하고 있어 영산재의 성립 과정을 가늠하기 힘들다.

---

11) 심상현,『佛敎儀式各論』(서울: 한국불교출판부, 2001).
12) 정각(문상련),『한국의 불교 의례』(서울: 운주사, 2002).
13) 정각(문상련),『한국의 불교 의례』, 386~428쪽.
14) 법현,『불교 음악감상』(서울: 운주사, 2005).
15) 법현,『불교 음악 영산재 연구』(서울: 운주사, 1997).

위에서 언급한 불교 음악 관련 연구 성과물 등을 제외하면 대부분 불교 의식을 처음 접하는 일반인을 대상으로 불교 음악을 소개하는 정도이거나 종교 의식이란 접근성의 한계로 인해 다양한 분야의 연구 가 이뤄지지 못하고 있다.[16] 그러나 불교 재 의식의 올바른 이해와 전 수, 그리고 전승과 복원을 통한 의식 발전을 위해서는 불교의 부흥기 였던 고려시대와 대중 불교가 자리 잡은 조선시대를 비롯한 전 시대 의 다양한 불교 의식 연구가 깊이 있게 다뤄져야 한다.

현재 일부, 역사와 국문학 관련 학자들이 조선시대 불교 의례에 관 한 연구를 진행[17]하는 실정인데 문헌 연구에 초점을 맞추다 보니 음

---

16) 가장 큰 이유는 현재 범패승 중 영산재를 제외한 다른 재 의식에 대해 그 소 리와 무용, 심지어 의식 진행을 위한 법 사물의 연주 등을 올바르게 전수받은 범패승을 찾아보기 힘들다. 그렇기에 수륙재나 생전예수재 등의 재 의식을 봉행한다 해도 아무런 근거 없이 영산재의 틀에 맞춰 진행하는 것을 쉽게 확 인할 수 있다. 더군다나 견기이작형 의식을 구성하고자 해도 범패승 스스로 그 기준을 어디에 둬야 할지 모르는 경우가 많다. 의식을 집전하는 범패승이 이와 같은 실정이니 일반 학자의 경우엔 그저 겉으로 드러난 것을 아무런 의 심 없이 받아들일 수밖에 없다.

17) 2000년 이후 학자들을 중심으로 조선시대 불교 의식에 관한 논문들이 발표되 고 있는데 그중 전 시대 불교 의식관련 자료는 다음과 같다.
金純美, 「『天地冥陽水陸齋義梵音刪補集』板本考」, 『東洋漢文學研究』(부산: 東 洋漢文學會, 2003) 제17집, 27~76쪽; 金志原, 「조선 후기 영산회상도의 조성 과 의미」, 『伽山學會』(서울: 韓國思想文化學會, 2004) 제23집, 373~417쪽; 金 澈雄, 「조선 초기 祀典의 체계화 과정」, 『文化史學』(서울: 韓國文化史學會, 2003) 제20호, 189~207쪽; 金熙俊, 「朝鮮前期 水陸齋의 設行」, (청원: 韓國敎 員大學校 敎育大學院 碩士學位論文, 2001); 南希叔, 「16~18세기 佛敎儀式集 의 간행과 佛敎大衆化」, 『韓國文化』(서울: 서울大學校韓國文化研究所, 2004) 제34집, 97~165쪽; 沈祥鉉, 「說法儀式에 대한 고찰: 韓國佛敎 儀式集을 중심 으로」, 『東方論集』(서울: 동방대학원대학교 출판부, 2007) 제1집, 59~97쪽; 沈曉燮, 「朝鮮前期 靈山齋 研究」, (서울: 東國大學校 大學院 博士學位論文, 2004); 沈曉燮, 「조선전기 靈山齋의 성립과 그 양상」, 『普照思想』(서울: 佛日 出版社, 2005) 제24집, 247~282쪽; 沈曉燮, 「朝鮮前記 水陸齋의 設行과 儀禮」, 『東國史學』(서울: 東國史學會, 2004) 제40집, 219~246쪽; 李英淑, 「朝鮮後期 掛佛幀 研究」, (서울: 東國大學校 大學院 博士學位論文, 2003); 이용운, 「朝鮮

악적인 연구를 병행하지 못하는 경우가 대부분이어서 현장에서 활용하는 의식집으로서의 역할은 기대할 수 없다. 이는 불교 재 의식에 관한 자료가 의례집(儀禮集) 등의 문헌으로만 한정되어 있어 소수 연구 인력만으로 재 의식의 정립과 역사적 전개에 관한 연구를 시도하기 힘들고 범패승의 참여 없이 불교 음악 연구를 병행하기에는 그 방대한 양과 범위를 감당할 수 없기 때문일 것으로 추측한다. 그렇기에 현재 불교 음악을 연구하는 대부분의 학자들은 짧은 기간에 습득할 수 있는, 그저 겉으로 드러난 불교 의례에만 초점을 맞춰 연구를 진행하고 있는 실정이다. 그러나 재 의식에 관한 현장 연구 자료를 아무런 의심 없이 그대로 받아들여 기술한다면 예기치 않은 오류를 범할 수도 있다.

불교 의식의 태징 연주법을 소개한 노부영의 「梵唄의 太鉦法에 對한 硏究」[18]는 상주권공재의 의식 진행을 위한 태징 연주법을 최초로 소개한 연구서로 평가받고 있지만 범패승도 오랜 시간 경험해야만 습득할 수 있는, 상황에 따라 변화하는 태징 연주법을 정법(正法)과 약례(弱禮)의 구분 없이 그대로 옮겼으며 소리와 무용 그리고 게송과 게송을 연결하는 중요한 연주법 등을 생략하고 있다.[19] 정확한 연주를 시연할 수 있는 범패승이라도 불교 음악의 연주를 악보화하지 않으면 불교 음악을 설명하는 데 어려움이 있다. 가령, 김동찬(동인)의 「靈山齋 梵唄·作法의 태징(鐃)에 대한 硏究」[20]는 저자가 태징 연주법과

後期 三藏菩薩圖와 水陸齋儀式集」,『美術資料』(서울: 國立中央博物館, 2005) 제72·73호, 91~122쪽, 138~140쪽; 이욱, 「朝鮮前期 冤魂을 위한 祭祀의 변화와 그 의미: 水陸齋와 여제를 중심으로」,『종교문화연구』(오산: 한신인문학연구소, 2001) 제3호, 169~187쪽.
18) 노부영, 「梵唄의 太鉦法에 對한 硏究」(석사학위논문, 서울대학교 대학원, 1992).
19) 이와 같은 결과는 노부영의 실수라기보다는 시연을 담당했던 범패승이 의식 진행을 위한 태징 연주법을 정확하게 이해하지 못했거나 연주할 수 없는 실력이었을 것으로 의심해볼 수 있다.

소리를 완벽하게 시연하는 범패승임에도 불구하고 연구서의 모든 소리를 실선보[21])와 '꽹'과 '꽹' 등의 구음으로 기호화하는 등, 악보로 옮기지 않아 보편적인 음악적 이론 정립의 한계를 보였다.

불교 재 의식에 관한 연구가 의식집 등의 문헌 자료와 현장 연구와 같은 기초 자료 등을 무시한 채 진행되는 동안 현행 재 의식은 단지, 범패승의 증언만을 중심으로 검증되지 않은 견기이작(見機而作)형[22]) 재 의식 절차를 무조건 받아들여 무분별하게 설행하고 있는 실정이다. 가령, 규모가 큰 모든 재 의식[23])에서 시련(侍輦)·대령(對靈)·관욕(灌浴)을 비롯한 괘불이운(掛佛移運)·영산작법(靈山作法) 등을 아무런 의심 없이 설행[24])하고, 정작 봉행 목적을 가진 재 의식 절차는 시간 제약을 이유로 축소하거나 생략하는 등의 오류를 범하고 있다. 그리고 검증 과정을 거치지 않은 이와 같은 절차와 음악적 구성[25])으로

20) 김동찬, 「靈山齋 梵唄·作法의 태징(鐃)에 대한 硏究」(석사학위논문, 동국대학교 문화예술대학원, 2008).

21) 그림을 그리듯 선으로 소리의 높낮이를 표시한 것으로서 작성자 외엔 이해할 수 없다.

22) 범패승에 의해 재 의식 현장과 당시 상황에 따라 의식을 늘리거나 축소 또는 생략하는 것을 말한다. 이와 같은 의식의 진행은 18세기에 간행된 지환 스님이 편찬한 『天地冥陽水陸齋儀梵音删補集』의 "魚梵見機而作是也"에서도 확인할 수 있다. 이와 같은 견기이작형 재 의식 진행은 이미 18세기 이전부터 범패승에 의해 자연스럽게 행해지고 있었을 것으로 추측되며 이는 이후 의식 절차 정립에 상당한 영향을 미쳤을 것으로 짐작한다.

23) 현행 생전예수재와 수륙재를 비롯한 규모가 큰 일반 천도재 등 현행하는 대부분의 재 의식을 말한다.

24) 현행 재 의식의 시련, 대령과 관욕은 망자의 시식을 위한 목적을 두고 있기 때문에 작은 의미에서 살아 있는 자를 위해 봉행하는 생전예수재와는 그 설판 의미가 맞지 않을 수도 있다. 더군다나 한정된 시간 속에서 재 의식을 진행할 경우 시련과 대령 그리고 관욕 의식이 차지하는 비중이 적지 않기 때문에 오히려 생전예수재, 본 의식절차를 축소할 수밖에 없다. 또 다른 경우엔 시간을 늘리기 위해 임의로 괘불을 모시지 않으면서 괘불이운 의식을 봉행하기도 하는데 이는 분명 잘못된 견기이작형 의식 진행으로 볼 수 있다.

25) 현행 영산재만 보더라도 반복적인 의식이 자주 등장하는데 이와 같은 의식의

재를 봉행해야만 완벽한 것으로 인식하는 그릇된 고정 관념이 범패승들 사이에서 자리하고 있다.

이미, 생전예수재는 이와 같은 견기이작형 절차를 바탕으로 의식을 진행하는데 현재 생전예수재를 봉행하기 위해 대부분의 범패승이 참고하는 송강 스님의 『要集』26)과 박삼우 스님의 『예수재의범』27)도 현행 영산재 절차를 기준삼아 시련·대령·관욕·신중작법·괘불이운·영산작법·식당작법 등을 먼저 봉행하고 생전예수재를 위한 상단과 중단의 관욕의식을 비롯한 각종 의식을 축소하여 진행하도록 기술되어 있다.28) 그럼, 이와 같은 견기이작형 의식 진행 절차의 옳고 그름을 무엇을 기준으로 판단할 수 있을까?

다행스럽게도 생전예수재는 조선시대에 간행된 독립된 의식집이 존재하고 있어 현행 의식 절차의 오류를 지적할 수 있다. 또한 이와 같은 의식집을 참고하여 과거 조선시대, 재 의식의 성립 배경과 역사적 전개 과정을 비롯한 의식의 진행 절차 등을 가늠해볼 수도 있다. 생전예수재를 통해 조선시대 불교 의식을 확인할 수 있는 이유는 다음과 같이 정리할 수 있는데,

첫째, 1576년 안동 광흥사(廣興寺)와 1632년 경기도 용복사(龍腹寺)에서 간행된 생전예수재 의식집인 대우(大愚) 스님의 『예수시왕생칠재의찬요』(預修十王生七齋儀纂要)와 재 의식 정립 배경에 영향을 미친 『불설관정수원왕생시방정토경』(佛說灌頂隨願往生十方淨土經)·『

구성은 3일 동안 봉행하는 재 의식을 단 하루에 봉행하는 과정에서 생긴 것으로 짐작한다. 그리고 하루에 시연하는 견기이작형 의식을 마치 올바른 절차인 것으로 간주하여 봉행하기보다는 먼저, 「영산작법」, 「식당작법」, 「대례왕공문」 등의 각각의 의식을 조선시대에 발간된 의식집을 토대로 재현하는, 좀 더 신중히 사료검토가 선행되어야 한다.

26) 松江, 『要集』(서울: 범음 범패 오송강 연구소, 2002).

27) 朴三愚, 『예수재의범』(서울: 보연각, 1984).

28) 현행 생전예수재의 절차로서 검증작업의 중요성을 다시 한 번 강조할 수 있는 부분이다.

불설예수시왕생칠경』(佛說預修十王生七經)·『예수천왕통의』(預修薦王通儀)·『불설수생경』(佛說壽生經) 등의 원전 자료가 온전하게 전해지고 있기 때문에 재 의식 성립 배경을 짐작할 수 있다. 둘째, 『예수시왕생칠재의찬요』는 범패승이 참고하는 가장 권위 있는 의식집인 『석문의범』(釋門儀範) 상권[29]의 생전예수재 관련 의례문에도 등장하고 있으며 의식의 구성도 현행하는 생전예수재의 본(本) 진행 절차[30]와 거의 동일하여 범패승인 필자가 보다 쉽게 재 의식을 이해, 비교할 수 있다. 그리고 셋째, 다른 재 의식과는 달리, 생전예수재는 윤(閏)달을 맞이해 전국 사찰에서 꾸준히 봉행되어 왔기 때문에 의식에 관한 자료 수집이 용이하고 의식을 주관하는 몇몇 범패승[31]들은 현행 생전예수재에서 생략된 절차를 제외한 소리와 태징 연주법 등을 나름, 온전하게 시연하고 있다.[32] 넷째, 필자가 불교 의식에 가장 권위 있는 구해·원명·현성 스님을 비롯한 불교계 대표적인 어장 스님과 같이 수년에 걸쳐 생전예수재에 참여한 경험은 일반 학자가 쉽게 접할 수 없는 작은 부분까지도 서술해 가는 데 큰 장점으로 작용할 수 있다.

---

29) 安震湖, 『釋門儀範』(京城: 卍商會, 1935(昭和10年), 161~242쪽.

30) 현행 생전예수재는 오전과 오후로 나눠 진행하는데 오전 의식은 영산재의 구성과 동일하게 진행하며 오후 의식에서 생전예수재 본 의식 절차가 시작한다. 그러므로 생전예수재와 관련된 『예수시왕생칠재』에 바탕을 둔 『석문의범』의 상권은 오후 의식에 해당한다.

31) 가장 대표적으로 열반한 송강 스님과 영산재 보유자 구해 스님 등을 꼽을 수 있고 그 외에도 현재 생전예수재가 윤달이 드는 해에 보편적으로 많이 봉행되고 있기에 많은 범패승들에 의해 의식에 관한 절차 및 진행 방법에 관한 다양한 자료를 수집할 수 있다.

32) 생전예수재는 수륙재와 같이 유치성과 개계성을 비롯한 소성 등의 소리로 구성되어 있다. 물론 이와 같은 소리의 구성은 생전예수재를 비롯한 다양한 불교 의식에서도 그대로 적용된다. 그러므로 범패소리를 전공한 범패승들에 의해 올바르게 재현할 수 있다. 다만, 현행 생전예수재의 소리와 태징 연주법은 생전예수재와 전혀 관계없는 의식까지도 포함하고 있는 경우가 많고 연주법도 범패승에 따라 차이가 나고 있어 객관적인 기준을 마련해야 한다.

이와 같이 현행 생전예수재와 조선시대 생전예수재를 원전 자료와 현장 연구 자료 등을 통해 의식 절차와 음악적 구성으로 나눠 비교한다면 과거, 이 땅에서 봉행되었던 불교 재 의식의 모습을 충분히 재현할 수 있을 것으로 여긴다. 그리고 이는 불교 재 의식의 역사적 전개를 이해하는 데 중요한 단서를 제공할 것으로 확신한다.[33] 더불어 현행 생전예수재의 검증되지 않은 견기이작형 의식 절차와 구성에 관한 해결점을 모색[34]하여 본 연구를 접하는, 불교 의식에 관심을 갖고 있는 학자와 범패승에게 현 실정에 맞는 새로운 견기이작형 생전예수재 진행 절차를 제시함으로써 한정된 시간의 제약으로 의식 절차를 축소 생략하며 진행하는 현행 생전예수재를 그 목적에 맞게 재구성하는 데 도움을 주고자 한다.

② 연구범위와 연구방법

본 연구에서는 조선시대에 예수시왕생칠재(預修十王生七齋)로 알려진 의식의 명칭을 생전예수재(生前預修齋)로 통일[35]하여 크게 4장으

---

33) 물론 의견을 달리하는 학자가 대다수일 것으로 짐작한다. 그러나 현재 불교 의식의 진행에 있어 생전예수재와 같이 과거 조선시대에 발간된 범음집을 근거로 그 원형을 유지하며 봉행되는 재 의식은 찾아보기 힘들다. 그리고 현 시점에서 조선시대에 간행된 의식집에 근거하지 않고 구전(口傳)으로 전해진 견기이작형 재 의식이라면 그 의식이 무엇이건 간에 누구도 올바른 재 의식이라고 단언할 수 없다.

34) 현행 불교 의식의 가장 큰 특징은 모든 불교 의식이 영산재에 기준을 두고 있다는 점이다. 즉, 어느 재 의식이건 무조건 시련·대령·관욕·괘불이운·영산작법 등을 포함해서 봉행하는 것이 당연시되고 있는데 이는 아무런 검증 없이 이뤄진 견기이작형 진행 절차일 수도 있기 때문에 그 구성에 신중함을 기해야 한다.

35) 「생전예수재」의 원래 명칭은 「예수시왕생칠재」이다. 조선시대에서는 이와 같

로 나눠 진행할 것이다. 첫째는 현행 생전예수재에 관한 고찰이고 다음은 조선시대 생전예수재, 그리고 두 의식에 관한 절차의 비교와 현행 견기이작형, 재 의식을 바라보는 또 다른 해석에 관해 기술할 것이다. 이어 현 시대에 맞는 생전예수재의 재현을 위한 새로운 절차 구성을 소개할 것이다.

먼저, 제1장 현행 생전예수재에 관한 고찰에서는 전해지는 문헌 연구를 중심으로 생전예수재에 관한 정의와 유래를 살피는 한편, 현재 대부분의 범패승이 참고하는 송강 스님[36]의 『요집』(要集)[37]을 중심으로 의식의 구성과 절차에 관해 정리할 것이다. 그리고 재 의식 현장에서 수집한 태징 연주법을 중심으로 음악적 설명을 이어갈 것이다.

생전예수재 연구를 진행하기 위해서는 그 정의와 유래에 관해 자세히 살펴봐야 한다.[38] 이는 원전 자료에서 전하는 내용이 결국, 생전예수재 탄생과 정립에 결정적인 단서를 제공하기 때문이다. 그러므로 동국역경원이 간행한 『고려대장경』(高麗大藏經) 10권 1294쪽에 실린, 동진(東晉) 백시리밀다라(帛尸密多羅)가 번역한 『불설관정수원왕생시방정토경』과 『속장경』(續藏經) 제150권 777쪽에 실린, 당나라 장천(藏川)이 지은 것으로 알려진 『불설예수시왕생칠경』 그리고 현재 경기도 시흥 청계사(淸溪寺)에 목판본으로 전해지는 육화(六和)가 찬술한 『예수천왕통의』와 『속장경』 제87권 922쪽에 실린, 『불설수생경』 등의 경

은 명칭으로 전해졌지만 현재는 「생전(生前)에 미리(預) 닦는(修) 재(齋)」라는 보편적인 재 의식 명칭으로 자리 잡았다. 그리고 의식에 참여하는 범패승과 재가불자도 생전예수재란 명칭에 익숙하기 때문에 본 연구의 이해를 돕기 위해 생전예수재로 통일하여 기술한다.

36) 중요무형문화재 영산재 준 보유자로 생전예수재 의식진행이 탁월하다는 평가를 받았던 범패승이었지만 2009년 병고(病苦) 열반하였다.

37) 오송강, 『要集』(서울: 범음 범패 오송강 연구소, 2002), 卷 1.

38) 이는 기존에 발표된 생전예수재 관련 성과물에서 단지 '그 유래는 무엇에 근거한다' 등으로 명시하고 있어 그 원전 내용을 확인하는 데 한계가 있었으므로 본 연구에는 그 원전 자료를 같이 정리할 것이다.

전(經典) 분석을 통해 생전예수재에 관한 정의와 유래를 확인하고 그 내용을 우리말 번역본과 함께 정리할 것이다.

　다음 현행 생전예수재 진행 절차와 음악에 관한 연구는 서울을 중심으로 활동하는 범패승이 참고하고 있는 송강 스님의『요집』을 바탕39)으로 할 것이다. 이 의식집의 탄생 배경은 크게 두 가지가 전해지는데 먼저, 능해 스님40)에 따르면 1970년대 이화응(和應) 스님이 집대성한 것을 1980년대 박삼우(三愚) 스님이 장벽응(碧應) 스님의 감수(監修)를 거쳐『예수재의범』이란 의식집으로 편찬했고 이를 송강 스님이 그대로 참고하여 2000년대 발간했다고 한다. 또한, 박송암 스님이 작성한 생전예수재 관련『요집』을 참고하여 편집, 발간했다는 구해 스님의 증언41)으로 나눠볼 수 있다.42) 위와 같은 다양한 탄생 배경에도 불구하고『요집』은 현행 생전예수재 절차에 가장 큰 영향을 주고 있다. 그러므로 현장 조사와 권위 있는 범패승의 인터뷰·녹음자료 등

---

39) 생전예수재 진행을 확인하기 위해『요집』을 선택한 배경에는 근래 범패승이 생전예수재 진행을 위해 가장 보편적으로 참고하는 것을 재 의식 현장에서 수없이 확인하였다.

40) 2009년 11월 28일, 안성 칠장사.

41) 2009년 1월, 서울 봉원사.

42) 필자는 능해 스님의 증언에 무게를 두고 있다. 이유는 송암 스님이 집술한『요집』은 조선시대에 발간된 의식집과 같이 의식 진행에 용이하도록 소(疏)와 관련된 부분을 따로 기술하고 있다. 만약, 송암 스님의 요집을 근거로 했다면『요집』에서도 소를 부록으로 기술했어야 했다. 또한『예수재의범』을 감수했던 장벽응 스님이 "생전예수재를 가장 잘 집전하는 화응 스님의 것을 기초로 옮겼다"라고 많은 제자에게 말했던 것으로 미뤄 벽응 스님의 제자 격인 송강 스님의 입장에서도 당시, 가장 권위 있었던 화응 스님의 생전예수재를 전수해야 전통성이 강조될 수 있었기 때문에『예수재의범』을 참고했을 가능성이 크다. 이후 송강 스님은 제자들을 지도하기 위해 현행 일용 의식의 부족한 부분을 추가하여 권1에는 생전예수재와 재 의식을 권2에는 일용 의식을 편집해 발간한 것으로 전해진다. 참고로 과거 송암 스님은 제자인 구해·원명·동희·기봉 등에게 친필로 작성한 영산재와 생전예수재 의식집을 남긴 것으로 밝혀졌다.

을 수집하여 각 의식 절차의 진행과 함께 전체적인 구성을 설명할 것이다.

음악적 연구는 현행 생전예수재가 윤달이 드는 해에 각 사찰에서 봉행되는 것을 감안[43], 2009년 음력 윤 오월(五月) 전국의 사찰에서 봉행된 생전예수재에 직접 참여, 시연하며 수집한 현장 조사 자료[44] 등을 근거로 확인할 것이다. 그리고 중요무형문화재 영산재 보유자 구해 스님[45]과 준 보유자 원명·동희·기봉 스님[46] 그리고 동방불교대학 교수 현성 스님[47]의 증언을 토대로 의식 진행에 관한 보충설명[48] 등을 추가하여 현장 조사의 부족한 부분[49]을 채워 정립할 것이다. 또

---

43) 전통적으로 윤달에는 사찰에 가서 불공을 드리는 행위가 광범위하게 전승되고 있으며, 윤달 불교민속의 내용은 극락왕생을 기원하는 의미가 큰 비중을 차지하고 있다. 『동국세시기』(東國歲時記)에 "광주(廣州) 봉은사(奉恩寺)에서는 매양 윤달을 만나면 장안의 여인들이 다투어 와서 불탑 위에 돈을 놓고 불공드리기를 윤달이 다가도록 끊이지 않는다. 이렇게 하면 죽어서 극락세계로 간다고 믿으며 서울과 그 밖의 절에서도 대개 이런 풍속이 있다"고 전한다. 구미래, 「윤달의 민속심리와 주술·종교적 특징: 길흉관념의 형성과 전개를 중심으로」, 『比較民俗學』(서울: 비교민속학회, 2008) 제36집, 340쪽.

44) 필자는 2009년 윤5월, 구해 스님과 원명 스님 그리고 불교계에 가장 권위 있는 범패승의 요청으로 전국 30여 개 사찰에서 봉행된 생전예수재에 직접 참여하였고 이때 녹음·녹화한 자료를 참고하여 본문 내용을 구성한다.

45) 한국불교 의식 진행에 관해 가장 권위 있는 범패승으로 현재 중요무형문화재 제50호 영산재 보유자다. 필자의 은(恩)·법사(法師) 스님이다.

46) 원명 스님은 현재 대한불교 조계종을 대표하는 어산장이다. 동희 스님은 법무(法舞)로 최고의 위치에 있다는 평가를 받고 있고 기봉 스님은 현재 범음대학 학장으로 재직하며 후학 양성에 전념하고 있다. 이들 모두 영산재 준 보유자다.

47) 동방불교대학과 범음대학 교수로 재직하고 있다.

48) 현장 조사 자료의 한계는 한정된 시간에 있다. 가령, 생전예수재가 오전 10시에 시작하여 오후 4시경에 끝난다고 가정한다면 의식 중간에 법사 스님의 법문과 점심 공양시간 등을 제외한 나머지 시간만으로 재 의식을 진행할 수밖에 없다. 당연히 전체적인 의식을 온전하게 이행하기보다는 축소하거나 생략하는 경우가 대부분이다. 그러므로 본 연구의 정확성을 위해서는 반드시 범패승의 보충설명과 증명을 필요로 한다.

한 한역(漢譯)으로 구성된 의식집을 동봉 스님50)의 『일원곡』에 실린 우리말 번역본과 같이 설명하도록 하겠다. 의식 진행을 위한 태징 연주법은 필자가 수년에 걸쳐 습득하고 조사한 연주법을 바탕으로 2009년 8월, 악보로 옮긴 것을 정리할 것이다. 특히, 시련의식을 예로 들어 태징 연주법의 명칭을 새롭게 정립하고 상황에 따라 변화하는 태징의 중요한 연주법을 설명하겠다. 그리고 의식 절차에 맞게 구성한 원전 위에 무용과 소리반주 등에 사용되는 사물 연주를 기호로 표시하여 현장에서 범패승이 쉽게 활용할 수 있도록 하겠다. 다만, 본 연구의 음악적 내용 구성은 설사, 지방에 위치한 사찰에서 수집한 생전예수재의 현장 자료와 인터뷰라도 모두 서울, 경제를 중심으로 활동하는 범패승에 의해 시연된 만큼, 기술하는 소리와 태징 연주법은 모두 서울 봉원사에서 전해지는 것을 기준으로 한다.51)

제2장 조선시대 생전예수재는 대우 스님이 집술한 『예수시왕생칠재의찬요』와 『석문의범』의 문헌 연구를 바탕으로 사료 분석과 함께 기술된 의식 구성과 절차를 원전에서 제시한 진행 중심으로 설명하겠

---

49) 가령, 중단 공양의식을 진행 할 경우 사부대중은 어디를 바라보고 의식을 진행해야 하는지, 참석 대중은 중단 성현의 명호가 적힌 번을 들고 도량을 어떻게 돌아야 하는지 등에 관한 구체적인 내용은 사실, 어장 스님의 보충 설명이 있어야 쉽게 이해할 수 있다.

50) 1953년 출생하여 75년 합천 해인사에서 출가하였다. 해인사 도서관장과 대각사 교무를 거쳤고 불교방송 <살며 생각하며>를 진행하였다. 또한 『대각사상과 전개』를 비롯한 많은 저서를 남기고 있다. 현재 <우리 절>에 주석하며 『석문의범』과 더불어 한역본 불교 의례집을 우리말로 옮기는 작업을 진행하고 있는데 본 연구에 인용되는 생전예수재 관련 부분은 출처를 분명히 하는 것을 전제로 저자의 동의를 얻어 옮김을 밝힌다.

51) 필자가 배운 소리와 무용 그리고 태징 연주와 사물 반주 등은 구해 스님의 영향이 가장 크다. 그러나 현재 불교 의식은 서울과 경상도, 전라도 등으로 구분되어 전해지며 이들 모두 각 각 독특한 지역적 특징에 따라 의식을 진행하고 있다. 물론 현행 생전예수재의 경우, 그 구성과 절차 그리고 음악적 구성이 지역에 따라 다르게 전해진다.

다. 그리고 생전예수재에서 사용하는 범패성(梵唄聲)을 확인하여 음악적 구성을 알아보도록 하겠다. 먼저, 저본(底本)인 대우 스님이 집술한, 1576년(선조 9) 안동 광흥사와 1631년(인조 10) 경기도 용복사에서 간행된 반엽(半葉) 8행 16자, 반곽(半郭) 20.5×17㎝와 반엽 8행 16자, 반곽 22×17㎝인『예수시왕생칠재의찬요』목판본을 확인하여 국립중앙도서관과 동국대학교 중앙도서관이 소장하고 있는 영인본을 수집하고 세민 스님이 편찬한『한국불교의례자료총서』(韓國佛敎儀禮資料叢書)[52]를 참고하여 조선시대 생전예수재의 각 의식 절차 내용을 확인, 그 의미를 분석·정리하겠다. 이어 현재까지, 모든 범패승의 필독서로 인정받고 있는 1935년 안진호 스님이 편찬한『석문의범』상권에 실린『예수시왕생칠재의찬요』와 비교하여 절차의 역사적 전개와 오류를 지적할 것이다. 음악적 구성은 현행 생전예수재 진행이 소리를 중심으로 이뤄져 있기 때문에 현재까지 정립된 유치성(由致聲)·개계성(開啓聲)·편게성(片偈聲) 등의 정의와 음악적 특징을 중심으로 소개할 것이다.

제3장에서는 두 의식의 비교를 통해 견기이작형 현행 생전예수재의 오류를 지적하고 이어 봉행 목적에 맞는 생전예수재 절차를 재정립하기 위해『天地冥陽水陸齋儀梵音刪補集』과『靈山大會作法節次』등의 문헌 자료를 참고하여 현행하는 견기이작형, 영산재 절차를 또 다른 시각으로 접근, 설명하겠다.

제4장에서는 현행 생전예수재와 조선시대 생전예수재의 비교를 통하여 검증 절차를 무시한 채 진행하는[53] 견기이작형 현행 생전예수재

---

52) 朴世敏,『韓國佛敎儀禮資料叢書』(서울: 保景文化社, 1993).
53) 이유는 간단하다. 우리가 다루는 의식은 말 그대로 종교의식이다. 그저 범패승 마음대로 축소하거나 변형할 수 없는, 종교성에 바탕을 두고 전해진 의식이기에 가볍게 여길 성질의 것이 아니다. 결국, 의식집이 존재하고 있다는 것은 이 땅에 불교가 전해진 시점부터 이후 많은 시행착오 끝에 완성된 결정체임을 인정해야 한다. 그러므로 현 시대에 와서 그 목적과 관계없이 무작정 견

가 새롭게 정착될 수 있도록 의식 절차를 보충, 수정하여 의식 재현을 위한 새로운 대안을 제시할 것이다.

특히, 새롭게 수정한 생전예수재를 필자의 주도하에 현성 스님과 학인 스님들이 재현하여[54] 양식분해적(樣式分解的) 방법으로 태징 연주법과 소리 그리고 사물 연주법을 본문에 표시, 「補正 生前預修齋」란 명칭으로 따로 소개할 것이다. 더군다나, 의식 진행에 쓰이는 유치성과 개계성, 편게성, 소성(疏聲) 등은 구해·현성 스님이 2007년 12월과 2009년 10월 그리고 2010년 1월 봉원사에서 녹음한 자료를 중심으로 채보·채록하고 비록, 현재는 사라진 소리라 할지라도 원전에 소리를 짓는 표시가 있을 경우, [ᄾ]의 기호를 본문에 표시하여 옮길 것이다.

③ 원전 자료의 실태

생전예수재는 현행하는 다른 재 의식과는 달리 조선시대에 간행된 독립된 의식집과 재 의식 정립에 결정적인 단서를 제공하는 경전 등이 온전하게 전해지고 있다.[55] 그러나 생전예수재와 관련된 기존 연

기이작형으로 의식을 봉행하는 것은 반드시 시정해야 한다.

54) 2010년 1월 24일 불찬범음연합회 청룡사(서울 영등포구 신길동 소재)에서 구해·청산·동봉 스님을 비롯한 전인평·권오성·이보영·서인화·서정매 교수와 중앙대학교 박사과정 원생들 그리고 사부대중 200명이 참여하여 필자의 진행으로 조선시대 예수시왕생칠재 복원 법회를 봉행하였다. 이와 같은 복원과 재현 의식을 통해 조선시대 재 의식의 명확성을 다시 한 번 확인했으며 현행 견기이작형 의식의 절차상 오류 또한 정확히 지적하는 성과를 거두었다.

55) 현행하는 대표적인 영산재는 「영산작법」과 「식당작법」 그리고 「대례왕공문」 혹은 「시왕각배」가 합쳐진 전형적인 견기이작형 재 의식이다. 이는 「영산재」란 명칭으로 발간된 의식집이 아직 발견되지 않고 있는 것으로도 확신할 수 있다. 수륙재는 『천지명양수륙재의찬요』와 『수륙무차평등재의촬요』 등 독립

구 성과물에서는 해당 경전의 명칭만 확인할 수 있을 뿐 내용에 관한 설명이나 원전 해석은 접해볼 수 없다. 또한 내용을 담고 있다고 해도 원문이나 한역본을 포함하고 있지 않아 연구 자료로 활용하기에는 부족한 실정이다. 그러므로 재 의식을 접하는 데 도움을 되는 원전 자료를 소개함으로써 생전예수재에 관한 이해를 돕고 더 나아가 본문에서 한역본과 원전 해석을 추가로 설명하여 자료 확인에 도움을 주고자 한다.

먼저, 『예수시왕생칠재의찬요』는 조선 중기의 선승 대우(大愚; 1676~1763)[56]가 지은 예수재(預修齋)에 대한 불교 의식집이다. 전체적으로 충식(蟲蝕)이 있어서 배접하고 개장한 수보본이다. 권두서명 다음에 '송당야납대우집술(松堂野衲大愚集述)'이라고 편자를 밝히고 있다. 권말에는 육화(六和)가 지은 『예수천왕통의(預修薦王通儀)』가 수록되어 있다.

내용은 통서인유(通序因由), 엄정팔방(嚴淨八方), 주향통서(呪香通

된 의식집이 존재하고 있지만 과거 송암 스님에 전수받은 범패승이 원명 스님과 정오 스님 등으로 한정되어 있고 현재 원명 스님에 의해 수륙재의(水陸齋儀) 복원 작업이 진행되고 있는 실정이어서 완벽한 재 의식을 재현하기엔 좀 더 신중한 접근을 필요로 한다.

56) 『佛敎大辭典 上』(서울: 홍법원, 1998), 454쪽에 전하는 대우(大愚) 스님은 1676~1763에 활동한 조선 후기 승려로, 호는 벽하(碧霞), 성은 박(朴) 씨로서 전라도 영암 사람으로 알려져 있다. 그는 조연(照淵)에게 출가하여 화악문신(華岳文信)에게 경전과 교학을 배웠으며, 환성지안(喚醒志安)에게서 선을 이어받았다. 구곡각운(龜谷覺雲)의 『선문염송설화』에 오류가 있음을 발견하고, 글과 말로써 그것을 바로잡았으며 1763년(영조 39) 6월 나이 88세로 입적한 것으로 전해진다. 그러나 대우 스님의 집술했다는 『예수시왕생칠재의찬요』의 편찬연대가 전해지는 출생 시기 이전에 찬술된 점으로 미루어 동명이인(同名異人)일 가능성 있다. 필자도 일반적으로 알려진 대우 스님보다는 『정토지귀집』(淨土持歸集)·『정토진여예문』(淨土眞如禮文)·『정토구연등료』(淨土九蓮燈料) 등을 남기고 1407년 입적한 명나라 천태종의 승려 대우(大佑) 스님과 같이, 같은 법명에 다른 인물일 가능성에 무게를 두고 있다.

序), 주향공양(呪香供養), 소청사자(召請使者), 안위공양(安位供養), 봉송사자(奉送使者), 소청성위(召請聖位), 봉영부욕(奉迎赴浴), 찬탄관욕(讚歎灌浴), 인성귀위(引聖歸位), 헌좌안위(獻座安位), 소청명부(召請冥府), 청부향욕(請赴香浴), 가지조욕(加持洮浴), 출욕참성(出浴參聖), 참례성중(參禮聖衆), 헌좌안위(獻座安位), 소청중사판관(召請重司判官), 보례삼보(普禮三寶), 수위안좌(受位安座), 제위진구(諸位陳句), 가지변공(加持變供), 보신배헌(普伸拜獻), 가지변공(加持變供), 공성회향(供聖回向), 경신봉송(敬伸奉送), 화재수용(化財受用), 봉송명부(奉送冥府)로 구성되어 있다. 이 의식집은 선조 9년(1576) 안동 광흥사(廣興寺)에서 간행한 목판본을 비롯해 명종 21년(1566) 성천(成川) 영천사(靈泉寺) 본, 선조 7년(1574) 순천(順天) 송광사(松廣寺) 본이 있고, 인조 10년(1632) 삭녕(朔寧) 용복사(龍腹寺) 본, 인조 26년(1648) 순천(順天) 송광사(松廣寺) 본, 효종 6년(1655) 영암 도갑사(道岬寺) 본, 17세기 중기의 청계사(淸溪寺) 본이 전래되고 있다.[57] 본 연구에서는 참고한 의식집은 1576년(선조 9) 안동 광흥사와 1631년(인조 10) 경기도 용복사에서 간행한 반엽(半葉) 8행 16자, 반곽(半郭) 20.5×17㎝와 반엽 8행 16자, 반곽 22×17㎝인『예수시왕생칠재의찬요』로서 국립중앙도서관 동국대학교 중앙도서관이 소장하고 있는 41장(張), 사주단변(四周單邊) 반곽(半郭) 21.9×17.0㎝, 무계(無界), 8행 16자, 내향흑어미(內向黑魚尾) 32.3×21.8㎝의 영인본이다.[58] 또한 박세민 스님이 편찬한『한국불교의례자료총서』(韓國佛敎儀禮資料叢書)[59]를 참고, 인용하였다.

생전예수재의 정립배경이 된『불설관정수원왕생시방정토경』(佛說灌頂隨願往生十方淨土經)은 동국대학교 역경원이 간행[60]한 25책, 26

---

57) 배현숙,「국문초록」,『예수시왕생칠재의찬요』(서울: 국립중앙도서관).
58) 국립중앙도서관, 木板本, 분류기호: 조선총독부고서분류표 → 古朝21.
59) 朴世敏,『韓國佛敎儀禮資料叢書』(서울: 保景文化社, 1993).

㎝인 고려대장경61) 제10권 1294쪽에 실린 것으로 이 책은『관정경』
(灌頂經) 12권 또는 『대관정신주경(大灌頂神呪經)』、『대관정경(大灌
頂經)』이라 전한다. 동진(東晋) 백시리밀다라(帛尸密多羅)의 번역으로
12부의 소경(小經)을 합한(合編)한 것이다. 내용은 '살아생전에 법계
(法戒)를 잘 알고 몸이 환(幻)과 같은 줄 알아 부지런히 닦고 익히며
보리도(菩提道)를 행하고, 아직 목숨이 떨어지기 전에 미리 삼칠 일
동안 등(燈)을 밝히고 비단 번개를 달고 많은 스님을 청하여 존경(尊
經)을 계속 독송하여 모든 복업을 닦는다면 그 복이 한량없음'을 밝히
고 있다.

조선시대에는 생전예수재가 예수시왕생칠재라는 명칭으로 불렸고
이와 같은 재 의식 탄생에 결정적인 역할을 담당한 것이 바로『불설예
수시왕생칠경』이다. 보현각에서 간행62)한 『불설예수시왕생칠경』(佛
說預修十王生七經)은 50책, 27㎝인 『속장경』(續藏經)63) 제150권 777
쪽에 실린 것으로 당나라 장천(藏川)이 지은 것으로 알려져 있다. 내

---

60) 『高麗大藏經』(서울: 東國大學校, 1957~1971), 1~25권.
61) 불교관계 성전(聖典)의 총칭. 삼장경(三藏經)·일체경(一切經)·장경(藏經)이
라고도 한다. 현존하는 최고의 대장경판은 해인사에 소장되어 있는 것으로
1,516종 6,815권, 경판의 수가 8만 1,258매이다. 이 경판은 여러 차례 교열을
거친 가장 정확한 대장경으로 평가받고 있다. 이 대장경판은 최초의 대장경
판인 송나라 관판대장경의 내용을 아는 데 있어서 중요한 자료가 될 뿐 아니
라, 거란판대장경의 내용을 아는 데 있어서도 귀중한 자료가 된다.『한국민족
문화대백과사전6』(성남: 한국정신문화연구원, 1997), 444쪽.
62) 『續藏經』(서울: 寶蓮閣, 1981), 第101~150卷.
63) 고려 초기의 고승 의천(義天)이 편집, 간행한 대장경. 고려 현종 때 간행한 초
조대장경(初雕大藏經)과 거란대장경을 참조하여 고려 문종 때 완간하여 속장
경 또는 고려속장경이라 하였다. 이것은 초조장경 판목(板木)과 함께 부인사
(符仁寺)에 보관되어 왔으나, 고려 고종 때 몽고의 병화로 일실되고 말았다.
그로부터 4년 후인 1236년(고종 23)에 강화도와 진주지방 등에 대장도감(大
藏都監)을 두고 다시 완성한 것이 현존의 해인사 고려대장경이다.『한국민족
문화대백과사전12』(성남: 한국정신문화연구원, 1997), 834쪽.

용은 악업(惡業)을 지은 자라 할지라도 『예수시왕생칠경』을 접하거나 깊은 참회(懺悔)를 실천한다면 그 공덕이 한량없음을 밝히고 있고 아난다를 비롯한 일체의 용신과 팔부신장 그리고 모든 염라천자에게도 '설사 교만하고 어리석은 중생이 있다고 하더라도 언제나 너그럽게 용서하라'고 당부하는 내용을 담고 있다.

현재 경기도 시흥 청계사(淸溪寺)에 21.6×31.4㎝ 1책, 목판본으로 전해지는 육화(六和)가 찬술한 『예수천왕통의』(預修薦王通儀)[64]는 본래 독립된 의식문으로 존재했지만 1576·1632년에 간행한 『예수시왕생칠재의찬요』에는 부록으로 실려 있다. 내용은 명부시왕과 권속들에게 재공을 베풀게 된 이유를 서술하여 생전예수재의 탄생과 정립 배경을 살필 수 있게 한다.

보은 속리산 법주사(法住寺)에서 1568년(선조 1) 간행한 『불설수생경』(佛說壽生經)[65]은 1책, 12장, 8행16자 사주단변(四周單邊) 반곽(半郭) 20.3×13.6㎝, 내향흑어미(內向黑魚尾) 25.0× 17.1㎝인 것[66]으로 보연각에서 간행한 『속장경』 제87권 922쪽에 실려 있다. 내용은 당나라 고승 현장 스님이 서역국에서 대장경을 열람하다가 『수생경』을 발

---

64) 죽은 뒤의 영혼을 천도하기 위하여 생전에 미리 닦는 재 의식 절차를 실은 의식문. 1책. 목판본. 육화(六和)가 찬술하였다. 현재 목판이 경기도 시흥 청계사(淸溪寺)에 보존되어 있으나, 『예수시왕생칠재의찬요』와 합철되어 간행된 것이 전한다. 이 책은 시왕(十王) 및 그 권속들에게 재공을 베풀게 된 내력을 서술하고 있다. 『한국민족문화대백과사전15』(성남: 한국정신문화연구원, 1997), 785쪽.

65) 『佛說預修十王生七經(壽生經 合綴)』[求禮: 華嚴寺, 崇禎後91(1718)], 木版本. 으로 이 경전의 전체적인 구성을 보면 서문·본문·'十二相屬'·跋文·刊記 순으로 되어 있다. 책의 맨 앞에는 변상도와 그 그림에 관한 간단한 설명이 있다. 그림의 내용을 보면 부처님 앞에서 前生에서의 受生錢(또는 壽生錢이라고도 한다) 빚을 불살라 바치고 그 사실을 冥府에 알림으로 인해 죽어 아비지옥에 떨어지지 않고 다시 사람의 몸을 얻을 수 있게 되었으니 모두 『수생경』을 읽은 공덕이라고 말하고 있다.

66) 『佛說壽生經』[報恩俗離山: 法住寺, 宣祖 1(1568)]. 木板本.

견했다는 것과 모든 중생이 명부에서 수생전을 빌려 태어났기 때문에
반드시 갚아야 한다고 강조한다. 그리고 수생전을 갚고 나면 소멸되는
18가지의 액운을 설명한다.

II 현행 생전예수재의 절차와 음악적 구성

① 현행 생전예수재의 절차

1) 생전예수재의 정의와 유래

불교에서 올리는 의식(儀式)은 우리가 살아가는 일상생활 속에 선과 악의 갈림길에서 우왕좌왕하는 사람들의 나약한 마음을 바로잡아 주며 본성을 찾기 위한 수행의 방편이다. '석가모니부처님'께서 평생을 사바세계 중생을 위하여 설하신 궁극적인 목적이 사람들 내면(內面)속에 깊이 자리한 불성(佛性)을 깨닫게 하기 위함이었다면 의식은 깨달음을 돕기 위한 방편으로 꼭 필요한 수행의 과정이다.67)

이러한 불교의식은 영산재(靈山齋)와 수륙재(水陸齋) 그리고 생전예수재(生前預修齋) 등으로 나눠져 다양하게 전해지고 있다. 이 중 생전예수재란 뜻 그대로 '생전(生前)에 미리(預) 닦는(修) 재(齋) 의식'을 말한다. 즉, 죽은 뒤에 행할 불사(佛事)를 살아 있는 당시에 미리 닦기 위해서 드리는 재 의식으로 죽은 뒤의 명복을 빌기 위하여 살아 있을 당시에 자기 자신이 전생에서 진 빚을 미리 갚고 또 재를 드려서 죽기

---

67) 비구 만다, 『생전예수재(生前像修齋) 참회의 공덕』(서울: 문예마당, 2003), 27쪽.

전에 미리 닦아놓은 불사이다.68)

이와 같은 생전예수재의 정의는『불설관정수원왕생시방정토경』(佛說灌頂隨願往生十方淨土經)과『불설예수시왕생칠경』(佛說預修十王生七經)에서 짐작할 수 있고 그 유래는『예수천왕통의』(預修薦王通儀)과『불설수생경』(佛說壽生經)에서 살펴볼 수 있는데 먼저『불설관정수원왕생시방정토경』69)의 내용을 살펴보면 다음과 같다.

> 이때 타방(他方) 국통에서 온 보광(普廣)이라고 이름하는 보살이 자리에서 일어나 머리 숙여 예배드리고 부처님께 말씀하셨다.
> "네 무리의 제자가 임종(臨終)하는 날, 만일 이미 죽고 난 다음 시방 국토에 왕생(往生)하기를 원한다면, 무슨 공덕을 닦아야 왕생할 수 있습니까?70) (밑줄은 필자)71)

> 부처님께서 보광보살마하살에게 말씀하셨다.
> "만일 네 무리의 남녀가 임종하는 날 시방의 불찰토(佛刹土)에 태어나기를 원한다면, 몸을 깨끗이 씻고 깨끗한 옷을 입고 많은 명향(名香)을 태우고, 비단 번개(幡蓋)를 드리우고 삼보를 노래하며 존경(尊經)을 독송하라. 널리 병자를 위하여 인연을 말해주고 비유하는 말로 미묘한 경의 이치를 말해주어라. 괴롭고 공(空)한 것이며 이 몸은 아니어서 사대(四大)가 임시로 합하여 된 것이며, 형체는 파초와 같아 그

---

68) 이지형,『생전예수재』(서울: 도서출판 동림, 1992), 20쪽.

69) 이민수‧김두재‧최윤옥 옮김,『月燈三昧經 外』(서울: 동국대학교 부설 동국역경원, 2001), 642~54쪽.

70) 介時他方國土有一菩薩名曰普廣徒座而起稽首作札而白佛言四輩弟子臨終之日若已終者願欲往生十方國土修何功德而得往生.「佛說灌頂隨願往生十方淨土經」,『高麗大藏經』(서울: 東國大學敎譯經院, 2001), 10卷, 1294쪽.

71) 내용의 밑줄은 요점을 강조하기 위한 것으로 필자가 임의로 강조한 것이다. 앞으로 이와 같은 문구는 반복하지 않는다.

안에 실재가 없으며 또 전광(電光)과 같아 오래 머물 수 없
다. 그러므로 말하기를 "색(色)은 오래 선명할 수 없어 당연
히 부서지고 썩는 데로 돌아간다"고 한다 하며, 정성스럽게
도를 행하면 고통을 건널 수 있으며 마음 따라 원하는 대로
과(果)를 획득하지 못하는 일이 없다고 말해주어라.[72]

보광보살이 또 부처님께 말씀드렸다.
"만일 사람이 세상에 있으면서 삼보께 귀의하지 않고 법
계(法戒)를 행하지 않으면 그 명이 다했을 때 반드시 삼도
(三途)에 떨어져 모든 고통을 받을 것입니다. 그 사람이 임
종하면서 비로소 정성으로 삼보께 귀명(歸命)하고자 하며
법계를 받아 행하고자 하고, 죄와 허물을 참회하려 하며 드
러내어 참회하고 용서를 빌며 다시 고쳐 선(善)을 닦고 싶어
하고, 목숨이 다하려 할 때 경법(經法)을 설하는 것을 듣거
나 선사(善師)가 교화하고 인도하여 법음(法音)을 듣거나 하
여, 죽으려 하는 날 이러한 선심(善心)이 생긴다면 해탈할
수 있습니까?"[73]
부처님께서 보광보살마하살에게 말씀하셨다.
"만일 어떤 선남자와 선여인 등이 임종할 때 이러한 마음
이 생기면 많은 고통에서 해탈하지 못하는 일이 없다. 왜냐
하면 빚을 진 사람이 왕(王)에게 의지하고 있으면 빚을 받을
사람이 두려워하여 그에게서 재물을 받으려 하지 않는 경우
와 같기 때문이다. 이 비유도 또한 그러하다. 천제(天帝)가

---

72) 佛告普廣菩薩摩訶薩若四輩男女臨終之日願生十方佛刹土者當洗除身體着鮮潔
之衣燒衆名香懸繪幡蓋歌詠三寶讀誦尊經廣爲病者說因緣譬喻言辭微妙經義苦
空非身四大假合形如色蕉中無有實又如電光不得之停故云色不之鮮當歸敗壞精
誠行道可得度苦隨心所願無不獲果. 「佛說灌頂隨願往生十方淨土經」,『高麗大
藏經』, 10卷, 1295쪽.

73) 普廣菩薩又白佛言若人在世不歸三寶不行法戒若其命終應隨三塗受諸苦痛其人
臨終方欲精誠歸命三寶受行法戒侮過疊發露懺謝跂更修善臨壽終時聞說經法
善師化導得聞法音欲終之日生得善心得解脫不.「佛說灌頂隨願往生十方淨土經」,
『高麗大藏經』, 10卷, 1296쪽.

용서하여 놓아주면 염라(閻羅)가 보내주며 모든 오관(五官)의 동정을 살피는 신들이 오히려 다시 공경하고 악심(惡心)을 내지 않게 된다. 이 복으로 말미암아 악도(惡道)에 떨어지지 않고 액난에서 벗어나며 마음이 원하는 대로 모두 왕생하게 된다.[74]

보광보살이 다시 부처님께 말씀드렸다.

"또 어떤 중생이 삼보를 믿지 않고 법계를 행하지 않거나, 혹은 어느 때는 믿음을 내다가 혹 어느 때는 비방하거나, 혹 어느 때는 부모와 형제와 친척이 갑자기 병고를 얻어 이로 말미암아 죽게 되거나, 혹은 삼도와 팔난에 떨어져 그 속에서 휴식이 없이 모든 고통을 받게 되거나 했을 때, 부모나 형제나 모든 친척이 그를 위하여 복을 닦는다면 복을 얻을 수 있습니까?"[75]

부처님께서 보광에게 말씀하셨다.

"이 사람을 위해서 복을 닦으면 칠분의 일을 얻게 된다. 왜냐하면 전생에 도덕(道德)을 믿지 않았기 때문이니, 그로 말미암아 복덕의 칠분의 일만 얻게 되는 것이다. 만일 망자(亡者)의 몸을 치장하던 장신구와 당우(堂宇)와 실택(室宅)과 원림(園林)과 욕지(浴池)로써 삼보께 베풀 경우에, 이 복이 가장 많고 공덕의 힘이 강하여 저 지옥의 재앙과 화에서 건져낼 수 있다. 이러한 인연으로 곧 해탈을 얻어 근심과 고

---

74) 佛言普廣菩薩摩訶薩若有男子善女人等臨終之時得生此心無不解脫衆苦者也所以者何如人負債依附王者債主便畏不從求財此辟亦然天帝放赦閻羅除遣及諸五官伺候之神友更恭敬不生惡心緣此福故不隨惡道解脫厄難遂心所願皆得往生.「佛說灌頂隨願往生十方淨土經」,『高麗大藏經』, 10卷, 1296쪽.

75) 普廣菩薩得白佛言又有衆生不信三寶不行法戒式時生信式時誹謗式時父母兄弟親族平得病苦緣此命終式墮在三塗八難之中受諸苦徑無有休息父母兄弟及諸親族爲其修福爲得福不.「佛說灌頂隨願往生十方淨土經」,『高麗大藏經』, 10卷, 1296쪽.

통의 재난에서 길이 벗어나고 시방의 모든 불정토에 왕생한
다.76)

　　보광보살이 다시 부처님께 말씀드렸다.

　　"만일 네 무리의 <u>남녀가 법계(法戒)를 잘 알고 몸이 환
(幻)과 같은 줄 알아 부지런히 닦고 익히며 보리도(菩提道)
를 행하고, 아직 목숨이 떨어지기 전에 미리 삼칠 일 동안
닦되, 등을 밝혀 계속 밝게 하고 비단 번개를 달고 많은 스
님을 청하여 존경(尊經)을 계속 독송하여 모든 복업을 닦는
다면, 얻는 복이 많습니까?"77)</u>

　　부처님께서 보광에게 말씀하셨다.

　　"<u>그 복은 한량없으니 측량할 수 없다. 마음이 원하는 대
로 그 과실(果實)을 얻을 것이다.</u>"78)

　위와 같은 경전 내용을 바탕으로 부처님은 이후, 나사(那舍) 장자의
죄(罪)와 복(福)의 인연을 설한 뒤 『원생정토관정경전』(願生淨土灌頂
經典)을 배우고 닦을 수 있는 인연에 대해 설명하고 본 경전의 이름을
말한다.

　　부처님께서 보광에게 말씀하셨다.

　　"열두 가지 일이 있어야 이 경전을 배우고 닦을 수 있다.
첫째는 아흔다섯 가지의 삿된 견해의 도를 믿지 않는 것이

---

76) 佛言普廣爲此人修福七分之中爲獲一也何故介乎緣其前世不信道德故使福德七
　　分獲一若以亡者嚴身之具堂宇室宅園林浴池以放三寶此福取多功德力强可得拔
　　彼地獄之殃以是因緣便得解脫憂苦之患長得度脫往生十方諸佛淨土.「佛說灌頂
　　隨願往生十方淨土經」,『高麗大藏經』, 10卷, 1296쪽.

77) 普廣菩薩得白佛言若四輩男女善解法戒知身如幻精勤修習行菩提道未終之時逆
　　修三七然燈續明懸繒幡蓋請召衆僧轉讀尊經修諸福業得福多不.「佛說灌頂隨願
　　往生十方淨土經」,『高麗大藏經』, 10卷, 1296쪽.

78) 佛言普廣其福無量不可度量隨心所願獲其果實.「佛說灌頂隨願往生十方淨土經」,
　　『高麗大藏經』, 10卷, 1296쪽.

고, 둘째는 금계를 굳게 지녀 목숨이 다하도록 범하지 않는 것이고, 셋째는 선정(善定)을 부지런히 배워 아직 배우지 못한 사람에게 가르치는 것이고, 넷째는 참고 성내지 않으며 악한 것을 보고 괴로워하지 않는 것이고, 다섯째는 항상 즐겨 보시하고 외로운 노인을 불쌍히 생각하는 것이고, 여섯째는 항상 부지런히 정진하여 밤낮으로 게으르지 않는 것이고, 일곱째는 오고 가며 출입할 때 아침마다 탑상(搭像)과 모든 존장에게 예배한 후에 물러나는 것이고, 여덟째는 사람들을 모아놓고 그들을 위하여 창도(唱導)하여 두루 신심(信心)을 얻게 하는 것이고, 아홉째는 세속적인 영화와 의복과 기악(伎樂)과 물질을 탐내지 않고 항상 고행(苦行)을 좋아하고 네 가지 의지하여야 할 범(四依法)에 의지하는 것이고, 열째는 이 법을 행할 때 희망(悕望)하는 바가 없이 단지 모든 중생들에게 이익을 주려고 할 뿐이어서 그 가운데서 사람들에게 이양(利養)을 바라지 않는 것이고, 열한째는 종신토록 사명(邪命)에 아첨하지 않고 자활(自活)하는 것이고, 열두째는 이 경을 행할 때 부귀(富貴)하고 행복한 사람이나 가난하고 고통 받는 사람을 가리지 않고 구하는 사람이면 누구나 평등한 마음으로 보살펴 다르다는 생각이 없는 것이다. 이것이 <u>열두 가지의 바른 도로 중생을 교화하는 일이다.</u> <u>이 경의 이름은 『보광소문시방정토수원왕생』(普廣所問十方淨土隨願往生)이라고 한다. 또한 『나사죄복인연』(那舍罪福因緣)이라고도 하고, 또한 『관정무상장구』(灌頂無上章句)라고도 이름한다.</u>"[79]

---

79) 普廣菩薩摩訶薩又白佛言若四輩男女欲受學是願生淨土灌頂經典有幾事行得此經法佛言普廣有十二事可得修學是經典也一者不信九十五鍾邪見之道二者堅持禁戒至終不犯三者勤學禪定敎未學者四者忍辱不見惡不惱五者常樂布施 愍念孤老六者常勤精進晝夜不懈七者若行來出入朝拜塔像及諸尊長然後捨去八者合集衆人爲作唱導普得信心九者不貪世榮衣服伎樂資生之物常好苦行依四依益諸衆生輩不於其中悕人利養十一者至終不詣邪命自活十二者行此經時不擇富貴豪樂之人貧苦求者等心看之無有異想是爲十二正化之事時普廣聞此心大歡喜我當

지금까지 살펴본 『불설관정수원왕생시방정토경』에서는 "살아생전에 법계(法戒)를 잘 알고 몸이 환(幻)과 같은 줄 알아 부지런히 닦고 익히며 보리도(菩提道)를 행하고, 아직 목숨이 떨어지기 전에 미리 삼칠 일 동안 등(燈)을 밝히고 비단 번개를 달고 많은 스님을 청하여 존경(尊經)을 계속 독송하여 모든 복업을 닦는다면 그 복이 한량없음"을 밝히고 있다. 더불어 열두 가지의 선업(善業)을 실천할 것을 강조하고 있다.

[그림 1] 『예수시왕생칠재의찬요』와 『예수천왕통의』80)

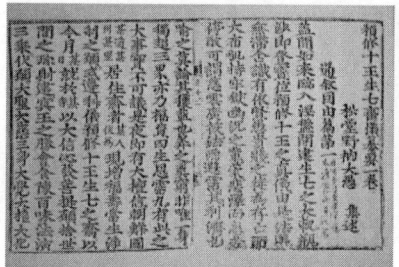 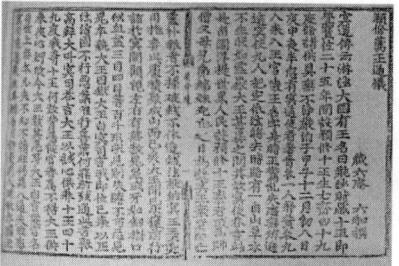

다음 『불설예수시왕생칠경』81)에서는 생전예수재에 관해 다음과 같이 서술하고 있는데,

> 이세상을 살아가는 한량없는 시간 속에 아버지를 시해하고
> 어머니를 해치거나 재계법을 더럽히고 부처님계 파하거나
> 가축들을 살해하고 곤충들을 죽이거나 그밖에도 가지가지

奉行至終不犯 佛語阿難此經名爲普廣所問十方淨土隨願往生亦名那舍罪福因緣 又名灌頂無上章句佛說是經. 「佛說灌頂隨願往生十方淨土經」, 『高麗大藏經』, 10卷, 1299쪽.

80) 朴世敏, 『韓國佛敎儀禮資料叢書』(서울: 保景文化社, 1993), 제2집, 67, 88쪽. 사진출처: 본인 촬영.

81) 동봉정휴, 『일원곡』(광주: 대한불교조계종우리절, 2003), 제7권, 213~15쪽.

무거운죄 짓는다면 오는세상 필경에는 아비지옥 들어가서
열겁에서 쉰겁까지 한량없는 긴시간을 상상할수 없는고통
면할수가 없으리라 그렇지만 아난다여 이와같은 경우라도
예수시왕 생칠경을 읽고외고 베끼거나 시왕상을 조성하여
지성으로 참회하며 염라왕궁 업경대에 그기록이 남는다면
저승세계 염라왕이 업경대의 기록보고 환희심을 일으키어
그죄인을 풀어주어 부잣집에 태어나서 온갖복락 다누리고
그가지은 죄악마져 사면토록 해주리라 아난다여 만일또한
선남자와 선여인과 혹은비구 비구니와 청신사와 청신녀로
살아생전 이승에서 예수시왕 생칠재를 미리미리 힘을다해
정성스레 닦아가되 매달음력 초하루와 보름날에 두 번걸쳐
거룩하신 삼보전에 지성으로 공양하라 첫번째로 진광대왕
두번째로 초강대왕 세번째로 송제대왕 네번째로 오관대왕
다섯째로 염라대왕 여섯째로 변성대왕 일곱째로 태산대왕
여덟째로 평등대왕 아홉째로 도시대왕 열째오도 전륜대왕
시왕단을 설치하고 기도하고 축원하되 주소생년 이름적은
축원장을 작성하여 판관들과 귀왕들과 장군들과 동자들과
사자들과 관전등에 지성으로 고축하면 선업기록 관리하는
명부세계 선업동자 천조관과 지부관에 이내용을 보고하고
재자이름 저승세계 명부안에 기록하니 예수시왕 생칠재를
미리닦은 공덕으로 이세상을 하직할때 쾌락한곳 태어나
리[82]

위와 같이 살아가면서 악업(惡業)을 지은 자라 할지라도『예수시왕

---

82) 在生之日殺父害母破齊破戒殺猪牛羊鷄狗毒蚜一切重罪應入地獄十劫五劫若造
此經及諸尊像記在業鏡闔王歡喜判放其人生富貴家免其罪過 若有善男子善女人
比丘比丘尼優婆塞優婆夷預修生七齊者每月二時供養三寶祈設十王修名納狀泰
上六曹善業童子泰上天曹地府官等記在名案身到之日便得配生快樂之處不住中
陰四十九日不待男女追救命過十王若 闕一齊留連受苦不得出生遲滯一
年是故勸汝作此要事祈往生報.「佛說預修十王生七經」,『續藏經』, 第150卷,
778쪽.

생칠경』을 접하거나 깊은 참회(懺悔)를 실천한다면 그 공덕이 한량없음을 밝히고 있고 아난다를 비롯한 일체의 용신과 팔부신장 그리고 모든 염라천자에게도 "설사 교만하고 어리석은 중생들이 있다고 하더라도 언제나 너그럽게 용서하라"고 당부한다. 그리고 이 경전을『염라왕수기사중예수생칠왕생정토경』(閻魔王授記四衆逆修生七往生淨土經)이라 명(名)하고 정법대로 봉행하되 어긋나지 말라고 당부한다.

> 바로이때 부처님이 아난다를 비롯하여 일체용신 팔부신장
> 모든 대신 염라천자 태산부군 사명사록 오도대신 지옥관등
> 행도천왕 청중들을 돌아보며 설하시되 <u>너희들은 모름지기</u>
> <u>자비심을 일으켜서 한량없는 죄인들을 사랑으로 보살피되</u>
> <u>교만하고 어리석고 모자람이 있더라도 언제거나 어디서나</u>
> <u>너그럽게 용서하라</u> 바로이때 부처님이 금구열어 말씀하되
> 염라왕수기사중예수생칠왕생정토경이 이경전의 이름이니
> 나라마다 유통시켜 정법대로 봉행하되 어긋나지 말지니
> 라[83)]

생전예수재의 유래에 관해서는 다음의 두 경전에서 자세히 설명하고 있는데 먼저,『예수천왕통의』[84)]에서는

> 명도전에 이르기를 북인도의 유사국에 왕이한분 있었으니
> 그의이름 <u>병사</u>였다 그의나이 열다섯에 바야흐로 보위올라

---

83) 爾時佛告阿難一切龍神入部及諸大臣閻羅天子大山府君司命司緣五道大神地獄官等行道天王當起慈悲法勿有慢可容一切罪人 佛說閻羅王授記四衆預修生七往生淨土經普勸有緣預修功德發心歸佛願息輪廻. 「佛說預修十王生七經」,『續藏經』, 第150卷, 779~81쪽.

84) 이해를 돕기 위해 동봉 스님의 우리말 번역본과『석문의범』(釋門儀範)의 원본을 옮긴다. 동봉정휴,『일원곡』(광주: 대한불교조계종우리절, 2003), 제7권, 121~31쪽. 安震湖,『釋門儀範』(서울: 法輪社, 2000), 上, 219~23쪽.

이십오년 지나면서 공양기구 마련하여 예수시왕 생칠재를
사십구회 봉행하니 깨끗하고 엄숙하게 모든법식 갖추었다
(…중략…) 저승사자 아홉이라 제멋대로 성문열고 왕궁으로
들어와서 큰소리로 이름불러 병사왕을 찾아내매 (…중략…)
그분들이 가신날에 명부세계 시왕전에 명왕재를 베풀면서
돌아가신 영가들로 복을받게 하려하여 수생전을 바치지만
찢어지고 구겨진돈 가려내지 아니하고 저승화폐 만드는법
의지하지 아니한채 명왕에게 바치므로 명왕들이 받지않고
이곳에다 던져버려 산을이룬 것입니다 (…중략…) 대왕이여
시왕들은 그렇지만 열시왕의 종관들과 그에따른 권속들은
널리베푼 왕의공양 받은적이 없으므로 언제든지 그마음에
아쉬움이 있었기에 (…중략…) 사바세계 중생들을 어여쁘게
여기시고 대자대비 크신사랑 저버리지 마시옵고 종관명목
기록하여 죄인에게 주신다면 제가본국 돌아가서 인간세상
널리전해 미혹속에 깊이빠진 한량없는 중생들을 남김없이
빠짐없이 모두제도 하오리다 (…중략…) 열시왕의 종관목록
이세상에 전해지고 어리석은 사람들을 지혜롭게 깨우치니
서로서로 전해받아 여법하게 재를닦아 명사들의 숨은고통
면하도록 해주느라 (…중략…) 현존하는 대장경엔 염라대왕
수기경이 수록되어 있지않고 다만오직 예수집이 한권있을
따름인데 예수시왕 생칠경을 지칭하는 이름이라 이경에는
본디부터 시왕권속 명목들이 기록되어 있잖은데 병사왕이
명부에서 가지고온 명목들을 여러해가 지난뒤에 개판하는
사람들이 덧붙인것 뿐이니라 (…중략…) 당태종은 신하로서
총애하던 부혁이가 느닷없이 죽었다는 부음소식 전해듣고
너무나도 아픈마음 감당할길 전혀없어 승만경을 의지하여
명계전을 주조하니 개팔천이 그것이라 예수재를 베풀어서
명사고를 면하도록 갖가지로 힘을쓰니 (…중략…) 살아생전
예수재를 닦아가는 법식으로 당태종의 명을받아 개판자가
교정하니 남염부제 사람들이 이세상에 태어날 때 명사에게
빌려온돈 수생전을 환납하여 텅빈금고 채워야만 신변에서

일어나는 일십팔종 재앙들을 만나는일 없게되고 뜻과같이

삼세걸쳐 부귀길상 얻는다는 수생경의 가르치심 이끌어온

것이니라 (…중략…) 이에앞서 현장삼장 구도행각 하던중에

대장경을 열람하다 수생경에 이르러서 십이생상 묶음들이

첨부됨을 발견하고 모두함께 번역하여 이세계에 두루전해

쌓은복이 아주얇은 하고많은 중생에게 예수재를 봉행하여

큰이익을 얻게하고 십팔종의 고통들을 면하게끔 하였으니

십이생상 묶음들을 이아래에 붙이노라85)

---

85) 冥道傳云游沙大國有王名曰瓶沙時歲十五卽登寶位二十五年間設預修十王生七
齋四十九度備諸供具無不淨嚴泊于甲子十二月初八日庚申夜半忽有冥道使者着
青衣一人着黃衣九人來入王宮喚王名字是時王驚亂失志無所逃遁冥使十人把定
依法將去時路有一白山草木不生狀如雪嶽大王甚異之間其故冥使答言此是南閻
浮提世界人民設預修十王齋者或爲師僧父母兄弟姉妹死亡之日爲設冥王齋資助
亡靈福報者不擇破錢不依造錢法獻納冥王王不受用抱棄此處積聚成山而已矣大
王聞已次復前行詣至冥間顧視左右有無數鬼衆或牙如劍樹口似血盆三目四目等
百千形狀見則失膽不可忍見鬼卒執大王囚獄大王白冥司言我卽位已來以正法治
國不行惡業唯行善業何罪所致遇此苦報高聲大叫冥司答言大王以誠心供養十王
四十九度我等大王何敢背恩從官眷屬不得大王供養挾心竚歸令大王致其患耳大
王白言從官名目世本無凡夫不知不請非獨罪人過失唯願冥司哀愍衆生具綠名
目許授罪人廻歸本國流傳于世廣度群迷或復罪人更備前規並列從官眷屬一一供
養一一禮拜勿生容易癡心洗腸畢命爲期尊重恭敬冥司如大王所願目綠廣傳于世
警悟迷人遞相傳受依法修齋免冥司苦大王倍加精進修行十善御位百年豐嚴供養
謹按科儀一一召請依預修經三旬兩供百年已滿臨欲終時入於禪定神昇兜率面見
大聖親聞法要證須陀洹果大王所受目錄二百五十九位具錄于后地藏大聖爲首六
大天曹道明無毒六大天王冥府十王十六判官三元將軍善惡二簿童子三十七鬼王
監齋直符護法淨神土地靈官已上九十七位十王各陪從官一百六十二位都計二百
五十九位私云從官者其實一百六十四位添出者自追魂使者至一切使者爲十一位
則都計二百七十二位一本云冥司曰王陪三色從官何不辦供養沙王曰願授三色從
官名目還送本國更設供養冥司曰從官列名見閻羅王授記經放送王還生本國一朝
一度供養居王位一百二十五年私曰大藏別無閻羅王授記經唯有預修集一卷此經
本無十王眷屬名目開板者添入瓶沙王所授來名目耳大唐太宗貞觀十四年庚子秋
太史令傅奕暴亡冥報記曰傅奕初與傅仁均薛賾同官太史仁均先亡賾昔欠仁均錢
五千未償後夢仁均索討賾問曰先所欠錢當付與誰仁均曰付與泥人又問泥人者誰
曰傅奕也是夕馮長命少府亦夢同焉又多見先亡者問佛經之虛實彼曰實也曰傅奕

위와 같이 설명하고 있다.『예수천왕통의』에서 전하는 생전예수재
에 관한 유래는 크게 여섯 가지로 요약할 수 있는데,

첫째, 북인도 유사국 병사왕[86]이 25년 동안 49번에 걸쳐 예수재시
왕생칠재를 올렸음에도 불구하고 열시왕의 종관들과 그에 따른 권속
들의 명목(名目)을 몰라 명사들의 숨은 고통을 위로하지 못해 저승을
다녀온 후 다시금 예수시왕생칠재의 35편을 올바르게 봉행함으로써
이후 미륵대성을 친견하고 수다원을 증득하여 성자가 되었다는 것과
병사왕이 받아온 종관목록에는 기존 생전예수재에서 공양을 올렸던
지장대성・육대천조・도명무독・육대천왕・명부시왕 26위와 삼원장
군・이부동자 37위를 비롯한 추가로 감재사자・직부사자・호법정신
・토지영관 97위와 각배종관 162위 등 259위를 밝히고 있고『예수천
왕통의』를 찬술한 육화(六和)의 개인적인 견해로는 명도전에 근거하
여 종관목록이 272위(일체사자 포함)임을 밝히고 있다.

毁法當受何報彼日配越州泥人長命入殿庭告蹟蹟亦言如之時有帝臨在側蹟送錢
與奕та告其夢不數日奕果暴亡或爲泥型中人也貞觀十五年辛丑春鑄六銖錢頒行
天下帝聞傅奕暴亡傷感不已依勝曼經鑄冥界錢開八天設齋免冥司苦使近侍壯丁
一百八人各佩一文晝夜衛護也開板校正者依唐太宗法南閻浮提人受生時冥司下
各借壽生錢生前預修還納本庫免于身邊十八般災得三世富貴吉祥 如意也世間
葉錢八百文爲冥府錢開八天一文爲八貫十文爲八十貫百文爲八百貫故以石板印
刷錢形前面書開八天三字一邊畫星象後面書常平通寶四字以金銀色印刷造錢則
最勝便利無論貧富通用尤爲容易故積年傳來古蹟書之右也貞觀十六年壬寅三藏
玄奬法師發王舍城入祇羅國國主出郊迎之已而問日而國有聖人出世作小秦王破
陳樂試爲我言其爲人奬粗陳唐帝神武削平天下躬行堯舜之治其王大驚東向稽首
日我當朝觀與師偕行也奬因出所撰制惡見論似之王欽歎日此論一出可謂日光旣
昇螢火奪明矣卽以靑象名馬助奬駄經而還時貞觀十九年乙巳春正月也先時奬往
安震湖, 西天求敎因檢大藏經見壽生經一卷有十二生相屬故飜譯傳於世界使薄
福衆生得大利益免了十八般苦也. 安震湖,『釋門儀範』, 上, 219~23쪽.

86) 병사(屛沙・瓶沙)、평사(萍沙)、빈바사라(頻婆娑羅)라고도 씀. 죽림정사를 지
어 석존께 공양한 중인도 마가타국왕의 이름.『佛敎大辭典』, 上, 865쪽.

둘째, 또 다른 근거로서 저승세계 명사들이 병사왕에게 종관들과 권속들의 이름이 『염라대왕수기경』(閻羅大王授記經)에 기록되어 있음을 밝히고 이후 병사왕이 125년간 공양을 올렸다는 내용이 담겨 있다. 그러나 찬술자의 개인적인 견해로서 현존하는 대장경(大藏經)엔 『염라대왕수기경』이 존재하지 않고 있어 이러한 목록이 경(經)을 개판(改版)하는 과정에서 덧붙여진 것으로 짐작하고 있다.

셋째, 당나라 태종 14 경자년 가을, 명보기가 지은 부혁의 죽음에 관한 내용으로 인균에게 오천 냥의 돈을 빌린 벽적이 그 돈을 갚을 길이 없자 인균이 꿈에 나타나 곧 저승으로 올 부혁에게 돈을 갚아 보내줄 것을 일러준다.

넷째, 당나라 태종은 신하인 부혁이 죽었다는 부음을 듣고 『승만경』(勝鬘經)[87]에 근거하여 명계전(冥界錢)인 개팔천(開八天)을 주조하여 예수재를 베풀었다는 것을 전한다.

다섯째, 살아생전에 예수재를 닦는 법식을 설명한 것으로서 명부(冥府)에서 빌려온 수생전을 환납해야만 18종의 재앙들을 피해갈 수 있음을 밝힌다. 더불어 명부의 돈, 개팔천(開八天)을 만들기 위해서는 앞면에 개팔천을 새겨놓고 뒷면에 상평통보(常平通寶) 정교하게 그려 넣어 금색과 은색으로 인쇄하면 된다고 설명하고 이는 옛 문헌에 근거하고 있음을 밝히고 있다.

여섯째, 삼장법사 현장 스님이 기라국에서 국왕의 성대한 영접을 받고 그에게 『제악견론』(일체의 못된 견해들을 제압하는 책)을 전한

---

87) 1권. 유송의 구나발다라 번역. 『승만사자후일승대방편방광경(勝鬘師子吼一乘大方便方廣經)』의 약칭. 사위국 바사익 왕의 딸로서 아유사국으로 시집간 승만 부인이 석존께 대하여 자기의 사상을 여쭙고, 부처님이 이를 기쁘게 받아들인 것을 내용으로 한 것. 일승으로서 종지를 삼는 『묘법연화경』과 같은 것으로 묘법연화는 광설(廣說)이며 이 경은 약설(略說)이다. 법화에는 3회(三會) 및 여러 가지 권(權·實)이 있으나 이경은 이사오주(二死五住)를 말한다. 『佛教大辭典』, 上, 1478쪽.

뒤 대장경을 싣고 당나라에 귀국함에 큰 도움을 받았음을 밝히고 있다. 그리고 현장 스님이 구도행각을 하던 중에 대장경을 열람하다 『수생경』(壽生經)을 발견하고 그 경을 번역하여 많은 중생들에게 전함으로써 이후 예수재를 봉행하여 큰 이익을 얻게 하였음을 설명하고 있다.

[그림 2] 현행 예수재 용품과 내용물[88]

 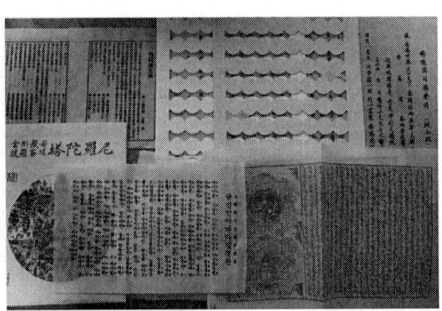

그럼 현장 스님이 구도행각을 하던 중 대장경을 열람하다 발견했다는 『수생경』은 과연 어떤 내용을 담고 있는 것일까? 다음은 『수생전』의 우리말 번역본[89]이다.

무릇정관 십삼년에 당나라의 고승으로 삼장법사 현장화상
부처님법 구하고자 서역국에 이르러서 대장경을 열람하다
수생경을 발견하니 그경전에 이르시되 열두가지 띠를따라
남섬부주 거친세상 사람으로 태어날때 누구누구 할것없이
생명줄을 이어준돈 수생전을 빌리나니 명부에서 빌렸기에
갚아야할 것이니라 (…중략…) 혹은어떤 선남자나 혹은어떤

---

88) 현행 생전예수재에 쓰이는 예수재용품으로 내용물에는 수생경과 금강경 그리고 명부세계로 보내는 금은 전(錢)을 비롯한 함합소 등이 들어 있고 개인의 이름 등을 명시할 수 있도록 했다. 사진 출처: 본인 촬영.
89) 동봉정휴, 『일원곡』, 제7권, 202~208쪽.

선여인이 금강경과 수생경을 정성스레 독송하면 생명뿌리
본명전을 갚을수가 있느니라 그러므로 알지니라 금강경과
수생경은 이세상에 태어날때 생명줄로 빌린돈인 수생전을
갚는데도 그공덕이 너무커서 그어떠한 비유로도 견줄수가
없느니라 (…중략…) 수생경은 진실하여 허망하지 아니하니
자기신변 일어나는 재앙들을 없애주고 때와장소 안가리고
주위에서 일어나는 여러가지 화근들을 면케하여 주느니라
(…중략…) 만일어떤 선남자나 또는어떤 선여인이 보다일찍
이를알아 수생전을 바친뒤에 분명하게 설명하고 누락됨이
없게하되 빠뜨린관 있게되면 고사단에 바칠지니 어쩌다가
때를놓쳐 그냥죽게 되더라도 칠칠일이 되기전에 정성스런
마음으로 수생경을 읽은뒤에 불에살라 바친다면 삼세부모
칠대조상 모두천상 나게되고 일가친척 비롯하여 구족들이
맺은원혼모두모두 구제하여 생천할수 있느니라 선비학자
승려거나 도인이나 속인이나 귀하거나 천하거나 없는자나
있는자나 남자거나 여자거나 노인이나 젊은이나 누구누구
할것없이 금생에서 이를알고 목숨빚인 수생전을 불에살라
바친다면 과현미래 삼세걸쳐 부귀누릴 것이니라 (…중략…)
수생경의 공덕들을 세가지로 얘기하면 첫째로는 묵은원결
풀어주는 경전이고 둘째로는 사람목숨 늘여주는 진언이고
셋째로는 오역죄를 소멸하는 경전이라 누구든지 이경전을
지성으로 독송하면 무간지옥 떨어질죄 한꺼번에 면케되고
마침내는 천상계에 왕생하게 될것이니 참되고도 실다우며
허망하지 않느니라[90]

---

90) 負觀十三年有唐三藏法師往西天求敎因檢大藏經見壽生經一卷有十二相屬南贍
部洲生下爲人先にて冥司下各借壽生錢有注命官秖揖人道見今庫藏空閑催南贍部
洲衆生交納壽生錢阿難又間世尊南贍部洲衆生多有大願不能納得佛言道敎看金
剛經壽生經能折本命錢爲秖證經力甚大若衆生不納壽生錢睡中驚恐眠夢顛倒三
魂杳杳七魄幽幽微生空中共亡人語話相逐攝人魂魄滅人精神爲欠壽生錢若有善
男子善女人破旁納得壽生錢免得身邊一十八般橫災第一遠路陂泊內被惡人窺算
之災第二遠路風雹雨打之災第三過江度河落水之災第四墙倒屋榻之災第五火光

앞에서 소개한 『수생경』을 쉽게 정리하면 다음과 같다.

첫째, 당나라 고승 현장 스님이 서역국에서 대장경을 열람하다 『수생경』을 발견했다는 내용과 모든 중생이 명부에서 수생전을 빌려 태어났기 때문에 반드시 갚아야 한다고 강조한다. 그러나 아난존자[91]는 중생들이 수생전을 갚으려고 해도 갚을 길이 없음을 밝히고 그 방법을 여쭙게 된다.

둘째, 부처님이 아난의 물음에 답하게 되니 먼저 수생전을 갚지 않

之災第六血光之災第七勞病之災第八疥癩之災第九咽喉閉塞之災第十落馬傷人
之災第十一車碾之災第十二破傷風死之災第十三剗難之災第十四橫死之災第十
五卒中風病之災第十六天行時氣之災第十七投井自縊之災第十八官事口舌之災
若有善男子善女人納得壽生錢免了身邊一十八般橫災若有人不納不折壽生錢後
世爲人多注貧賤壽命不長醜陋不堪多僥殘疾但看注壽生經又名受生經眞經不虛
除了身邊災免了身邊禍又說十地菩薩長壽王菩薩摩訶薩延壽王菩薩摩訶薩增福
壽菩薩摩訶薩消災障菩薩摩訶薩救苦難觀世音菩薩摩訶薩長安樂菩薩摩訶薩長
歡喜菩薩摩訶薩解冤結菩薩摩訶薩福壽王菩薩摩訶薩延壽長菩薩摩訶薩本宅龍
神土地罪消滅滿宅家眷罪消滅惡口浪舌罪消滅殺生害命罪消滅前生冤業罪消滅
今生冤業罪消滅前生父母罪消滅今生父母罪消滅又說災星金星木星水星火星土
星太陽星太陰星羅睺星計都星紫炁星月孛星懺悔巳後願災星不照福曜長臨四時
無病入節無災若有善男子善女人早納壽生錢分明解說漏貫漙小納在庫中庫官敢
付至百年命終之後七七巳前早燒取壽生經救度三世父母七代先亡九族冤魂皆得
生天儒流學士僧尼道俗或貴或賤若有善男子善女人今生早燒壽生錢三世富貴今
生不燒三世貧賤後世難得人身縱得爲人瘸手瘸足無目跛腰癡聾瘖瘂衣不蓋形食
不充口被人經賤若早燒壽生錢注衣注食注命注祿本命星官本命判官修羅王事天
龍八部聞佛所說皆大歡喜信受奉行佛說壽生經卽說呪曰天羅呪地羅呪日月黃羅
呪一切冤家離我身摩訶般若波羅密一解冤經二延壽眞言三滅五逆之罪誦此經免
地獄之罪便得生天不虛矣.「佛說壽生經」,『新纂續藏經』(서울: 韓國人文科學院,
1998) 第87卷, 922~23쪽.

91) 부처님 10대 제자의 한 사람. 줄여서 아난. 무염(無染)·환희(歡喜)·경희(驚喜)라 번역. 부처님의 사촌동생으로서 가비라성의 석가 종족(부왕에 대해서는 곡반왕·감로반왕·백반왕의 이설이 있다)의 집에 출생하여 8세에 출가함. 수행하는 데 미남인 탓으로 여자의 유혹이 여러 번 있었으나 지조가 견고하여 몸을 잘 보호하여 수행을 완성하였음. 『佛敎大辭典』, 下, 1619쪽.

을 경우에 받게 되는 고통을 설명하고 이어 수생전을 갚고 나면 소멸되는 18가지의 액운을 설명한다. 그러나 이와 같은 이치에도 불구하고 수생전을 갚지 않는다면 스스로 또 다른 재앙들을 받게 됨을 설명한다.

셋째, 이어 부처님은 수생경과 금강경을 봉독하고 수생전을 불살라 명부전에 바친다면 일체 모든 액운과 재앙을 벗어난다고 설한다. 이와 같은 공덕은 크게 묵은 원결을 풀고 수명을 늘려주며 오역죄를 소멸하게 하며 마침내 천상계에 왕생하게 될 것이라 강조한다.

지금까지 살펴본 『예수천왕통의』와 『수생경』은 생전예수재의 탄생을 짐작하는 데 중요한 단서를 제공하고 있다. 즉, 의식이 만들어지기 이전, 경전의 내용만으로 존재하던 명부세계와 수생전 그리고 두려움의 대상이던 사후세계 등을 원만하게 맞이할 수 있다는 방법을 설명함으로써 중생들에게 희망을 품을 수 있게 하고 비로소 종교의식으로 정립되는 계기를 마련하는 기초를 제공하기 때문이다. 그럼 과연 종교의식으로 정립된 시기를 어떻게 가늠해볼 수 있을까?

다음 장에서 소개하는 『지장경』(地藏經)과 명부시왕(冥府十王) 사상은 그 물음에 관한 해답을 제시하고 있다.

[그림 3] 예수재 용품의 수생경과 금은전[92]

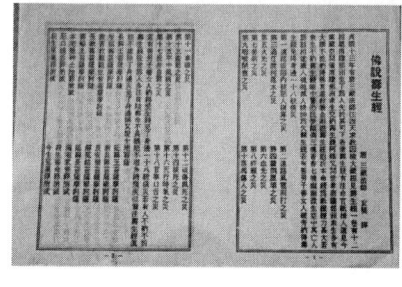

---

92) 사진 출처: 본인 촬영.

2) 『지장본원경』과 명부시왕

(1) 『지장본원경』(地藏本願經)[93]

생전예수재의 교리적인 연원은 그 뿌리를 지장(地藏)[94] 사상에 두고 있다. 의식에서도 중단(中壇)에 해당하는 소청명부편(김請冥府篇)에 가장 큰 비중을 두고 있는 것도 이와 같은 이유인 것으로 짐작하는데, 특히 『지장본원경』은 명부세계 혹은 지옥세계에 관한 다양한 모습을 부처님과 지장보살을 통해 확인할 수 있고 지옥에서 벗어나기 위한 방법도 제시하고 있다. 먼저 『지장본원경』의 주된 내용은 다음과 같이 요약할 수 있는데,

제1장 「도리천궁신통품」(瀟利天宮神通品)에서는 부처님의 말씀을 듣기 위해 운집한 제불보살(諸佛菩薩)과 천신과 천룡(天龍) 심지어 다른 곳의 국토와 사바세계의 귀왕(鬼王) 가리켜 지장보살이 오랜 세월 동안 이미 제도했거나 지금도 제도 중이거나 앞으로 제도할 이들이라고 설명한 후 문수사리[95]에게 과거 지장보살의 수행과정을 설명한다.

제2장 「분신집회품」(分身集會品)에서는 부처님이 지장보살에게 사바세계에 미륵불이 오실 때까지 주생을 모두 해탈시켜서 영원히 모든

---

93) 『지장보살본원경』의 약칭. 2권. 당나라의 실차나타가 번역함. 지장보살의 백천 방편으로 일체 중생들을 교화하기에 노력하고, 죄를 짓고 고통 받는 중생들을 평등하게 해탈케 하려는 큰 서원을 세운 것을 13품으로 나누어 설한 것. 『지장경』이라고 약칭. 『佛敎大辭典』, 下, 2438쪽.

94) 대지(大地)와 같이 일체중생을 포용하는 보살이 되며 6도(지옥·아귀·축생·수라·인간·천상) 중생의 죄업을 교화하여 안락으로 인도하는 보살. 특히 지옥중생을 교화한다고 한다. 一指, 『범망경·지장경』(서울: 민족사, 2005), 180쪽.

95) 보현보살과 짝하여 석가모니불의 보처로서 왼쪽에 있어 지혜를 맡음. 현재 북방의 상희세계(常喜世界)에 있는 환희장마니보적여래라고도 이름. 『佛敎大辭典』, 上, 697쪽.

고통에서 벗어나게 할 것을 수기(授記)한다.[96]

제3장 「관중생업연품」(觀衆生業緣品)에서는 마야 부인이 중생이 지옥에 떨어지는 업연과 지옥의 고통에 관해 묻고 지장보살이 지옥에 관한 답이 이어진다.[97]

제4장 「염부중생업감품」(閻浮衆生業感品)에서는 지장보살의 전생에 관한 이야기와 중생들의 갖가지 죄업을 나열하고 지장보살이 방편을 제시한다.

제5장 「지옥명호품」(地獄名號品)에서는 지장보살이 여러 가지 지옥에 관한 명칭과 형벌 종류에 관해 설명한다.

제6장 「여래찬탄품」(如來贊歎品)에서는 부처님이 지장보살의 위신력(威神力)과 미래중생이 지장보살상에 예배 공양함으로 얻는 공덕에 관해 설명한다.

제7장 「이익존망품」(利益存亡品)에서는 임종(臨終)하는 사람이나 그 가족이 부처님이나 지장보살에게 귀의함으로써 얻는 공덕을 설명한다.

제8장 「염라왕중찬탄품」(閻羅王衆讚歎品)에서는 염라천자와 여러 귀왕이 지장보살을 도와 중생들을 교화하겠다고 하자 부처님이 이들을 찬탄한다.

제9장 「칭불명호품」(稱佛名號品)에서는 지장보살이 과거 부처님의 명호를 설명하고 찬탄한다.

제10장 「교량보시공덕연품」(校量布施功德緣品)에서는 가난한 자에

---

96) 令娑婆世界至彌勒出世已來衆生悉使解脫永離諸苦遇佛授記. 무비 스님, 『지장보살본원경』(서울: 도서출판 窓, 2005), 상, 44쪽.

97) 특히, 지장보살은 무간지옥(無間地獄)에 관해 자세히 설명하고 있다. "만약 지옥에서 형벌하는 기구 등의 명칭과 여러 가지 고통 주는 일들은 일 겁 동안 상세히 설명한다 해도 다 할 수가 없습니다"「無間地獄粗說如是若廣說地獄罪器等名及諸苦事一劫之中求說不盡」비구 만다, 『생전예수재(生前豫修齋) 참회의 공덕』, 158쪽.

대한 보시 공덕과 불사(佛事)에 관한 공덕을 설명한다.

제11장 「지신호법품」(地神護法品)에서는 부처님이 지장보살을 대지(大地)에 비유하며 그의 공덕을 찬탄하며 더 나아가 『지장경』을 유포하며 얻는 10가지 공덕을 설명한다.

제12장 「견문이익품」(見聞利益品)에서는 관세음보살이 지장보살에게 예배 공양함으로써 얻는 이익과 그 공덕을 게송(偈頌)으로 설명한다.

제13장 「촉루인천품」(囑累人天品)에서는 중생이 지장보살을 예배 찬탄함으로써 얻는 28가지 공덕과 하늘·용·귀신이 지장보살을 찬탄하고 공경함을 바탕으로 수행을 통해 얻는 7가지 이익에 관해 설명한다.

[그림 4] 지장보살도[98]

이와 같은 『지장본원경』의 내용적 특징은 여러 가지 지옥에 관한 명호와 설명 그리고 그에 관한 형벌 등을 소개함으로써 일체 중생에

---

98) 고려시대에 제작된 지장보살도로서 주로 좌우에 시왕이 없이 독존(獨尊)의 형식을 취하고 있는 것이 특징이다. 사진 출처: 왼쪽부터 김정희, 『불화, 찬란한 불교 미술의 세계』(서울: 도서출판 돌베개, 2009), 229쪽, 93쪽, 231쪽, 230쪽.

게 그들의 삶을 돌아보며 잘못된 악업을 참회하고 더 나아가 사후의 심판에 대비할 수 있도록 상기시킨다. 더군다나 지장보살은 중생들이 악업(惡業)을 행하는 것에 대해 경계(警戒)할 것을 주문하는데 그 이유는 다음과 같다.

> 이것은 모두 남염부제의 악을 행한 중생들의 업으로 느낌이 이와 같습니다. 업력이 너무 터서 능히 수미산에 대적할 정도이며, 능히 큰 바다보다 깊으며, 능히 성스러운 도를 막게 됩니다. 이러한 까닭으로 중생들은 작은 악이라고 하여 가볍게 여겨 죄가 없다고 하지만 사람이 죽은 뒤의 그 갚음은 털끝만한 것도 다 받게 됩니다. 아버지와 자식은 지극히 친한 사이지만 가는 길이 각각 다르며 비록 서로 만난다고 하더라도 기꺼이 대신 받을 수가 없습니다.99)

『지장본원경』에서는 중생들이 행하는 악업에 관해 자세히 설명하고 있는데 사실 그 내용을 살펴보면 어느 누구도 예외가 있을 수 없음을 알 수 있다.

> 세존이시여, 제가 관찰하니 이 염부제 중생들이 발을 옮기고 생각하는 것이 죄 아님이 없습니다. 설사 좋은 이익을 만나더라도 처음 먹은 마음이 흔히 물러납니다. 그래서 혹 나쁜 인연을 만나게 되면 순간순간마다 죄가 더하여지게 됩니다.100)

---

99) "地獄名號品." 皆是南閻浮提行惡衆生業感如是業力甚大能敵須彌能深巨海能障聖道是故衆生莫經小惡以爲無罪死後有報纖毫受之父子至親岐路各別縱然相逢無肯代受. 무비 스님, 『지장보살본원경』, 상, 158쪽.
100) "利益存亡品." 世尊我觀是閻浮提衆生擧足動念無非是罪若遇善利多退初心或遇惡緣念念增益. 무비 스님, 『지장보살본원경』, 하, 121쪽.

그러나 이와 같은 악행을 저지른 중생도 결국 그 죄를 탕감(蕩減)하고 지옥에서 벗어나며 성불(成佛)이를 수 있는 방편을 설명하는데, 특히 다음에 소개하는 내용은 생전예수재가 설행하게 되는 단서를 제공하고 있다.

> 보광이여, 만약 선남자 선여인이 있어 능히 지장보살상 앞에서 여러 가지 악기로 연주하며 노래를 읊어서 찬탄하고 향과 꽃으로 공양하거나, 한 사람이나 많은 사람에게 권하여도 이와 같은 사람들은 현재의 세상이나 미래의 세상에도 항상 백천의 신들이 낮과 밤으로 호위함을 얻을 것이다. 악한 일은 귀에 들리지도 않게 되나니 어찌 하물며 친히 횡액을 받는 일이 있겠는가[101]

또한 이와 같은 지장보살에 대한 찬탄과 공양 그리고 예배에 관한 공덕을 제11장「지신호법품」과 제13장「촉루인천품」등에 설명하고 있는데,

> 세존이시여, 제가(견뢰지신) 살펴보니 미래와 현재의 모든 중생이 자기가 사는 곳이나 남쪽의 깨끗한 곳에 흙·돌·대나무 등으로 집을 짓고 그 가운데 지장보살을 그리거나 금·은·동·철로 조성하여 모시고 향을 살라 공양하고 우러러 예배하고 찬탄하면, 이 사람은 사는 동안 다음과 같은 열 가지 이익을 얻게 될 것입니다. 첫째, 토지에 풍년이 들 것입니다. 둘째, 집안이 편안해질 것입니다. 셋째, 죽은 선조가 천상에 날 것입니다. 넷째, 부모가 오래 살 것입니다. 다섯째, 구하는 바가 뜻대로 될 것입니다. 여섯째, 수재나 화

---

101) "如來讚歎品." 復次普廣若有善男子善女人能對地藏菩薩像前作諸妓樂及歌詠讚歎香華供養乃至勸於一人多人如是等輩現在世中及未來世常得百千鬼神日夜衛護不令惡事輒聞於耳何況親受諸橫. 무비 스님, 『지장보살본원경』, 상, 164쪽.

재가 없을 것입니다. 일곱째, 재물이 헛되이 소모되는 것이 없을 것입니다. 여덟째, 악몽을 꾸지 않을 것입니다. 아홉째, 출입할 때 신장이 보호할 것입니다. 열째, 좋은 인연을 만나게 될 것입니다.[102]

부처님께서 허공장보살에게 말씀하시기를 "자세히 듣고 자세히 듣거라. 내가 마땅히 그대를 위하여 분별하게 말하리라. 만약 미래세에 어느 선남자 선여인이 지장보살의 형상을 보거나, 이경을 듣거나, 내지 독송하며 향·꽃·음식·의복·보배 등으로 보시 공양하고 찬탄하여 우러러 예배하면 마땅히 二十八종의 공덕을 얻으리라. 一, 천상과 용이 항상 지켜주며 二, 선한 과(果)가 날로 더함이며 三, 성인의 높은 인(因)을 더함이며 四, 보리도에서 물러나지 않음이며 五, 의식이 풍족함이며 六, 질병이 이르지 못함이며 七, 물·불의 재앙을 여읠 것이며 八, 도적의 액난이 없음이며 九, 남들이 보고 존경함이며 十, 신(神)과 귀(鬼)가 도와줌이며 十一, 여자는 남자 몸으로 바뀜이며 十二, 여자라면 임금이나 대신의 딸이 됨이며 十三, 상호가 아름다움이며 十四, 천상에 많이 태어남이며 十五, 혹 제왕으로 태어남이며 十六, 숙명의 지혜를 얻음이며 十七, 구하는 바가 뜻대로 이루어짐이며 十八, 권속이 기뻐하고 즐거워함이며 十九, 모든 횡액이 소멸함이며 二十, 업도가 영원히 소멸함이며 二十一, 가는 곳마다 통달함이며 二十二, 밤에는 꿈이 편안함이며 二十三, 먼저 돌아가신 부모 권속 등이 고(苦)를 여읨이며 二十四, 숙세의 복을 받아 태어남이며 二十五, 모든 성현의 찬탄함이며 二十六, 총명하여 근기가 수승함이며 二十七,

---

102) "地神護法品." 世尊我(堅牢地神)觀未來及現在衆生於所住處於南方淸潔之地以土石竹木作其龕室是中能塑畵乃至金銀銅鐵作地藏形像燒香供養瞻禮讚歎是人居處卽得十種利益何等爲十一者土地豊穰二者家宅永安三者先亡生天四者現存益壽五者求者遂意六者無水火災七者虛耗辟除八者杜絶惡夢九者出入神護十者多遇聖因. 一指,『범망경·지장경』, 147~48쪽.

자비심이 넉넉함이며 二十八, 끝내는 부처를 이룹니다.[103)]

이와 같은 이익과 공덕은 중생으로 하여금 선업을 중요성을 인지시키고 더 나아가 종교의식으로 승화할 수 있는 계기가 된 것으로 짐작할 수 있다.

[그림 5] 전등사 명부전과 지장삼존상[104)]

(2) 명부시왕(冥府十王)

생전예수재는 불교의 지옥사상과 도교의 명부시왕(冥府十王) 사상과의 결합을 통해 확립한 것으로 사료되기 때문에 명부시왕에 관한 자료를 살펴보는 것은 생전예수재의 역사적 탄생이나 정립과정을 짐작하는 데 중요한 단서를 제공하고 있다.

---

103) "囑累人天品." 佛告虛空藏菩薩諸聽諸聽吾當爲汝分別設之若未來世有善男子善女人見地藏形像及聞此經乃至讚誦香華飲食衣服珍寶布施供養讚歎瞻禮得二十八種利益一者天龍護念二者善果日增三者集聖上因四者菩提不退五者衣食豊足六者疾疫不臨七者離水火災八者無盜賊厄九者人見欽敬十者鬼神助持十一者女轉男身十二者爲王臣女十三者端正相好十四者多生天上十五者或爲帝王十六者宿智命通十七者有求皆從十八者眷屬歡樂十九者諸橫消滅二十者業道永除二十一者去處盡通二十二者夜夢安樂二十三者先亡離苦二十四者宿福受生二十五者諸聖讚歎二十六者聰明利根二十七者饒慈愍心二十八者畢竟成佛. 고성훈, 『지장경』(서울: 우리출판사, 1992), 245~49쪽.

104) 전등사 명부전은 1716년 법당에 삼존 불사를 하고 1767년 시왕상을 보결중수하였다는 기록 등으로 보아 18세기 전반에 조성된 것으로 추정된다. 사진출처: 본인 촬영.

사후(死後), 지옥(地獄)에 관한 종교적 신앙은 어느 종교를 막론하고 존재하는데 불교 발생지인 인도의 브라만교에서는 사람이 죽으면 육체를 떠난 영혼이 사자의 길을 통해 yama국에 태어난다는 관념이 있고 고대 아리아족의 성전인 『Atharvr Veda』는 살인자들이 사는 어두운 지옥세계인 Naraka라는 개념이 등장하기도 한다.[105]

이와 같은 고대 종교에서 등장하는 지옥에 관한 내용은 이후 불교와 결합되면서 더욱 발전하게 되는데 죽은 자의 안내서로서 유명한『티벳死者의 書』에 묘사된 야마의 모습에서 명확하게 확인할 수 있다.

> 야마는 죽음의 신이다. 야마의 사자들은 그의 졸개들로서 일종의 유령과 같은 존재다. 그들은 죽음을 당하면 영혼에게 들소 머리를 한 무시무시한 모습으로 나타나 죽은 자의 영혼을 야마가 다스리는 세계로 끌고 간다. 야마는 죽은 자의 영혼을 선악의 무게에 따라 심판하며 그 심판결과에 따라 다음 생에 태어날 존재 차원이 결정되며 완전한 깨달음을 얻지 못하면 여러 존재차원에 거듭 태어난다.[106]

야마의 모습과 같은 지옥세계는 앞장에서 살펴본『지장본원경』에서 열거한 귀왕이나 야차의 모습에서도 확인할 수 있는데,

> 또한 야차가 있는데 그 모양이 각각 달라서 손이 많은 것과 눈이 많은 것과 발이 많은 것과 머리가 많은 것과 어금니가 밖으로 튀어나와서 날카롭기가 칼날 같은 것들이 죄인들을 몰아서 악한 짐승들에게 가깝게 대어주며, 다시 스스로 치고 받아서 머리와 다리가 서로 엉키는 등 그 모양이 만 가지나 되어 감히 오래 볼 수가 없었다.[107]

---

105) 노현석, 「불교의 지옥고찰: 정법념처경을 중심으로」(석사학위논문, 동국대학교 대학원, 1985), 6쪽.
106) 정창역 번역(파드마삼바바 지음), 『티벳死者의 書』(서울: 시공사, 1998), 161쪽.

이와 같이 종교적 지옥사상의 정립은 명칭을 달리할 뿐 그 내용을 상당 부분 동일하거나 깊은 연관성을 가지고 있다. 이러한 불교의 지옥신앙은 이후 중국으로 유입되고 결국 도교의 시왕사상과 결합하여 생전예수재 정립 계기를 마련하기에 이른다.

이미 중국에는 불교가 전래되기 이전에 도교(道敎)에서 사후세계에 대한 관념이 존재하고 있었다. 즉, 하늘에는 절대자인 천제(天帝)가 있어 천조(天曹)에서 널리 천하를 지배하고, 땅에는 지부(地府)에 태산부군(泰山府君)이 있어 천제 밑에 예속되어 인간의 수명(壽命)과 길흉화복(吉凶禍福)의 모든 것을 장악한다고 하여 사람들은 천제와 태산부군에게 자신의 운명이 달려 있다고 믿어 왔다.108)

[그림 6] 좌로부터 태산부군, 판관귀왕, 감제사자 · 직부사자109)

이러한 도교의 태산신앙은 불교의 전래 이후 불전(佛典)이 한역되

---

107) “瀟利天宮神通品.” 又見夜叉其形各異或多手多眼多足多頭口牙外出利刃如鉤驅諸罪人使近惡獸復自搏攫頭足相就其形萬類不敢久視. 무비 스님, 『지장보살본원경』, 상, 126쪽.
108) 김정희, 『조선시대 지장시왕도 연구』(서울: 一志社, 1996), 4쪽.
109) 전등사 명부전의 태산부군과 판관귀왕 그리고 감제 · 직부사자로서 18세기에 조성된 것으로 추측하고 있다. 사진 출처: 명부시왕에 관한 사진은 강화 전등사 명부전의 것으로 본인이 촬영한 것이다.

면서 불교의 지옥사상과 결합하며 불전에서도 태산지옥(泰山地獄)이라는 말이 자주 등장하게 되는데 남북조시대에 이르면 지옥의 지배자인 '야마'를 음역한 '염라왕'(閻羅王)과 중국 고유의 태산부군이 결합하여 중국의 지옥사상의 주류를 이루게 되고, 인간의 수명을 관리하던 태산부군이 지옥의 관념으로 변모되면서 염라대왕보다 하위에 위치해 명계(冥界)의 판관(判官)으로 등장하게 되었다.110)

당대(唐代)에 인간은 사후 생전의 죄악에 의해 여러 왕들에게 심판을 받는다고 하는 사상이 발전하게 되면서 시왕신앙의 체계적인 구성을 갖게 되었는데 인간의 잘잘못을 가리고 판단하는 지옥개념을 중국의 전통적인 관료 제도와 결합시켜 명부세계에 그대로 적용하여 지옥세계도 지상세계와 같은 지배체계를 구축하게 되어 여러 왕들이 등장하게 되었다.111)

이와 같은 시왕사상이 경전에 영향을 주고 찬술된 것112)이 바로 앞장에서 소개한 『불설예수시왕생칠경』이다. 특히, 이 경에는 위에서 설명한 염라왕(閻羅王)과 시왕(十王)이 자세히 기술되고 있는데 먼저 염라왕에 관한 내용113)을 살펴보면 다음과 같다.

---

110) 김정희, 「조선시대 명부전 도상의 연구」(성남: 한국정신문화연구원 박사학위논문, 1992), 19쪽.
111) 김정희, 「조선시대 명부전 도상의 연구」, 50쪽.
112) 『불설시왕생칠경』은 당나라 말기인 10세기경에 만들어진 위경(僞經)으로 전한다. 즉, 부처님 당시의 기록서라기보다는 불교가 중국에 유입된 이후 만들어진 경일 것으로 많은 학자가 추측한다. 또한 생전예수재와 관련 있는 『지장경』 역시 당대(唐代)의 역경 삼장 실차난타의 번역으로 전해지고 있으나 일찍이 어떤 경전 목록에도 기록되지 않았으며 고려대장경・송장(宋藏)・원장(元藏)에도 수록되어 있지 않다. 다만 명장(明藏)에 처음 수록되어 있는 것으로 보아 실차나타의 번역이 아니라 후대의 번역이라고 추정하는 학자들도 있다. 一指, 『범망경・지장경』, 200쪽.
113) 동봉정휴, 『일원곡』, 제7권, 210쪽.

그대들은 알지니라 이법회의 염라천자 다가오는 미래세상
필경에는 성불하여 보 현 왕 여래로서 십호모두 갖추리니
여래시며 응공이며 정변지며 명행족에 선서시며 세간해며
무상사며 조어장부 천인사며 부처세존 이와같은 이름이라
그여래가 머물국토 화엄이라 할것이니 아름다운 연꽃들이
누리가득 피어있고 갖가지의 보배로써 찬란하게 장엄되어
너무나도 깨끗하매 그와같이 부르리라 또한다시 염라천자
미래부처 보현왕이 상주하는 화엄국토 장엄스런 그나라는
누구든지 그스스로 자기마음 닦으면서 중생들을 교화하는
보살들로 가득하리114)

또한 시왕에 관한 내용115)이 이어지는데,

사후첫째 칠일간은 진광왕이 담당하고
죽은사람 첫째칠일 중음받아 떠돌적에 몰이장군 무리지어
먼지처럼 밀려오고 진광왕이 심문하여 재계점검 하다보니
이로인해 칠일동안 저승나루 못나오네

두번째로 칠일간은 초강왕이 담당하고
죽은사람 둘째칠일 저승나루 건널적에 천만무리 앞다투어
강나루에 북적대네 인도하는 우두나찰 몽둥이를 어깨메고
재촉하는 귀신군졸 쇠사슬로 얽어매네

세번째로 칠일간은 송제왕이 담당하고
죽은사람 셋째칠일 두려움에 휩싸여서 저승길이 멀고험함
그제서야 아는구나 죄인이름 낱낱불러 있는곳을 확인하고
무리무리 몰아부쳐 오관왕에 보내지네

---

114) 告諸大衆閻羅天子於未來世當得作佛名曰普賢王如來十號具足國土嚴淨百寶莊
嚴國名華嚴菩薩充滿. 「佛說預修十王生七經」, 『續藏經』, 第150卷, 777쪽.
115) 동봉정휴, 『일원곡』, 제7권, 221~23쪽.

네번째로 칠일간은 오관왕이 담당하고
오관대왕 업의저울 허공중에 높이달고 좌우동자 업기록을
완벽하게 지녔으니 죄의경중 분명해라 애원한들 통할손가
저울눈금 오르내림 지은대로 받으리라

[그림 7] 좌로부터 제일 진광대왕 · 제일 초강대왕 · 제삼 송제대왕

다섯째로 칠일간은 염라왕이 담당하고
다섯칠일 염라전에 다툼소리 끊어지고 탄식하는 죄인들은
몸과마음 오싹하여 고개들고 위를향해 업경대를 바라보니
지난세상 지은죄업 티끌인들 피할손가

여섯째로 칠일간은 변성왕이 담당하고
죽은사람 여섯칠일 명도옥에 갇히어서 쫓기듯이 앉은사람
고집불통 어리석네 매일매일 교시받아 공덕력을 보고나니
지옥천상 마음따라 잠깐사이 있는것을

일곱째로 칠일간은 태산왕이 담당하고
일곱칠일 명도지옥 흑암절벽 중음신은 부르나니 부모형제
이내몸을 구해주오 아직까지 복업공덕 결정되지 않았으니
무슨복업 지었는지 친족남녀 살펴지네

[그림 8] 좌로부터 제사 오관대왕 · 제오 염라대왕 · 제육 변성대왕

여덟째로 백일간은 평등왕이 담당하고
죽은사람 백일동안 두려움에 사로잡혀 형틀묶여 채찍맞아
상처자국 낭자해라 친족남녀 애를써서 복업공덕 쌓아주면
그로인해 묘하게도 천상세계 보이도다

아홉째로 일년간은 도시왕이 담당하고
일년동안 여기살며 심한고통 덜어짐은 친족남녀 재계닦아
복덕인연 심음일세 아직까지 육도윤회 뛰어나지 못했으니
경전불상 조성하여 저승나루 벗어나오

삼년간은 열째오도 전륜왕의 담당으로
삼년세월 보낸뒤에 나갈나루 열리리니 좋고싫음 상대차별
복업인연 달렸도다 나쁜행위 저지름은 천일동안 근심이며
태중에선 살았으나 태어나자 죽는구나[116]

---

116) 第一七日過秦廣王　一七亡人中陰身驅將隊隊數如塵且向初王齊檢點由來未渡
奈河津　第二七日過初江王　二七亡人渡奈河千群萬隊涉江波引路牛頭肩挾捧催
行鬼卒手擎叉　第三七日過宋帝王　亡人三七轉恓惶始覺冥途險路長各各點名如
所在群群驅送五官王　第四七日過五官王　五官業秤向空懸左右雙童業簿全輕重
豈由情所願低昻自任昔因緣　第五七日過閻羅王　五七閻王息諍聲罪人心恨未甘

[그림 9] 좌로부터 제칠 태산대왕 · 제팔 평등대왕 · 제구 도시대왕

이와 같이 예는 시왕에 관한 설명이 자세히 기록되어있다.

결국 불교에서의 지옥신앙은 고대인도 브라만교의 업(業)사상과 응보(應報)의 개념에서 비롯되어 정립된 것으로 확인할 수 있지만 시왕의 명칭은 인도나 불교에서는 없었던 것으로 지옥사상이 중국에 전래되면서 도교의 시왕사상과 결합하며 정립된 것으로 정의할 수 있다.[117] 그리고 이와 같은 시왕사상이 우리나라에 유입되며 통일신라 초기엔 보편화된 의식으로 자리 잡게 되는데 다음의『삼국유사』(三國遺事)에서 그 기록을 확인할 수 있다.

망덕사승선율시전욕성육백반약공미주흘피음부소추지명

情策髮仰頭看業鏡始知先世事分明 第六七日過變成王 亡人六七滯冥途切迫坐人執意愚日日只看功德力天當地獄在須臾 第七七日過大山王 七七冥途中陰身專求父母會情親福業此時仍未定更看男女造何因 第八百日過平等王 亡人百日更恓惶身遭枷械被鞭像男女努力造功德從慈妙善見天當 第九一年過都市王 一年過此轉苦辛男女修齋福業因六道輪廻仍未定造經造佛出迷津 第十至三年過五道轉輪王 後三所歷是開津好惡唯憑福業因不善尙憂千日內胎生産死夭亡身.「佛說預修十王生七經」,『續藏經』, 第150卷, 779~80쪽.

117) 鄭京娥,「朝鮮時代 佛畵에 나타난 地獄表現에 관한 考察: 十王圖를 中心으로」(석사학위논문, 조선대학교 교육대학원, 2001), 19~22쪽.

사부문왈여재인간작하업율왈빈도모년욕성대품경공미취취
이래사왈여지수록수진승원선득인간(望德寺僧善律施錢慾成
六百般若功未周忽被陰府所追至冥司府問曰汝在人間作何業
律曰貧道暮年慾成大品經功未就娶而來司曰汝之壽錄雖盡勝願
宣得人間)[118)

위 글은 망덕사의 승려 선율의 이야기를 통해 음부(陰府)와 명사(冥司), 지옥고(地獄苦) 및 망자(亡者)는 죄업(罪業)의 경중에 따라서 지옥에서 고통을 받는다는 인과응보(因果應報)의 지옥사상이 처음으로 내포되어 있다.[119) 특히, 고려시대에 이르면 시왕신앙은 더욱 구체화되고 성행하게 되는데 시왕사(十王寺)[120)라는 이름의 사찰이 건립되고 시왕도(十王圖)와 지장시왕도(地藏十王圖)가 조성되는 등 시왕신앙이 더욱 구체화되어 보급된다.

[그림 10] 가운데 제십 오도전륜대왕과 양쪽의 삼원장군

118) "善律還生條."『三國遺事』, 第5卷. 이민수 옮김(일연 지음), 『삼국유사』(서울: 汎友社, 1986), 하, 192쪽.
119) 이현선, 「17세기 명부 十王像의 양식적 연구」(석사학위논문, 동국대학교 문화예술대학원, 2003), 10쪽.
120) 경기도 개성시 궁성(宮城) 서북쪽에 있었던 사찰. 1004년(목종 7) 김치양(金致陽)이 창건하였다. 1146년(인종 24)에 왕이 병이 들었을 때, 신하들이 정월 24일 이 절에 찾아가서 왕의 쾌유를 비는 기도를 올렸다는 기록이 있다. 『한국민족문화대백과사전13』, 532쪽.

이후, 조선시대에는 임진왜란과 병자호란 등을 겪으며 현실생활에서의 도피와 내세에 대한 열망, 지옥구제에 대한 바람으로 이어지고 되고 생전에 미리 추선공양(追善供養)하고 재를 올려 복을 닦음으로써 사후 지옥에 떨어지는 형벌을 면하고자 하는 바람으로 명부의 구주인 지장보살과 시왕에 대한 신앙이 크게 성행하였고 이에 따라 시왕도 및 명부전 조각이 활발하게 제작되었다.121)

[그림 11] 시왕도에 묘사된 지옥세계122)

그리고 조선시대의 지장신앙의 성격을 살펴볼 때 가장 특징적인 점은 민간불교신앙과의 융합이 크게 이루어졌다는 것이다. 즉, 고려시대 후기에 이르러 죽은 후의 신앙과 연결되어 큰 유행을 본 지장신앙은 조선조에 오면 명부전(冥府殿)의 주존으로서 사후 명복을 비는 것과 깊은 관계를 갖게 된다. 이것은 고려시대 지장보살화(地藏菩薩畵)가 단독 상(像)으로 많이 조성되던 것에 비해 조선조에 만들어진 지장보살화는 거의 모두가 지옥의 시왕을 대동한 지장시왕도의 형태라는 점, 또 지장보살화를 모신 전각이 명부전이란 사실로도 잘 알 수 있다. 그

---

121) 이현선, 「17세기 명부 十王像의 양식적 연구」, 11쪽.
122) 시왕도에는 업경대(전생을 비추는 거울)에 비춰진 전생의 죄업을 확인하는 장면과 그 죄업으로 육도 윤회하는 장면, 그리고 고통 받는 지옥중생에 대한 묘사가 나타가 있고 이는 감로탱화와 같은 불화에도 보여지고 있다. 사진 출처: 김정희, 『불화, 찬란한 불교 미술의 세계』, 260쪽.

러나 무엇보다도 불교가 심하게 억압을 받던 조선조시대에 현존하는
바와 같이 수많은 지장보살화가 조성, 봉안되었다는 사실이 당대의 지
장보살신앙을 가장 잘 대변해준다고 할 수 있다.[123]

[그림 12] 조선시대 지장보살도와 시왕도[124]

　　본 논문에서 조선시대 생전예수재 복원과 재현을 위해 참고하는 의
식집인 『예수시왕생칠재의찬요』(預修十王生七齋儀纂要)도 1576년과
1632년에 찬술된 것임을 감안할 때 이와 같은 지장·시왕사상이 당시
의 보편적인 종교 신앙이었음을 짐작할 수 있고 이는 불교의식, 생전
예수재 설행으로 자연스럽게 연결되었을 것임을 쉽게 추측할 수 있게

123) 金廷禧, 「朝鮮後期 地藏菩薩畵의 硏究: 18世紀의 作品을 中心으로」(석사학
　　　위논문, 韓國精神文化硏究院, 1982), 16쪽.
124) 좌측부터 조선 초(15세기 경) 지장보살도, 조선 중기(1725년) 지장시왕도,
　　　조선 후기(1862) 화엄사 시왕도인데 탱화의 특징에서 살필 수 있듯이 고려
　　　시대 지장보살 독존의 형식에서 점차 조선시대에 들어오면서 지장보살과 권
　　　속이 이후 조선 중기에서는 시왕이 포함되고 후기에 가서는 시왕을 독립적
　　　으로 묘사하는 등 시대가 흐를수록 보다 세분화·다양화되고 사상적 발전을
　　　이루고 있음을 알 수 있다. 이는 생전예수재와 수륙재 정립과 발전에도 상당
　　　한 영향을 주었을 것으로 짐작한다. 사진 출처: 좌로부터 김정희, 『불화, 찬
　　　란한 불교 미술의 세계』, 105쪽, 125쪽, 261쪽.

한다. 그리고 당시에 설행된 생전예수재는 지옥·시왕사상이 이 땅에 유입되고 정착한, 천년 가까운 시간이 경과한 불교의식인 것을 생각할 때 그 완성도가 상당히 높았을 것으로 짐작한다.

3) 재 의식의 정립과 사상

조선시대 재 의식 정립에 중요한 역할을 담당했던 종교적 신앙은 지장·시왕사상이었음을 앞장에서 확인하였다. 물론 지장·시왕사상은 불교가 유입된 시점부터 고려시대를 거치면서 종교적인 체계가 갖춰져 이후 생전예수재의 탄생과 정립에도 큰 영향을 주었을 것으로 짐작한다. 그럼 당시의 불교의식 중 생전예수재만이 시왕사상에 영향을 받았던 것일까? 그 답은 다음의 의식절차에서 찾을 수 있다.

(1) 영산재(靈山齋)

중요무형문화재 제50호로 지정된 영산재(靈山齋)는 현행 불교 재 의식을 대표할 수 있는 종교의식으로, 현재 한국 불교 의식 중 가장 큰 규모로 봉행되고 있다. 먼저 영산재의 절차를 살펴보면 다음과 같다.

> 시련(侍輦) → 대령(對靈) → 관욕(灌浴) → 조전점안(造錢點眼) → 신중작법(神衆作法) → 괘불이운(掛佛移運) → 영산작법(靈山作法) → 식당작법(食堂作法) → 운수상단(雲水上壇) → 소청중위(召請中位) → 신중퇴공(神衆退供) → 관음시식(觀音施食)·전시식(奠施食) → 소대봉송(燒臺奉送) → 회향(回向)

위와 같은 현행 영산재와 동일한 절차로 기술된 조선시대의 의식집은 아직까지 찾아볼 수 없다. 이는 곧 현행 영산재가 그 목적에 맞게 재구성된 견기이작형 의식임을 보여주는 것이다.[125] 현행 영산재는 크게 두 가지 사상을 포함하고 있다. 먼저 영산작법, 석가모니 부처님이 영취산에서 설법하는 것을 재현하여 성현의 공덕을 찬탄하고 공양을 올리는 의식에 포함된 법화사상(法華思想)126)과 영가 천도를 위해 봉행하는 운수상단과 소청중위에 포함된 지장·시왕사상이 그것이다.

[그림 13] 2007년 봉원사 영산재 괘불이운127)

---

125) 영산재는 의식의 목적과 당시 상황에 맞게 범패승과 증명법사 등에 의해 의식의 절차를 재구성하는 의식 진행의 형태로 볼 수 있다. 이와 같은 의식 진행의 형태는 숭유억불 정책 하에 있던 조선 불교의 의식 정착에 가장 큰 특징으로 꼽을 수 있다.

126) 『법화경』(法華經)을 근본으로 삼아 발전시킨 불교사상의 하나이다. 『법화경』은 전체가 28품으로 구성되어 있지만, 그중에서도 이 경의 중심사상을 이루는 부분은 제2 방편품(方便品), 제11 견보탑품(見寶塔品), 제14 안락행품(安樂行品), 제16 여래수량품(如來壽量品), 제25 관세음보살보문품(觀世音菩薩普門品) 등이다. 이 경은 모든 불교경전 중 가장 넓은 지역과 많은 민족들에 의해서 수지(受持) 애호된 대승경전 중의 꽃이라고 할 수 있다. 특히 중국에서 한역된 후 수의 천태대사 지의(538~597)에 의해 이 경에 담겨져 있는 깊은 뜻과 사상이 교학적·사상적으로 조직·정리됨으로써 천태사상이 발전을 보게 되어 화엄사상과 함께 중국불교학의 쌍벽을 이루게 된 너무도 유명한 경전이다. 내용과 사상으로 볼 때 이 경은 인도에서 재가신도들이 중심이 된 대승불교운동의 태동과 그 맥락을 같이해서 성립된 경이다. 따라서 이 경의 내용과 사상은 철두철미 대승불교적인 것이라고 할 수 있다. 『佛敎大辭典』, 上, 614~15쪽.

127) 괘불을 옮기고 있는 모습과 대중 스님이 배례하는 모습. 사진 출처: 본인 촬영.

법화사상의 유입 시기가 596년(영양왕 7)에 중국 천태종의 지의에게서 선법을 전수받은 파야(波若)가 있었던 것으로 미뤄보면 고구려 시대에도 법화사상의 연구가 이루어졌을 것으로 추정하고 있다.128) 이후 고려시대까지 한국 불교 사상 정립의 가장 큰 영향을 주고 있었던 점으로 미뤄 한국 불교 의식, 특히 예불을 포함한 일체 일용의식 등에 관한 사상적 뿌리가 법화사상을 있음은 주지의 사실이다.129) 그러나 현행 영산재 절차에 포함된 운수상단(소청상위)130)과 소청중위의 사상적 배경은 분명, 지장·시왕사상을 바탕으로 하고 있다.131)

[그림 14] 대웅전 앞에 모셔진 시왕·판관 번(幡)과 영단(靈壇)132)

---

128) 『한국민족문화대백과사전9』(서울: 웅진출판주식회사, 1997), 587쪽.

129) 그러나 조선시대에는 불교의 억압정책으로 법화사상뿐만 아니라 불교의 모든 사상이 침체를 면하지 못하였다. 특히 종파의 통폐합으로 법화사상을 근본으로 하는 천태종의 명맥은 사라지게 되었고, 『법화경』과 천태사상에 관한 연구서도 김시습(金時習)의 『연경별찬』(蓮經別讚)과 김대현(金大鉉)의 『선학입문』(禪學入門)만이 저술되었다. 『한국민족문화대백과사전9』, 588쪽.

130) 영산재의 운수상단권공은 명부시왕에 대한 권공으로 소청상위는 각배재(大禮王供齋, 十王各拜齋)로 진행하는데, 운수상단에 불·보살을 청하여 예를 갖추어 공양을 올리며 금일 재의 내용을 소상히 밝히는 절차이다. 법현, 『불교음악 영산재 연구』(서울: 운주사, 1997), 108쪽.

131) 왜냐하면 운수상단, 소청상위를 시작으로 한 재 의식으로 시왕각배재의 명칭이 사용되고 있고 시왕각배재를 이루는 중심은 곧 소청중위에 해당하기 때문이다.

132) 강원도 구월사 영산재의 모습 사진 출처: 본인 촬영.

다음은 영산재 운수상단의 상단소(上壇疏) 우리말 번역본[133] 중 일부이다.

> 그러므로 여기오늘 신남신녀 시주께서 선망조상 영가님을
> 천도코자 마음내어 병법사리 한 스님에 몇몇 스님 초빙하여
> 맑고맑은 이도량에 이와같이 나아와서 천지명양 수륙도량
> 이와같이 세우옵고 하룻밤을 기약하여 번을달고 첩을내고
> 깨끗하게 결계하고 정성스레 단을쌓고 향과꽃과 등과촛불
> 엄숙하게 준비하고 차와과일 온갖진수 공양의궤 갖추옵고
> 조심스레 황도지녀 시방법계 과현미래 상주하신 삼보님을
> 공경스레 청하옵고 조심스레 칭양갖춰 두루청하 옵나이다
> 시방세계 항상계신 거룩하신 부처님께 저희이제 두손모아
> 일심봉청 하사옵고 시방세계 항상계신 청정하신 가르침에
> 저희이제 두손모아 일심봉청 하사오며 시방세계 항상계신
> 고승대덕 스님들께 저희이제 두손모아 일심봉청 하옵나니
> 부처님의 크신은혜 어디에나 두루하여 감응하는 그마음이
> 함께하게 하옵소서 부처님법 크신힘은 사의하기 어려워라
> 가이없는 중생들을 능히건져 주오시네 엎드리어 바라오니
> 각천이신 금상이여 자비광명 범정에게 두루비춰 주옵시고
> 허공계는 참되고도 또한신령 스러워라 그위덕이 이땅위에
> 어디에나 통하시네 저희이제 맑은공양 이와같이 닦으오니
> 사랑으로 광명으로 이향단에 오옵소서[134]

---

133) 동봉정휴, 『일원곡』, 제13권, 82~83쪽.

134) 伏聞法身無相乃卽相以求眞實相忘言仗金言以詮顯是以三祇行滿五位修因應群機而月印千江赴信心而春行萬國有祈皆應無願不從今有此日卽有大檀信某人伏爲所薦某人靈駕是以謹命秉法闍梨一員及僧一壇以今月今日就於某山某寺建置天地冥陽水陸道場約一夜揚幡發牒結界建壇嚴備香花燈燭茶菓珍食供養之儀謹持黃道召請十方法界過現未來常住三寶謹具稱揚迎請于后一心奉請十方常住一切佛陀耶衆一心奉請十方常住一切達摩耶衆一心奉請十方常住一切僧伽耶衆右伏以佛恩周庇不違有感之心法力難思能濟無邊之衆伏乞覺天金相慈光普照於凡情空界眞靈威德咸通於此　地今修淨供望賜哀憐出定光臨和南謹疏．安震湖,

운수상단소에서는 본 의식을 설행하는 목적을 분명히 전하고 있다.
즉, 천지명양수륙도량(天地冥陽水陸道場)에서 선망조상 천도를 위해
수륙재(水陸齋)[135]를 설판하고 일체 삼보의 감응을 기원하여 도량에
강림하길 발원한다. 이렇게 상단에 소(疏)를 읽고 난 후 소청중위로
넘어가는데 다음은 소청중위 시왕소(十王疏)의 우리말 번역본[136] 중
일부이다.

> 유명세계 교주이신 지장보살 마하살님 지성귀의 하사옵고
> 일심봉청 하나이다 좌보처인 도명존자 우보처인 무독귀왕
> 지성귀의 하사옵고 일심봉청 하나이다 첫번째로 진광대왕
> 두번째로 초강대왕 세번째로 송제대왕 네번째로 오관대왕
> 다섯째로 염라대왕 여섯째로 변성대왕 지성귀의 하사옵고
> 일심봉청 하나이다 일곱째로 태산대왕 여덟째로 평등대왕
> 아홉째로 도시대왕 열째오도 전륜대왕 태산부군 비롯하여
> 오도대신 십팔옥주 지성귀의 하사옵고 일심봉청 하나이다
> 이십사위 판관들과 삼십육위 귀왕들과 삼원장군 이부동자
> 여러모든 사자님들 소머리에 말의얼굴 아방졸리 제위등중
> 지성귀의 하사옵고 일심봉청 하나이다 시방법계 지옥도중
> 고통받는 모든유정 시방법계 아귀도중 고통받는 모든유정
> 시방법계 방생도중 고통받는 모든유정 빠짐없이 일심으로
> 삼가봉청 하나이다 직책으론 명부전의 높은자리 머무시고
> 직위로는 저승길의 귀한자리 계시면서 일체중생 선과악의
> 원인들에 의거하여 중생들의 생사보를 보이시는 이들이여
> 위와같이 엎드리어 간절하게 원하오니 온갖고초 깨뜨리고
> 인간세계 잠시오사 맑고맑은 이법회에 이와같이 나오시어
> 이시간의 묘한공양 즐거웁게 드옵소서 다시또한 두손모아

『釋門儀範』, 上, 136쪽.

135) 이와 같은 수륙재의 설판 증거가 나타나기 때문에 현행 영산재에서는 대회
소를 아예 생략하거나 영산도량 혹은 영산재 등으로 바꿔 읽는다.

136) 동봉정휴, 『일원곡』, 제13권, 91~93쪽.

간절하게 원하오니 유명세계 빠진영혼 어서속히 벗어나고
이미가신 망령들은 함께피안 오르소서[137]

위 영산재의 시왕소는 앞에서 살펴본『지장경』과『불설예수시왕생
칠경』에서 열거한 지장·시왕과 판관·귀왕에게 본 의식을 설행함을
고하고 있는데 이는 곧 지장·시왕사상의 영향으로 구성된 것임을 짐
작할 수 있게 한다. 이와 같이 운수상단과 소청중위가 현행 영산재에
포함되어 있다는 사실만으로도 영산재는 조선시대 보편화되어 있던
지장·시왕사상을 수용한 의식으로 평가할 수 있다.

(2) 수륙재(水陸齋)

일반적으로 수륙재는 수중고혼(水中孤魂)을 천도하는 재(齋) 의식
으로만 알고 있으나 과거에 간행된 불교 의식집과 문헌을 통해 수륙
재에 관한 자료를 살펴보면 오늘날 전해지는 수륙재 의식의 목적이
현행 의식과 같이 한정된 목적으로 진행된 것이 아님을 알 수 있다.
현재는 영산재가 한국 불교의식을 대표하는 의식인 것은 사실이나 과
거 고려·조선시대에는 수륙재가 가장 대중적으로 성행되었고 이후

---

137) 切以智增靈明不處天宮而利物悲心弘廣常居地府而化生以四生如乎四心以十王
如乎十地殿前酷獄愍衆生造業而來案側善童錄含識修福而往鑑明善惡總現無遺
今有此日(云云)今則道場嚴辦諸聖降臨次邀請於十方願來赴於法會南無一心奉
請幽冥敎主地藏王菩薩摩訶薩一心奉請左補處道明尊者一心奉請右補處無毒鬼
王爲首一心奉請第一秦廣大王一心奉請第二初江大王一心奉請第三宋帝大王一
心奉請第四五官大王一心奉請第五閻羅大王一心奉請第六變成大王一心奉請第
七泰山大王一心奉請第八平等大王一心奉請第九都市大王一心奉請第十五道轉
輪大王泰山府君五道大神十八獄主二十四位判官三十六位鬼王三元將軍二府童
子諸位使者牛頭馬面卒吏阿旁諸位等衆十方法界地獄道中受苦有情十方法界餓
鬼道中受苦有情十方法界傍生道中受苦有情各位等衆右伏以職居冥殿位列幽道
憑衆生善惡之因示衆生昇沈之報罷地苦楚暫到人間赴此夕之淨筵納今宵之妙供
庶幽冥滯魄早遂超昇願已往亡靈咸登彼岸謹疏.　　安震湖,『釋門儀範』, 上,
139~40쪽.

견기이작형(見機而作形)[138] 의식으로 재편성되면서 현재에 이르게 되었음을 조선시대에 간행된 많은 불서(佛書) 자료를 통해 알 수 있다. 이러한 수치상의 통계는 조선시대를 거치며 전해오는 불교의식 법요집의 관련 자료를 통해서 알 수 있는데, 한 예로 조선시대에 간행된 많은 의식집 중 수륙재 관련 의식집이 무려 70%를 차지하고 있고 당시 전국의 많은 대찰(大刹)에서 주도적으로 수륙재 관련 의식집을 편찬하였음을 알 수 있다.[139]

또한 조선 초기의 문헌에 따르면,

> 산 사람이 만일 부처를 섬기고 중을 대접하는 일을 하여 복리로 인도하면, 죽은 귀신이 주림에서 배부르게 되고 괴로움에서 즐겁게 되어 성불하여 영구히 윤회의 응보를 면하게 되고, 산 사람도 잘된다고 한다. 이러므로 (…중략…) 온 세상이 물밀듯이 높이고 숭상하는데, 수륙무차평등회가 더욱 그 법 중에서 가장 좋은 것이다.[140]

조선시대 문헌에서 보이는 수륙재의 자료는 신라시대로부터 전해진 팔관회(八關會)[141]의 영향을 받은 것으로 사료되는데 李能和는『朝鮮

---

138) 의식을 주관하는 사찰과 범패승이 재장(齋場)의 상황을 살펴 임의로 의식을 축소하거나 생략한 의식을 말한다. 그러나 이와 같은 견기이작형 재라도 반드시 설행 목적에 맞게 의식절차가 구성되어야 한다.

139) 현재 규장각에는 불교의식집류가 총 27종 43본 소장되어 있는데 이 중 재가 신도가 참여하는 의식을 위해 간행된 법요집은 총 21종이고, 수륙재와 관련 있는 의식집은 15종에 해당된다. 이러한 사실만 보더라도 조선시대에 설행된 의식 중에서 수륙재가 차지하는 비중이 상당히 높았음을 알 수 있고 실제로도 당시에 매우 빈번히 설행되었음을 짐작할 수 있다. 南希叔,「16~18세기 佛敎儀式集의 간행과 佛敎大衆化」,『韓國文化』제34집, 101~102쪽.

140) 權近,『陽村集』卷12. 김희준,「조선 전기 수륙재의 설행」(박사학위논문, 한국교원대학교 교육대학원, 2001), 7쪽.

141) 고려 때의 불교의식으로 삼국사기에 의하면 팔관회의 시초는 551년(진흥왕 12)에 신라에서 행해진 듯하며, 고려 太祖의 훈요십조(訓要十調) 중에도 그

佛教通史』[142])에서,

> 수륙(水陸)에서 전사(戰死)한 병졸(兵卒)들을 위하여 명
> 복(冥福)을 빌고 추천(追薦)하는 것은 그들을 재액(災厄)과
> 난관(難關)을 초탈(超脫)하고 안락(安樂)한 불국토(佛國土)
> 로 승천(陞遷)시키기 위함이다. 후세(後世)에 수륙재(水陸
> 齋)를 설행(設行)하는 것은 옛 팔관회(八關會)의 의미(意味)
> 를 이은 것이다.[143]

라고 밝히고 있다.

기록상 우리나라 최초의 수륙재는 고려 광종(光宗) 때 귀법사(歸法
寺)에서 설행되었다. 나말여초에 국가가 민중을 포섭하는 불사로 설행
하였던 것으로 추측한다.

또한 앞에서 설명했듯이 조선시대에는 수륙재에 관한 의식집이 많
이 간행되었는데 가장 대표적인 것은 『水陸無遮平等齋儀撮要』와 『天
地冥陽水陸儀纂要』이다. 먼저 『水陸無遮平等齋儀撮要』는 복잡한 수륙
재의 의식 절차를 줄여서 요약한 책으로 1470년(성종 1) 견성사(見性
寺) 개간본부터, 1694년(숙종 20) 경상도 해인사(海印寺) 개간본까지
24종의 판본이 현존한다. 『天地冥陽水陸儀纂要』역시 여러 가지 수륙
재 의식문들 중에서 중요한 것만 간추려 54편으로 나누어 정리한 것
이다. 발문의 내용을 보면, 수륙의문(水陸儀文)에 대한 책은 67종이
되지만 그중에서 중례문(中禮文)[144], 결수문(結手文)[145]이 가장 잘 정

중요성이 지적되어 성종(成宗)조를 제외하고는 연등회와 함께 국가의 2대
의식의 하나가 되었다. 『佛敎大辭典』, 下, 2663쪽.

142) 李能和, 『朝鮮佛敎通史』, 下編, 291쪽.
143) 김희준, 「조선 전기 수륙재의 설행」, 9쪽.
144) 『天地冥陽水陸儀纂要』의 또 다른 명칭으로 『찬요』의 설행 목적이 중단, 즉,
명부시왕을 비롯한 중단 성현에 맞춰져 있기 때문에 『중례문』이란 명칭을
사용하였다.

리되어 있어 크게 성행(盛行)하였다.146)

[그림 15] 현행 수륙재147)

　현행되는 수륙재의 진행 절차는 크게 두 가지 방법이 전해지는데, 하나는 영산재를 모두 마치고 수륙재를 거행하는 것과 다른 하나는 처음부터 수륙재만을 행하는 것이 있다.148) 전자의 경우는 영산재만 하더라도 재 의식이 3일간이나 걸리는 연유로 인해 요즘에는 영산재를 생략하고 처음부터 수륙재만을 거행하는 것이 상례(常例)로 되어 있다. 수륙재의 절차는 다음과 같다. 먼저 영산재를 행하고 나서 서찬편(序讚篇) → 상단(上壇) → 사자단(使者壇) → 오로단(五路壇) → 상단(上壇) → 중단(中壇) → 하단(下壇) → 회향단(回向壇)으로 진행된다.149)

---

145) 『水陸無遮平等齋儀撮要』의 또 다른 명칭으로『촬요』, 즉 수륙재 의식의 가장 근본적인 요점을 간추린 의식집이다. 내용은 천도 받는 대상인 하단 중생을 모두 청하고 불법에 귀의시킨 후 일체 악업을 참회하고 서원을 세워 결국 성불에 이르게 하려는 내용을 담고 있어『결수』, 즉 '인연을 맺게 한다'는 명칭을 사용하였다.

146) 南希叔,「16~18세기 佛敎儀式集의 간행과 佛敎大衆化」,『韓國文化』제34집, 102~104쪽.

147) 현재의 수륙재는 규모가 큰 방생법회 정도의 의식으로 인식되어 그 의식이 축소·변질되고 있다. 사진 출처:　http://cafe113.daum.net/c21/bbs_search read?grpid.

148) 이와 같은 사실은 수륙재도 견기이작형의 다양한 절차 정립 등의 특징을 갖고 있는 것으로 볼 수 있다.

또한 수륙재 복원 작업을 위한 의식 재편성 작업을 진행하고 있는 불교계에서 현재 확립한 수륙재 의식의 절차는 시련(侍輦) → 대령(對靈) → 관욕(灌浴) → 삼십구위(三十九位) → 괘불이운(掛佛移運) → 소청사자(召請使者) → 개벽오방(開闢五方) → 소청상위(召請上位) → 소청중위(召請中位) → 기성가지(祈聖加持) → 소청하위(召請下位) → 화재수용(化財受用) → 관음시식(觀音施食) → 전시식(錢施食)[150]으로 진행된다.

본 연구를 위해 참고하는 『석문의범』[151]의 수륙재 관련 수륙무차평등재의(水陸無遮平等齋儀)는 현행 의식 진행 절차 중 수륙재의 본래 목적을 위한 독립된 의식문[152]인 1573년(선조6) 월악산 덕주사에서 간행한 『수륙무차평등재의촬요』 등을 옮긴 것으로 조선불교 수륙재의(水陸齋儀)의 특징을 면밀히 살필 수 있다. 의식은 먼저, 설회인유편(設會因由篇) → 엄정팔방편(嚴淨八方篇) → 발보리심편(發菩提心篇) → 주향통서편(呪香通序篇) → 주향공양편(呪香供養篇) → 소청사자편(召請使者篇) → 안위공양편(安位供養篇) → 봉송사자편(奉送使者篇) → 개벽오방편(開闢五方篇) → 안위공양편(安位供養篇) → 소청상위편(召請上位篇) → 헌좌안위편(獻座安位篇) → 보례삼보편(普禮三寶篇)

---

149) 오성미, 「수륙재 연구: 작법과 범패를 중심으로」(석사학위논문, 청주대학교 대학원, 1992), 6~7쪽.

150) 자료 제공은 현재 송암 스님께 수륙재를 전수받아 의식의 복원 작업을 진행하고 있는 대한불교 조계종 천곡사 주지 정오 스님으로 의식 절차를 상황에 맞게 조율하며 수륙재를 진행하고 있다.

151) 安震湖, 『釋門儀範』, 上, 240~63쪽에 기술하고 있는 『수륙무차평등재의』는 1573년(선조 6) 월악산 덕주사에서 간행한 『水陸無遮平等齋儀』를 옮긴 것이다.

152) 『범음산보집』과 같은 종합서가 아닌 독립된 수륙재 절차에 관한 것은 관련 의식집마다 차이가 있다. 가령 『석문의범』의 「수륙무차평등재의」, 즉 『수륙무차평등재의촬요』는 모두 37편으로 진행하고 『천지명양수륙재의찬요』의 경우 각단 관욕의식과 하단 결수의식이 추가로 포함되어 54편으로 구성되어 있다. 『법계성범수륙승회수재의궤』의 경우 모두 43편으로 나눠 전해진다.

→ 소청중위편(召請中位篇) → 천선례성편(天仙禮聖篇) → 헌좌안위편(獻座安位篇) → 소청하위편(召請下位篇) → 인예향욕편(引詣香浴篇) → 가지조욕편(加持澡浴篇) → 가지화의편(加持化衣篇) → 출욕참성편(出浴參聖篇) → 가지예성편(加持禮聖篇) → 수위안좌편(受位安座篇) → 가지변공편(加持變供篇) → 선양성호편(宣揚聖號篇) → 설시인연편(說示因緣篇) → 선밀가지편(宣密加持篇) → 주식현공편(呪食現功篇) → 고혼수향편(孤魂受饗篇) → 참제업장편(懺除業障篇) → 발사홍서편(發四弘誓篇) → 사사귀정편(捨邪歸正篇) → 석상호지편(釋相護持篇) → 수행육도편(修行六度篇) → 관행게찬편(觀行偈讚篇) → 회향게찬편(廻向偈讚篇) → 봉송육도편(奉送六道篇) 등으로 그 절차를 기술하고 있다.

위에서 소개한 3가지 의식 절차에서 알 수 있듯이 수륙재에서는 소청상위와 소청중위 그리고 소청하위를 반드시 포함하고 있는데 이는 곧 지장·시왕사상의 영향으로 구성된 것임을, 다음의 우리말 번역문을 통해 짐작할 수 있다.

> 수륙재의 법식따라 예를갖춰 모시옵고 특별하게 오늘여기
> 이가람에 나아와서 명계양계 수륙도량 아주활짝 열어놓고
> 하룻밤을 지새면서 번을달고 첩을내고 청정하게 결계하고
> 단세우고 장엄하여 향과꽃과 등과촛불 엄정하게 마련하고
> 싱그러운 차와과일 공양의궤 갖추옵고 황도흑도 두가지길
> 조심스레 열어놓고 천선지기 명부관료 모두모두 청하오니
> 엎드려서 바라건대 모든대중 들이시여 뛰어나신 이법회에
> 광명으로 오시어서 저희들이 마련하온 법의자리 도우소서
> 삼가방함 갖추오니 다음과도 같나이다 법계일체 사공천중
> 십팔천중 육욕천중 한마음을 다기울여 삼가봉청 하나이다
> 법계일체 일월천중 제성군중 오통선중 한마음을 다기울여
> 삼가봉청 하나이다 법계일체 제금강중 팔부신중 제용왕중

한마음을 다기울여 삼가봉청 하나이다 <u>법계일체 아수라중</u>
<u>대야차중 구반다중</u> 한마음을 다기울여 삼가봉청 하나이다
<u>법계일체 나찰바중 귀자모중 대하왕중</u> 한마음을 다기울여
삼가봉청 하나이다 <u>법계일체 대산왕중 유현신중 제명왕중</u>
한마음을 다기울여 삼가봉청 하나이다 <u>법계일체 태산부군</u>
<u>제옥왕중 제판관중</u> 한마음을 다기울여 삼가봉청 하나이다
<u>법계일체 제귀왕중 제장군중 제졸리중</u> 한마음을 다기울여
삼가봉청 하나이다 (…중략…) 바라건대 성스러운 이법단에
나오시어 아름다운 쓰임새를 널리널리 베푸소서 병법사문
□□□□ 신묘위광 무릅쓰고 온갖정성 다기울여 글을갖춰
아뢰오니 거룩하신 지혜로써 저희기원 살피소서 두손모아
마음모아 삼가올리 옵나이다[153)

위는 수륙재의 소청중의소(召請中位疏)로서 천신과 판관 귀왕을 비
롯한 명부세계를 관장하는 일체성현을 청하기 위한 내용으로 이뤄져
있다. 수륙재는 상단(上壇: 불・보살)과 중단(中壇: 명부시왕・천신・
귀왕・판관 등) 그리고 하단(下壇: 일체 영혼)에 각기 청하는 대상을
명확하게 구분하고 있는 것이 특징인데 상단, 불・보살을 수륙재 설행
이 원만하게 이행됨을 증명하기 위한 목적으로 청한다. 그리고 중단

---

153) 修設水陸大會所切以光潔自在酒得天稱修行延生故獲仙號不示聲容祈之應謂神
不形運用祝之通謂聖尙遠方而立壇猶裂土以分彊斯建法筵敢依聖造于夜卽有大
檀信某甲伏爲某人謹命秉法闍梨一員及僧一壇以今月某日就於某寺開峙冥陽水
陸道場約一夜揚幡發牒結界建壇嚴備香花燈燭茶菓珍食供養之儀謹持黃黑二道
召請天仙地祇冥府官僚等衆伏願光臨勝會贊助法筵謹具芳啣伸聞于後一心奉請
法界一切(各位上加此八字)四空天衆十八天衆六欲天衆日月天衆諸星君衆五通
仙衆諸金剛衆八部神衆諸龍王衆阿修羅衆大藥叉衆鳩槃茶衆羅刹波衆鬼子母衆
大河王衆大山王衆幽顯神衆諸冥王衆泰山府君諸獄王衆諸判官衆諸鬼王衆諸將
軍衆諸卒吏衆右具如前伏乞天仙地祇冥府官僚等衆希降聖慈望垂靈造上稟如來
之勑下愍檀信之心早布龍旌速排鳳輦幸無叱阻咸率臣僚願赴聖壇廣施妙用僧某
冒犯靈威無任懇禱激切之至具狀申聞伏祈聖鑑謹疏. 安震湖, 『釋門儀範』, 上,
264~65쪽.

명부성현을 청해 일체 고혼을 천도하고자 예를 올리고 공양을 올린다.154) 이는 수륙재를 설행하는 목적과 공양을 올리는 대상을 명확하게 구분하는 의식으로 볼 수 있다. 즉, 수륙재가 하단 고혼(孤魂)을 청해 불법과 인연을 맺어주고 지난 생을 악업을 참회하고 더 나아가 일체중생과 더불어 서원을 발원하여 극락왕생하길 발원155)하는데 이때 일체중생이 지옥의 고통에서 벗어나 극락세계에 왕생하길 발원하기 위한 목적으로 중단, 명부세계와 관계된 지장보살과 시왕 그리고 그의 권속인 판관·귀왕·장군·졸리 등을 청하여 공양을 올린다.156) 이러한 절차 확인만으로도 수륙재는 지장·시왕사상의 영향으로 정립된 의식으로 볼 수 있다.

그러므로 조선시대 불교의식 중 재 의식, 특히 살아 있는 자와 죽은 자를 위로·천도하거나 사후(死後) 극락왕생의 목적을 갖고 있는 의식은 대부분 지장·시왕사상의 영향 속에 정립되었음을 알 수 있고 이는 현행되는 재 의식과도 연결된다고 할 수 있다.

4) 현행 생전예수재의 절차157)

현행 생전예수재는 다음과 같은 절차158)로 진행된다.

---

154) 이와 같은 이유로『천지명양수륙재의찬요』를『중례문』(중단 명부성현에게 공양 올리는 목적)으로 칭한다.

155) 하단 고혼을 불법과 인연 맺는 이와 같은 의식 절차로 인해『수류무차평등재의촬요』의 경우『결수문』(結手文)이란 명칭이 사용되었다.

156) 조선시대 수륙재 관련 의식집의 명칭을『중례문』으로 명시한 것에서 확인할 수 있듯이 수륙재는 '중단 성현에게 예를 올리는 재 의식'이란 의미로 해석할 수도 있다.

157) 본 장에 소개하는 생전예수재 절차는 각 사찰에서 봉행하는 일반적이고 의식 절차로 볼 수 있다. 다만, 시간 사정에 따라 이와 같은 의식 절차를 축소하여 2~4시간 동안 진행하기도 한다.

158) 松江篇,『要集』(서울: 범음 범패 오송강 연구소, 2002)의 생전예수재 절차로

시련(侍輦) → 대령(對靈) → 인예향욕(引詣香浴)・관욕(灌浴) → 괘불이운(掛佛移運) → 건회소(建會疏) → 영산작법(靈山作法) → 개계소(開啓疏) → 식당작법(食堂作法) → 신중작법(神衆作法) → 백사위(百四位)・삼십구위(三十九位) → 순당절차(巡堂節次) → 조전점안법(造錢點眼法) → 금은전이운(金銀錢移運) → 예수시왕생칠재(預修十王生七齋) → 통서인유편(通敍因由篇) → 엄정팔방편(嚴淨八方篇) → 주향통서편(呪香通序篇) → 소청사자편(召請使者篇) → 안위공양편(安慰供養篇) → 봉송사자편(奉送使者篇) → 상단영청지의(上壇迎請之儀) → 보신배헌편(普伸拜獻篇) → 소청명부편(召請冥府篇) → 참례성중편(參禮聖衆篇) → 헌좌안위편(獻座安位篇) → 기성가지편(祈聖加持篇) → 소청고사판관편(召請庫司判官篇) → 보례삼보편(普禮三寶篇) → 수위안좌편(受位安座篇) → 수설명사승회소(修設冥司勝會疏) → 마구단권공(馬廐壇勸供) → 전시식(하단)(奠施食(下壇) → 공성회향편(供聖回向篇) → 경신봉송편(敬伸奉送篇) → 화재수용편(化財受用篇) → 봉송명부편(奉送冥府篇) → 보신회향편(普伸回向篇)

위의 절차는 크게 두 가지로 나눠 그 특징을 살펴볼 수 있는데 이는 생전예수재의 식전(式前)의식과 생전예수재 의식이 그것이다.

위의 절차 중 생전예수재 식전의식으로는 시련(侍輦) → 대령(對靈) → 인예향욕(引詣香浴)・관욕(灌浴) → 괘불이운(掛佛移運) → 건회소(建會疏) → 영산작법(靈山作法) → 개계소(開啓疏) → 식당작법(食堂作法) → 신중작법(神衆作法)(백사위(百四位)・삼십구위(三十九位)) → 순당절차(巡堂節次) → 조전점안법(造錢點眼法) → 금은전이운(金銀錢移

서 이는 현행 생전예수재 관련 의범집인 장벽응 스님의 『예수재의범』과 박송암 스님의 『생전예수재』 등의 절차와 큰 차이가 없다. 단지 차이가 있다면 「신중작법」과 「조전점안」 등의 순서가 바뀐 것을 꼽을 수 있다. 그리고 이는 전형적인 견기이작형 재의식이다.

運)이다. 이 중 대부분의 사찰에서 생전예수재를 봉행할 때는 주로 시련·대령·관욕·신중작법·조전점안·금은전이운 등의 순으로 행한다. 식전의식 중 괘불이운·영산작법 등을 행할 때도 있으나 이는 영산단(靈山壇)이 마련될 경우에 해당[159]하고 식당작법·순당절차는 행하지 않는 것으로 조사됐다.[160]

그리고 생전예수재 의식은 예수시왕생칠재(預修十王生七齋) → 통서인유편(通敍因由篇) → 엄정팔방편(嚴淨八方篇) → 주향통서편(呪香通序篇) → 소청사자편(召請使者篇) → 안위공양편(安慰供養篇) → 봉송사자편(奉送使者篇) → 상단영청지의(上壇迎請之儀) → 보신배헌편(普伸拜獻篇) → 소청명부편(召請冥府篇) → 참례성중편(參禮聖衆篇) → 헌좌안위편(獻座安位篇) → 기성가지편(祈聖加持篇) → 소청고사판관편(召請庫司判官篇) → 보례삼보편(普禮三寶篇) → 수위안좌편(受位安座篇) → 수설명사승회소(修設冥司勝會疏) → 마구단권공(馬廏壇勸供) → 전시식(하단)(奠施食(下壇) → 공성회향편(供聖回向篇) → 경신봉송편(敬伸奉送篇) → 화재수용편(化財受用篇) → 봉송명부편(奉送冥府篇) → 보신회향편(普伸回向篇) 순으로 진행한다.

---

159) 몇몇 범패승은 야외 영산단과는 무관하게 실내 법당 안에서도 괘불이운과 영산작법을 행한다. 이와 같은 경우는 근대에 보급된 생전예수재 의식집을 절차 그대로 진행하는 것으로 볼 수 있다. 그러나 괘불이운의 경우 법당 밖, 야외 영산단이 마련될 경우에만 해당하는 의식이기 때문에 영산단이 마련되지 않거나 괘불을 모시지 않았을 경우엔 의식을 진행하지 않는 것이 옳다. 다만 영산작법 중 부처님의 찬탄을 위한 일부 의식, 예를 들어 할향·연향게·할등·연등게·할화·불찬 등은 야외 영산단과는 상관없이 법당 안에서도 행할 수 있다.

160) 물론 식당작법이나 순당절차를 행할 수도 있으나 필자가 참여한 생전예수재에서는 한 번도 이 같은 의식을 접해보지 못했다. 물론 봉원사에서 매년 행하는 영산재 시연에서는 식당작법을 반드시 행하고 있고 때에 따라서는 순당의식도 진행한다. 그러나 이 의식은 현재 봉원사 영산재 시연을 통해서만 접할 수 있기 때문에 의식을 경험한 범패승의 숫자도 한정되어 있어 생전예수재에서 의식을 접하기는 쉽지 않다.

특히 이와 같은 견기이작형으로 이뤄진 의식 절차상의 구분은 주로
사찰에서 생전예수재를 봉행하는 시간대와 무관치 않음을 확인할 수
있다. 대부분의 사찰에서 생전예수재를 봉행할 때에는 오전과 오후로
나눠 오전에는 생전예수재 식전 의식을 그리고 오후에는 생전예수재
본 의식을 진행하는 것으로 확인됐다. 주로 오전 10시에 시작하여 오
후 4시쯤 마무리하는 전체적인 식순을 정리하며 다음과 같다.

[표 1] 현행 생전예수재의 시간대별 식순[161]

시간	생전예수재 의식내용
10:00~11:00	대령·관욕
11:00~12:00	괘불이운·영산작법·신중작법·금은전점안
12:00~12:30	법문
12:30~14:00	점심공양
14:00~15:30	생전예수재 본 의식
15:30~17:00	시식 및 회향

이와 같이 진행 되는 생전예수재의 절차는 사찰마다 차이가 있지만
사찰의 사정에 따라 의식의 절차가 견기이작형으로 진행해도 반드시
대령·관욕·신중작법·생전예수재 의식 일부·시식은 행하는 것으
로 확인됐다.

5) 현행 생전예수재 절차상의 내용

현행 생전예수재 절차에서 보이는 각 의식에 관한 내용을 정리하면
다음과 같다.

---

161) 이와 같은 시간대별 식순은 2009년 필자가 참여한 전국의 30여개 사찰(화계
사·구월사·홍원사·진관사·봉원사·삼천사·법계사·청룡사·여래사·
방생선원·낙가사·망월사·원일사·독불사·흥천사·보문사·보현암·약
사사·문수사·금룡사·도리사 등)의 생전예수재 현장조사를 기초로 작성
한 것이다.

(1) 시련(侍輦)

시련의식은 말 그대로 '수레로 모신다'의 뜻으로 시방에 존재하는
일체 성현(聖賢)과 범왕(梵王)·제석(帝釋)·사천왕(四天王)을 비롯한
가람(伽藍)·팔부(八部) 신중(神衆) 등을 의식이 행해지는 도량(道場)
으로 청(請)해 모시는 의식이다.162) 『천지명양수륙재의범음산보집』에
서는 상단·중단·하단 시련을 구분하는 도화(圖畵)163)가 전해지며
상단시련에 해당하는 「주시련작법」(晝侍輦作法)이 존재하고 있지만
현재는 행하지164) 않고 단지, 중단 시련을 행할 뿐이다. 상단 시련의
대상은 증명단에 청해지는 일체 불·보살에 해당하며 이를 다시 3단
으로 나눠 상련·중련·하련으로 구분하여 모신다. 중단 시련의 대상
은 천제등중부터 명부등중까지 다시 3단으로 모신다. 이어 하단 시련
의 대상은 선왕선후로부터 삼대가친, 무주고혼 등을 포함하여 다시 3
단으로 나눠 구분하고 도량으로 모신다.165) 재 의식에서 하단 영가를
청할 때는 하단 시련을 행할 수 있을 것으로 추측하는데 이와 같은
경우엔 도량 밖에 대령단을 설치하고 한쪽에는 관욕단을 그리고 다른

---

162) 시련의식은 사찰 밖에서 이뤄진다. 그러므로 먼저 사찰 밖으로 나가는 의식
  을 진행한다.
163) 智還 編, 『天地冥陽水陸齋儀梵音刪補集』(道林寺, 1739), 卷上, 4쪽, 智還 編,
  『天地冥陽水陸齋儀梵音刪補集』(간행자미상, 1782), 卷上, 12~13쪽.
164) 『범음산보집』에서 「주시련론」(晝侍輦論)에서는 상단 시련의식이 주로 수륙
  재와 영산작법에서 행하지만 별개의 작법으로 여기고 있음을 기술하고 있
  다. 蓋水陸設辦之中靈山乃是別作法也. 智還 編, 『天地冥陽水陸齋儀梵音刪補
  集』(간행자 미상, 1782), 卷上, 4쪽.
165) 과연 하단 시련의식이 따로 존재하는 것인가에 관해선 확답할 수 없다. 이유
  는 단지 도화를 통해 하단 시련이 존재했음을 확인하였을 뿐 의식문은 발견
  하지 못했기 때문이다. 필자의 견해로는 만약 현행 재 의식에서 하단 시련을
  설행할 경우 도량 밖에 설치하는 대령단에 하단 영가를 위한 연(輦)을 모시는
  것이 옳을 것으로 판단하고 의식 절차의 구성은 『작법귀감』의 「대령정의」를
  따른다. 참고로 『작법귀감』에서 시련의식을 따로 분리하여 기술한 흔적이
  없다.

한편엔 연(輦)을 마련하는 것이 옳을 것으로 판단한다. 상단 시련의식은 『법음산보집』의 「주시련작법」을 따르고 중단시련의식은 『석문의범』의 「시련절차」 그리고 하단 시련의식은 『작법귀감』의 「대령정의」를 따른다. 중단 시련의식과 달리 하단 시련의식은 대령의식으로 대처해도 무방할 것으로 여긴다.

이는 앞 시련의식에서 언급했듯이 하단 시련 도화가 존재함에도 상단과 중단 시련 절차와 같은 구성으로 이뤄진 의식문은 발견할 수 없다. 그러나 하단 시련의식을 『작법귀감』의 「대령정의」와 같이 대령의식으로 대처함은 관점의 차이일 뿐 전혀 문제될 것이 없다.[166] 초대받은 각 대상은 재 의식에 따라 달라질 수 있을 것으로 추측한다. 이는 『천지명양수륙재의범음산보집』, 시련의식에 관한 도화에서 소개하는 이와 같은 대상이 수륙재에서 청하는 상·중·하단의 공양 대상과 동일하기 때문이다. 그러므로 현행하는 중단 시련의 경우 생전예수재와는 무관한, 수륙재나 시왕각배재 등의 영혼 천도를 위한 시련의식으로 여길 수 있다. 또한 재 의식의 설행 목적에 따라 상단과 중단 그리고 하단 시련의식을 따로 분리해서 설행할 수도 있다. 이는 무조건 상단과 중단 그리고 하단을 동시에 모시는 것이 아니고 재 의식의 설행 규모와 목적에 따라 청하고자 하는 대상을 분리해 모시는 것으로 이해하면 된다.

이와 같은 문헌 자료를 근거로 필자는 시련의식에서 모셔지는 대상

---

166) 『작법귀감』의 「대령정의」 협주의 설명과 의식 절차만 보면 하단 시련의식으로 보기에 무리가 없다. 협주의 내용을 살펴보면 "법회 대중들이 이미 모였으면, 해탈문(解脫門) 밖에 영혼단(迎魂壇)을 시설하고 정 중앙에 인로왕번(引路王幡)을 안치하고 왼쪽 1치(寸) 아래에 종실번(宗室幡)을 안치하며, 오른쪽 2치 아래에는 고혼(孤魂幡)을 안치한다"로 설명한다. 또한 행보게와 개문게·예불게·보례삼보·수위안좌 등을 기술하고 있어 현행 중단 시련의식과 대상을 달리할 뿐 설행 절차는 많이 흡사하다. 백파 긍선. 김두재 옮김, 『작법귀감』(서울: 동국대학교출판부, 2010), 55쪽.

이 도량을 결계하고 삿된 마장과 장애를 극복하는 등의 특정한 목적을 위해 강림하는 성현이라기 보단 재 의식의 설행을 위해 초대하는 모든 대상을 마중하기 위한 의식으로 정의한다. 그러므로 만약, 생전예수재를 위해 시련의식을 봉행한다면 상단 증명청에 모셔질 불·보살과 중단 명부성현 그리고 하단 고사·판관 등이 그 대상에 해당할 것으로 여긴다.

[그림 16] 시련의식을 위한 행렬167)

(2) 대령(對靈)

대령은 말 그대로 '영가(靈駕)를 대(對)하는 것'으로서 영가를 청하는 목적으로 행한다. 사찰에서 행하는 의식 중 영가 천도(薦度)와 관계된 의식에는 반드시 봉행하는데 그 내용도 영가를 도량으로 청하고

---

167) 시계 방향으로 시련터로 향하는 인도승(도선 스님)과 취타대 모습, 그리고 연(輦)의 행차와 시련터에 마련된 연의 모습 그리고 시련의식이 끝나고 대웅전을 바라보며 배례하는 모습을 담고 있다. 사진 출처: 2009년 6월 28일 (음력 윤5월 6일) 구월사 생전예수재, 본인 촬영.

난 후 삶의 무상함을 일러주고 부처님의 위신력과 가피력으로 깨달음을 이룰 것을 발원하고 있다.168) 현재의 대령의식은 『석문의범』에 실린 재대령(齋對靈)을 그대로 옮겨 설행하고 있어 자연스럽게 관욕의식으로 이어진다. 그러나 『천지명양수륙재의범음산보집』과 『작법귀감』에 실린 「對靈儀」, 「水陸對靈儀」 그리고 「對靈正儀」에서의 대령의식은 관욕의식과는 무관한, 말 그대로 '영가를 청해 간단한 공양을 올리고 영단에 모시는 의식'으로 존재한다. 1935년 『석문의범』의 「재대령」의 정립은 1826년 『작법귀감』 상권, 「대령정의」의 협주에 기술된 "이것은 곧 재를 올리기 전에 혼령을 부르는 법규"169)라는 문구와 하권, 「하단관욕규」의 협주에 기술된 "대령의식과 함께 진행 할 경우 대령, 고혼청(孤魂請)의 가영을 한 후 행한다"170)라는 내용에 근거한 것으로 여겨짐으로 이후 완성된 의식 절차일 것으로 짐작한다.171)

---

168) 현행 모든 재 의식은 시작 전에 대령의식을 봉행한다. 그러나 무조건 대령의식을 행해야 하는지는 아직 불분명하다. 『천지명양수륙재의범음산보집』에서는 상권 가장 먼저 「대령의」(對靈儀)가 수록되어 있고 『작법귀감』에서 「대령정의」(對靈正儀)가 기술되어 있다. 이 밖에도 사명일대령 등이 존재한다. 대령을 봉행하는 목적은 혼령을 맞이하는 의식임이 『작법귀감』에 설명되어 있고 장소는 해탈문 밖 영혼단이라 명시되어 있다. 그러나 봉행 시기가 재를 올리기 전이거나 모든 재 의식에서 무조건 행해야 한다는 내용은 담고 있지 않다.

169) 此乃齋前對靈規也. 白坡亘璇 撰, 「對靈正儀」, 『作法龜鑑』(全羅道 長城 白羊山 雲門庵, 1827), 上, 25쪽.

170) 對靈時孤魂請歌詠後. 白坡亘璇 撰, 「下壇灌浴規」, 『作法龜鑑』, 下, 25쪽.

171) 『석문의범』 「재대령」에서 '재'(齋)가 상징하는 의미를 영산재와 같은 재 의식으로 볼 것인지 아니면 규모가 작은 개인적인 천도재로 한정지어 생각할 것인지 불분명하다. 다만, 『석문의범』의 경우 재대령 이후 관욕이 이어질 수 있도록 편집되어 있지만 『작법귀감』을 비롯한 『석문의범』 이전, 의식집에는 모두 대령의식과 관욕의식이 분리되어 독립된 의식으로 기술되어 있다. 특히, 수륙재의 경우 하단 관욕의식이 의식문에 포함되어 있어 만약 재대령과 관욕의식을 그대로 진행한다면 두 번 반복하는 결과로 이어질 수 있다. 그러므로 필자는 「재대령」의 '재'를 영산재나 수륙재 혹은 생전예수재와 같은 광범위한 규모의 재 의식이라기보다는 현행 천도재와 같이 관음청이나 지장

필자는 대령의식을 통해 반드시 풀어야 할 두 가지 의문점을 갖고 있다.172) 바로 대령의식의 설행 시점과 하단 시련의식과의 연관성이다. 현행 재 의식을 진행할 경우 대령의식은 시련의식이 끝나고 나서 설행한다. 그러나 불·보살과 중단 성현을 맞이하고 난 후 하단 영가가 초대한다는 것은 이치상 맞지 않다. 당연히 하단 영가를 먼저 청하고 다음 일체 성현을 초대하는 것이 옳을 것으로 판단하기 때문이다.

대부분의 범패승은『석문의범』에 기술된 순서가「시련절차」후「재대령」으로 이어져 있어173) 당연히 시련의식 후 대령의식을 진행한다고 말한다. 그런데 필자는「시련절차」바로 앞에 기술된「사명일대령」을 주목한다. 이는「사명일대령」후「시련절차」, 즉 대령의식을 행한 후 시련을 올리는 것으로 되었기 때문이다.174) 또한『천지명양수륙재의범음산보집』등 수륙재 관련 의식에서 가장 먼저 대령의식을 기술하고 있다.『작법귀감』의 경우도 상권에 대령정의를 기술하고 있어 필자의 견해를 뒷받침한다. 그렇기에 필자는 현행 재 의식에서 설행하는 시련의식 후 행하는 대령의식을 순서를 바꿔 대령의식을 먼저 설행하고 이어 시련의식으로 이어 갈 수 있도록 의식 절차의 수정을 주장한다. 무주고혼을 비롯한 초대받은 망자도 결국, 중생이라면 당연히 도량에 먼저 도착해서 법당에 들러 도량에 불상으로 모셔진 주불(主佛)을 비롯한 삼보(三寶)에 예를 올리고 금일 재 의식을 위해 도량에 청해지는 수많은 성현을 맞이하는 것이 옳지 않은가!

다음,『작법귀감』,「대령정의」의 절차를 통해 대령의식이 영가를 초

청의 불공의식을 중심으로 진행하는, 한정된 고혼을 천도하기 위한 소규모 49재 등으로 한정지을 수 있을 것으로 여기고 만약 규모가 큰 의식일 경우엔 도량 밖, 야외에서 진행하는 무주고혼(도량에 초청받지 못한)을 위한 의식으로도 행할 수 있을 것으로 판단한다.

172) 필자의 의구심일 뿐이다.
173) 安震湖,『釋門儀範』, 下, 54~56쪽.
174) 安震湖,『釋門儀範』, 下, 49~54쪽.

청하는 하단 시련의식일 수 있는 점이다. 「대령정의」에 기술된 의식
절차를 살펴보면,

거불 → 지옥게 → 착어 → 진령게 → 파지옥진언 → 멸악취
진언 → 보소청진언 → 유치 → 증명청 → 다게 → 국혼청 → 고
혼청 → 지단진언 → 행보게 → 개문게 → 예불게 → 보례삼보
→ 헌좌안위 → 체전게 → 수위안좌 → 다게 → 시식게 → 시귀
식진언175)

관점을 달리해서 위 절차를 관찰하면 시련의식과 대령 그리고 관욕의
식 절차를 합쳐놓은 것 같다. 만약, 기존에 갖고 있는 고정관념을 수정
한다고 가정하면 하단 영가를 도량 밖에서 청해 도량으로 모실 수 있는
과정을 그대로 표현한 것으로 볼 수 있다. 하단 시련의식으로 말이다.

[그림 17] 대령의식176)

---

175) 白坡亘璇 撰, 「對靈正儀」, 『作法龜鑑』, 上, 18~25쪽.
176) 위 사진은 구월사 생전예수재(2009년 6월 28일) 대령의식으로 구해 스님의
   염불소리에 맞춰 신도들이 영단에 배례하는 모습이고 아래는 대구 보현암
   생전예수재(2009년 10월 25일) 대령의식 진행 모습이다.

(3) 관욕(灌浴)

일반적으로 현행 재 의식에서 설행하는 관욕의식은 상단과 중단, 성현에게 예를 올리기 위해 하단 영가(靈駕)를 목욕(沐浴)시키는 의식으로 정의한다. 특히, 현행 재 의식에서의 관욕의식은 목욕의식의 주인공을 하단 영가로 한정지어[177] 의식을 진행하고 있는데 이는 관욕의식의 시작인 인예향욕(引詣香浴)[178] 편(篇)을 통해 알 수 있다.[179]

> 위로부터 부처님과 가르침의 힘을빌고 거룩하신 삼보님의
> 위신력의 힘을빌어 인간계의 한량없는 중생들을 비롯하여
> 무주고혼 영가들과 유정들을 초청하여 명도세계 그로부터
> 이도량에 모시오니 이자리에 함께하신 출가재가 모든대중
> 쇠를치고 목탁치고 바라요령 울리면서 향기로운 욕실에로
> 영가맞아 들이시네[180]

그리고 이와 같은 목욕의식은 곧 영가를 해탈케 하기위한 목적이 있음을 다음의 가지조욕(加持澡浴)[181] 편에 잘 나타나 있다.

---

177) 재 의식에 따라 관욕 대상이 상단 불·보살, 중단 성현, 하단 영가 등으로 달라진다. 그러나 대부분의 현행 재 의식은 견기이작형으로 변화해 상단과 중단 관욕의식은 생략한 채 하단 영가만을 관욕시킨다.

178) 동봉정휴, 『일원곡』, 제4권, 72쪽.

179) 현행 재 의식은 수륙재와 깊은 연관성을 지니고 있다. 특히, 관욕의식은 『결수문』의 하단 관욕의식을 그대로 따르고 있는데 이는 현행 천도재 의식 절차가 수륙재를 기반으로 하고 있다는 증거일 수 있다. 그러므로 현행 재 의식 절차가 수륙재의 중요 절차를 다시 편집하여 견기이작형으로 재정립한 것일 수도 있다. 더군다나 수륙재와 생전예수재는 의식 중간에 관욕의식을 모두 포함하고 있기 때문에 재 의식 전, 굳이 관욕의식을 행한다면 같은 의식을 두 번에 걸쳐 반복하게 됨으로써 견기이작형 절차의 오류로 지적할 수 있다.

180) 上來已憑佛力法力三寶威神之力召請人道一切人倫及無主孤魂有情等衆已屆道場大衆聲鈸請迎赴浴. 安震湖, 『釋門儀範』, 下, 58쪽.

181) 동봉정휴, 『일원곡』, 제4권, 74쪽.

삼업맑게 하는데는 마음맑힘 지남없고 만물맑게 하는데는
맑은물이 최상이네 그러므로 저희이제 엄정하게 욕실꾸며
특별하게 향탕수를 준비하였 사옵니다 번뇌티끌 향탕수에
한번세탁 하므로써 일만겁의 청정함을 한꺼번에 얻어지다
바로이어 다음으로 목욕게를 두었으니 대중들과 모두함께
같이따라 외우소서 내가이제 이와같이 향탕수를 마련하여
고혼이며 유정들에 물뿌리고 목욕시켜 몸과마음 모두씻어
청청하게 하온뒤에 진공묘유 상락향에 증입하게 하오리
다182)

목욕의식이 끝나고 나면 상단 부처님께 배례하고 영단(靈壇)에 위
패(位牌)를 안치하는 것으로 관욕의식은 마무리한다.

[그림 18] 관욕의식183)

---

182) 詳夫淨三業者無越乎澄心潔萬物者莫過乎淸水是以謹嚴浴室特備香湯希一濯於
    塵勞獲萬劫之淸淨下有沐浴之偈大衆隨言後和我今以此香湯水灌浴孤魂及有情
    身心洗滌令淸淨證入眞空常樂鄕. 安震湖, 『釋門儀範』, 下, 59쪽.
183) 위 왼쪽부터 시계 방향으로 법주 스님의 관욕쇠(징) 연주와 태평소 선율에
    맞춰 관욕바라가 진행되고 이후 영가 위패를 모시고 상단 부처님께 배례하
    는 모습이다. 사진출처: 구월사 생전예수재, 본인 촬영.

(4) 괘불이운(掛佛移運)·영산작법(靈山作法)·조전점안법(造錢點眼法)

괘불(掛佛)은 야외에서 의식을 행할 경우 법당 안에 모셔진 부처님을 대신하여 야외 영산단에 걸어 모실 수 있도록 탱화(圖畫)로 조성된 부처님을 말한다. 그러므로 괘불이운이란 '탱화로 조성된 부처님을 옮겨 모신다'라는 의미를 담고 있어 재 의식을 진행하기 위해 괘불을 야외로 옮기는 의식으로 볼 수 있다.

현행 생전예수재에서 괘불의식은 옹호게(擁護偈)를 시작으로 의식이 진행되는데 원래는 괘불함 앞에서 게송과 더불어 의식무(儀式舞)가 행해지며 이후 괘불님을 모시고 영산단에 마련된 괘불단에 모시는 것이 원칙이다. 그러나 현행 재 의식에서는 대부분 원활한 진행을 위해 미리 마련된 영산단에 괘불을 모시고 의식을 진행한다.184)

[그림 19] 괘불함과 괘불185)

---

184) 사실 괘불이운 의식이 그리 간단하지 않다. 필자가 경험한 2007년 봉원사 영산재의 괘불이운은 약 1시간 이상 소요되었고 이때 범패승은 짓소리와 홑소리 등을 바탕으로 의식을 집전하기 때문에 일반적인 범패승이 의식을 진행한다는 것은 사실상 불가능하다.

185) 그림에서와 같이 의식이 시작하기 전에 미리 마련된 영산단에 괘불을 모시고 난 후 의식을 진행하고 있음을 알 수 있다. 괘불함 사진 출처: http://www.칠장사.kr/.

앞에서 언급했듯이 괘불이운은 옹호게로 시작하는데 이는 신중작법(神衆作法)의 옹호게와 동일하다.[186] 그렇기에 시간관계상 신중작법 의식을 생략할 때는 괘불이운 의식 진행 중에 신중작법의 일백사위(一百四位)나 삼십구위(三十九位) 등을 포함하며 진행하기도 한다.[187]

이어지는 영산작법(靈山作法)은 석가모니 부처님이 영축산에서 중생제도를 위해 법회를 설하는 모습을 재현하여 이 도량에서 금일 행하는 의식이 곧 부처님 당시의 법회와 동일함을 강조하는 의식으로 이해할 수 있다. 더군다나 영산작법의 주된 내용은 도량에 강림한 일체의 불·보살을 찬탄하고 공양함을 목적으로 하고 있다. 다음은 영산작법 중 대직찬(大直讚)[188]의 내용이다.

참된법의 성품으로 그의몸을 삼으시고 구경각의 경지로써
그지혜를 삼으시어 연꽃으로 잘꾸며진 연화대에 앉으시니
그부처님 이름하여 비로자나 불이어라 천백억의 화신으로
나투시는 서가여래 어느때는 다만홀로 그부처님 주인이나
항하강의 모래처럼 한량없는 국토에는 온세상을 통괄하는
세존으로 머무시네 진여세계 합하지만 결코크지 않으시어
하나하나 털끝마다 온전하게 계시옵고 가는티끌 머물지만

---

186) 괘불이운과 신중작법의 옹호게는 동일하다. 즉, 팔부금강호도량(八部金剛護道場) 공신속부보천왕(空神速赴報天王) 삼계제천함래집(三界諸天咸來集) 여금불찰보정상(如今佛刹報禎祥)이 그것인데 이는 괘불이운 의식에 신중작법을 포함하여 옹호게 뒤에 일백사위(一百四位)나 삼십구위(三十九位) 등의 신중작법 의식을 포함시키기도 한다. 그러나 어장 스님들은 이와 같은 의식 진행에 오류가 있음을 지적한다.

187) 그러나 이것은 잘못된 진행이다. 괘불이운과 신중작법은 그 목적이 전혀 다른 의식이기 때문이다. 단지, 의식을 시작하는 게송이 같다고 해서 같은 의식이라고 생각한다면 의식을 잘못 이해하고 있는 것이다. 그렇기 때문에 이와 같이 괘불이운과 신중작법을 임의로 혼합하여 진행하는 것은 그 목적을 상실한 의식으로 변질될 수 있다.

188) 동봉정휴, 『일원곡』, 제13권, 35~36쪽.

결코작지 아니하여 넓고넓은 온법계에 어디에나 두루하네
시방세계 크나크신 신통변화 지으시고 과거현재 미래걸쳐
대광명을 놓으시며 범부성인 두루섭해 열가지몸 서로짓고
십지자리 응하시어 육근서로 작용하네 시방찰해 미진수의
한량없는 보살들이 정중하게 예를갖춰 언제든지 따르옵고
일백만억 아승지의 셀수없는 모든하늘 정성스런 마음으로
에워싸고 모시도다 거룩하신 부처님은 복덕지혜 갖추시어
중생들의 복덕이요 귀의처가 되나이다 그러므로 저희이제
지심으로 믿사옵고 이한생명 다바쳐서 귀명정례 하나이다
세가지의 깨달음이 원만하게 갖춰지고 온갖덕이 그의행에
빠짐없이 구비되사 하늘신과 사람들을 길들이는 조어사요
범부들과 성자들의 자애로운 어버이로 참된세계 그로부터
평등하게 응지하고 사랑하는 마음으로 화신보신 나투시되
종으로는 과거현재 미래시간 사무치고 횡으로는 시방세계
모든공간 두루하여 법의우레 진동하고 대법고를 크게쳐서
권실교를 널리펴고 방편길을 활짝여니 누구든지 마음다해
부처님께 귀의하면 지옥세계 온갖고를 소멸할수 있으
라189)

위의 대직찬을 비롯한 영산작법의 모든 게송에서도 찬탄과 공양의
목적을 살필 수 있는데 이는 의식무에도 그대로 반영된다.

189) 眞法性是其身究竟覺爲其智踞蓮花臺藏號毘盧遮那於千百億釋迦獨爲其主於恒
河沙國土統世居尊然乃合眞如而不大全在一一毛端處微塵而不小卽遍恢恢法界
盡十方作大神變徹三世放大光明攝凡聖十身相作應地位六根互用十刹微塵數菩
薩稽首常隨百萬阿僧祇諸天虔心圍繞. 安震湖, 『釋門儀範』, 上, 113~14쪽.

[그림 20] 영산작법의 천수바라와 향화게 나비무[190]

　앞에서 절차를 소개할 때 이미 언급했듯이 식당작법이나 순당의식
은 현행 생전예수재에서 일반적으로 행하지 않고 있기에 본 논문에서
는 생략하도록 한다.

　다음으로 이어지는 의식은 조전점안(造錢點眼)이다. 조전(造錢)이란
'돈을 제작한다'라는 의미를 담고 있는데 이는 현행 불교의식에서 불
상(佛像)이나 가사(袈裟)·조탑(造塔) 등과 같이 일반적인 종이돈이
점안(點眼)의식을 통해 비로소 명부세계에서 통용될 수 있는 돈으로
바뀐다는 인식에서 시작되었다.[191] 즉, 앞장에서 소개한『예수천왕통
의』에서도 확인할 수 있듯이 북인도 병사왕이 저승사자를 따라 명부
세계에 당도하여 산처럼 쌓인 것을 보고 그것이 시왕전에 명왕재를
베풀면서 돌아가신 영가들로 하여금 복을 받게 하려고 바쳤던『수생
전』임을 깨닫게 되고 이는 곧 저승 화폐 만드는 법을 무시하고 명왕에
게 바치므로 명왕들이 받지 않고 이곳에다 던져버려 산을 이룬 것임

---

190) 천수바라무는 영산작법과 관계없이 행할 수 있는 불교의식 무용이지만 오른
　　쪽의 향화게 나비무는 영산작법의 향화게 소리에 맞춰 진행하기 때문에 향
　　화게 나비무를 행한다는 것은 곧 영산작법을 진행하는 것으로 여길 수 있다.
　　사진 출처: 구월사 생전예수재.
191) 통상적으로 현행 생전예수재에서는 생전예수재 본 의식 시작 전에 조전점안
　　의식을 행한다. 물론, 때에 따라서는 의식 전날 미리 점안의식을 마무리하기
　　도 한다.

을 알게 된다. 그러므로 조전점안 의식은 이와 같은 경(經)의 내용을 근거로 명부세계에서 통용될 수 있는 명부화폐를 만드는 의식임을 알 수 있다.

[그림 21] 조전점안의식192)

(5) 설법(說法)

일반적으로 설법은 법사 스님을 통해 부처님의 가르침을 듣는 것으로 여긴다. 생전예수재를 위한 설법에서는 주로 생전예수재의 유래와 전승과정 등을 설명하고 부처님의 가르침을 통해 금생에 반드시 행해야 하는 선업(善業)에 관해 설명하는 내용이 주류를 이루고 있다. 특히, 지옥의 고통을 설명하면서 일반적인 삶 속에 잠재되어 있는 악업을 참회하고 그 속에 간직한 불성(佛性)을 일깨우는 데 그 목적을 두고

---

192) 의식을 집전하는 스님이나 혹은 법사 스님의 증명으로 조전점안 의식은 이뤄진다. 사진은 한국불교태고종 종정 혜초 스님의 증명으로 생전예수재 용품을 점안하는 모습이다. 사진 출처: 대구 보현암 생전예수재.

있다. 통상적으로 설법의식을 끝으로 오전 행사가 마무리되고 점심공양 이후 생전예수재를 봉행하게 된다.

[그림 22] 설법[193]

(6) 생전예수재 및 회향

현행 생전예수재의 진행은 주로 오후 시간에 이뤄지는데 의식은 먼저 통서인유편(通敍因由篇)·엄정팔방편(嚴淨八方篇)·주향통서편(呪香通序篇)을 통해 금일 행하는 생전예수재에 목적을 설하고 본 의식의 시작을 알리게 된다. 다음 소청사자편(召請使者篇)·안위공양편(安慰供養篇)·봉송사자편(奉送使者篇)에서는 일반 중생에게 늘 죽음과 직결되어 인식하는, 두려움의 대상인 사자[194]를 청해 공양을 올리며 다시 명부세계로 돌려보내는 의식을 진행한다.

---

193) 설법을 청하는 청법게에서 사부대중이 삼배(三拜)를 올리고 법사 스님은 이어 대중에게 법문을 설한다. 사진 출처: 독불사 생전예수재, 본인 촬영.

194) 생전예수재 혹은 수륙재에서의 사자(使者)는 인간세상과 명부세계를 연결하는 가교 역할을 담당한다. 그러나 현재 범패승과 일반 신도들은 이와 같은 중요한 사자를 마치 죽음과 연관된 저승사자(死者)로만 인식하며 "도량에 오래 머무르지 못하도록 빨리 공양 올려 보내야 한다"라고 설명한다.

[그림 23] 하단(下壇)의 사자단 · 고사단 · 마구단195)

이어 상단영청지의(上壇迎請之儀)、보신배헌편(普伸拜獻篇)을 통해 상단에 모셔질 불、보살을 청해 모시고 소청명부편(召請冥府篇)、참례성중편(參禮聖衆篇)、헌좌안위편(獻座安位篇)에서 중단 명부세계를 관장하는 일체 성중들을 청한 뒤 기성가지편(祈聖加持篇)에서 공양을 올리게 된다.

[그림 24] 상단 · 중단 공양의식196)

그리고 하단에 해당하는 고사 · 판관을 소청고사판관편(召請庫司判

---

195) 사진 출처: 구월사 생전예수재.
196) 구월사와 보현암에서 진행된 공양의식이다.

官篇)을 통해 청하여 보례삼보편(普禮三寶篇)에서 부처님과 명부세계 성중에게 인사를 드린 후 수위안좌편(受位安座篇)·수설명사승회소 (修設冥司勝會疏)를 통해 공양을 올리게 된다.

[그림 25] 고사단의 공양의식[197]

마구단권공(馬廐壇勸供)을 끝으로 불·보살을 비롯한 명부세계 일체 성중 그리고 고사·판관까지 찬탄하고 공양하는 의식이 마무리되고 나면 하단(下壇), 전시식(奠施食)을 통해 금일 도량에 초청된 상세 선망부모님을 비롯한 일체 무주고혼 등에게 공양의식을 이어간다.

공성회향편(供聖回向篇)·경신봉송편(敬伸奉送篇)·화재수용편(化財受用篇)·봉송명부편(奉送冥府篇)·보신회향편(普伸回向篇)의 소대 의식을 끝으로 모든 생전예수재가 마무리된다.

---

197) 금은전을 비롯한 예수재 용품을 고사단에 옮긴 뒤 사부대중이 배례를 하는 모습.

[그림 26] 회향198)

② 현행 생전예수재의 음악적 구성

　한국 불교음악은 불교가 이 땅에 전래되면서부터 지역, 시대적 환경 그리고 그 음악을 전승해온 수많은 범패승(梵唄僧)에 따라 변화·발전하였다.199) 그리고 재장(齋場)의 상황에 따라 의식을 축소·반복하거나 때에 따라 의식을 확대하는 등의 견기이작형(見機而作形) 재

---

198) 모든 생전예수재 의식이 마무리되고 나면 취타대를 따라 의식에 참여한 모든 사부대중이 각자 자신의 예수재용품을 소대로 옮긴다. 소대에 이르면 불을 놓아 의식에 쓰였던 금은전을 비롯한 일체 용품 등을 태우고 회향한다.

199) 현재 영산재가 봉원사(奉元寺)를 중심으로 전승해오고 있기 때문에 대부분의 학자와 일부 사찰에서는 마치 모든 불교 재 의식이 하나의 사찰을 중심으로 전승하는 것으로 여긴다. 그러나 현재까지 전승해온 조선 불교의 재 의식은 범패승의 법맥에 의해, 스승과 제자의 전승과정을 거쳐 오늘에 이르고 있음을 『범음종보』를 비롯한 범패승의 계보에서도 확인할 수 있다. 그리고 이는 현재 생존한 수많은 범패승의 증언을 통해서도 확인할 수 있다.

의식이 정착되며 오늘에 이르고 있다. 현행 불교의식은 크게 소리와 무용·음악적 반주 그리고 장엄(莊嚴)으로 나눠볼 수 있는데 이 중 반주 음악은 의식을 주도하는 신호의 역할과 종교적 신앙심을 고취시키는, 예술적 가치를 극대화시키는 역할을 담당하고 있다. 가령 소리가 진행될 때 태징(太鉦)이나 광쇠200)의 신호에 따라 현재 진행되는 의식이 어떤 의식인지를 짐작할 수 있고, 대중의 소리가 언제 시작하여 언제 마무리될 것인지도 알 수 있다. 무용 또한 신호에 따라 무용의 형태가 바뀌게 되며 반주에 따라 어떤 무용을 해야 할지도 알 수 있다. 더욱이 무용의 반주는 불교의식을 진행하는 데 가장 중요한 부분을 차지하여 그 의식의 규모와 형태를 짐작하는 기준이 되기도 한다. 이에 본 장에서는 현행 생전예수재에서 사용하는 태징 연주법을 시련의식을 통해 살펴보고 그 의미를 가늠해 불교의식 진행을 이해하는 데 도움을 주고자 한다.

1) 불서(佛書)에 나타난 불교음악과 악기

불교음악의 시작은 인도에서 발생되어 중국의 불교음악에 영향을 주었고 또한 그 음악을 받아들인 고구려와 신라, 백제에도 많은 영향을 미쳤다. 그러나 고구려음악의 해외 활동에 관한 기록을 살펴보면 고구려음악은 인도를 포함한 서역음악을 받아들였고, 외래 음악을 받아들여 고유의 향악을 더욱 풍성한 음악으로 만들었다.201) 어쩌면 이런 역사적 사실202)들이 바탕이 되어 오늘날 한국 불교음악과 종교적

---

200) 서울·경기지역을 비롯한 전국 각 지역에서 불교 재(齋) 의식의 진행을 태징으로 하고 있으나 영남 지역에서는 광쇠(꽹과리)로 진행하는 특징이 있다.
201) 전인평, 『아시아음악의 이해』(서울: 중앙대학교 출판부, 2005), 42쪽.
202) 이러한 사실은 엔닌(圓仁)의 『입당구법순례행기』에서도 자세히 나와 있는데 서기 838년 7월부터 847년 초겨울까지 9년 반 동안이나 당의 대운하와 동해안 일대를 비롯하여 오늘날의 강소·안휘·산동·하북·산서·섬서·하

의식이 다른 대승불교 권 국가에서도 찾아보기 힘들 만큼 장엄하고
악(樂)·가(歌)·무(舞)가 겸비된 신비로운 음악으로 발전된 것이다.
불교음악의 기원을 알 수 있는 불교음악에 관한 자료는 전해지는 많
은 불전(佛典)에서 그 존재를 확인할 수 있고 더 나아가 우리가 사용
하는 많은 음악적 용어 또한, 과거에 편찬된 많은 경전에 그 어원(語
源)을 찾아볼 수 있다.[203]

다음은 불전에서 보이는 불교음악에 관한 자료로 전해지는 많은 경
전에서 부처님이 태어나기 이전부터 음악과 악기의 존재를 확인할 수
있으며 불교음악의 연주 목적 등을 알 수 있도록 기술하고 있다. 또한
음악의 중요성을 강조하고 있는 모습이 등장함을 알 수 있다.

먼저 『수행본기경』(修行本起經) 보살강신품(菩薩降身品)[204]에서는,
부처님 탄생 시에 이미 거문고를 비롯한 다양한 악기가 존재하고 있
음을 알 수 있다.

남성 등을 여행하면서 그의 상세한 기록을 남겼다. 당을 여행하였던 일본 스
님의 열의에 찬 구법활동의 기록이지만 전권(4권)을 통하여 등장하는 인물
의 절반 가까이는 당나라 사람이나 일본 사람이 아닌 신라 사람의 내용을
담고 있다.

203) 大乘佛敎圈에 속하는 중국과 한국 그리고 일본은 현재 자국의 民族音樂을
비롯하여 西洋音樂에 이르기까지 佛典에 전하는 음악용어를 그대로 사용하
고 있다. 佛典에는 총 109종의 음악용어가 전해지는데 普遍的 알고 있는 '音
樂'이란 용어 자체가 일본 침략기에 일본으로부터 창가교육이 시작되면서
유래된 것으로 알고 있으며, 그 이외의 음악용어들도 서양음악 용어를 우리
말로 번역하면서 생긴 것으로 알고 있으나 우리나라에서도 이미 불전의 기
록을 통하여 다양한 음악용어들을 접하고 있었다. 다만 그러한 음악용어들
이 일본에 비해 보편화되지 못했을 뿐이다. 박범훈, 「불교음악의 전래와 한
국적 전개에 관한 연구」(박사학위논문, 동국대학교 대학원, 1999), 91~92쪽.

204) 著新衣畢, 小如安身,夢見空中,有乘白象,光明悉照,天下彈琴鼓樂絃歌之聲,散花
燒香,來詣我上,忽然不現夫人驚寤. 「修行本起經」, 『高麗大藏經』(인터넷: 고려
대장경지식베이스), 卷上, P0758b06L~P0758b08L.

그때 잠시 꿈을 꾸었는데 꿈에 공중에서 웬 사람이 흰 코
끼리를 타고 광명을 천하에 두루 비추며 거문고를 뜯고 여
러 가지 악기를 울리고 노래하면서, 꽃을 흩뿌리고 향을 사
르며 자기 위에 와서는 갑자기 없어짐을 보고 부인이 놀라
깨어났음으로205)

그리고 위와 같은 당양한 악기의 종류도 다음의『佛本行集經』206) 第
十四에서도 구체적으로 확인할 수 있다.

또 궁 안에 여러 가지 소리를 가진 악기를 각각 천 대씩
설치했다. 말하자면 천 대의 공후(箜篌)·천 대의 쟁(箏)·
천 대의 오현(五絃)·천 대의 소고(小鼓)·천 대의 축(筑)·
천 대의 금(琴)·천 대의 비파(琵琶)·천 대의 세고(細鼓)·
천 대의 대고(大鼓)·천 대의 적(笛)·천 대의 동발(銅鈸)·
천 대의 소(簫)·천 대의 필률(篳篥)·천 대의 지(箎)·천
대의 라(螺)와 같은 것들이었다. 모든 악기는 종류별로 천
대씩이었고, 천 가지의 노래와 천 가지의 무이었다.207)

그리고 제불·여래께 청정한 마음으로 공양하는, 현재 불가(佛家)에

---

205)『통일불교성전』(서울: 재단법인 대한불교진흥원 출판부, 1997), 19쪽.
206) 60권. 수나라 사나굴다 번역. 석존의 탄생으로부터 출가·성도 등 일대(一
代)의 사실을 말하고, 불제자의 귀의(歸依)에 관한 인연까지 기록. 발심공양
품에서 아난인연품까지 60품에 달하는 많은 불전집성(佛傳集成).『佛敎大辭
典』, 上, 969쪽.
207) 復敎宮內,色別置立諸 雜音聲,各各千數.其中所謂一千箜篌´一千具箏´一千五
絃´一千小鼓´一千具筑´一千張琴´一千琵琶´一千細鼓´一千大鼓´一千
具笛´一千具笙´一千銅鈸´一千具簫´一千篳篥´一千具箎´一千具螺.諸
如是等一切音聲,種別一千,一千種歌,一千種儛.其手及聲,常於宮內,晝夜不絶.猶
大雲內,出於隱隱甚深之聲.如是太子,在於最妙最勝婇女百千之中,前後圍繞,受
諸快樂,恭敬侍養.『大正藏』, 卷3, 715面(下). 박범훈,「불교음악의 전래와 한
국적 전개에 관한 연구」, 14쪽.

서 전해지는 범패의 목적과 의미를 보여주는 『도세품경』(度世品經)[208) 내용을 보면 다음과 같다.

> 보살에게는 청정하게 하는 열 가지 일이 있는데, 어떤 것
> 이 그 열 가지인가?(중략) 불법을 모시는 절에서 부처님의
> 공덕을 노래로 찬탄하여 맑고 부드러운 성품으로 중생을 위
> 해 법문을 전해 주는 것이다. 존신을 모시는 절에서 伎樂을
> 하고 금(琴)·쟁(箏)·적(笛) 등의 음악으로 부처님의 탑과
> 절에 공양을 올리는 것이다.[209)

불전에는 불교가 처음 시작된 인도에서 불교음악이 어떻게 행해졌
는지에 관한 설명이 담긴 유일한 자료[210)가 남아 있는데 그 내용을 살
펴보면 인도 불교의 예불음악에 관한 당시의 상황을 짐작할 수 있다.

> 찬영하는 의례(중략) 대중들은 문을 나가서 탑을 세 번
> 돌고 향과 꽃을 놓고 모두 꿇어앉아 재능이 있는 사람에게
> 애잔하고 아름다운 소리를 하게 했는데, 밝고 깨끗하고 웅
> 장하고 낭랑하게 부처님(大師)의 덕을 10송이나 20송으로
> 찬탄한다. 그들은 차례대로 절로 돌아가 항상 모이는 곳으
> 로 가서 좌정하고 앉는다. 경사에서 사자좌에 올라 약간의

---

208) 6권. 서진의 축법호가 번역함. 곧 『화엄경』 이세간품(離世間品)의 다른 번역. 도(度)는 곧 이(離)의 뜻. 『佛敎大辭典』, 上, 487쪽.

209) 菩薩有十事爲善淸淨何謂爲十(中略)在佛神寺歌歎佛德以淸和性爲諸衆生宣傳法施在尊神寺作諸妓樂琴箏吹笛樂佛塔廟. 『大正藏』, 卷10, 637面(下). 박범훈, 「불교음악의 전래와 한국적 전개에 관한 연구」, 33쪽.

210) 『南海寄歸內法傳』은 의정(義淨: 635~713) 인도의 남해제국(南海諸國)에서 직접 보고 들은 계율(戒律)의 실제(實際)와 승원(僧院)생활의 사실을 논한 것으로서, 인도 남해의 불교교단·교직과 계율에 관한 내용을 알 수 있는 귀중한 자료이다. 특히 불교음악에 관한 내용을 전하고 있어 당시의 인도 불교음악에 관한 상황을 알아볼 수 있는 유일한 자료로 꼽힌다. 박범훈, 「불교음악의 전래와 한국적 전개에 관한 연구」, 39쪽.

경을 독송하게 하는데, 그 사자좌는 상좌 끝에 있다. 알맞은
크기에 높거나 크지도 않다. 독송하는 경은 대부분 삼계(三
啓)를 하는데 이는 마명 존자가 찬집해 놓은 것으로, 처음에
는 10송을 하고 경의 뜻을 취해 삼존(三尊)을 찬탄한다. 다
음에는 정식으로 경을 서술하는데, 부처님께서 친히 설하신
것을 독송하고 나면 다시 10여 송을 말하고 회향하길 발원
하는데, 여는 마디가 세 개나 있다.[211]

이러한 사실로 미뤄 짐작할 때 당시에 이미 예경의식이 뿌리내려
행해지고 있었음을 알 수 있다. 또한, 본 논문 주재에 해당하는 태징
(鐃)에 관한 자료도 살펴볼 수 있는데 다음은 『정법화경』(正法華
經)[212] 卷 第八 「어복사품」(御福事品) 第十六에 나온 내용이다.

이러한 족성자들은 탑과 절을 모두 세우고 일으키려는
생각으로, 칠보로 된 절을 세워 그것이 범천까지 닿도록 하
였다. 모든 사리에 공양하기 위하여 그 부처님의 탑과 절의
주위를 끝없이 돌고 넓은 땅 끝에서 보배 방울들을 걸어 놓
았으며, 사리가 모셔져 있는 위없이 높은 모든 절에서는 화
향·잡향·도향·보개·당기·번기·기락(伎樂)·가송(歌

---

211) 三十二讚詠之禮(中略) 大衆出門繞塔三帀,香花具設,竝悉蹲踞, 令其能者,作哀
雅聲,明徹雄朗,讚大師德,或十頌,或二十頌.次第還入寺　中至常集處,旣其坐定,
令一經師, 昇師子座,讀誦少經.其師子座在上座頭.量處度宜亦不高大,所誦之經
多誦三啓,乃是尊者馬鳴之所集置,初可十頌許.取經意而讚歎三尊.次述　正經是
佛親說,讀誦旣了,更陳十餘頌.論迴向發願,節段三開. 『大正藏』, 卷9, 4面(中~
下). 박범훈, 「불교음악의 전래와 한국적 전개에 관한 연구」, 38~39쪽.

212) 10권. 서진의 축법호가 번역함. 이것은 법화의 번역본으로 후세에 구마라습
이 번역한 것과 대동(大同)하지만 다만 약초유품(藥草喩品) 가운데에 가섭
의 문답과 생맹유(生盲喩)와 5백 제자 수기품의 처음에 있는 입해취보(入海
取寶)의 비유와 법사품을 약왕여래품이라 하여 보개왕과 천자선개태자가 법
공양하는 일과 또한 모든 주(呪)의 범어를 번역해 한문으로 한 것과 촉루품
이 최후에 있는 것이 다르다. 『佛敎大辭典』, 下, 2284쪽.

頌)과 여러 가지 향과 천상과 세간에 있는 모든 진귀한 하늘
의 꽃·하늘의 향·하늘의 기악으로 공양하였다. 허공에서
는 우레나 진동 소리가 큰 소리를 냈으며, 종(種)·경(磬)·
대고(大鼓)·공후(箜篌) 같은 악기와 여러 가지 소(簫)·슬
(瑟)·쟁(爭)·뇨(鐃)·경(鏡)들이 부드럽고 애잔한 소리를
내며 노래와 무에 맞추어 연주되었는데, 그들은 조화가 잘
되었으며 무수한 억 백 천 겁 동안 공양하고 받들었으니 여
러 度無極이 다 갖추어졌다.213)

이렇듯 현재 불교의식에서 연주되는 징은 '요·동발'(鐃·銅鈸)이
라는 이름으로 과거 불교음악이 시작될 때부터 사용되었던 악기임을
쉽게 짐작할 수 있고, 또한 이 악기의 명칭은 위 외에도 많은 불서에
서 나타나고 있다.214) 이상과 같이 다양한 불서에서 보이는 불·보살
을 찬탄하는 불교음악은 이후 중국을 거쳐 삼국시대에 유입된 이후
범패로서 발전해 현재에 이르고 있다.

---

213) 是等族姓子以爲具足興立塔廟,起七寶寺,上至梵天,悉爲供養一切舍利.其佛塔寺
周迴無限普盡地際,懸衆寶鈴,無上之藏,諸舍利廟,供養華香´ 雜香´ 搗香´ 寶
蓋´ 幢幡´ 伎樂歌頌.若干種香,天上世開所有珍琦天華天香.及天伎樂,空中雷
震,暢發洪音,鍾磬´ 大鼓´ 箜篌´ 樂器´ 簫成´ 琴瑟´ 鐃鏡,若干柔軟哀聲, 歌
舞節奏,調合剋諧,無數億百千劫,供養奉侍,諸度無極,皆悉充備.『大正藏』, 卷9,
117面. 박범훈,「불교음악의 전래와 한국적 전개에 관한 연구」, 44쪽.
214) 鐃는 鼓와 함께 불교음악에 자주 쓰인 악기로 보인다. '鐃'에 대한 중국 문헌
의 기록은 기원전 1700년 전후에 銅製 악기로서 種과 함께 등장한다. 불전
에 전하는 鐃는 그 종류를 알 수 없으나,『樂書』에 전하는 鐃의 일종으로
생각된다. 우리나라에서의 '鐃'의 전래에 관한 기록은 확실하게 밝혀지지 않
고 있지만, 악기의 모양새나 쓰임새에서 우리의 전통 타악기 '징(大金)'과
동일한 악기로 보인다. 대금에 대해서는『樂學軌範』에 그림과 함께 악기의
용도가 자세히 설명되어 있다. 대금은 불교의식 음악을 비롯하여 종묘제례
악 중 武功을 찬양하는 武舞·定大業之樂과 大吹打·農樂·巫樂 등 여러 음
악 장르에 활용되고 있다. 박범훈,「불교음악의 전래와 한국적 전개에 관한
연구」, 83쪽.

2) 시련의식을 통해 본 불교 태징 연주법

생전예수재를 비롯한 불교 재 의식에서 사용되는 태징 연주법을 설명하기 위해 시련의식을 선택한 배경에는 필자가 경험한 다양한 불교의식 중 태징 연주법을 설명하기에는 시련의식이 가장 적절하다고 판단했기 때문이다. 시련의식은 불교의식에서 연주하는 중요한 태징법이 모두 포함되어 있다. 신호와 무용반주 심지어 장소 이동 시에 쓰이는 연주법까지 짧은 시간 진행되는 의식임에도 태징 연주에 관한 설명은 시련의식만 살펴보더라도 쉽게 이해할 수 있다.

(1) 시련의식 전(前) 태징 연주법
먼저 시련의식에 관한 절차를 살펴보면 다음과 같다.[215]

(ㄱ) 시련 시작 전 법당 앞에서 행렬을 시작하여 시련장소까지 이동한다.

(ㄴ) 시련장소에 도착한 후 본 의식이 시작되면,

ㄱ. 옹호게(擁護偈)
봉청시방제현성(奉請十方諸賢聖): 받들어 청하옵나니, 시방의 제현성님!
범왕제석사천왕(梵王帝釋四天王): 대범천왕·제석천왕·사천왕님!
가람팔부신기중(伽藍八部神祈衆): 가람을 수호하시는 팔부의

---

215) 본 의식 절차는 시련 장소에서 행하는 것으로 상주권공재를 비롯한 일반 재 의식의 시련 절차이다. 절차에 관한 우리말 해석본은 심상현의 『불교의식각론 Ⅱ』에서 발췌했다. 심상현, 『불교의식각론 Ⅱ』(서울: 한국불교출판사, 2000), 13~14쪽.

신장님!

불사자비원광림(不捨慈悲願光臨): 버림 없으신 자비로 강림하
여 주옵소서.

ㄴ. 헌좌진언(獻座眞言)

아금경설보엄좌(我今敬說寶嚴座): 제가 지금 보배롭고 장엄한
자리를 삼가 마련하옵고

봉헌일체성현전(奉獻一切聖賢前): 모든 성현님들께 받들어 올
리오니

원멸진노망상심(願滅塵勞妄想心): 원하옵건대 진로 망상심을
멸하시어

속원해탈보리과(速圓解脫菩提果): 속히 해탈 보리과를 원만히
하소서.

옴 가마라 승하 사바라

ㄷ. 다게(茶偈)

금장감로다(今將甘露茶): 이제 감로다를

봉헌성현전(奉獻聖賢前): 성현님께 받들어 올리오니

감찰건간심(鑑察虔懇心): 정성스럽고 간절한 마음 살피사

원수애납수(願垂哀納受): 애틋이 여기시어 받아주옵소서.

원수애납수(願垂哀納受): 애틋이 여기시어 받아주옵소서.

원수자비애납수(願垂慈悲哀納受): 애틋이 여기시어 대자비로
받아주옵소서.

ㄹ. 행보게(行步偈)

이행천리만허공(移行千里滿虛空): [극락으로] 가시는 길은 어디
에든 있사오니

귀도정망도정방(歸道情忘到淨邦): 도(道)에 돌아가 망정만 잊으
시면 정방에 이릅니다.

삼업투성삼보례(三業投誠三寶禮): 삼업으로 정성을 다해 삼보
께 예(禮)하시면

성범동회법왕궁(聖凡同會法王宮): 성현과 범부가 함께 법왕궁
에 모이게 됩니다.

ㅁ. 산화락(散花落)

나무대성인로왕보살마하살(南無大聖引路王菩薩摩訶薩)(세 번)

(ㄷ) 다시 시련 장소에서 연을 모시고 법당 앞에 도착하면 대웅전 부
처님을 바라보며,

ㄱ. 영축게(靈鷲偈)

영축염화시상기(靈鷲拈華示上機): 영취산에서 꽃을 드사 상근
기들에게 보이시니

긍동부목접맹귀(肯同浮木接盲龜): 가히 부목이 맹구에 닿음일
새였나이다.

음광불시미미소(飮光不是微微笑): 가섭존자의 잔잔한 미소가
아니었던들

무한청풍부여수(無限淸風付與誰): 끝없는 맑은 가풍 누구에게
전하였으리요.

ㄴ. 보례삼보(普禮三寶)

보례시방상주불(普禮十方常住佛): 널리 시방에 항상 계신 불보
님께 예를 올리나이다.

보례시방상주법(普禮十方常住法): 널리 시방에 항상 계신 법보
님께 예를 올리나이다.

보례시방상주승(普禮十方常住僧): 널리 시방에 항상 계신 승보
님께 예를 올리나이다.

불교의식에서 태징의 신호는 시작과 연결 그리고 마무리 부분으로
나뉘게 되며 이 중 시작은 말 그대로 의식의 시작을 의식에 참석한
대중에게 알리거나 의식을 주도하는 범패승에게 소리의 시작 부분을
알리는 태징법이다.

먼저 불교의식을 시작하기에 앞서 대중(大衆)에게 곧 의식이 시작
됨을 알리고 의식에 참여하는 모든 이가 법당(法堂)이나 재 의식이 시
작되는 장소에 모일 것을 알리는 신호로서 '운집 쇠'가 있는데 이 운
집 쇠는 의식의 시작을 알리는 목적보다는 대중에게 의식을 위해 집
합할 것을 알리는 신호의 목적이 더 강하다.

일반적으로 사찰에서 행사의 시작을 알리는 방법으로는 먼저 종
(鐘)을 치는 방법과 금고(金鼓: 동당 쇠)216) 그리고 법고(法鼓)를 연주
하는 등 그 방법은 다양하게 존재한다. 그러나 이와 같은 방법은 규모
가 큰 사찰에서 법구(法具)가 구비되어 있을 때 가능한 것이고 상대적
으로 규모가 작은 사찰일 경우나 의식을 진행하는 장소와 법구가 구
비되어 있는 장소가 여의치 않을 경우 대중에게 시작을 알리는 수단
을 마련할 수 없어 법구를 연주할 수 없는 상황이 연출되곤 한다. 이
때 불교의식에서는 운집 쇠를 연주하게 되는데 통상적으로 운집 쇠는

---

216) 노명열, 「불교 법고 리듬에 관한 연구」(석사학위논문, 중앙대학교 대학원,
2007), 127~41쪽에 동당 쇠에 관한 설명과 연주법이 소개되어 있다.

위와 같은 법구가 준비되어 있는 사찰일지라도 의식의 시작 전에 반드시 연주하는 것으로 인식되어 있다.[217]

먼저 운집 쇠의 태징 연주법을 살펴보면 다음과 같다.

[악보 1] 운집 쇠[218]

연주·채보: 혜일[219](2009)[220]

이와 같이 운집 쇠는 일정한 리듬 형태를 가지고 반복적으로 연주하는 특징이 있고 그 반복은 태징승의 재량에 따라 길어지거나 짧아질 수도 있다. 그리고 운집 쇠를 연주하는 데 있어 한 가지 주의해서 짚고 넘어가야 할 부분이 있는데 그것은 일반적으로 범패승이 운집 쇠를 '시작 쇠'로 착각하여 다른 사물, 예를 들어 북과 목탁 혹은 태평소와 같이 연주하는 경향이 있는데 이는 정법(正法)이 아니다. 운집 쇠는 대중이 모이기 전에 행하는 태징 연주이기 때문에 만약 다른 사물을 연주할 수 있는 대중이 운집해서 의식을 시작할 준비가 끝났을 경우에는 굳이 연주할 필요는 없다. 즉, 의식의 시작 전에 대중이 모두 모여 있을 경우는 바로 시작 쇠 연주하여 의식을 시작하면 되는

---

217) 영산재 예능보유자 구해 스님 증언, 2008년 4월.
218) 운집 쇠는 시간에 따라 길게 혹은 짧게 반복하여 연주하는데 이때는 다른 악기는 사용하지 않는다.
219) 필자의 법명(法名)은 명조(明照)이고 당호(幢號)는 혜일(慧日)이다. 물론 본 명(本名)은 노명열이다. 그러나 필자는 승려이기에 본 연구서에서는 당호를 쓰고자 한다.
220) 태징 연주법에 관한 채보에서는 모두 2009년에 이뤄졌기에 표시한다. 다만 이후 태징 악보의 연도 표시는 생략한다.

것이다.

[악보 2] 시작 쇠

[악보 3] 거불 쇠[221)

위 악보의 시작 쇠는 앞의 설명대로 '거불 쇠'와 연주법에 차이가 없으나 그 용도는 달리 쓰인다. 시작 쇠 일반적으로 의식을 세분화(시련, 대령, 관욕 등의 큰 단락)하여 각 단락과 단락이 마무리되거나 새롭게 시작될 때 쓰이는 태징 타법인 것에 반해 거불 쇠는 불·보살을 청해 모시는 거불청(擧佛請)을 한 후 쓰이는 태징 타법이기 때문이다. 그리고 시작 쇠는 약례[222)로 줄여서[223) 사용할 수 있어도 거불 쇠는 절대 줄여서 연주하는 법이 없다. 또한 같은 시작 쇠라도 의식에 따라 그 연주법이 다르게 표현되는데 가령 신중단(神衆壇)의 신중작법을 시작할 때의 태징법은 아래와 같이 7·7·7형태로 늘려서 연주한다.

---

221) '시작 쇠'와 일반적인 '거불 쇠' 태징의 연주 목적은 동일하나 그 연주 길이에 차이가 있다.

222) 시간관계상 줄여서 할 경우 '세망치', 즉 태징을 세 번 치는 것으로 대체할 수 있다.

223) 가령 시련의식 중 '행보게'가 마무리되어 '산화락'으로 넘어갈 때나 '영축게'에서 '보례삼보'로 넘어갈 때처럼 큰 단락 안에서 이뤄지는 작은 게송을 연결할 때에는 약례로 '세망치'를 친다.

[악보 4] 신중작법의 시작 쇠[224]

연주·채보: 혜일

그렇다면 운집 쇠를 치는 동안 대중이 다 모여서 의식을 바로 시작해야 할 경우도 생길 수 있는데 이때에는 운집 쇠와 시작 쇠를 이어서 연주하면 된다. 다음의 악보는 의식을 시작하기에 앞서 대중을 모으기 위해 운집 쇠를 시작하고 이어서 바로 의식을 시작하는 태징 연주법에 관한 것이다.[225]

[악보 5] 운집 쇠에서 의식의 시작을 알리는 시작 쇠

연주·채보: 혜일

---

224) 일반적으로 시작 쇠는 신중작법(옹호게) 전 시작을 알리기 위해 연주된다. 그러므로 그 외 거불이나 기타 다른 의식의 시작을 알리기 위해서는 연주하지 않고 거불 쇠로 대처한다. 시련의식은 옹호게, 즉 신중을 청하는 의식으로 시작하기 때문에 시련 장소에서 의식의 시작은 시작 쇠로 한다. 그리고 앞의 두 번째 마디는 5번으로 줄여 5·7·7로 연주할 수도 있다.
225) 이러한 연주는 시련의식의 시작이 아닌 일반 천도재나 재 의식에서 볼 수 있는 것으로 법당 안에서 의식을 시작할 때나 점심 공양이나 법문 등으로 연결이 끊어진 의식을 다시 시작하거나 이어갈 때 또는 취타대가 준비되지 않은 상황에서 어쩔 수 없이 시련 장소에서 바로 의식을 시작해야 할 때 쓴다.

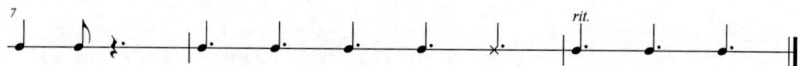

그러면 이러한 운집 쇠와 시작 쇠를 토대로 하여 앞에서 소개한 시련의식을 법당 앞마당226)에서 시작하여 시련 장소까지 이동한다고 가정했을 때 어떻게 태징을 연주하는지 정리해보도록 하자.227)

[악보 6] 불가(佛家)에 전해지는 대취타와 태징타법228)

연주·채보: 혜일

---

226) 시련은 금일 영가(靈駕)의 왕생극락을 위해 인로왕보살의 인도 하에 금일 도량에 초청될 불·보살을 사찰 밖에서 모셔오는 의식으로 반드시 사찰 안에서부터 사찰 밖으로 마중을 나가기 때문에 시련터에 먼저 도착하여 시작되는 법은 없다.

227) 정리한 모든 태징 타법은 영산재 예능보유자 구해 스님을 비롯하여 영산재와 수륙재 그리고 생전예수재를 주관하는 범패승의 자문과 증명으로 이뤄짐을 밝힌다.

228) 구해 스님의 대취타를 동국대학교 문화예술대학원 정남근의 논문에서 발췌하여 대삼소삼의 태징 시작부분을 다시 표시하였다. 정남근, 「불교의식과 태평소에 관한 연구」(석사학위논문, 동국대학교 문화예술대학원, 2000), 52~53쪽.

먼저 태징승은 의식이 시작될 마당에 도착하여 시련의식을 위한 준비 상황229)을 점검하고 난 후 준비가 마무리되면 대중승(大衆僧)에게 '의식 준비가 마무리되어 곧 의식이 시작됨'을 알리는 운집 쇠를 연주한다. 이 연주는 대중들이 모일 때까지 반복적으로 진행을 하고 그 시간 동안 대중들은 시련 장소를 향할 채비를 마무리하고 곧 준비를 끝낸다. 운집 쇠를 치던 태징승은 대취타를 연주할 호적수와 취타대의

---

229) 누가 인로왕 번(幡)을 옮길 것인지, 누가 연(輦)을 옮길 것인지 등의 제반 사항과 의식 준비 사항 그리고 누가 선두에 서야 할지 등을 확인하는 작업을 해야 한다.

준비가 마무리됨을 확인하면 다시 한 번 운집 쇠를 연주하고 동시에 취타대는 대취타의 연주를 시작한다. 그리고 이후 태징승은 '길게 3번, 짧게 3번'(大三小三) 태징을 연주하면서 행렬230)을 따라가게 된다.

위의 악보에서 확인할 수 있듯이 대삼소삼이 시작하는 부분은 불가 (佛家)에 전해지는 대취타 연주의 16마디에서 시작하는 것으로 전해진다.231) 그러나 이를 알고 연주하는 범패승은 찾아보기 힘들다.

그렇다면 시련의식의 시작을 알리는 올바른 태징 연주법은 무엇일까?

먼저 운집 쇠를 연주하여 대중을 운집하고 이어 다시 두 번째로 운집 쇠를 연주하면 동시에 취타대가 대취타를 시작하며 이에 행렬이 시련 장소를 출발하고 이어 대취타의 16마디부분부터 대삼소삼을 연주하며 모든 대중승이 그 행렬을 따라가는 것이 현재 전해지는 시련의식의 시작으로 여길 수 있다.

[그림 27] 시련터로 향할 때 취타대와 태징 연주232)

---

230) 행렬은 먼저 목탁승-취타대-인로왕번-연(輦: 연 옆에 일산(日傘)이 위치한다)-상주(영가의 위패와 영정을 모신다)-작법승(주로 착복을 착용한 스님)-대중승(의식승이 서두에 선다)으로 구성되고 이때 태징승은 행렬 앞에서 연주하는 대취타에 맞춰 '대삼소삼'을 연주한다. 그러나 요즘 행렬은 상황에 따라 취타대가 선두에 서고 이어 대중승이 따라가며 이어 연과 상주가 따르기도 하지만 이는 정법이 아니다.

231) 구해 스님은 과거 불가에서 호적연주로 대표됐던 동하 스님과 벽응 스님의 연주를 예를 들면서 '대삼소삼'의 시작 부분을 강조하였다. 즉 '대삼소삼'을 연주하는 것만 들어봐도 태징 연주자의 범패 실력을 가늠할 수 있기 때문이다.

232) 사진 출처: 구월사 생전예수재, 본인 촬영.

(2) 시련의식 본(本) 태징 연주법

이렇게 시련 장소에 도착한 행렬은 이어 본 의식으로 들어가는데 대삼소삼을 연주하며 행렬 뒤에서 이동하던 태징승이 도착하는 동안 연(輦) 중앙 앞에 모시고 양쪽에 각종 번(幡)을 제자리에 일반 상주는 시련터를 정진(精進)한다. 물론 취타대는 태징승을 비롯한 대중승이 도착할 때까지 대취타를 연주한다. 비로소 태징승과 대중승이 시련터에 도착하면 이때 태징승이 '몰아뛰는 쇠'와 '이어주는 쇠' 그리고 본 시련의식의 시작을 알리는 '시작 쇠'를 연주해 의식을 시작하면 된다. 취타대의 대취타는 태징승이 몰아뛰는 쇠를 연주하기 시작하면 자연스럽게 호적 연주를 마치면 된다.

[악보 7] 몰아뛰는 쇠와 이어지는 쇠 그리고 시작 쇠[233)

연주·채보: 혜일

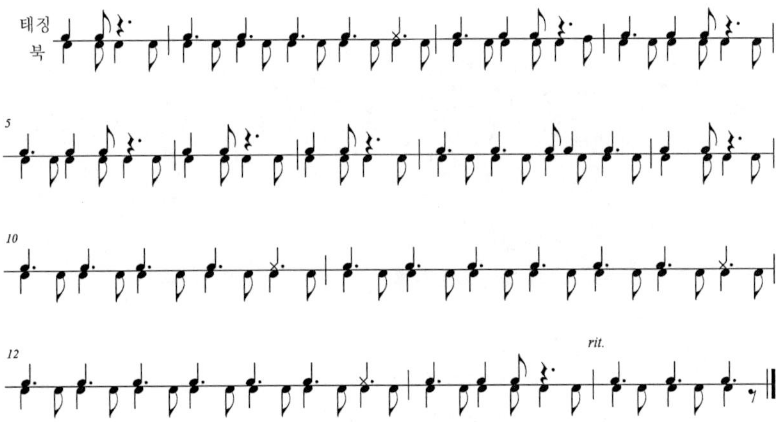

위의 연주법에서 새로운 태징 타법인 '몰아뛰는 쇠'가 보이는데, 흔

---

233) 악보의 두 번째 마디에서는 15/8박자나 18/8박자의 리듬이 병행되곤 한다. 이는 연주자에 따라 차이가 있는 것으로서 [악보 8]의 몰아뛰는 쇠의 두 번째 마디와 비교하면 쉽게 이해할 수 있다.

히 몰아뛰는 쇠는 범패승들 사이에서는 의식을 마무리하는 태징타법
으로 인식된다. 물론 의식을 마무리하는 '쇠' 인 것은 분명하지만 하
나의 의식이 마무리되고 다음 의식으로 연결할 때도 이 몰아뛰는 쇠
가 그 역할을 한다.

[악보 8] 몰아뛰는 쇠

연주·채보: 혜일

앞의 [악보 7]에서 주의 깊게 봐야 할 것이 바로 9번째 마디의 '이
어주는 쇠'인데 이 이어주는 쇠[234)는 앞의 의식과 뒤에 의식을 이어주
는 역할을 하는 중요한 태징법이다.

[악보 9] 이어주는 쇠

연주·채보: 혜일

이 태징타법이 어디에서 연주되느냐에 따라 다음의식으로 넘어갈지
아니면 여기에서 의식을 끝내야 할지가 결정되기 때문이다. 만약 이
쇠가 [악보 7]의 9마디에서 빠지고 그대로 '세망치'를 연주했다면 그

---

234) 사실 불가(佛家)에서는 '이어주는 쇠'라는 용어가 존재하지 않는다. 단지 이
    '쇠'는 필자가 의식을 접하면서 경험한 연구를 통해 새롭게 정립한 '쇠'이고
    이 '쇠'의 존재를 알아야 보다 쉽게 불교의식 태징 연주법을 이해하고 접근
    할 수 있다.

때는 의식이 끝마치는 것으로 여길 수 있지만 이어지는 쇠가 나오고 바로 시작 쇠가 연주되면 그때는 다음 의식으로 이어간다는 신호이다. 앞에서도 설명했듯이 불교의식은 한 번 시작하면 의식이 모두 끝날 때까지 멈추는 법이 없다. 물론 공양을 한다거나 법주가 각 의식에 대해 설명을 한다거나 혹은 법문을 하는 경우가 아니면 임의적으로 의식을 멈추지 않고 계속해서 이어간다.

[그림 28] 시련터 태징 연주235)

[악보 7]에서 마무리에 해당하는 몰아뛰는 쇠는 대취타의 연주 혹은 행렬을 마무리하는 의미가 있고 이어지는 쇠와 이후 시작 쇠는 본 시련의식의 시작을 알리는 태징 타법으로 볼 수 있다.236) 시작 쇠의 마지막 망치(쇠)에서 옹호게(擁護偈) 첫 구절 "봉청시방제현성"(奉請十方諸賢聖)의 첫 자(字)인 '봉'(奉)이 소리한다. 불서(佛書)에서 전해지는 대부분의 게송(偈頌)은 칠언사구(七言四句)와 오언사구(五言四句) 등의 형태를 띠고 있는데 이 게송을 연결하는 태징 연주법으로는 거

---

235) 왼쪽 사진은 법주 스님과 대중 스님들과의 소리(梵音)를 연결할 때의 태징 연주 모습이고 오른쪽 사진에서는 법주 스님의 태징 연주를 듣고 나비무를 추기 위해 무대로 향하는 범패승을 확인할 수 있다.

236) 만약 여기에서 약례로 '시작 쇠'를 '세망치'로 쳤다면 이는 잘못된 것인데 불교의식에서는 큰 단락의 시작을 시작 쇠로 하고 큰 단락을 이루는 작은 단락(게송)을 시작할 때는 세망치로 연주하기 때문이다. 시련은 의식을 구성하는 큰 단락이다.

불 쇠와 세망치가 존재한다.237) 다음은 시련의식의 옹호게를 연결하는 태징 연주법이다.

[악보 10] 옹호게의 태징타법238)

연주·채보: 혜일

시련의식은 모든 재 의식 중 상당히 중요한 부분을 차지하고 있기 때문에 약례의 '세망치' 등으로 의식을 축소하지 않는다.239) 위의 옹

237) 약례(세망치)는 통상적으로 소리의 연결 부분에 쓰이는 경우가 대부분인데 상주권공과 같은 긴소리 위주의 의식이나 법주나 대중 스님들의 독(獨) 소리 등에서 소리를 마무리할 때 주로 쓰인다. 그러나 시련과 신중작법·관욕 등 시간 관계상 다른 의식에 비해 짧지만 독립적으로 중요시되는 의식에서는 약례로 연주하지 않는다.

238) 몰아뛰기 쇠와 이어서 바로 시작쇠를 연주하고 마지막에서 '봉청' 소리를 시작된다. 물론 거불 쇠 마지막 망치에서 다음 게송인 '범왕' 소리를 이어간다.

239) 부득이하게 약례를 사용할 경우는 대체로 시간에 쫓겨 의식을 빨리 마무리하거나 축소하는 경우다. 그러므로 약례와 정법의 연주법은 반드시 구분해

호게 마지막 구절이 끝났을 때 옹호게가 끝났음을 알리는 '몰아뛰는 쇠'가 들어감은 당연한 것이고 이어 요잡바라가 행해져야 하기 때문에 '이어주는 쇠'와 더불어 북과 목탁 등의 법구를 통해 반주 연주가 시작된다.

[그림 29] 시련터에서의 요잡바라[240]

[악보 11] 시련의식 요잡바라[241]

연주 · 채보: 혜일

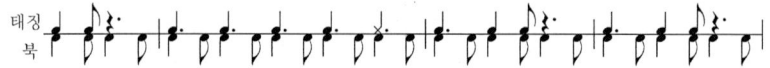

서 인지해야 한다.
240) 위 왼쪽 법주 스님의 태징 연주에 맞춰 취타대의 북과 태평소가 연주된다. 물론 이와 같은 반주에 맞춰 바라무를 시연한다.
241) 10마디와 11마디는 바라무를 추는 장단으로 바라무가 끝날 때까지 반복해서 연주한다. 때론 이 부분에서 북장단과 동일하게 연주하기도 한다.

이 요잡반주가 마무리되면 마지막 세망치 중 첫 망치242)에서 헌좌
진언(獻座眞言)으로 연결되는데 이 헌좌진언은 '헌좌게'라는 소리로
이뤄진다. 이때 사용되는 태징 연주법은 소리와 소리를 연결하는 신호
로 쓰이는데 다음과 같다.

[악보 12] 헌좌진언의 소리를 연결하는 태징타법243)

연주·채보: 혜일

위의 악보에서 살펴보듯이 태징은 소리와 소리를 이어주거나 선창
(先唱)의 소리가 마무리되는 시점과 후창(後唱) 소리의 시작을 알리는
역할을 담당하는데, 이 태징 소리에 맞춰 선·후창의 소리를 연결하게

242) 이때 범패승에 따라서 약간의 차이가 나는데 마지막 마디의 '세망치' 중 첫
   망치를 연주하면 다음의 두 망치는 생략되고 바로 헌좌진언 소리가 시작된다.
243) 소리의 악보는 한만영의『불교음악연구』의 '헌좌게'에 가사를 바꿔 옮겼다.
   헌좌게송은 7언 4구로 이뤄져 있는데 게 송 한마디에 태징을 두 번 친다.
   이때의 태징은 7언(言) 중 4언의 소리가 마무리될 때 한 번 울리는데 이때
   바라지가 다음 게송을 시작하면 된다. 그리고 두 번째 태징은 첫째 게송의
   마무리를 뜻한다. 악보출처: 한만영,『불교음악연구』(서울: 서울대학교 출판
   부, 1981), 238쪽.

된다. 이 게성(偈聲)의 소리와 태징의 역할을 알지 못하면 단지 '태징을 두 번 치는 것'으로 인식될 수 있다. 이 게성이 끝나면 다음의 다게작법(나비무)으로 이어지기 때문에 몰아뛰는 쇠 이후 세망치로 끝을 내거나 다게를 시작할 작법승의 준비가 완료되었으면 바로 다게성으로 넘어간다.

다게(茶偈) 나비무에서 쓰이는 태징 타법은 소리의 연결을 위한 것으로 볼 수 있으나 대중에게 의식의 의미를 전달하는 의미보다는 작법승의 춤사위를 위한 신호로서의 역할을 담당한다.

[그림 30] 다게작법에서 태징 신호에 따라 바뀌는 춤사위[244)

즉, 소리 중간 중간에 태징을 연주함으로써 작법승은 그 신호에 따라 손을 올리거나 내리기도 하고 방향을 틀어 마무리('접는다'라고 표현한다)를 하며 두 명의 작법승이 서로 자리를 바꾸기도 한다. 그리고 앞에서도 설명했듯이 나비무의 시연 끝엔 반드시 요잡 바라무가 병행된다.[245) 이 요잡바라가 끝나면 앞의 옹호게의 끝 부분과 같이 몰아뛰

---

244) 다게작법은 도량게작법과 소리는 비슷하나 태징법에 차이가 있다. 그러므로 그 태징에 맞춰 작법승은 자리를 바꾸며 춤을 추는데 이러한 춤사위는 다게와 기경작법에서 볼 수 있다. 사진 출처: 본인 촬영.

245) 규모가 작은 재 의식에는 인원이 부족하여 나비무의 추던 작법승이 나비무가 끝나면 바로 바라무를 추기도 하지만 상주권공재 이상의 큰 규모의 의식에서는 나비무와 바라무를 행하는 의식승이 따로 있기 때문에 요잡바라무가 행해질 땐 나비무를 추던 작법승은 사방요신을 한다.

는 쇠와 이어주는 쇠 그리고 작은 다음 단락, 행보게(行步偈)를 시작해야 하므로 세망치를 연주한다. 행보게와 산화락을 끝내면 다음 "나무대성인로왕보살"(南無大聖引路王菩薩)의 짓소리에 맞춰 다시 도량으로 향하게 되는데 이때의 행렬은 앞에서 소개한 행렬과 동일하다. 다만 도량에 초청된 일체의 성중(聖衆)을 연(輦)에 모시고 사찰로 돌아가기 때문에 연의 양 옆에 착복을 입은 작법승들이 같이 이동한다. 그리고 행렬의 맨 끝에 위치한 범패승과 대중승은 짓소리를 함께하며 행렬을 따르는데 이때에 연주되는 태징 연주법은 소리의 중간 중간 숨을 고를 때 태징을 쳐주거나 짓소리가 상당히 오래도록[246] 지속될 때 짓소리의 어느 부분을 현재 소리하고 있는지를 신호로서 대중에게 알리는 역할을 한다.

(3) 시련의식 후(後) 태징 연주법

시련 장소에서 본 의식을 마치고 돌아온 행렬은 법당 앞마당을 원을 그리며 행렬의 끝이 도착되기를 기다린다. 다만 연과 같이 행렬의 선두에서 먼저 도착한 작법승은 아직 행렬 뒤에서 범패승에 의해 소리되는 짓소리가 계속되고 있기 때문에 도량을 청정하게 하는 목적으로 '사방요신' 나비무를 행하고 있어야 한다. 비로소 행렬이 모두 도착하여 대웅전을 바라보고 각자의 위치에 멈추게 되면 태징승은 몰아뛰는 쇠와 이어지는 쇠 그리고 영축게(靈鷲偈)의 시작을 알리는 시작쇠(세망치)를 연주하고 영축게를 염송한다. 영축게가 마무리되면 다시 몰아뛰는 쇠와 이어주는 쇠에 이어 기경작법을 행하는데 이때 쓰이는 태징타법은 앞의 다게작법에서 했던 태징의 역할과 동일하다. 즉, 태징소리에 맞춰 작법승이 방향을 바꾸거나 손을 올리고 내리고 접는

---

246) 짓소리는 대중이 같이 하는 "울력소리"이다. 짓소리의 특징은 상황에 따라 소리를 줄일 수도 늘릴 수도 있다. 특히 반복적인 선율을 가지고 있기 때문에 일정한 형식을 무한 반복할 수 있어 시간의 제약 없이 소리할 수 있다.

등의 동작을 반복하고 서로 위치를 바꿔 작법을 행하기도 한다. 다만 다게작법은 범패승의 소리를 중심으로 진행하지만 기경작법은 소리가 없이 태징 연주만 진행한다.

[그림 31] 시련터에서 돌아온 연(輦)과 사방요신을 하는 작법승[247]

다음은 기경작법의 태징타법의 일부이다.

[악보 13] 기경작법의 태징타법[248]

연주·채보: 혜일

---

247) 작법승은 시련장소에서 법당 앞마당까지 연과 같이 도착하고 이어 법패승의 짓소리에 맞춰 사방요신을 한다. 사진 출처: 2007년 봉원사 영산재, 본인 촬영.
248) 몰아뛰는 쇠가 끝나고 바로 세 번 접는 동작으로 시작되는 기경작법은 세 번째 부분에서는 태징의 신호에 따라 두 손을 모아 살짝 앉는 동작을 한다.

또한 이때는 연과 모든 기(幡)가 행렬이 마당에 도착되었다고 해서 제자리에 정좌되는 것이 아니고 대웅전 주불을 향해 서서 보례(普禮)를 드릴 준비를 하고 있어야 한다. 기경작법이 끝나고 나면 범패승의 요령을 흔들어 주위를 환기(換氣)시킨 후 보례삼보(普禮三寶) 즉, 삼보 전에 예를 올릴 것을 청하는 소리를 한다. 이때 시작 쇠(세망치)를 태징승이 연주하면 대중은 모두 "보례시방상주불 · 법 · 승"(普禮十方常住佛 · 法 · 僧)를 소리한다. 이어 대웅전 주불(主佛)께 예(禮)를 올린 후 의식을 마친다. 당연히 이때 의식을 마무리하는 태징 연주는 몰아뛰는 쇠이고 다음 의식으로 이어지지 않기 때문에 이어지는 쇠나 시작 쇠를 연주해서는 안 된다.

[그림 32] 기경작법[249]

지금까지 불교 재 의식에서 사용하는 태징 연주법을 시련의식을 통해 일부 확인해보았다. 불교 재 의식에서 연주하는 태징법은 사실 그 의미와 내용이 정확하게 정립되어 있다.[250] 그렇기 때문에 각각

---

249) 기경작법은 반드시 영축게 이후 행해지며 총 3번(먼저 제자리에서 시작하여 상대방과 자리를 바꾸며 다시 제자리에 돌아와서 끝낸다) 반복한다. 그리고 이때 사진에서와 같이 모든 대중은 연과 번(幡) 등을 그대로 들고 대웅전 주불을 향해 보례를 준비한다. 사진 출처: 2007년 봉원사 영산재, 본인 촬영.
250) 물론 가늠하기가 쉽지 않다. 연주자에 따라 변화가 있을 수 있고 또한 약례

의 태징 연주법의 내용을 이해하고 있으면 규모가 작은 천도재로부터 수륙재에 이르기까지 모든 불교 재 의식을 진행하는 데 어려움이 없다.

3) 현행 생전예수재 태징법의 구성

본 장에서는 앞에서 살펴본 불교의식의 태징연주법을 현행 생전예수재 절차[251]에 적용하여 생전예수재 진행의 전체적인 흐름을 살펴보고자 한다. 이어 조선시대 생전예수재 재현을 위한 음악적 구성과 진행의 완성도를 높이기 위해 태징 연주법을 재정립하여 정의할 것이다. 다만, 이해를 돕기 위해 현행 생전예수재에서 사용하는 모든 태징 연주법은 현행하는 의식집를 바탕으로 동일한 절차에 의해 정리할 것이다. 그러나 생전예수재 본 의식 부분은 조선시대 생전예수재를 설명하면서 소리와 태징법 그리고 우리말 설명을 모두 포함하여 소개하고자 한다. 이유는 현행 생전예수재는 견기이작형 재 의식으로 크게 2단계로 구분할 수 있는데 생전예수재를 이해하기 위한 중요한 태징법은 1단계에 집중되어 있고 2단계에 해당하는 생전예수재 본 의식은 소리를 중심으로 진행하기 때문이다.

현행 생전예수재의 견기이작형 1단계는 생전예수재 의식을 준비하기 위한 의식으로 시련(侍輦) → 대령(對靈) → 관욕(灌浴) → 괘불이운(掛佛移運) → 영산작법(靈山作法) → 개계소(開啓疏) → 신중작법(神衆作法) → 조전점안(造錢點眼) → 금은전이운(金銀錢移運) 등이 이에 해당한다.

생전예수재의 2단계는 생전예수재 본 의식에 해당하며 이는 조선시

로 연주할 수도 있기 때문이다. 그러나 일정한 틀을 이해하고 있으면 얼마든지 연주자의 의도를 파악할 수 있다.

251) 松江, 『要集』(서울: 범음 범패 오송강 연구소, 2002).

대 생전예수재와 절차에 차이가 있을 뿐 태징법의 연주 구성은 동일하다.

[표 2] 현행 생전예수재 목적 구분252)

구성	내용	의식구성
1단계	생전예수재를 위한 준비 의식	시련·대령·관욕·괘불이운·영산작법·개계소·신중작법·조전점안·금은전이운
2단계	생전예수재의식	예수시왕생칠재의

  본 장에 구성되는 태징 연주법은 소리와 무용을 전문적으로 공부한 범패승이 아닌 일반 승려를 대상으로 현행 생전예수재 진행을 소개함을 목적으로 하고 있기에 소리와 소리를 연결하는 태징 연주법이나 무용의 반주를 위한 태징법 등은 소리에 중점을 두고 접근하는 것이 아닌 태징 연주에 중점을 두고 설명할 것이다. 그러므로 칠언사구·오언사구 형식 등의 게송은 태징 약례로 구성하며 무용 반주의 경우 가사의 내용과 태징 악보를 중심으로 정리할 것이다.253) 또한 소리하지 않거나 태징 연주를 하지 않는 의식의 제목과 게송의 제목 등은 괄호로 표시할 것이며 사용되는 악기는 의식의 앞에 그림으로 표시할 것이다. 또한 각 의식에서 사용하는 태징법에 표시기호를 정하여 원전 내용의 태징 연주 부분에 명시하고 진언과 같이 삼설(三說)하는 것은 필요에 따라254) 풀어서 정리함을 밝힌다.

---

252) 현행 생전예수재를 2단계로 구분한 것은 생전예수재를 쉽게 이해하기 위한 방편이다. 특히 태징 연주법을 먼저 설명하는 이유는 2단계의 생전예수재가 소리 중심으로 진행되기 때문이다.
253) 생전예수재의 이해를 돕기 위해 필요에 따라 기존에 발표된 연구물을 인용하여 게송과 무용 반주의 실례를 들어 설명할 것이다.
254) 세 번 반복하더라도 태징 연주를 하지 않는 경우에는 (세 번)이라고 표시하고 태징 연주가 포함되는 경우에는 풀어서 기술할 것이다.

그러므로 현행 생전예수재 태징 연주법을 정리하기 위해서는 현재 재 의식에서 사용하는 태징 연주법을 각각의 기호로 표시하여 적용하는 것이 관건이다. 특히 각 의식마다 변형하는 다양한 태징법을 올바르게 정립하는 것이야말로 현행 생전예수재 진행을 이해하는 데 도움을 줄 것으로 확신하기 때문이다. 생전예수재에서 사용하는 기본적인 태징 연주법을 정리해보면 다음과 같다.

[그림 33] 생전예수재의 태징·북 연주를 설명하고 있는 구해 스님255)

(1) 생전예수재 진행을 위한 태징 연주법의 분류256)

다음에 정리하는 태징 연주법은 생전예수재를 진행하는 기본적인 태징법으로 제목과 표시기호를 정리함으로써 이해를 돕도록 하겠다.

---

255) 필자의 은·법사인 중요무형문화재 제50호 영산재 보유자 구해 스님이 생전예수재에서 쓰이는 태징 연주와 무용 반주를 설명하고 있다.

256) 본 연구에서 쓰인 태징 연주법에 관한 채보는 필자가 구해 스님께 지난 10년간 사사받은 것을 바탕으로 채보한 것이다. 그러나 이와 같은 연주 형태는 서울 지역을 중심으로 한 것이어서 전라도의 완제나 경상도의 경제와는 차이가 있을 수 있다.

① 운집 쇠: [운집쇠]

연주·채보: 혜일

운집 쇠는 의식이 곧 시작함을 대중에게 알리거나 어떤 목적을 위해 모이게 할 때 연주하는 태징법이다. 운집을 목적으로 하고 있기 때문에 운집 쇠라고 명하고 있고 운집의 목적 외엔 거의 사용하지 않는다. 그러므로 생전예수재를 진행할 때는 의식 시작 전에 연주하고 공양 등의 휴식 시간 이후 다시금 대중을 운집시킬 때 연주하는 것이 바람직하다.

② 시작 쇠

㉠ 신중작법·시련터 시작 쇠: [시작쇠 Ⅰ]

[악보 14] 시작쇠 Ⅰ

연주·채보: 혜일

㉡ 일반적인 시작 쇠: [시작쇠 Ⅱ]

[악보 15] 시작쇠 Ⅱ

연주·채보: 혜일

ⓒ 운집 쇠와 시작 쇠 연결: [운집·시작쇠]

연주·채보: 혜일

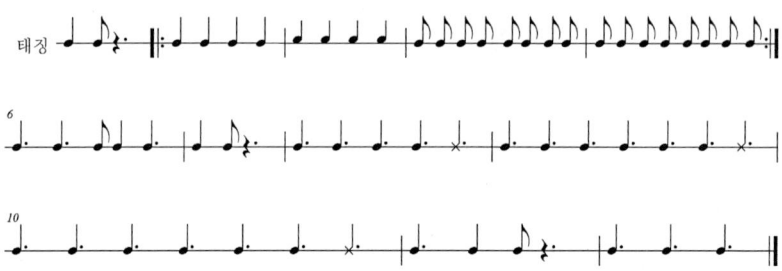

ⓓ 몰아뛰는 쇠와 시작 쇠의 연결: [몰쇠·시작쇠]

연주·채보: 혜일

시작 쇠는 말 그대로 의식의 시작을 알리는 연주법이다. 연주는 두 가지가 존재하는데 먼저 신중작법이나 시련의식의 시작에서 사용하는 것과 일반적인 의식에서 사용하는 것으로 나눠볼 수 있다. 신중작법이나 시련의식에서 사용하는 것은 중단 성현인 신중(神衆)과 관계257)된

257) 신중작법과 시련의 시작 게송은 모두 옹호게(擁護偈)라 칭하고 옹호게는 신중(神衆)과 직접적인 관계가 있는 의식에서 행한다. 물론, "팔부금강호도

것으로 여길 수 있기 때문에 9/8박자, 한 마디가 더 들어간다. 그리고 신중작법과 시련터에서 사용하는 시작 쇠는 주로 운집 쇠와 연결되어 사용하지만 일반적인 시작 쇠는 독립적으로 연주하기도 한다. 이는 다음에 소개하는 거불(擧佛) 쇠와 연주형태는 동일하나 거불 쇠가 범성 (梵聲)과 범성을 연결할 때와 소리를 마무리할 때 연주하는 반면 시작 쇠는 소리의 시작 전에, 의식을 시작할 때 연주한다.

③ 거불(擧佛) 쇠: [거불쇠]258)

연주ㆍ채보: 혜일

생전예수재에서 가장 많이 사용하는 태징 연주법으로 거불 쇠를 꼽을 수 있다. 거불 쇠는 불ㆍ보살이나 성현을 청할 때 쓰이는 것으로서 약례인 세망치와 비교된다. 거불을 할 때 세망치로 연주하는 경우는 영산작법의 육거불(六擧佛)이 유일한데 이는 시간 관계상 약례로 연주하는 것이지 정법으로 보기 힘들다.259) 특히, 거불은 대부분 세 번 청해지는데 마지막 거불 소리에는 시간에 따라 거불 쇠나 몰아뛰는 쇠 혹은 몰아뛰는 쇠의 약례가 사용되기도 한다. 그리고 거불 쇠는 불ㆍ보살이나 성현과 직접 관계가 있는 옹호게와 같은 칠언사구의 게송과 게송을 연결할 때도 연주된다.

특히 거불 쇠 연주에는 중요한 신호의 역할이 존재한다. 예를 들어

___

랑"(八部金剛護道場)과 "봉청시방제현성"(奉請十方諸賢聖)에서처럼 가사의 차이가 있을 수 있다.
258) 거불 쇠의 연주 속도는 소리의 속도와 관계가 깊다. 즉, 대중의 소리 속도와 동일한 리듬으로 연주하는 것이 일반적인데 보편적으로 ♩=70~90이다.
259) 2009년 12월 5일 구해ㆍ동희 스님 증언. 安震湖,『釋門儀範』, 上, 120쪽

대령의식의 거불인 "나무극락도사아미타불·나무좌우보처양대보살·나무접인망령인로왕보살"에 거불 쇠를 연주한다고 가정하면 첫 번째와 두 번째 거불에서는 마지막 가사인 '불' 혹은 '보살' 앞에서260) 한 번 태징을 막고 연주하듯 신호를 하여 곧 거불 쇠가 시작함을 대중에게 전해준다. 이는 목탁·북·요령 등의 다른 악기와 동시에 연주하기 위한 것으로 그 악보는 다음과 같다.

[악보 16] 첫 번째·두 번째 거불 쇠 연주

연주·채보: 혜일

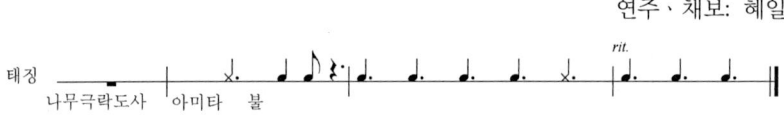

[악보 16]에서 확인할 수 있듯이 거불 마지막 가사 앞에서 태징을 한 번 연주하고 이어 거불 쇠를 연주함으로써 이어지는 두 번째 거불을 준비한다. 그러나 [악보 17]에서는 태징을 막고 연주하는 것이 두 번 반복하는데 이는 현재하는 거불이 세 번째 거불임을 대중에게 알려 의식에 참여하는 다른 악기의 연주자가 태징과 동일한 장단으로 연주할 수 있도록 미리 준비할 것을 전하는 의미가 강하다.261)

[악보 17] 세 번째 거불 쇠 연주

연주·채보: 혜일

태징 ────── × | ♩. ♩ ♪ ♪： | ♩. ♩. ♩. ♩. ♩. | ♩. ♩. ♩. ‖
    나무접인망령 인로왕 보살

260) 일반적인 거불은 모두 불·보살의 명호를 염불하는 것이므로 거불이 끝나는 가사인 법회·보살·불 등의 앞에서 태징을 막고 연주한다.

261) 대부분 세 번째 거불이 끝나고 나면 거불쇠로 마무리하기보다는 몰아뛰는 쇠나 몰아뛰는 쇠의 약례를 연주하기 때문에 두 번에 걸쳐 신호를 함으로써 태징 연주와 동일한 장단을 연주할 것을 다른 악기 연주자에게 알려준다.

이와 같은 연주법은 어장 박송암 스님이 강조한 것으로 전해지며 현재까지 대부분의 범패승이 실행하고 있다. 그리고 이는 다음에 이어지는 세망치에서도 그대로 적용된다.

④ 세망치: [세망치]

[악보 18] 세망치

연주·채보: 혜일

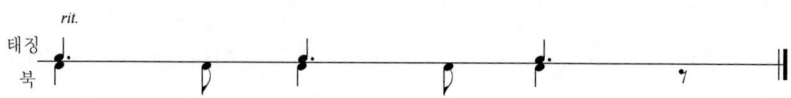

세망치는 육거불에서 거불 쇠의 약례로 사용하는 경우도 있기 때문에 거불 쇠의 약례로 인식하고 있지만 사실은 거불 쇠와 혼동하여 사용하면 안 된다. 세망치가 주로 연주되는 경우는 칠언사구·오언사구 형식의 게송을 소리를 짓지 않고 쓸262)어 갈 때 사용하거나 불·보살과 성현에게 배례를 올릴 때 신호로서 역할을 담당한다. 그리고 의식 중간 중간에 의식의 목적이나 의미 전달이 바뀔 경우에도 세망치가 자주 연주된다. 물론 연주의 형태는 앞의 거불 쇠와 동일하다. 거불 쇠의 경우 청하는 불·보살의 명호가 달라 태징을 막고 연주하는 부분이 각기 다르게 이해할 수 있으나 세망치의 경우는 칠언사구 혹은 오언사구의 형식을 가지고 있기 때문에 막고 연주하는 부분을 보다 쉽게 이해할 수 있다.

---

262) 짓소리나 홑소리 등의 소리를 범음으로 하지 않고 읽어 내려가는 경우를 말한다.

[악보 19] 칠언사구 첫 번째 · 두 번째 구절 세망치 연주263)

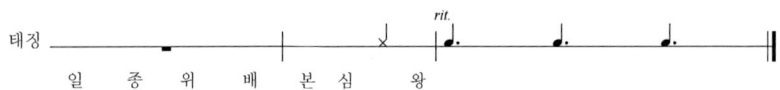

연주 · 채보: 혜일

태징   일   종   위   배   본   심   왕

[악보 19]에서 확인할 수 있듯이 칠언사구 게송의 첫 번째 · 두 번째 구절일 경우는 마지막 가사 앞에서 한 번 막고 연주한다. 물론 세 번째 구절에서는 태징의 연주 없이 소리로만 구성하여 네 번째 구절로 연결하며 마지막 네 번째 구절에서는 사언(四言) 뒤에서 한 번 그리고 육언(六言) 뒤에서 한 번 이렇게 두 번에 걸쳐 태징을 막고 연주한다. 이와 같은 이유는 앞의 거불 쇠에서 설명한 신호의 역할로 이해할 수 있다.

[악보 20] 칠언사구 네 번째 구절 세망치 연주

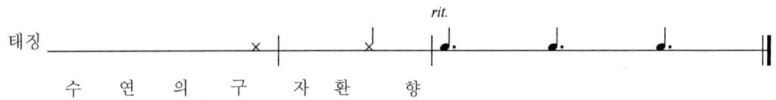

연주 · 채보: 혜일

태징   수   연   의   구   자   환   향

이와 같은 연주법은 오언사구일 경우도 동일하게 적용되는데 오언사구일 경우 먼저 첫 번째와 두 번째 구절에서는 사언 뒤, 즉 오언(五言) 앞에서 한 번 막고 연주하고 마지막 네 번째 구절에서는 이언(二言) 뒤와 사언 뒤에서 각각 태징을 막고 연주한다.

---

263) [악보 19] · [악보 20]은 관욕(灌浴)의식의 입실게(入室偈)를 예로 들었다.

[악보 21] 오언사구 첫 번째 · 두 번째 구절 세망치 연주[264]

연주 · 채보: 혜일

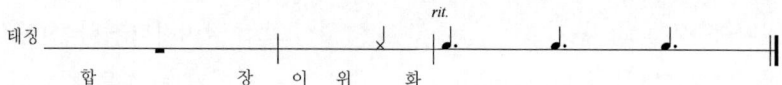

태징

합   장 이 위   화

[악보 22] 오언사구 네 번째 구절 세망치 연주

연주 · 채보: 혜일

태징

찬   탄   향 연   부

⑤ 몰아뛰는 쇠와 약례

㉠ 몰아뛰는 쇠: [몰아뛰기]

연주 · 채보: 혜일

태징
북

5

㉡ 몰아뛰는 쇠 약례: [몰 · 약쇠]

[악보 23] 몰 · 약쇠

연주 · 채보: 혜일

태징
북

몰아뛰는 쇠는 의식을 끝마치는 역할을 담당한다. 의식의 중간 중

---

264) [악보 21] · [악보 22]는 영산작법(靈山作法)의 합장게(合掌偈)를 예로 들었다.

간에 그 목적이 마무되면 반드시 몰아뛰는 쇠를 연주하는데 때에 따라서는 시간에 제약으로 약례를 연주하기도 한다. 의식 목적에 변화가 있다는 것은 가령 거불이 끝나고 대령의식으로 넘어간다거나 신중작법(神衆作法)이 끝나고 상단(上壇) 의식으로 넘어가는 것을 말한다.

⑥ 마치고 이어주는 쇠

㉠ 거불 쇠로 마치고 연결하는 쇠: [거불·연결쇠]

[악보 24] 거불 · 연결쇠

연주·채보: 혜일

㉡ 몰아뛰는 쇠로 마치고 연결하는 쇠: [몰·연결쇠]

[악보 25] 몰 · 연결쇠

연주·채보: 혜일

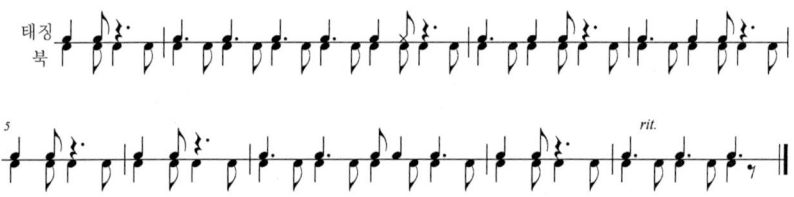

목적을 달리하는 의식과 의식을 연결할 때 주로 쓰이는 마치고 이어주는 쇠는 생전예수재를 비롯한 현행 재 의식에서 자주 쓰인다. 특히 본 연구서와 같이 태징 연주의 약례를 사용할 때에는 빈번하게 쓰일 수 있다. 보편적으로 거불 쇠 후 연결 쇠가 많이 사용하는데 이는 몰아뛰는 쇠로 마치고 연결하는 쇠의 약례로 볼 수 있다.

⑦ 한 망치: [한망치]

[악보 26] 한망치

♩

한 망치는 주로 헌좌진언 등 범음으로 구성되는 게송을 읽어 가면서 소리할 때 각 첫 번째 글자에 태징을 연주하면서 진행하는데, 주로 시간에 제약이 따르거나 범음을 모르는 의식승이 진행할 경우 주로 사용한다.

⑧ 평염불을 마치는 쇠: [염불마침쇠]

[악보 27] 염불마침쇠

연주·채보: 혜일

이 연주는 신묘장구대다라니나 법성게·반야심경과 같은 평염불을 일자 일타로 반주하고 염불이 끝날 때 사용하는 연주법으로 생전예수재 의식을 비롯한 대부분의 재 의식에서 보편적으로 그 쓰임이 많다.

⑨ 평염불을 마치며 게송과 연결하는 쇠: [염불연결마침쇠]

[악보 28] 염불연결마침쇠

연주·채보: 혜일

이 연주는 일반적으로 평염불을 마치고 난 후 이어지는 다음 게송

과 연결할 때 연주한다. 많은 범패승이 이 연주에서 가장 많은 실수를 한다. 즉, 목적을 달리하거나 내용이 달라질 경우 위 [염불마침쇠]를 연주하고 목적이 같은 경우는 [염불연결마침쇠]를 연주하며 의식을 연결해 간다.

⑩ 약례로 진행할 경우의 마침 쇠: [마침쇠]

[악보 29] 마침쇠

연주·채보: 혜일

헌좌게·가영·진령게와 같이 게송을 약례로 줄여서 염불할 경우 마지막 게송이나 진언을 [마침쇠]로 연주한다.

이상의 열 가지 연주법과 해당 기호를 정리하면 다음과 같다.

[표 3] 태징 연주 명칭 및 표시기호265)

번호	태징 연주 명칭	표시기호
1	운집 쇠	[운집쇠]
2	신중작법·시련터 시작 쇠	[시작쇠Ⅰ]
3	일반적인 시작 쇠	[시작쇠Ⅱ]
4	운집 쇠와 시작 쇠 연결	[운집·시작쇠]
5	몰아뛰는 쇠와 시작 쇠의 연결	[몰쇠·시작쇠]
6	거불 쇠	[거불쇠]
7	세망치	[세망치]
8	몰아뛰는 쇠	[몰아뛰기]

265) 정리한 표시기호를 의식집에 그대로 적용함으로써 의식 진행을 이해하는 데 도움을 주고자 한다.

번호	태징 연주 명칭	표시기호
9	몰아뛰는 쇠 약례	[몰·약쇠]
10	거불 쇠로 마치고 연결하는 쇠	[거불·연결쇠]
11	몰아뛰는 쇠로 마치고 연결하는 쇠	[몰·연결쇠]
12	평염불을 마치는 쇠	[염불마침쇠]
13	평염불을 마치며 게송과 연결하는 쇠	[염불연결마침쇠]
14	약례로 진행할 경우의 마침 쇠	[마침쇠]
15	한 망치	[한망치]

이상의 연주법은 생전예수재를 진행하기 위한 가장 기본적인 태징 법으로서 만약 전통적으로 전해지는 범음성을 모르는 승려라 할지라 도 재 의식을 보다 쉽게 이해하거나 진행하기에는 무리가 없을 것으 로 판단한다. 이외에 연주하는 태징법은 법주266)과 바라지267)가 소리 를 연결할 때와 소리를 위한 반주음악 그리고 무용의 반주음악이 주 류를 이루고 있으며 이때 연주하는 태징법은 다음 장의 "현행 생전예 주재 진행과 태징법의 구성"에서 추가로 다루고자 한다.268)

4) 현행 생전예수재 사용 악기269)

(1) 태징

태징은 불교 재 의식에서 가장 많이 사용하는 악기이고 본 논문 주

---

266) 재 의식을 주도하는 스님.

267) 법주 스님을 보좌하는 스님.

268) 언급했듯이 현행 무용 반주 중 소리를 중심으로 진행하는 나비무의 경우 가 사와 태징법 만을 설명함으로써 태징이 신호에 맞춰 춤사위가 변화하고 있 음을 밝힐 것이고 소리를 주고받는 경우에도 게송의 가사와 태징 연주 부분 을 표시하는 것으로 태징 연주가 의미하는 바를 전하고자 한다.

269) 소개하는 각 악기의 사진은 생전예수재 진행 시 각 의식에서 사용하는 악기 가 무엇인지 확인할 수 있도록 의식의 제목 옆에 표시할 것이다.

제에 해당하는 악기이다. 소리와 무용의 반주는 물론 신호 역할을 담당한다. 소리와 소리의 연결하며 의식의 시작과 끝을 알려주고 무용 반주 등을 주도한다. 또한 목탁·북과 같이 일반적인 독경에도 사용한다.

독경(讀慶)일 경우 연주방법은 일자일타(一字一打) 형식이지만 독경을 제외하고는 세망치, 한 망치 등이 혼합된 형식으로 연주가 구성된다.

(2) 목탁

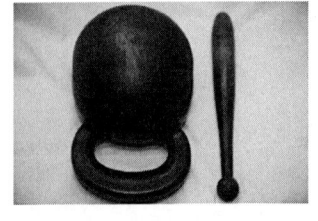

목탁은 재 의식에서 태징과 동일한 역할을 담당한다. 그러나 목탁은 한국불교 의식 전체로 확대할 경우 오히려 태징보다 더 광범위한 용도로 연주된다. 즉, 승려라면 누구나 목탁을 다룰 줄 알아야 할 만큼 불교 법구 중 가장 대표적인 악기이다.

목탁의 연주방법은 일자일타를 기본으로 태징과 같이 연주하지만 재 의식에서는 천천히 내리는 즉, 트릴(Tril) 형태와 같이 점점 빠르고 작아지듯 연주하는 것이 특징이다. 그리고 짓소리와 독(獨)소리 혹은 법주 스님과 대중 스님이 주고받는 소리일 경우하고 천천히 일타(一打) 형태로 분위기를 돋워주는 역할도 담당한다.

(3) 요령

요령은 주로 상단 불·보살과 중단 성현의 강림을 청하거나 하단 영가를 청해 법(法)을 전할 때 연주한다. 특히 재 의식에서는 재를 이

 끌어 가는 법주 스님이 이 악기를 사용한다. 연주법은 일정한 리듬으로 흔들어 소리 내는 것과 길게 한두 번 흔들어 울린 다음 독경 소리로 이어가는 경우 그리고 종을 울리듯 한 번 소리 내는 등 다양하게 연주한다.

요령은 길게 한 번 흔들어 연주하는 것과 천천히 한 번 울리도록 연주하는 것 그리고 태징이나 목탁과 같이 일자일타가 되도록 연주하는 것 등 다양하게 존재하는데 때로는 독경(讀經)을 시작하기 전에 법주 스님이 주위를 환기시키기 위해 연주하기도 한다.

(4) 소북

 소(小)북은 법고(法鼓)와 달리 법당 안에서 혹은 야외 이동시 연주할 수 있다. 그 용도는 무용의 반주를 담당하고 있지만 목탁과 요령 그리고 태징과 같이 독경의 반주로 사용되기 한다. 다만 회심곡의 반주와 독경의 반주 그리고 법고 연주 등은 일반 범패승이 따로 배워야 할 정도로 많은 연습을 필요로 한다.

소북의 연주방법은 3분박 형태를 기본으로 하고 있는데 이는 현행 재 의식의 기본 장단을 의미한다. 태징과 호적 연주가 절대 소북 리듬의 틀을 벗어나 연주할 수 없을 만큼 재 의식 반주에서 차지하는 소북 장단의 역할은 지대하다. 독경반주일 경우 이자일타(二字一打)를 기본으로 하고 있지만 연주자에 따라 변화가 많다.

(5) 호적

일반적으로 태평소로 알려진 이 악기는 불가(佛家)에서는 대부분 호적이란 명칭으로 통용된다. 바라무과 나비무를 비롯한 거의 모든 불교의식 무용에 빠질 수 없는 악기이고 의식 중 위패를 옮긴다거나 영가에게 진언을 독경할 때도 연주된다. 그리고 생전예수재에서는 참여한 사부대중이 장소를 이동할 때에도 반드시 연주된다.

불가에 전해지는 호적의 가락은 대취타·염불·내림게·요잡·능게·법고무 등으로 의식의 상황에 따라 적절하게 연주한다. 가령 이동시에는 대취타를 연주하고 독경일 경우 염불을 그리고 요잡바라일 경우 요잡, 천수바라와 사다라니바라무엔 내림게를 연주하는 등 의식 전개 상황을 완벽하게 이해하고 있어야 그 역할을 소화할 수 있다.270)

5) 현행 생전예수재 식전의식271)의 태징연주법272)

(1) 시련(侍輦)

① 시련의식 태징 연주법

시련의식에서 사용하는 태징법은 [운집·시작쇠]와 [거불쇠]·[세

---

270) 현재 불가에서 호적(태평소) 연주로 가장 권위 있는 분이 구해 스님과 원허 스님이다. 특히 구해 스님은 불가에 전해지는 호적 연주를 필자에게 전수하면서 가장 강조한 부분이 "작(作)이 차야 한다"고 강조한다. 즉, 지금 어떤 의식이 진행되며 또 그 의식에 맞는 호적가락이 무엇인지를 인지해야 조화를 이룰 수 있기에 호적은 범패승이 소리와 무용 그리고 태징법을 완벽하게 익힌 후 배우게 된다. 이러한 과정을 무시하고 호적을 배울 경우 작이 맞을 수 없게 되고 이는 재 의식의 완성도를 저해하는 요인이 된다.

271) 식전의식은 생전예수재의 본 의식 전에 진행하는 의식으로 시련(侍輦)부터 금은전이운(金銀錢移運)까지를 말한다.

272) 본 장에서부터는 모든 태징 연주법을 표시기호의 [명칭]으로 사용할 것이다.

망치]·[몰아뛰기]·[한망치]·[몰·연결쇠] 등 여섯 가지이다. 먼저 시련터에 도착하고 난 후 [운집·시작쇠]를 연주함으로써 의식의 시작을 알린다. 다만 도량(道場) 내 법당 앞에서 시련 행렬이 시작 될 때는 운집 쇠를 먼저 울려주고 이어 대취타가 시작되면 태평소 리듬에 맞춰 대삼소삼으로 연주하며 시련터를 향하면 된다.

시련의식에서의 [거불쇠]는 옹호게(擁護偈)에서 연주한다. 주의할 것은 시작하는 부분과 끝나는 부분이 게송의 첫 글자와 마지막 글자에 맞춰져야 한다. 또한 칠언사구나 오언사구의 게송일 경우 삼구(三句)에서는 태징을 연주하지 않는다. 다음 [세망치]는 행보게(行步偈)·산화락·영축게(靈鷲偈)·보례삼보(普禮三寶) 등에서 쓰이는데 사실, 이 연주법은 생전예수재에서 가장 많이 사용한다. [몰아뛰기]는 나무대성인로왕보살마하살(南無大聖引路王菩薩摩訶薩)과 보례시방상주승(普禮十方常住僧) 등 의식을 끝마칠 때 연주한다.

다음, 범패승이 의식을 진행하면서 가장 많이 실수 하는 것이 바로 [연결쇠]이다. 이 연주법은 반드시 의식의 전개사항을 인지하고 있어야 실수가 없다. 주로 목적을 달리하는 의식과 의식을 연결할 때 주로 사용하는데 시련의식에서는 다게(茶偈)에서 행보게, 행보게에서 영축게로 넘어갈 때 연주한다. [한망치]는 헌좌진언 등, 범음으로 구성되는 게송을 읽어 가면서 소리할 때 각 첫 번째 글자에 태징을 연주하면서 이어간다.

② 태징법을 표시한 시련의식

[운집·시작쇠]

(擁護偈)
옹 호 게

奉請十方諸賢聖**[거불쇠]**   梵王帝釋四天王**[거불쇠]**
봉 청 십 방 제 현 성   범 왕 제 석 사 천 왕

伽藍八部神祇衆　　　不捨慈悲願降臨[몰아뛰기]〈요잡바라〉
가 람 팔 부 신 기 중　　　불 사 자 비 원 강 림

273)獻座眞言
헌 좌 진 언

我[한망치]今敬設寶嚴座　奉[한망치]獻一切聖賢前
아　　　금 경 설 보 엄 좌　봉　　　헌 일 체 성 현 전

願[한망치]滅塵勞妄想心　速[한망치]圓解脫菩提果
원　　　멸 진 로 망 상 심　속　　　원 해 탈 보 리 과

옴[한망치]　가마라　승하　사바하
唵　　　　　迦摩羅　僧賀　娑婆訶

옴[한망치]　가마라　승하　사바하
唵　　　　　迦摩羅　僧賀　娑婆訶

옴[한망치]　가마라　승하　사바하[몰아뛰기]
唵　　　　　迦摩羅　僧賀　娑婆訶

(茶偈)　　　　　　　〈나비무〉
다 게

今將甘露茶[세망치]　　奉獻聖賢前[세망치]
금 장 감 로 다　　　　봉 헌 성 현 전

鑑察虔懇心　　　　　願垂哀納受[세망치]
감 찰 건 간 심　　　　원 수 애 납 수

願垂哀納受[세망치]
원 수 애 납 수

願垂慈悲哀納受[몰·연결쇠]
원 수 자 비 애 납 수

(行步偈))
행 보 게

---

273) 제목 앞에 요령 표시가 있는 것은 제목을 독송(讀誦)하기 전에 요령을 한 번
　　길게 흔드는 것을 의미한다.

移行千里滿虛空[세망치]　　歸道情忘到淨邦[세망치]
이 행 천 리 만 허 공　　　　 귀 도 정 망 도 정 방

三業投誠三寶禮　　　　聖凡同會法王宮[세망치]
삼 업 투 성 삼 보 례　　　성 범 동 회 법 왕 궁

散花落 散花落 散花落[세망치]
산 화 락 산 화 락 산 화 락

南無大聖引路王菩薩 南無大聖引路王菩薩
나 무 대 성 인 로 왕 보 살 남 무 대 성 인 로 왕 보 살

南無大聖引路王菩薩摩訶薩[몰·연결쇠]
나 무 대 성 인 로 왕 보 살 마 하 살

(靈鷲偈)
 영 축 게

靈鷲拈華示上機[세망치]　　肯同浮木接盲龜[세망치]
영 취 념 화 시 상 기　　　　궁 동 부 목 접 맹 귀

飮光不是微微笑　　　　無限淸風付與誰[몰아뛰기]
음 광 불 시 미 미 소　　　무 한 청 풍 부 여 수
　　　　　　　　　　　　〈기경작법〉

普禮三寶[세망치]
　　　 보 례 삼 보

普禮十方常住佛[세망치]
보 례 시 방 상 주 불

普禮十方常住法[세망치]
보 례 시 방 상 주 법

普禮十方常住僧[몰아뛰기]
보 례 시 방 상 주 승

③ 시련의식의 무용 태징 반주

시련의식은 네 가지 무용을 포함하고 있다. 먼저 바라무인 요잡바

라와 나비무인 다게[274] · 기경작법 그리고 법고무가 그것이다. 이 중 태징 반주를 중심으로 무용이 진행되는 요잡바라 · 법고무의 연주법과 태징 신호에 의해 춤사위가 변화하는 기경 · 다게작법 일부를 살펴보 도록 하겠다.

㉠ 요잡바라

연주 · 채보: 혜일

요잡바라의 연주법의 특징은 [몰아뛰기]와 [연결쇠]에 이어 3분박에 한 번씩 태징을 연주하는 것이다. 이때 작법승이 편안하게 의식무를 출 수 있도록 안정된 리듬감(♩= 50~70)으로 연주하는 것이 필요한데, 10마디와 11마디에서 보여주는 반복적인 연주는 요잡바라 연주에서 가장 중요한 부분으로 꼽을 수 있다. 시련에서의 요잡바라는 옹호게와 다게작법 그리고 기경작법의 끝에 이어서 시연한다.

---

274) 다게작법에서의 태징 연주는 작법승의 춤사위에 직접적인 영향을 준다. 예 를 들어 양손의 춤사위를 변화시키고 자리를 옮기는 역할이 그것이다. 그러 나 다게와 도량게작법은 기경 · 향화게작법과는 다르게 태징 반주음악보다 는 소리(梵音)에 바탕을 두고 진행하는 특징 때문에 본 논문에서는 가사와 태징 연주법만을 다루도록 한다.

[그림 34] 요잡바라275)

ⓛ 법고무

[악보 30] 법고무 반주

연주·채보: 혜일

---

275) 시련터에서 요잡바라무로 일정한 박사를 중심으로 올리고 내리는 동작과 양
손을 번갈아 돌리는 동작으로 춤사위가 구성된다. 사진 출처: 2007년 봉원
사 영산재, 본인 촬영.

[그림 35] 법고무 춤사위[276)

　불교 재 의식에서 천수바라와 사다라니바라와 같은 진언을 중심으로 진행되는 것과는 다르게 의식의 중간 중간 반주음악만으로 진행되는 의식무용의 시작은 대부분 몰아뛰는 쇠와 연결된다. 법고무 역시 몰아뛰는 쇠를 시작으로 요잡바라와 같은 리듬을 구성하는데 한 가지 차이점이 있다면 요잡바라는 일정한 속도감을 반복적으로 유지하지만 법고무 반주는 점점 빠르게($\downarrow$.= 120~140) 진행된다는 것이다.[277) 시련

---

276) 만봉 스님의 사십구재 때 봉원사에서 시연한 동희 스님의 법고무이다. 사진 출처: 본인 촬영.

277) 반주음악이 휘모리장단으로 전개되면서부터 속도감이 증가되는데 이때부터 음악과 춤사위가 전혀 맞지 않고 춤사위와 음악이 따로따로 구성되는 듯하다. 이러한 특징은 다른 불교 의식무용에서는 찾아볼 수 없는 독특한 형식으로 보이는데 시연하는 작법승은 법고무 춤사위를 처음 시작하는 부분인 자진모리장단에 맞춰 동작을 전개하고 이후 반주음악에 집중하기보다는 스스로의 춤사위에 몰입하여 법고무를 구성해 간다. 즉, 음악은 그저 반주음악의 역할에 충실하고 이후부터는 작법승 스스로 춤사위를 구성해서 의식무를 이끌어간다. 그러므로 반주음악과 춤사위 동작이 처음에는 맞아도 이후 음악과 동작이 일치하지 않게 연결된다. 물론 이때에도 스승으로부터 전수(傳受)받은 춤사위를 기본으로 하여 연결한다. 다만 그 춤사위의 동작을 줄이거나 늘리는 것은 오로지 작법승의 몫이다.

의식에서의 법고무는 기경작법이 끝나고 요잡바라가 마무리될 때 즈음 시작하는데 사실은 법고무가 시작되면 작법승은 요잡바라를 자연스럽게 마무리하는 것이 일반적이다.

ⓒ 기경작법

연주·채보: 혜일

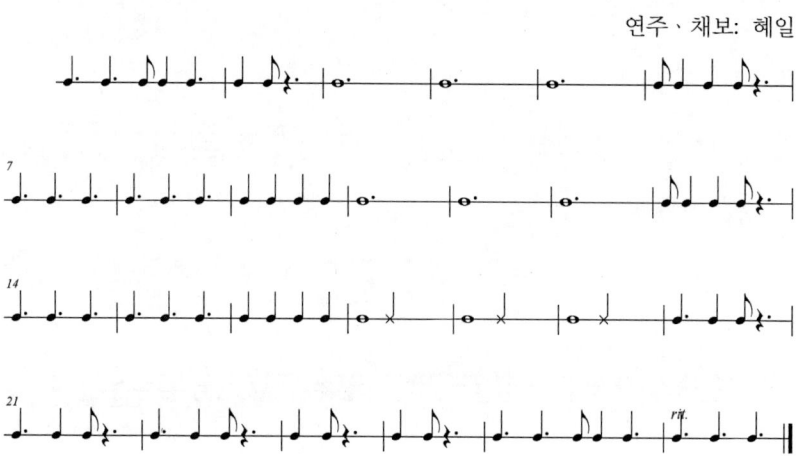

기경작법은 향화게작법과 같이 태징의 연주에 따라 춤사위가 바뀌는데 이는 나비무에서 태징이 신호의 역할을 담당하고 있고 그 연주에 따라 작법승이 자리를 바꾸거나 손을 펼치는 등 다양한 춤사위를 보이게 된다. 이는 다음에 소개하는 다게작법의 일부에서도 확인할 수 있다.

ⓓ 다게작법

[악보 31] 다게작법 태징 반주

연주·채보: 혜일

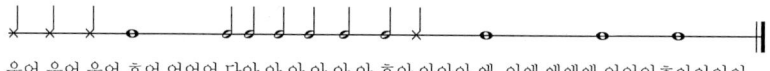

우어 우어 우어 흐어 어어어 다아 아 아 아 아 아 흐아 아아아 에 이에 에에에 어어어흐아아아아

위 악보는 금장감로다(金將甘露茶) 중 '다'에서 작법승이 태징 연주에 맞춰 자리를 바꾸는 것을 표현한 것이다. 이는 앞에서 소개한 기경작법과 유사한 점이 발견되는데 다만 기경작법은 소리 없이 태징 연주만으로 춤사위가 변하지만 다게작법은 소리를 하며 태징을 연주하는 구성으로 진행한다.[278]

[악보 32] 다게[279]

위 악보는 한만영이 채보한 다게 중 "금장감로다"의 '다'로서 악보에서는 자리바꿈을 위한 태징 연주법은 보이지 않는다.[280] 다만, 소리를 마무리하는 부분에서 춤사위에 영향을 주는[281] 태징 연주법은 그대로 표시하고 있다.

---

278) 자리바꿈에서 태징을 연주하는 범패승은 작법승이 서로 자리를 옮길 때까지 일정한 리듬으로 연주해주는 것이 일반적이다. 악보의 '다'에서처럼 정해진 것만큼 태징을 연주하는 것은 아니다.

279) 서울대학교 음악대학 국악 Library에 수록된 홑소리[No. 51(1~3)]를 한만영이 채보한 것이다. 韓萬榮, 『佛敎音樂硏究』(서울: 서울大學校出版部, 1982), 243쪽.

280) 이와 같은 결과는 현장자료가 아닌 녹음자료를 바탕으로 채보한 것으로 짐작한다.

281) 다게 나비무의 마무리는 방향을 바꿔가며 양손을 모으는 동작으로 연결하는데 이때의 움직임은 태징 연주법과 일치한다.

[그림 36] 다게작법282)

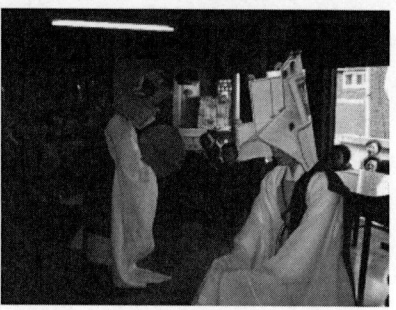

(2) 대령(對靈)

① 대령의식 태징 연주법

대령의식에서 사용하는 태징법은 먼저, [시작쇠 Ⅱ]283)、[거불쇠]、[세망치]、[마침쇠] 등이고 소리와 소리를 이어주는 진령게(振鈴偈)가 한 번 나온다. 대령의식은 주로 영가에게 전하는 소리가 대부분이기 때문에 법주 스님의 독(獨)소리가 중심이 된다.

시련을 마치고 법당 안으로 들어오면 먼저 상단을 바라보고 [시작쇠 Ⅱ]를 연주한 뒤 마지막 쇠에서 거불을 시작한다. 3번 반복하는 거불이 끝나고 나면 [몰아뛰기] 혹은 [몰·약쇠]를 연주하며 이때 범패승 일인(一人)이 영단(靈壇)을 바라보며 대령소(對靈疏)를 범음으로 읽는다. 이후 법주 스님의 착어(着語)를 시작으로 대령의식을 진행한다.

---

282) 태징 신호에 따라 작법승이 서로 자리를 바꾼다. 사진 출처: 2006년 청룡사 도봉대선사 다례재, 본인 촬영.

283) 원래 대령의 거불은 야외에서 하게 되어 있기 때문에 시련의 마지막인 '보례 시방상주승'에 이어 [몰쇠·시작쇠]로 연결한 뒤 거불을 행하게 되어있으나 일반적으로 규모가 작은 사찰에서는 시련을 생략하고 바로 대령의식을 진행하고 있기 때문에 임의로 대령의 시작을 [시작쇠 Ⅱ]로 기술함을 밝힌다.

② 태징법을 표시한 대령의식

[시작쇠 II]

(擧佛)
거 불

南無極樂導師阿彌陀佛[거불쇠]
나 무 극 락 도 사 아 미 타 불

南無左右補處兩大菩薩[거불쇠]
나 무 좌 우 보 처 양 대 보 살

南無接引亡靈引路王菩薩[몰아뛰기]
나 무 접 인 망 령 인 로 왕 보 살

[宣疏 孤魂疏(一名對靈疏)]
선 소 고 혼 소 일 명 대 령 소

召請文疏 拜獻十方三寶慈尊前
소 청 문 소 배 헌 십 방 삼 보 자 존 전

釋迦如來 遺教弟子 奉行加持 秉法沙門 某甲 謹封
석 가 여 래 유 교 제 자 봉 행 가 지 병 법 사 문 모 갑 근 봉

修設大會疏
수 설 대 회 소

盖聞 生死路暗 憑 佛燭而可明 苦海波深 仗 法船而可渡
개 문 생 사 로 암 빙 불 촉 이 가 명 고 해 파 심 장 법 선 이 가 도

四生六道 迷眞則 似蟻巡環 八難三途 恣情則 如蠶處繭
사 생 육 도 미 진 즉 사 의 순 환 팔 난 삼 도 자 정 즉 여 잠 처 견

傷嗟生死 從古至今 未悟心源 那能免矣 非憑佛力 難可
상 차 생 사 종 고 지 금 미 오 심 원 나 능 면 의 비 빙 불 력 난 가

超昇 娑婆世界(云云) 今則 天風肅靜 白日明明(夜漏沈
초 승 사 바 세 계 운 운 금 즉 천 풍 숙 정 백 일 명 명 야 루 침

沈) 傳列香花 以伸迎請 南無一心奉請 大聖引路王菩薩
침 전 열 향 화 이 신 영 청 납 무 일 심 봉 청 대 성 인 로 왕 보 살

摩訶薩 右伏以 一靈不昧 八識分明 歸屆道場 領霑功德
마 하 살 우 복 이 일 령 불 매 팔 식 분 명 귀 계 도 량 영 점 공 덕

陳冤宿債 應念頓消 正覺菩提 隨心便證 謹疏
진 원 숙 채 응 념 돈 소 정 각 보 리 수 심 변 증 근 소

某 年 月 日 秉法沙門某甲 謹疏[거불쇠]
모 년 월 일 병법사문모갑 근소

鐵圍山間沃焦山[세망치]　火湯爐湯劍樹刀[세망치]
철 위 산 간 옥 초 산　　　 화 탕 노 탕 검 수 도

八萬四千地獄門　　　　　仗秘呪力今日開[몰아뛰기]
팔 만 사 천 지 옥 문　　　 장 비 주 력 금 일 개

(着語)
착 어

今日 (某靈) 生本無生 滅本無滅 生滅本虛 實相常住 (某
금일　모령　 생본무생　멸본무멸　생멸본허　실상상주　 모

靈) 284) 還會得 無生滅底 一句麼 (良久) 285) 俯仰
령　　　 환회득　무생멸저　일구마　 양구　　　　 부앙

隱玄玄 視聽明歷歷 若也會得 頓證法身 永滅飢虛 其或
은현현　시청명력력　약야회득　돈증법신　영멸기허　기혹

未然 承佛神力 仗法加持 赴此香壇 受我妙供 證悟無生
미연　승불신력　장법가지　부차향단　수아묘공　증오무생

(振靈偈)
진 령 게

以[한망치]此振靈伸召請 今[한망치]日靈駕普聞知
이　　　 차진령신소청　금　　　 일영가보문지

願[한망치]承三寶力加持 今[한망치]日(夜)今時來赴會[마침쇠]
원　　　 승삼보력가지　금　　　 일야금시내부회

普召請眞言 286)
보 소 청 진 언

나무 보보제리 가리다리 다타 아다야

---

284) 길게 한 번 흔들어 연주한다.
285) 세 번 소리가 울리도록 천천히 연주한다.
286) '보소청진언'을 하기 전에 먼저 길게 한 번 흔들어 연주한 후 진언 부분만
　　세 번 반복하며 소리와 같이 연주한다.

南謨 步步諦哩 迦哩多哩 多陀 揭多野

287)(孤魂請)
　　　　　고　혼　청

一心奉請 因緣聚散 今古如然 虛徹廣大 靈通 往來自
일 심 봉 청　　　인 연 취 산　금 고 여 연　허 철 광 대　영 통　왕 내 자

在無碍 今日至誠 薦靈齋者 某人 伏爲 某人 靈駕 承佛神
재 무 애　금 일 지 성　천 령 재 자　모 인　복 위　모 인　영 가　승 불 신

力 仗法加持 來詣香壇 受霑法供
력　장 법 가 지　내 예 향 단　수 점 법 공

(香煙請)
　향 연 청

(歌詠)
　가 영

諸靈限盡致身亡 石火光陰夢一場
제 령 한 진 치 신 망　석 화 광 음 몽 일 장

三魂杳杳歸何處 七魄茫茫去遠鄕[마침쇠]
삼 혼 묘 묘 귀 하 처　칠 백 망 망 거 원 향

某人 靈駕 旣受虔請 已降香壇 放捨諸緣 俯欽斯奠
모 인　령 가　　　기 수 건 청　이 강 향 단　방 사 제 연　부 흠 사 전

某人 靈駕 一炷請香 正是靈駕 本來面目 數點明燈
모 인　령 가　　　일 주 청 향　정 시 영 가　본 래 면 목　수 점 명 등

正是靈駕 着眼時節 先獻趙州茶 後進香積饌 於此物物
정 시 영 가　착 안 시 절　선 헌 조 주 다　후 진 향 적 찬　어 차 물 물

還 着眼麽 (良久) 低頭仰面 無藏處 雲在靑天 水在瓶
환　착 안 마　(양 구)　　　저 두 앙 면　무 장 처　운 재 청 천　수 재 병

(某靈 旣受香供 已聽法音 合掌專心 叅禮金仙)288)
모 령　기 수 향 공　이 청 법 음　합 장 전 심　참 례 금 선

---

287) 길게 한 번 흔들어 연주하고 나서 '일심봉청' 이후 소리와 같이 연주한다.
288) 괄호 부분은 관욕의식을 생략할 경우 염불하는 것으로 알려져 있다. 그러므
　로 현행 의식에서 관욕의식으로 이어갈 땐 '수재병(水在瓶)'까지 한 다음

(3) 관욕(灌浴)

① 관욕의식 태징 연주법

관욕의식은 법주 스님의 진언염불이 주류를 이루고 있지만 위패가 이동하고 또한 참여한 사부 대중이 장소를 옮기는 등 조금은 그 의식 절차가 복잡하다.[289) 관욕의식에서 연주하는 태징법은 일반적인 염불 반주와 [세망치]·[염불연결마침쇠]·[한망치]·[거불쇠]·[몰아뛰기]·[거불·연결쇠] 등이고 추가로 관욕쇠와 관욕바라의 반주 등이 포함된다. 먼저 인예향욕편(引詣香浴篇)을 염불한 후 정로진언(淨路眞言)에서 종두 스님은 영가의 위패를 관욕단(灌浴壇) 안으로 옮기고 이어 법주 스님이 가지조욕편(加持澡浴篇)부터 의식을 시작한다. 특히 중요한 것은 목욕진언(沐浴眞言)에서 법주와 바라지의 호흡인데, 즉 법주 스님이 목욕진언을 염불하는 동안 바라지는 '증입진공상락향'(證入眞空常樂鄕) 이후 [연결쇠] 그리고 이어서 "옴 바다모 사니사 아모까 아레 훔"을 삼창하고 관욕쇠를 연주한다. 즉, 바라지가 [연결쇠]를 연주하는 동안 법주는 "목욕진언" 하고 독송(獨誦)하면 되는 것이다. 이와 같은 경우는 이후 화의재진언(化衣財眞言)에서도 나오는데 법주가 "화의재진언"하고 독송하면 바라지는 독송 중간에 화의재바라[290) 태징 반주를 시작한다. 현행 관욕의식에서 장소이동에 관한 것은 영가 위패를 모시고 상단(上壇)에 배례한 후 다시 영가 위패를 영단(靈壇)으로 옮기는 것을 말하는데 이때 사부대중 모두가 법당 안에

'인예향욕(引禮香浴)'으로 넘어가면 된다. 참고로 관욕의식을 생략할 경우 '참례금선(叅禮金仙)'에서 바로 관욕의식 진언의 끝에 해당하는 '지단진언(持壇眞言)'으로 넘어간다.

289) 사실, 재 의식에서의 관욕의식은 대령의식과 더불어 법당 밖에서 행해야 하지만 이와 같은 이유로 현행 의식에서는 대부분 법당 안, 실내에서 행한다.

290) 바라무의 춤사위는 일반 요잡바라와 동일하나 태징 연주법은 차이가 많아 작법승의 주의가 요구된다. 즉, 바라무를 언제 시작해야 하는지 미리 태징 연주법을 습득해야 실수가 없다.

서 시계 방향으로 크게 원을 그리며 돈다. 이때 법성게(法性偈)를 독송하고 태징은 일반 염불반주를 연주한다.

② 태징법을 표시한 관욕의식

291)引詣香浴(篇)
　　인 예 향 욕 편

上來已憑 佛力法力 三寶威神之力 召請人道 一切人倫
상 래 이 빙　불 력 법 력　삼 보 위 신 지 력　소 청 인 도　일 체 인 륜

及 無主孤魂 有情等衆 已屆道場 大衆聲鈸 請迎赴浴
급　무 주 고 혼　유 정 등 중　이 계 도 량　대 중 성 발　청 영 부 욕

292) 千手心經: 신묘장구대다라니
　　　천 수 심 경

淨路眞言293)
정 로 진 언

옴 소싯디 나자리다라 나자리다라 모라다예 자라자라 만다
만다 하나하나 훔 바탁[염불연결마침쇠]
唵 小室地 羅自哩多羅 羅自哩多羅 母羅多禮 自羅自羅 曼多
曼多 訶那訶那 吘縛吒

---

291) 길게 한 번 흔들어 연주한 뒤 "인예향욕"을 소리한다. 이는 "가지조욕"、"목욕진언"、"가지화의"도 마찬가지로 적용된다.

292) 일반적인 염불 반주로 목탁·태징·요령은 일자일타(一字一打)로, 북은 이자일타(二字一打)로 연주하고 호적의 경우 염불(念佛) 가락을 연주한다. 이 연주는 정로진언의 삼창(三唱)까지 연주한다.

293) 진언의 항상 세 번에 걸쳐 독송(讀誦)하는 것이 원칙이다. 정로진언의 경우 처음과 두 번째까지는 일반적인 염불반주로 연주하다가 마지막 세 번째 "하나하나"에서부터 [연결쇠]를 연주하면 된다. 또한 이때 종두 스님은 영가의 위패를 관욕단으로 옮긴다.

(入室偈) 🔔 ⊙ ◐ ◖
입 실 게

一從違背本心王[세망치]　　幾入三途歷四生[세망치]
일 종 위 배 본 심 왕　　　　기 입 삼 도 력 사 생

今日滌除煩惱染　　　　隨緣依舊自還鄉[거불쇠]
금 일 척 제 번 뇌 염　　　　수 연 의 구 자 환 향

◖加持澡浴(篇)
　가 지 조 욕 편

詳夫 淨 三業者 無越乎澄心 潔 萬物者 莫過乎淸水 是以
상 부 정 삼 업 자 무 월 호 징 심 결 만 물 자 막 과 호 청 수 시 이

謹嚴浴室 特備香湯 希 一濯於塵勞 獲 萬劫之淸淨 下有
근 엄 욕 실 특 비 향 탕 희 일 탁 어 진 로 획 만 겁 지 청 정 하 유

沐浴之偈 大衆隨言後和[세망치]
목 욕 지 게 대 중 수 언 후 화

我今以此香湯水[세망치]　　灌浴孤魂及有情[세망치]
아 금 이 차 향 탕 수　　　　관 욕 고 혼 급 유 정

身心洗滌令淸淨　　　　證入眞空常樂鄉[거불·연결쇠]
신 심 세 척 영 청 정　　　　증 입 진 공 상 락 향

◖沐浴眞言
　목 욕 진 언

옴 바다모 사니사 아모까 아레 훔[세망치]
唵 婆多謨 娑尼沙 阿謨佉 阿隸 吽

옴 바다모 사니사 아모까 아레 훔[세망치]
唵 婆多謨 娑尼沙 阿謨佉 阿隸 吽

옴 바다모 사니사 아모까 아레 훔[관욕쇠]〈관욕바라〉
唵 婆多謨 娑尼沙 阿謨佉 阿隸 吽

嚼楊枝眞言
작 양 지 진 언

옴 바아라하 사바하(세 번)
唵 縛阿羅賀 娑婆訶

漱口眞言
수 구 진 언

옴 도도리 구로구로 사바하(세 번)
唵 度度哩 九魯九魯 娑婆訶

洗手面眞言
세 수 면 진 언

옴 삼만다 바리 숫제 훔(세 번)
唵 三滿多 婆哩 述帝 吽

加持化衣(篇)
가 지 화 의 편

諸佛子 灌浴旣周 身心俱淨 今以如來 無上秘密之言 加
제 불 자 관 욕 기 주 신 심 구 정 금 이 여 래 무 상 비 밀 지 언 가

持冥衣 願此一衣 爲多衣 以多衣 爲無盡之衣 令稱身形
지 명 의 원 차 일 의 위 다 의 이 다 의 위 무 진 지 의 영 칭 신 형

不長不短 不窄不寬 勝前所服之衣 變成解脫之服 故吾佛
부 장 부 단 불 착 불 관 승 전 소 복 지 의 변 성 해 탈 지 복 고 오 불

如來 有化衣財多羅尼 謹當宣念
여 래 유 화 의 재 다 라 니 근 당 선 념

化衣財眞言294) [화의재반주]〈화의
화 의 재 진 언

재바라〉

나무 사만다 못다남 옴 바자나 비로기제 사바하
南謨 三滿多 沒多南 唵 婆左那 毘盧枳帝 娑婆訶

諸佛子 持呪旣周 化衣已遍 無衣者 與衣覆體 有衣者
제불자 지주기주 화의이편 무의자 여의복체 유의자

棄古換新 將詣淨壇 先整服飾
기고환신 장예정단 선정복식

授衣眞言
수의진언

옴 바리마라 바바아리니 훔(세 번)
唵 婆里摩羅 婆縛阿里尼 吽

着衣眞言
착의진언

옴 바아라 바사세 사바하(세 번)
唵 縛日羅 婆娑棲 娑婆訶

整衣眞言
정의진언

옴 삼만다 바다라나 바다메 훔 박(세 번)
唵 三滿多 婆多羅那 婆多米 吽 泮

---

294) 화의재바라무가 시작되면 종두 스님은 영가를 마련한 지의(紙衣)를 태운다.

出浴叅聖(篇)²⁹⁵⁾
출 욕 참 성 편

諸佛子 旣周服飾 可詣壇場 禮 三寶之慈尊 聽 一乘之妙
제불자 기주복식 가예단장 예 삼보지자존 청 일승지묘

法 請離香浴 當赴淨壇 合掌專心 徐步前進
법 청리향욕 당부정단 합장전심 서보전진

指壇眞言
지 단 진 언

옴 예이혜 베로자나야 사바하
唵 曳二惠 吠魯佐那野 娑婆詞

옴 예이혜 베로자나야 사바하
唵 曳二惠 吠魯佐那野 娑婆詞

옴 예이혜 베로자나야 사바하[세망치]²⁹⁶⁾
唵 曳二惠 吠魯佐那野 娑婆詞

法身遍滿百億界[세망치]　　普放金色照人天[세망치]
법신편만백억계　　　　　　보방금색조인천

應物現形潭底月　　　　　　體圓正坐寶蓮臺[세망치]
응물현형담저월　　　　　　체원정좌보련대

散花落 散花落 散花落[세망치]
산 화 락 산 화 락 산 화 락

南無大聖引路王菩薩 南無大聖引路王菩薩 南無大聖引路
나무대성인로왕보살 나무대성인로왕보살 나무대성인로

---

295) 법주 스님을 제외한 모든 사부대중이 자리에서 일어나 상단 부처님을 향하
　　고 종두 스님은 영가 위패를 관욕단으로부터 옮겨 상단 부처님께 배례하기
　　위해 상단을 바라보고 정렬한다.
296) 이때 바라지 스님은 [세망치]는 상단을 바라보고 연주한다. 즉, 다음 염불은
　　상단을 바라보고 시작하기 때문이다.

王菩薩[거불쇠]
왕 보 살

(庭中偈)297)
정 중 게

一步曾不動　來向水雲間
일 보 증 부 동　내 향 수 운 간

旣到阿練若　入室禮金仙
기 도 아 련 약　입 실 예 금 선

(開門偈)
개 문 게

捲箔逢彌勒　開門見釋迦
권 박 봉 미 륵　개 문 견 석 가

三三禮無上　遊戲法王家
삼 삼 예 무 상　유 희 법 왕 가

加持禮聖(篇)
가 지 예 성 편

上來爲　冥道有情　引入淨壇已竟　今當禮奉　三寶　夫　三寶
상 래 위　명 도 유 정　인 입 정 단 이 경　금 당 예 봉　삼 보　부　삼 보

者　三身正覺　五敎靈文　三賢十聖之尊　四果二乘之衆　汝
자　삼 신 정 각　오 교 영 문　삼 현 십 성 지 존　사 과 이 승 지 중　여

等　旣來法會　得赴香筵　想　三寶之難逢　傾　一心而信禮　下
등　기 래 법 회　득 부 향 연　상　삼 보 지 난 봉　경　일 심 이 신 례　하

有普禮之偈　大衆隨言後和[세망치]
유 보 례 지 게　대 중 수 언 후 화

(普禮三寶)
보 례 삼 보

普禮十方常住　法身報身化身諸佛陀[세망치]
보 례 시 방 상 주　법 신 보 신 화 신 제 불 타

---

297) 정중게와 개문게는 밖에서 관욕의식을 했을 경우 법당 문 앞에서 하는 것으로 알려져 있어 현행 재 의식에서는 대부분 생략한다.

普禮十方常住 經藏律藏論藏諸達磨[세망치]
보 례 시 방 상 주 경 장 율 장 논 장 제 달 마

普禮十方常住 菩薩緣覺聲聞諸僧伽[거불쇠]
보 례 시 방 상 주 보 살 연 각 성 문 제 승 가

諸佛子 幸逢聖會 已禮慈尊 宜生還穽之心 可發難遭
제 불 자 행 봉 성 회 이 례 자 존 의 생 환 우 지 심 가 발 난 조

之想 請離壇所 當赴冥筵 同享珍羞 各求妙道
지 상 청 리 단 소 당 부 명 연 동 향 진 수 각 구 묘 도

298) 法性偈
법 성 게

諸佛大圓鏡[세망치]　　　畢竟無內外[세망치]
제 불 대 원 경　　　　　　필 경 무 내 외

爺孃今日會　　　　　　眉目正相撕[거불쇠]
야 양 금 일 회　　　　　　미 목 정 상 시

受位安座(篇)
수 위 안 좌 편

諸佛子 上來承佛攝受 仗法加持 旣無囚繫以臨筵 願獲逍
제 불 자 상 래 승 불 섭 수 장 법 가 지 기 무 수 계 이 임 연 원 획 소

遙而就座 下有安座之偈 大衆隨言後和[세망치]
요 이 취 좌 하 유 안 좌 지 게 대 중 수 언 후 화

我今依敎設華筵[세망치]　　茶果珍羞列座前[세망치]
아 금 의 교 설 화 연　　　　다 과 진 수 열 좌 전

大小宜位次第座　　　　專心諦聽演金言[세망치]
대 소 의 위 차 제 좌　　　　전 심 체 청 연 금 언

---

298) 모든 연주가 앞의 천수심경과 동일하나 호적의 경우 대취타를 연주한다. 그
리고 이때 영가 위패는 법주·바라지를 비롯한 참여한 스님들의 뒤를 따르
고 그 뒤 일반 신도들이 행렬에 동참하여 법당을 돌아 영단(靈壇)으로 향한
다. 이후 염불은 영단을 바라보고 한다.

옴 마니군다니 훔훔 사바하
唵 摩尼軍茶利 吽吽 娑婆訶
옴 마니군다니 훔훔 사바하
唵 摩尼軍茶利 吽吽 娑婆訶
옴 마니군다니 훔훔 사바하**[거불쇠]**
唵 摩尼軍茶利 吽吽 娑婆訶

百草林中一味新 趙州常勸幾千人
백 초 림 중 일 미 신   조 주 상 권 기 천 인

烹將石鼎江心水
팽 장 석 정 강 심 수

願使亡靈歇苦輪**[거불쇠]**
원 사 망 령 헐 고 륜

願使孤魂歇苦輪**[거불쇠]**
원 사 고 혼 헐 고 륜

願使齋靈歇苦輪**[몰아뛰기]**
원 사 재 령 헐 고 륜

③ 관욕의식의 무용 태징 반주

관욕의식에서는 중요한 의식무의 반주 연주법이 두 가지 있다. 하나는 관욕바라무를 위한 것이고 다음은 화의재바라무를 위한 것이다. 특히 화의재바라무는 천수바라와 사다라니 바라무처럼 반주음악에 따라 춤사위가 변하는데 9/8박자에서는 요잡바라와 같이 올리고 내리는 춤사위를 그리고 12/8이나 15/8에서는 오른손과 왼손을 번갈아 돌리는 춤사위를 보여주고 있다.

㉠ 관욕바라

[악보 33] 관욕바라 태징 반주

연주·채보: 혜일

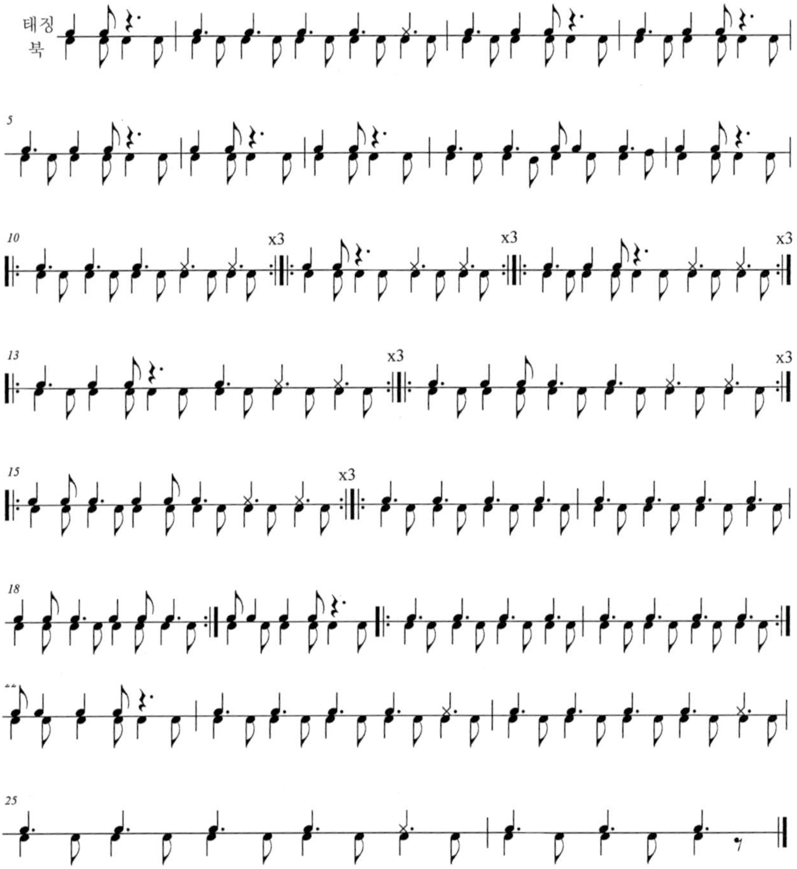

관욕바라무의 반주를 위한 [관욕쇠]는 위에서 확인할 수 있듯이 [몰아뛰기] 후 10마디부터 시작한다.299) 처음, 한 망치를 세 번(10마디) 연주하고 다음 두 망치를 세 번(11마디) 연주하며 관욕쇠를 시작한다.

299) 악보에서 [관욕쇠]가 시작하는 10마디부터 15마디까지는 각 마디마다 3번씩 반복해야 한다. 그러나 때로는 시간 제약을 이유로 한 번씩 진행하기도 한다.

15마디에서 여섯 망치를 세 번 반복해서 연주하고 나면 16마디에서 18마디까지 시간 혹은 연주하는 범패승에 따라 연주 시간을 조종하며 다양하게 연주하는데 사실은 16마디에서 18마디가 일곱 망치를 세 번 연주하는 것을 의미하고 이후 여덟 망치 세 번, 아홉 망치 세 번, 열 망치 세 번 연주하는 것으로 볼 수 있다. 그러나 이는 단지, 의미를 전하는 것일 뿐 현장에서는 연주의 길이를 점점 늘려 가는 것으로 대신한다. 이와 같은 형태로 열 망치까지 연주하고 난 뒤 19마디의 태징 법을 신호로 20마디부터 관욕바라(요잡바라)[300]가 시작된다. 악보에서 보이는 20마디와 21마디는 시간에 따라 얼마든지 반복할 수 있다. 요잡바라가 끝나고 나면 16마디와 18마디의 연주를 반복적으로 줄여 가며 연주하는데 이때는 열 망치에서 아홉·여덟·일곱 등으로 시간에 따라 알맞게 줄이며 연주한다. 이렇게 연주 길이를 줄이며 반복한 연주는 연주자에 판단에 따라 22마디에서 [관욕쇠]를 마무리한다.

ⓛ 화의재바라

화의재바라는 화의재진언 "나무 사만다 못다남 옴 바자나 비로기제 사바하"를 세 번[301] 반복하는 것으로 앞에서 설명하였듯 박자에 따라 춤사위가 변화하는 것이 특징이다. 실제 재 의식에서는 악보 1마디는 하지 않고 법주 스님이 "화의재진언"을 독송하면 연주자는 바로 2마디부터 연주한다. 다만, 현장에서는 2마디부터 바라무가 시작되기 때문에 1마디를 연주해줌으로써 작법승의 편의를 도왔다.

---

300) 관욕바라는 반주음악을 달리할 뿐 요잡바라의 춤사위를 보여준다. 단지 그 장소가 관욕단 앞에서 행해지는 것이 다를 뿐이다.
301) 재 의식 규모에 따라 세 번에서 일곱 번까지 다양하게 반복할 수 있다.

[악보 34] 화의재바라 태징 반주

연주·채보: 혜일

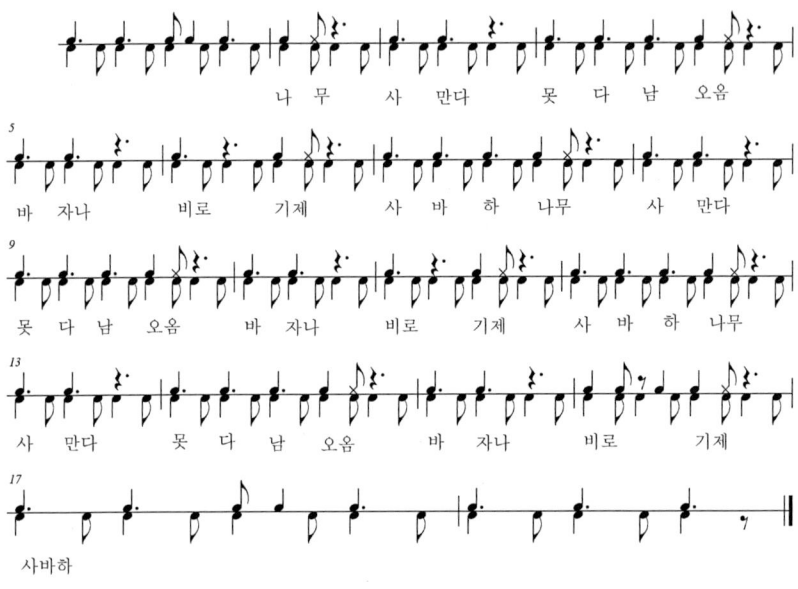

나 무 사 만다 못 다 남 오옴

바 자나 비로 기제 사 바 하 나무 사 만다

못 다 남 오옴 바 자나 비로 기제 사 바 하 나무

사 만다 못 다 남 오옴 바 자나 비로 기제

사바하

(4) 신중작법(神衆作法)

현행 생전예수재에서의 신중작법 의식은 의식을 집전하는 범패승에 따라 견기이작형으로 그 진행 절차에 많은 차이가 있다. 즉, 괘불이운이나 영산작법 전에 행하기도 하고 생전예수재 본 의식에 들어가기 전에 행하기도 한다. 또한 괘불이운이나 영산작법이 생략될 경우 행하기도 하고 괘불이운의 옹호게 부분에서 행하기도 한다. 그러나 영산재보유자 구해 스님의 경우, "괘불이운에 옹호게가 포함되어 있기 때문에 신중작법을 하지 말아야 한다"[302]며 강조한다. 그러나 옥천범음대학 학장 기봉 스님은 "신중작법은 괘불이운 의식 전에 행하여야 한다"고 증언한다. 송강 스님의 『요집』의 절차에는 신중작법이 괘불이운과

---

302) 원명·현성 스님도 같은 의견을 보인다. 즉, 괘불이운에 이미 옹호게가 포함되어 있기 때문으로 신중작법을 하지 않는다고 한다.

영산작법 이후, 생전예수재 본 의식 전에 위치하고 있지만 필자는 현행 생전예수재에서 보편적으로 신중작법이 괘불이운이나 영산작법이 생략된 경우 행하고 있는 것을 감안하여 관욕의식 이후 절차에 옮긴다. 그러나 분명한 것은 괘불이운 의식 중 옹호게 이후 신중작법을 하는 것은 반드시 피해야 한다. 이유는 괘불이운과 신중작법은 전혀 다른 의식이기 때문이다.[303]

① 신중작법 태징 연주법

신중작법에서 사용하는 태징 연주법은 크게 [시작쇠Ⅰ]·[거불쇠]·[세망치]·[몰아뛰기]·[연결쇠]·[마침쇠] 등이다. 그러나 보다 중요하게 여기는 것이 바로 "창불"(唱佛)이라고 하는 소리에 있다. 창불은 신중을 청하는 소리로서 3분박, 자진모리장단에 맞춰 진행되는데 시간 관계에 따라 작게는 소창불인 십칠위(十七位)부터 삼십구위(三十九位)·일백사위(一百四位) 등을 행할 수 있다. 본 장에서는 일백사위의 상단(上壇)과 삼십구위 하단(下壇)을 중심으로 정리하겠다. 창불에서의 반주 연주는 주로 소북을 중심으로 하는데 이때 태징과 목탁 반주도 행하기도 한다. 그러나 구해 스님은 창불에서는 악기의 반주 없이 소리를 중심으로 진행할 것을 강조한다.

② 태징법을 표시한 신중작법

[시작쇠Ⅰ](擁護偈)
　　　　　　　　　옹 호 게

八部金剛護道場[거불쇠] 　空神速赴報天王[거불쇠]
팔 부 금 강 호 도 량　　　　공 신 속 부 보 천 왕

三界諸天咸來集 　　　　如今佛刹補禎祥[몰아뛰기]〈요잡바라〉
삼 계 제 천 함 래 집　　　　여 금 불 찰 보 정 상

---

303) 괘불이운은 괘불을 모시기 위한 의식이고 이때의 신중은 찬탄의 대상이 아닌 말 그대로 성중의 위치에서 부처님을 옹호하기 위한 것이고 신중작법은 화엄 성중만을 찬탄하기 위한 의식이기 때문이다.

(一百四位)
일 백 사 위

(上壇)
상 단

奉請如來化現圓滿神通大穢跡金剛　聖者
봉 청 여 래 화 현 원 만 신 통 대 예 적 금 강　성 자

奉請消滅衆生宿災舊殃靑除災　　金剛
봉 청 소 멸 중 생 숙 재 구 앙 청 제 재　　금 강

奉請破除有情瘟瘟諸毒碧毒　　　金剛
봉 청 파 제 유 정 온 황 제 독 벽 독　　　금 강

奉請主諸功德所求如意黃隨求　　金剛
봉 청 주 제 공 덕 소 구 여 의 황 수 구　　금 강

奉請主諸寶藏破除熱惱白淨水　　金剛
봉 청 주 제 보 장 파 제 열 뇌 백 정 수　　금 강

奉請見佛身光如風速疾赤聲火　　金剛
봉 청 견 불 신 광 여 풍 속 질 적 성 화　　금 강

奉請慈眼示物智破災境定除災　　金剛
봉 청 자 안 시 물 지 파 재 경 정 제 재　　금 강

奉請披堅牢藏開悟衆生紫賢神　　金剛
봉 청 피 견 로 장 개 오 중 생 자 현 신　　금 강

奉請應物調生智芽成就大神力　　金剛
봉 청 응 물 조 생 지 아 성 취 대 신 력　　금 강

奉請處於衆會方便警物眷　　　　菩薩
봉 청 처 어 중 회 방 편 경 물 권　　　　보 살

奉請智達定境福修定業索　　　　菩薩
봉 청 지 달 정 경 복 수 정 업 색　　　　보 살

奉請隨諸衆生現神調伏愛　　　　菩薩
봉 청 수 제 중 생 현 신 조 복 애　　　　보 살

奉請淸淨雲音普警羣迷語　　　　菩薩
봉 청 청 정 운 음 보 경 군 미 어　　　　보 살

奉請東方焰曼怛迦大　明王
봉 청 동 방 염 만 달 가 대　명 왕

奉請南方鉢羅柅也怛迦大　　　　明王
봉 청 남 방 발 라 니 야 달 가 대　　　　명 왕

奉請西方鉢納摩怛迦大　　　明王
봉 청 서 방 발 납 마 달 가 대　　명 왕

奉請北方尾仡羅怛迦大　　　明王
봉 청 북 방 미 흘 라 달 가 대　　명 왕

奉請東南方托枳羅惹大　　　明王
봉 청 동 남 방 탁 지 라 야 대　　명 왕

奉請西南方尼羅能拏大　　　明王
봉 청 서 남 방 니 라 능 나 대　　명 왕

奉請西北方摩訶摩羅大　　　明王
봉 청 서 북 방 마 가 마 라 대　　명 왕

奉請東北方阿左羅曩他大　　明王
봉 청 동 북 방 아 좌 라 낭 타 대　　명 왕

奉請下方縛羅播多羅大　　　明王
봉 청 하 방 전 라 파 다 라 대　　명 왕

奉請上方塢尼灑作仡羅縛里帝大　明王[세망치][304)
봉 청 상 방 오 니 쇄 작 흘 라 전 리 제 대　　명 왕

唯願神將慈悲 擁護道場 成就佛事[거불쇠]
유 원 신 장 자 비 옹 호 도 량 성 취 불 사

(歌詠)
가 영

金剛寶劍最威雄 一喝能摧外道鋒
금 강 보 검 최 위 웅 일 갈 능 최 외 도 봉

遍界乾坤皆失色 須彌倒卓半空中
편 계 건 곤 개 실 색 수 미 도 탁 반 공 중

故我一心歸命頂禮[마침쇠]
고 아 일 심 귀 명 정 례

(三十九位)
삼 십 구 위

(下壇)
하 단

---

304) 주로 [세망치]를 연주하지만 사실 [거불쇠]로 연주하는 것이 정례이다.

奉請皆於妙法能生信解無量主晝　　　神

奉請皆勤修習以法爲樂無量主夜　　　神

奉請普放光明恒照十方無量主方　　　神

奉請心皆離垢廣大明潔無量主空　　　神

奉請皆勤散滅我慢之心無量主風　　　神

奉請示現光明熱惱除滅無量主火　　　神

奉請常勤救護一切衆生無量主水　　　神

奉請功德大海充滿其中無量主海　　　神

奉請皆勤作意利益衆生無量主河　　　神

奉請莫不皆得大喜成就無量主稼　　　神

奉請性皆離垢仁慈祐物無量主藥　　　神

奉請皆有無量可愛光明不可思議數主林　　　神

奉請皆於諸法得清淨眼無量主山　　　神

奉請親近諸佛同修福業佛世界微塵數主地　　　神

奉請嚴淨如來所居宮殿佛世界微塵數主城　　　神

奉請成就願力廣興供養佛世界微塵數道場　　　神

奉請親近如來隨逐不捨佛世界微塵數足行　　　神

奉請成就大願供養諸佛佛世界微塵數身衆　　　神

奉請恒發大願供養諸佛佛世界微塵數執金剛 神[세망치]
봉 청 항 발 대 원 공 양 제 불 불 세 계 미 진 수 집 금 강 신

唯願神將慈悲 擁護道場 成就佛事[거불쇠]
유 원 신 장 자 비 옹 호 도 량 성 취 불 사

(歌詠)
가 영

品類無邊形色別 隨其願力現神通
품 류 무 변 형 색 별 수 기 원 력 현 신 통

奉行佛法常爲護 利益衆生一切同
봉 행 불 법 상 위 호 이 익 중 생 일 체 동

故我一心歸命頂禮[마침쇠]
고 아 일 심 귀 명 정 례

(茶偈)
다 게

清淨茗茶藥 能除病昏沈
청 정 명 다 약 능 제 병 혼 침

唯冀擁護衆 願垂哀納受[세망치]
유 기 옹 호 중 원 수 애 납 수

願垂哀納受[세망치]   願垂慈悲哀納受[연결쇠]
원 수 애 납 수   원 수 자 비 애 납 수

(歎白)
탄 백

帝釋天王慧鑑明[세망치]   四洲人事一念知[세망치]
제 석 천 왕 혜 감 명   사 주 인 사 일 념 지

哀愍衆生如赤子   是故我今恭敬禮[몰아뛰기]
애 민 중 생 여 적 자   시 고 아 금 공 경 례

③ 신중작법의 창불 반주

신중작법에서 반주 연주의 역할은 사실 창불에 있다. 물론 범패승
에 따라 반주를 하지 않는 경우도 있으나 현행 재 의식에서, 특히 신

중작법의 창불은 거의 대부분 반주 연주를 동반한다.305) 본 장에서는 일백사위와 삼십구위의 예를 들어 창불 반주에 관해 설명하도록 하겠다.

[악보 35] 일백사위 창불

연주·채보: 혜일

[악보 36] 삼십구위 창불

연주·채보: 혜일

예와 같이 창불은 6/8박자를 기본으로 한다. 보편적으로 북을 중심으로 반주하는 경향이 강하지만 반주자에 따라 태징을 같이 연주하기도 한다. 다만 창불을 소리하면서 주의해야 할 것은 박자와 장단의 구성이다. 만약 가사를 놓치더라도 6/8박자는 반드시 지켜야 신중창불을 원만하게 진행할 수 있는데 이는 화려하고 다양한 소북 연주에도 영향을 미칠 수 있기 때문이다.306)

---

305) 이는 대부분 의식을 참여하는 대중의 흥을 돋우기 위한 하나의 방편적인 분위기 연출로 볼 수 있다.
306) 구해 스님이 창불에서 악기 반주를 하지 않는 이유는 사실 연주자의 실력과

(5) 괘불이운(掛佛移運)

괘불이운은 말 그대로 야외에 모실 수 있는 탱화 형태의 부처님을 괘불함에서 야외로 모시는 의식이다. 재 의식에 규모에 따라 달라질 수 있는데 현행 영산재 · 수륙재 · 생전예수재 경우는 야외에서 많이 행한다. 그러므로 본 의식은 야외, 영산단에 괘불을 모실 경우에 해당한다.307) 현행 재 의식에서는 의식 진행상 미리 영산단을 마련하고 괘불을 모신 다음 의식을 행하는 경우가 있는데 사실 괘불이운 의식을 통해 괘불을 모시는 것이 정법이다.

① 괘불이운 태징 연주법

괘불이운에서 사용하는 태징 연주법은 [시작쇠Ⅱ]308) · [거불쇠] · [세망치] · [몰 · 연결쇠] · [몰아뛰기] · [마침쇠] · [염불마침쇠] · [한망치] 등이다. 괘불이운에서는 짓소리인 "나무영산회상일체제불제대보살마하살"과 "유원영산애민수아정례"가 나오지만 본 장에서는 다루지 않고 약례에 따라 의식 진행에 초점을 맞추도록 하겠다. 특히 괘불을 옮기는 과정에서는 짓소리 "나무영산회상일체제불제대보살마하살"을 대중 모두 소리하면서 진행해야 한다.

② 태징법을 표시한 괘불이운

[시작쇠Ⅱ](擁護偈)
옹 호 게

무관하지 않다. 즉, 연주자에 따라 너무 빠르게(♩: 120) 반주하거나 장단 구성이 맞지 않을 경우 오히려 소리하는 창자에게 악영향을 미치기 때문이다. 그러므로 연주자는 보편적인 빠르기(♩: 70~90)를 유지하며 올바른 장단 구성으로 연주하는 것이 중요하다.

307) 만약 야외에 영산단을 모시지 않는 경우엔 행하지 않는다. 즉, 실내에서 의식을 진행하는 경우에는 신중작법으로 대처한다.

308) 사실 옹호게로 시작하기 때문에 [시작쇠Ⅰ]로 시작해야 하지만 통상적으로 괘불이운에서는 [시작쇠Ⅱ]로 시작한다.

八部金剛護道場[거불쇠]　空神速赴報天王[거불쇠]
팔 부 금 강 호 도 량　　　　공 신 속 부 보 천 왕

三界諸天咸來集　　　如今佛刹報禎祥[몰아뛰기]〈요잡바라〉
삼 계 제 천 함 래 집　　　여 금 불 찰 보 정 상

(讚佛偈)
찬 불 게

塵墨劫前早成佛[세망치]　爲度衆生現世間[세망치]
진 묵 겁 전 조 성 불　　　위 도 중 생 현 세 간

巍巍德相月輪滿　　　於三界中作導師[세망치]
외 외 덕 상 월 륜 만　　　어 삼 계 중 작 도 사

(出山偈)
출 산 게

巍巍落落淨裸裸[세망치]　獨步乾坤誰伴我[세망치]
외 외 낙 락 정 라 라　　　독 보 건 곤 수 반 아

若也山中逢子期　　　豈將黃葉下山下[세망치]
약 야 산 중 봉 자 기　　　기 장 황 엽 하 산 하

(拈花偈)
념 화 게

菩薩提華獻佛前[세망치]　由來此法自西天[세망치]
보 살 제 화 헌 불 전　　　유 래 차 법 자 서 천

人人本具終難恃　　　萬行新開大福田[세망치]
인 인 본 구 종 난 시　　　만 행 신 개 대 복 전

散花落 散花落 散花落[세망치]
산 화 락 산 화 락 산 화 락

南無靈山會上佛菩薩[세망치]
나 무 영 산 회 상 불 보 살

南無靈山會上佛菩薩[세망치]
나 무 영 산 회 상 불 보 살

南無靈山會上一切諸佛諸大菩薩摩訶薩[몰·연결쇠]
나 무 영 산 회 상 일 체 제 불 제 대 보 살 마 하 살

(登床偈)
등 상 계

遍登獅子座[세망치]   共臨十方界[세망치]
편 등 사 자 좌   공 림 십 방 계

蠢蠢諸衆生   引導蓮華界[세망치]
준 준 제 중 생   인 도 연 화 계

(四無量偈)
사 무 량 계

大慈大悲愍衆生[세망치]   大喜大捨濟含識[세망치]
대 자 대 비 민 중 생   대 희 대 사 제 함 식

相好光明以自嚴   衆等志心歸命禮[세망치]
상 호 광 명 이 자 엄   중 등 지 심 귀 명 례

志心歸命禮 靈山會上佛菩薩[세망치]
지 심 귀 명 례 영 산 회 상 불 보 살

志心歸命禮 靈山會上佛菩薩[세망치]
지 심 귀 명 례 영 산 회 상 불 보 살

志心歸命禮 靈山會上 拈花示衆 是我本師 釋迦牟尼佛
지 심 귀 명 례 영 산 회 상 념 화 시 중 시 아 본 사 석 가 모 니 불

唯願靈山哀愍受我頂禮[몰·연결쇠]
유 원 영 산 애 민 수 아 정 례

(獻座偈)
헌 좌 계

妙[한망치]菩提座勝莊嚴   諸[한망치]佛坐已成正覺
묘   보 리 좌 승 장 엄   제   불 좌 이 성 정 각

我[한망치]今獻座亦如是   自[한망치]他一時成佛道
아   금 헌 좌 역 여 사   자   타 일 시 성 불 도

옴[한망치] 바아라 미나야 사바하
唵 婆阿羅 尾那耶 娑婆訶
옴[한망치] 바아라 미나야 사바하

唵 婆阿羅 尾那耶 娑婆訶

옴[한망치] 바아라 미나야 사바하[마침쇠]

唵 婆阿羅 尾那耶 娑婆訶

(茶偈)
다 게

今將妙藥及茗茶 奉獻靈山大法會
금 장 묘 약 급 명 다 봉 헌 영 산 대 법 회

俯鑑檀那虔懇心
부 감 단 나 건 간 심

願垂哀納受[세망치]
원 수 애 납 수

願垂哀納受[세망치]
원 수 애 납 수

願垂慈悲哀納受[몰·연결쇠]
원 수 자 비 애 납 수

普供養眞言
보 공 양 진 언

옴 아아나 삼바바 바아라 훔[염불마침쇠]

唵 我我那 三婆婆 婆我羅 吽

(建會疏)
건 회 소

修設大會所
수 설 대 회 소

切以 曇花影裡 堪傾向聖之心 覺樹陰中 可植生方之福
절 이 담 화 영 리 감 경 향 성 지 심 각 수 음 중 가 식 생 방 지 복

法開經藏 僧集精藍 乃 苾蒭歷練之園 實 檀那歸投之地
법 개 경 장 승 집 정 람 내 필 추 역 련 지 원 실 단 나 귀 투 지 지

或爲平安而作供 或乃追薦以修齋 既依寶坊 先陪聖德者
혹 위 평 안 이 작 공 혹 내 추 천 이 수 재 기 의 보 방 선 배 성 덕 자

蓋聞法身湛寂 號曰毘盧 常爾無爲 凝然不動 是辰 卽有
개 문 법 신 담 적　호 왈 비 로　상 이 무 위　응 연 부 동　시 진　즉 유

會首 今日祝願 云云 右伏以 香風散處巍巍身 蒞於壇場
회 수　금 일 축 원　운 운　우 복 이　향 풍 산 처 외 외 신　이 어 단 장

玉珮鳴時 蕭蕭聲 傳於紺殿 恭惟三寶 爲作證明 謹疏[거불
옥 패 명 시　소 소 성　전 어 감 전　공 유 삼 보　위 작 증 명　근 소
쇠]

佛紀 年 月 日 秉法沙門 某 謹疏[몰아뛰기]
불 기　년　월　일　병 법 사 문　모　근 소

(6) 영산작법(靈山作法)

영산작법은 괘불이 모셔졌을 경우 행하는 의식이지만 사실은 영산
단이 마련되거나 재 의식의 본 절차를 시작하기 전에 석가모니 부처
님을 비롯한 일체의 불·보살을 찬탄하기 위해서 행하기도 한다. 본
장에서는 영산작법을 약례309)로 진행할 경우의 태징 연주법을 소개하
고자 한다. 특히, 영산작법에서는 태징 연주로만 진행되는 향화게 나
비무 등을 포함하고 있기 때문에 태징 반주의 중요성을 다시 한 번
확인할 수 있다.

① 영산작법 태징 연주법

영산작법에서 사용하는 태징 연주법은 [시작쇠Ⅱ]·[세망치]·[거
불쇠]·[몰아뛰기]·[거불·연결쇠]·[몰·연결쇠] 등이다. 또한 무용
반주가 많이 들어가는데 천수바라무와 내림게바라무·사다라니바라
무를 비롯한 현행 재 의식의 대표적인 나비무인 향하게 작법 반주 등
이 이에 해당한다. 또한 반주음악이 중요시되는 가지게(加持偈)도 영

---

309) 약례는 주로 영산소리를 짓을 범패승이 부족하거나 시간의 제약에 의식을
축소할 경우 행해진다. 또한 이러한 약례는 의식 진행을 담당하는 법주 스님
의 재량에 따라 달라진다. 본 절에서 약례의 정의는 소리를 하지 않고 읽어
가는 형식으로 진행함을 가리키는 것으로 의식을 생략하는 것을 의미하지
않는다.

산작법에 포함된다. 현행 생전예수재에서 영산작법을 약례로 진행하는 것은 시간의 제약인 경우가 대부분이다. 즉, 영산작법을 소리와 무용을 완벽하게 포함하여 행하기에는 시간이 턱없이 부족하기 때문이다. 그러나 설사 약례로 진행된다 하더라도 반드시 행해야 하는 의식이 있는데 이는 할등(喝燈)·불찬(佛讚)·개계(開啓)·관음청(觀音請)·일체공경(一切恭敬) 등이다.310)

② 태징법을 표시한 영산작법

[시작쇠Ⅱ](喝香) 갈 향 🔔 🥁 🥁

玉斧削成山勢聳[세망치]
옥 부 삭 성 산 세 용   金爐蓺處瑞烟濃[세망치]
금 로 설 처 서 연 농

撩天鼻孔悉遙聞
요 천 비 공 실 요 문   戒定慧香熏法界[세망치]
계 정 혜 향 훈 법 계

(燃香偈) 연 향 게 🔔 🥁 🥁

戒定慧解知見香[세망치]
계 정 혜 해 지 견 향   遍十方刹常氛馥[세망치]
편 십 방 찰 상 분 복

願此香烟亦如是
원 차 향 연 역 여 시   熏現自他五分身[세망치]
훈 현 자 타 오 분 신

(喝燈) 갈 등 🔔 🥁 🥁

達磨傳燈爲計活[세망치]
달 마 전 등 위 계 활   宗師秉燭作家風[세망치]
종 사 병 촉 작 가 풍

---

310) 영산재 보유자 구해 스님은 영산작법에서 이와 같은 의식은 반드시 행해야 한다고 강조한다. 물론 동희·원명·현성 스님 등도 같은 의견이다. 그러나 왜, 꼭 행해야 하는지에 관한 정확한 답변은 들을 수 없다. 다만,『석문의범』의 예수작법준비편에 소개한 내용을 살펴보면 할향·삼등게·삼귀의·연향게·정례·개계소·합장게·고향게를 행한 후 예수재를 시작할 것을 기술하고 있다.

燈燈相續方不滅
등 등 상 속 방 불 멸

代代流通振祖宗[세망치]
대 대 유 통 진 조 종

(燃燈偈) ■ ◎ ◐
연 등 게

大願爲炷大悲油[세망치]
대 원 위 주 대 비 유

大捨爲火三法聚[세망치]
대 사 위 화 삼 법 취

菩提心燈照法界 阿阿吽
보 리 심 등 조 법 계 아 아

照諸群生願成佛[세망치]
조 제 군 생 원 성 불

(喝花) ■ ◎ ◐
갈 화

牧丹花王含妙有[세망치]
목 단 화 왕 함 묘 유

芍藥金蘂體芬芳[세망치]
작 약 금 예 체 분 방

菡萏紅蓮同染淨
함 담 홍 련 동 염 정

更生黃菊霜後新[세망치]
갱 생 황 국 상 후 신

(舒讚偈) ■ ◎ ◐
서 찬 게

我今信解善根力[세망치]
아 금 신 해 선 근 력

及與法界緣起力[세망치]
급 여 법 계 연 기 력

佛法僧寶加持力
불 법 승 보 가 지 력

所修善事願圓滿[세망치]
소 수 선 사 원 원 만

(佛讚) ■ ◎ ◐
불 찬

自在熾盛與端嚴[세망치]
자 재 치 성 여 단 엄

名稱吉祥及尊貴[세망치]
명 칭 길 상 급 존 귀

如是六德皆圓滿
여 시 육 덕 개 원 만

應當摠號薄伽梵[몰아뛰기]
응 당 총 호 박 가 범

(大直讚) ■ ◎ ◐
대 직 찬

眞法性 是基身 究竟覺 爲基智 踞 蓮花臺藏 號 毘盧遮那
진 법 성 시 기 신 구 경 각 위 기 지 거 연 화 대 장 호 비 로 차 나

於 千百億釋迦 獨爲其主 於 恒河沙國土 統世居尊 然乃
어 천백억석가 독위기주 어 항하사국토 통세거존 연내

合 眞如而不大 全在一一毛端 處 微塵而不小 卽遍恢恢
합 진여이부대 전재일일모단 처 미진이불소 즉편회회

法界 盡十方 作 大神變 徹三世放 大光明 攝凡聖 十身相
법계 진십방 작 대신변 철삼세방 대광명 섭범성 십신상

作 應地位 六根互用 十刹微塵數菩薩 稽首常隨 百萬阿
작 응지위 육근호용 십찰미진수보살 계수상수 백만아

僧祇諸天 虔心圍繞[세망치]
승지제천 건심위요

志心信禮 佛陀耶 兩足尊[몰아뛰기]311)
지심신례 불타야 양족존

三覺圓 萬德具 天人阿 調御師阿阿吽 凡聖大慈父 從眞
삼각원 만덕구 천인아 조어사아아아 범성대자부 종진

界 等應持 悲化報 竪窮阿 三際時 橫徧十方處 震法雷 鳴
계 등응지 비화보 수궁아 삼제시 횡편시방처 진법뇌 명

法鼓 廣敷阿 權實敎阿阿吽 大開方便路 若歸依 能消滅地
법고 광부아 권실교아아아 대개방편로 약귀의 능소멸지

獄苦[세망치]〈사방요신작법〉312)
옥 고

(中直讚)
중직찬

方廣了義 圓覺法門 萬億恒沙諸佛 在淨土中 同說三世如
방광요의 원각법문 만억항사제불 재정토중 동설삼세여

來之所守護 諸經眼目 圓頓敎門[세망치]
래지소수호 제경안목 원돈교문

志心信禮 達摩耶 離欲尊[몰·연결쇠]
지심신례 달마야 이욕존

---

311) 여기에서의 태징 연주 [몰아뛰기]는 다음이 나비무로 연결되기 때문이다. 이
    어지는 중직찬·소직찬에서는 [몰·연결쇠]로 연주한다.
312) 다게 소리에 맞춰 사방요신, 즉 동·서·남·북의 사방을 바라보며 천천히
    앉았다가 일어나는 나비무로서 작법승에 따라 춤사위에 변화가 있다.

寶藏聚 玉函軸結集阿 於西域阿阿吽 飜譯傳東土 祖師弘
賢哲判 成章疏 三乘阿 分頓漸 五教定宗趣 鬼神欽 龍天
護 導迷阿 標月指阿阿吽 除熱斟甘露 若歸依 能消滅 餓
鬼苦[세망치]

(小直讚)

文殊是 佛之師 主於信解證智 普賢表 法界體 主於悲願
理行 十二上首 十萬徒屬 同住如來 平等法會 實敎三寶
淨土法筵 巍巍乎 晃晃焉 迥出思議之表也[세망치]

志心信禮 僧伽耶 衆中尊[몰・연결쇠]

五德師 六和侶 利生阿 爲事業阿阿吽 弘法是家務 避擾
塵 常宴坐 寂靜處 遮身阿 拂毳衣 充腸採莘芋 鉢降龍 錫
解虎 法燈阿 常徧照阿阿吽 祖印相傳付 若歸依 能消滅
傍生苦[몰아뛰기]

(開啓疏)

修設大會所

盖聞 覺皇垂敎 賢聖扶持 欲抛生死之源 須假慈悲之力
由是 依經作法 準敎加持 建無礙之道場 啓宏通之佛事

召請則 大排幡盖 邀迎則 廣列香花 佛聲宣而沙界淸凉
소 청 즉 대 배 번 개 요 영 즉 광 열 향 화 불 성 선 이 사 계 청 량

法鼓鳴而十方寧靜 壇場大啓 軌範弘陳 欲尊聖賢之儀 須
법 고 명 이 십 방 영 정 단 장 대 계 궤 범 홍 진 욕 존 성 현 지 의 수

賴啓白之意 今有此日云云 今則道場嚴辦 儀軌將行 當
뢰 계 백 지 의 금 유 차 일 운 운 금 즉 도 량 엄 판 의 궤 장 행 당

法筵 首建之時 乃 佛事初陳之際 謹具法事 開列于后 云
법 연 수 건 지 시 내 불 사 초 진 지 제 근 구 법 사 개 열 우 후 운

加持行道 法事一席等 右伏以 法音嘹喨 上驚九頂之天
가 지 행 도 법 사 일 석 등 우 복 이 법 음 요 량 상 경 구 정 지 천

螺鈸喧轟 下震八寒之獄 寬容則 遍周沙界 廣包則 盈滿
나 발 훤 굉 하 진 팔 한 지 옥 관 용 즉 편 주 사 계 광 포 즉 영 만

十方 三塗八難 以霑恩 六趣四生而獲益 仰唯大覺證明
십 방 삼 도 팔 난 이 점 은 육 취 사 생 이 획 익 앙 유 대 각 증 명

表宣謹疏 年 月 日 云云[거불 · 연결쇠]
표 선 근 소 연 월 일 운 운

(合掌偈)
합 장 게

合掌以爲花[세망치]　　　身爲供養具[세망치]
합 장 이 위 화　　　　　신 위 공 양 구

誠心眞實相　　　　　　讚歎香煙覆[세망치]
성 심 진 실 상　　　　　찬 탄 향 연 복

(告香偈)
고 향 게

香煙遍覆三千界[세망치]　　定慧能開八萬門[세망치]
향 연 편 복 삼 천 계　　　　정 혜 능 개 팔 만 문

唯願三寶大慈悲　　　　聞此信香臨法會[몰아뛰기]
유 원 삼 보 대 자 비　　　문 차 신 향 임 법 회

(開啓)
개 게

切以 法筵廣啓 誠意精虔 欲迎諸聖以來臨 須假八方之淸
절 이 법 연 광 계 성 의 정 건 욕 영 제 성 이 내 림 수 가 팔 방 지 청

淨 是水也 崑崙朶秀 河漢流芳 蓮花香裡碧波寒 楊柳梢
頭甘露灑 蓬島之三山對揖 曹溪之一波長流 鼓祥風而玉
皺千江 飜驟雨而銀堆四瀆 禹門春暖 魚透三層 莊海秋高
鵬搏萬里 七寶池中標玉字 九龍口裡浴金身 群生籍此潤
焦枯 天地因玆消垢穢 故憑法水 普灑法筵 滌除萬劫之昏
蒙 永獲一眞之淸淨[세망치]

(觀音讚)

返聞聞性悟圓通[세망치]　　　觀音佛賜觀音號[세망치]

上同慈力下同悲　　　　　三十二應遍塵刹[몰아뛰기]

(觀音請)

南無一心奉請 千手千眼 大慈大悲 觀世音自在菩薩摩訶

薩 惟願不違本誓 哀憫有情 降臨道場 加持呪水[거불쇠]

香花請 香花請 香花請[몰아뛰기]〈내림게바라〉

一葉紅蓮在海中 碧波深處現神通

昨夜寶陀觀自在 今日降赴道場中

故我一心歸命頂禮[마침쇠]
고 아 일 심 귀 명 정 례

(乞水偈)
걸 수 게

金爐氛氣一炷香[세망치]　　先請觀音降道場[세망치]
금 로 분 기 일 주 향　　　선 청 관 음 강 도 량

願賜瓶中甘露水　　　消除熱惱獲淸凉[몰아뛰기]
원 사 병 중 감 로 수　　　소 제 열 뇌 확 청 량

(灑水偈)
쇄 수 게

觀音菩薩大醫王[세망치]　　甘露瓶中法水香[세망치]
관 음 보 살 대 의 왕　　　감 로 병 중 법 수 향

灑濯魔雲生瑞氣　　　消除熱惱穫淸凉[몰아뛰기]
쇄 탁 마 운 생 서 기　　　소 제 열 뇌 확 청 량

伏請 云云
복 청 운 운

千手 四方讚 嚴淨偈〈천수바라〉
천 주 사 방 찬 엄 정 게

大會疏(修設大會所)
대 회 소 수 설 대 회 소

盖聞眞空本寂 妙有繁興 依正互融 聖凡交徹 旣 悟迷之
개 문 진 공 본 적 묘 유 번 흥 의 정 호 융 성 범 교 철 기 오 미 지

派列 遂 苦樂之昇沈 般若現前 寶位立齊於四聖 塵勞未
파 열 수 고 락 지 승 침 반 약 현 전 보 위 입 제 어 사 성 진 로 미

息 輪回永墜於六凡 業海茫茫 甘受玲瓶之苦 幽道擾擾
식 윤 회 영 추 어 육 범 업 해 망 망 감 수 영 병 지 고 유 도 요 요

曾無拯救之方 不有至人 誰爲法事 是以 釋迦如來 首設
증 무 증 구 지 방 불 유 지 인 수 위 법 사 시 이 석 가 여 래 수 설

光明之呪 面燃大士 助開甘露之門 梁武帝 感逢神僧 齋
광 명 지 주 면 연 대 사 조 개 감 로 지 문 양 무 제 감 봉 신 승 재

修水陸 英禪師 文傳儀濟 福彼幽冥 惟茲勝會 設 大無遮

河沙可算 功德難量 今有此日 云云 由是 水陸會 首啓大

悲心 屆斯追薦之辰 邀命大乘法師一位 秉法闍梨一員 法

事僧衆一壇 擇定今月某日夜 就於某處 啓建天地冥陽 水

陸大道場 幾晝夜 依法加持 潔方隅界 嚴備香花 修疏

奉請大聖大悲 法報化三身諸佛 八大菩薩 五十二位諸菩

薩衆 三乘五敎 甚深法藏 五果四向 羅漢辟支 十大明王

金剛密跡 護法善神 次當召請 三界諸天 釋梵四王 諸天

仙衆 五方上帝 二十八宿 九曜星君 日月二宮天子 乃至

虛空藏菩薩之統攝 熾盛光如來之所降 周天列曜 一切聖

賢 次當奉請 大地神龍 五岳聖帝 四海龍王 三光水府 諸

龍神衆 主風主雨之尊 主苗主稼之宰 守彊護界 堅牢地神

及邀閻魔羅界 地府諸王 百官宰僚 諸鬼王衆 盡陰府界

一切神祇 地獄受苦 諸有情衆 次及古往人倫 明君帝王

補弼臣僚 三貞九烈 孝子順孫 爲國亡身 先賢後凡 人道

之中九流百家 一切人衆 並及九種橫 天十類孤魂 三惡途

中 諸有情衆 仍及十方法界 意言不盡 昇沈不一 苦樂萬

端 未悟心源 同祈解却 據此水陸會首 主靈檀那 所伸意

者 濟拔各人 祖先父母 三代家親 失諱亡名 一切眷屬 摠
자 제발각인 조선부모 삼대가친 실휘망명 일체권속 총

願不滯冥司 超生淨界 先當啓開者 右伏以 阿難興敎 武
원불체명사 초생정계 선당계개자 우복이 아난흥교 무

帝遺風 宣 金剛頂之摠持 建 曼拏羅之勝地 由是 冤親不
제유풍 선 금강정지총지 건 만나라지승지 유시 원친불

擇 開 平等之法筵 追薦生天 建 水陸之妙會 上命三乘之
택 개 평등지법연 추천생천 건 수륙지묘회 상명삼승지

聖衆 道眼希垂 下沾五趣之靈祗 威光克備 今者會首 意
성중 도안희수 하첨오취지영지 위광극비 금자회수 의

望行生 開啓功德良有薦 先亡以生天 保 現存之吉慶 然
망행생 개계공덕양유천 선망이생천 보 현존지길경 연

冀具識具形 盡十方 三界世間 應六道 四生含識者 焚香
기구식구형 진십방 삼계세간 응육도 사생함식자 분향

稽首 向佛傾心 赴 無遮無碍之道場 受 有分有全之功德
계수 향불경심 부 무차무애지도량 수 유분유전지공덕

同來聖果 共結洪緣 俱沐良由 齊登覺岸 今當開啓 仰望
동래성과 공결홍연 구목양유 제등각안 금당개계 앙망

聖慈 敬對金容 表宣謹疏[몰아뛰기]
성자 경대금용 표선근소

(年月日云)
연월일운

[시작쇠Ⅱ](擧佛)
거 불

南無證聽妙法多寶如來佛[세망치]
나무증청묘법다보여래불

南無靈山敎主釋迦牟尼佛[세망치]
나무영산교주석가모니불

南無極樂導師阿彌陀佛[세망치]
나무극락도사아미타불

南無文殊普賢大菩薩[세망치]
나무문수보현대보살

南無觀音勢至大菩薩[세망치]
나무관음세지대보살

南無靈山會上佛菩薩[몰·연결쇠]
나무영산회상불보살

(三寶疏)
삼보소

修設大會所
수설대회소

聞 薄伽至尊 甚深法藏 爲 衆生之怙恃作 人天之福田 歸
문 박가지존 심심법장 위 중생지호시작 인천지복전 귀

投者 皆蒙利益 懇禱者 齊亨吉祥 宿願不違 悲憐六趣 由
투자 개몽이익 간도자 제형길상 숙원불위 비련육취 유

是 江水淨而秋月來臨 信心生而諸佛悉降 今有此日 云云
시 강수정이추월내림 신심생이제불실강 금유차일 운운

特爲追薦 前項靈魂 以憑佛力 度脫施行 嚴備香花 然塗
특위추천 전항영혼 이빙불력 도탈시행 엄비향화 연도

茶果 供養之儀 召請十方法界 過現未來 常住三寶 金剛
다과 공양지의 소청십방법계 과현미래 상주삼보 금강

密跡 十大明王 諸大聖衆 帝釋梵王 天龍八部 一切護法
밀적 십대명왕 제대성중 제석범왕 천룡팔부 일체호법

神祇等衆 謹具慈尊 開列如後 右伏以 慈悲廣大 喜捨無
신지등중 근구자존 개열여후 우복이 자비광대 희사무

窮 應物現形 印千江之秋月 隨心滿願 秀 萬卉之春風 愍
궁 응물현형 인천강지추월 수심만원 수 만훼지춘풍 민

此群情 願垂加護 今夜今時 降臨道場 某 冒觸慈容 無任
차군정 원수가호 금야금시 강림도량 모 모촉자용 무임

懇禱 激切之至 欽惟覺皇 表宣謹疏[거불쇠]
간도 격절지지 흠유각황 표선근소

佛紀 年 月 日 秉法沙門 某 謹疏[몰아뛰기]
불기 년 월 일 병법사문 모 근소

(大請佛)
대청불

覺照圓明 運 他心而鑑物 慈悲廣大 開彼岸以渡人 投機
각조원명 운 타심이감물 자비광대 개피안이도인 투기

而塵刹俱臨 應念而河沙遍集 是日 祥雲密布 瑞氣盈空
이진찰구림 응념이하사편집 시일 상운밀포 서기영공

一縷眞香周法界 數聲淸磬透玄關 重伸激切 益勵精勤 仰
일 루 진 향 주 법 계　수 성 청 경 투 현 관　중 신 격 절　익 려 정 근　앙

想慈雲之容 將陳甘露之味 虔誠禮請 望賜光臨 滿我願心
상 자 운 지 용　장 진 감 로 지 미　건 성 예 청　망 사 광 림　만 아 원 심

利濟群品[거불쇠]
이 제 군 품

(三禮請)
삼 례 청

一心禮請 南無盡虛空 徧法界 十方常住 一切佛陀耶衆
일 심 예 청　나 무 진 허 공　변 법 계　시 방 상 주　일 체 불 타 야 중

達摩耶衆 僧伽耶衆 (衆和) 惟願慈悲 光臨法會[거불쇠]
달 마 야 중　승 가 야 중　중 화　유 원 자 비　광 림 법 회

(四府請)
사 부 청

一心禮請 三界四府 主執陰陽 權衡造化 二發菩提心 一
일 심 예 청　삼 계 사 부　주 집 음 양　권 형 조 화　이 발 보 리 심　일

切聖衆 (衆和) 惟願慈悲 光臨法會[거불쇠]
체 성 중　중 화　유 원 자 비　광 림 법 회

(單請佛))
단 청 불

奉請十方三世佛[세망치]　　　龍宮海藏妙萬法[세망치]
봉 청 십 방 삼 세 불　　　　　용 궁 해 장 묘 만 법

菩薩緣覺聲聞衆　　　　　　　不捨慈悲願降臨[거불·연결쇠]
보 살 연 각 성 문 중　　　　　불 사 자 비 원 강 림

(獻座偈)
헌 좌 게

妙[한망치]菩提座勝莊嚴　　　諸[한망치]佛坐已成正覺
묘　보 리 좌 승 장 엄　　　　제　불 좌 이 성 정 각

我[한망치]今獻座亦如是　　　自[한망치]他一時成佛道
아　금 헌 좌 역 여 시　　　　자　타 일 시 성 불 도

옴[한망치] 바아라 미나야 사바하

唵 縛阿羅 彌那耶 娑婆訶

옴[한망치] 바아라 미나야 사바하

唵 縛阿羅 彌那耶 娑婆訶

옴[한망치] 바아라 미나야 사바하[마침쇠]

唵 縛阿羅 彌那耶 娑婆訶

(茶偈))

我今持此一椀茶 奉獻靈山大法會
아 금 지 차 일 완 다　봉 헌 영 산 대 법 회

俯鑑檀那虔懇心
부 감 단 나 건 간 심

願垂哀納受[세망치]
원 수 애 납 수

願垂哀納受[세망치]
원 수 애 납 수

願垂慈悲哀納受[몰아뛰기]
원 수 자 비 애 납 수

(略則普供養呪 回向呪 及 退供眞言 廣則香花偈 云云)
약 즉 보 공 양 주　회 향 주　급　퇴 공 진 언　광 즉 향 화 게　운 운

(一切恭敬)
일 체 공 경

一心頂禮 十方常住 佛法僧 是諸衆等 各各胡跪[세망치] 嚴
일 심 정 례 시 방 상 주 불 법 승 시 제 중 등 각 각 호 궤　　엄

持香花 如法供養[세망치] 十方法界 三寶[몰아뛰기]
지 향 화 여 법 공 양　　시 방 법 계 삼 보

(香花偈) 〈향화게작법〉
향 화 게

願此香花遍法界 以爲微妙光明臺
원 차 향 화 편 법 계 이 위 미 묘 광 명 대

諸天音樂天寶香 諸天餚饍天寶衣
제천음악천보향 제천효선천보의

不可思議妙法塵 一一塵出一切佛
불가사의묘법진 일일진출일체불

一一塵出一切法 旋轉無碍好莊嚴
일일진출일체법 선전무애호장엄

遍至一切佛土中 十方法界三寶前
편지일체불토중 시방법계삼보전

皆有我身修供養 一一皆悉遍法界
개유아신수공양 일일개실편법계

彼彼無雜無障碍 盡未來際作佛事
피피무잡무장애 진미래제작불사

普熏一切諸衆生 蒙熏皆發菩提心
보훈일체제중생 몽훈개발보리심

同入無生證佛智 繞匝 供養已 歸命禮三寶
동입무생증불지 요잡 공양이 귀명례삼보

(次供養眞言 退供眞言畢 次鍾頭以盤奉 壇上香爐 置會
차공양진언 퇴공진언필 차종두이반봉 단상향로 치회

主前 引導唱 十念 次頂戴偈 云)
주전 인도창 십념 차정대게 운

(頂戴偈)
정대게

題目未唱傾劍樹[세망치] 非楊一句折刀山[세망치]
제목미창경검수 비양일구절도산

運心消盡千生業 何況拈來頂戴人[세망치]
운심소진천생업 하황념래정대인

(開經偈)
개경게

無上甚深微妙法[세망치] 百千萬劫難遭遇[세망치]
무상심심미묘법 백천만겁난조우

我今聞見得受持 願解如來眞實意[몰아뛰기]
아금문견득수지 원해여래진실의

(請法偈)
청법게

此經甚深意　大衆心渴仰
차 경 심 심 의　대 중 심 갈 앙

惟願大法師　廣爲衆生說
유 원 대 법 사　광 위 중 생 설

(說法偈)
설법게

一光東照八千土[세망치]　大地山河如杲日[세망치]
일 광 동 조 팔 천 토　　　대 지 산 하 여 고 일

卽是如來微妙法　不須向外謾尋覓[몰아뛰기]
즉 시 여 래 미 묘 법　　　불 수 향 외 만 심 멱

(收經偈)
수경게

聞經開悟意超然[세망치]　演處分明衆口宣[세망치]
문 경 개 오 의 초 연　　　연 처 분 명 중 구 선

取捨由來元不動　方知月落不離天[세망치]
취 사 유 래 원 부 동　　　방 지 월 락 불 리 천

(四無量偈)
사무량게

大慈大悲愍衆生[세망치]　大喜大捨濟含識[세망치]
대 자 대 비 민 중 생　　　대 희 대 사 제 함 식

相好光明以自嚴　衆等志心歸命禮[세망치]
상 호 광 명 이 자 엄　　　중 등 지 심 귀 명 례

(歸命偈)
귀명게

十方盡歸命[세망치]　滅罪生淨信[세망치]
십 방 진 귀 명　　　멸 죄 생 정 신

願生華藏界　極樂淨土中[세망치]
원 생 화 장 계　　　극 락 정 토 중

(唱魂) 〈구원겁증작법〉
창 혼

願我 今日齋者 某人伏爲 所薦亡 某人靈駕 當靈伏爲 上
원아 금일재자 모인복위 소천망 모인영가 당령복위 상

逝先亡 師尊父母 列位靈駕 往生西方安樂刹
서선망 사존부모 열위영가 왕생서방안락찰

至心歸命禮 久遠劫中 成 等正覺 常住靈山 說 法華經 我
지심귀명례 구원겁중 성 등정각 상주영산 설 법화경 아

本師 釋迦牟尼佛[몰·약쇠]
본사 석가모니불

〈평염불〉欲建曼拏羅先誦 淨法界眞言
욕건만나라선송 정법계진언

옴 남
唵 南

〈사다라니바라〉

香需羅列 齋者虔誠 欲求供養之周圓 須仗加持之變化 仰
향수나열 재자건성 욕구공양지주원 수장가지지변화 앙

惟三寶 特賜加持 南無十方佛 南無十方法 南無十方僧
유삼보 특사가지 나무십방불 나무십방법 나무십방승

(無量威德自在光明變食眞言 施甘露水眞言 一字水輪觀
무량위덕자재광명변식진언 시감로수진언 일자수륜관

眞言 乳海眞言)
진언 유해진언

〈평염불〉

上來加持已訖 供養將進 願此香 爲 解脫知見 願此水 爲
상래가지이흘 공양장진 원차향 위 해탈지견 원차수 위

甘露醍醐 願此燈 爲 般若智光 願此食 爲 法喜禪悅 乃至
감로제호 원차등 위 반약지광 원차식 위 법희선열 내지

幡花互列 茶果交陳 卽 世諦之莊嚴 成 妙法之 供養慈悲
번화호열 다과교진 즉 세체지장엄 성 묘법지 공양자비

所積 定慧所熏 以此香需 特伸供養[염불마침쇠]
소적 정혜소훈 이차향수 특신공양

(六法供養)
육법공양

曾祝萬年天子壽[세망치]　　　熏成五分法王身[세망치]
증축만년천자수　　　　　　　훈성오분법왕신

栴檀林裡占都魁　　　　　　　蘭麝叢中居上品[거불·연결쇠]
전단림리점도괴　　　　　　　난사총중거상품

拜獻解脫香 [세망치]
배헌해탈향

戒定眞香氛氣衝天上施主虔誠爇在金爐傍頃刻氤氳卽遍
계정진향분기충천상시주건성설재금로방경각인온즉편

滿十方昔日耶輸免難除災障(衆和)唯願諸佛哀愍受此供養
만십방석일야수면난제재장 중화 유원제불애민수차공양

[거불쇠]

拜獻般若燈 [세망치]
배헌반약등

燈光層層遍照於大千智慧心燈明了得自然我今自然滿盞
등광층층편조어대천지혜심등명요득자연아금자연만잔

照長天光明破暗滅罪福無邊(衆和)唯願諸佛哀愍受此供養
조장천광명파암멸죄복무변 중화 유원제불애민수차공양

[거불쇠]

拜獻萬行花 [세망치]
배헌만행화

牧丹芍藥蓮花爲尊貴曾與如來襯足眞金體九品池中化生
목단작약연화위존귀증여여래친족진금체구품지중화생

菩提子不惜金錢買獻龍華會(衆和)唯願諸佛哀愍受此供養
보리자불석금전매헌용화회 중화 유원제불애민수차공양

[거불쇠]

拜獻菩提果 [세망치]
배 헌 보 리 과

金杏盤挑蘂芟龍眼果帶葉林檎琵琶成雙朶氛鼻熏香成就
금 행 반 도 예 기 용 안 과 대 엽 임 금 비 파 성 쌍 타 분 비 훈 향 성 취

滋味多李奈蘋婆獻上如來座(衆和)唯願諸佛哀愍受此供養
자 미 다 이 내 빈 파 헌 상 여 래 좌 중 화 유 원 제 불 애 민 수 차 공 양

[거불쇠]

拜獻甘露茶 [세망치]
배 헌 감 로 다

百草花葉採取成茶蘂烹出玉甌楊子江心水破暗莊周蝴蝶
백 초 화 엽 채 취 성 다 예 팽 출 옥 구 양 자 강 심 수 파 암 장 주 호 접

驚夢廻滌去昏迷趙氏知滋味(衆和)唯願諸佛哀愍受此供養
경 몽 회 척 거 혼 미 조 씨 지 자 미 중 화 유 원 제 불 애 민 수 차 공 양

[거불쇠]

拜獻禪悅味 [세망치]
배 헌 선 열 미

食味酥酪造出天廚供成道當初牧女先來送老母曾將托在
식 미 소 락 조 출 천 주 공 성 도 당 초 목 녀 선 래 송 노 모 증 장 탁 재

金盤奉獻上如來大覺釋迦尊(衆和)唯願諸佛哀愍受此供養
금 반 봉 헌 상 여 래 대 각 석 가 존 중 화 유 원 제 불 애 민 수 차 공 양

[거불쇠]

(各執偈)
각 집 게

願此一身化多身[세망치]　　一一身出百千身[세망치]
원 차 일 신 화 다 신　　　　　일 일 신 출 백 천 신

各執香花燈茶果 (衆和)　　供養靈山諸佛陀[거불쇠]
각 집 향 화 등 다 과 　중 화　　공 양 영 산 제 불 타

各執香花燈茶果 (衆和)　　供養靈山諸達磨[거불쇠]
각 집 향 화 등 다 과 　중 화　　공 양 영 산 제 달 마

各執香花燈茶果 (衆和)　　供養靈山諸僧伽[몰아뛰기]
각 집 향 화 등 다 과　　중 화　　　　공 양 영 산 제 승 가

(加持偈)
가 지 게

以此加持妙供具　　供養靈山諸佛陀[세망치]
이 차 가 지 묘 공 구　　공 양 영 산 제 불 타

以此加持妙供具　　供養靈山諸達磨[세망치]
이 차 가 지 묘 공 구　　공 양 영 산 제 달 마

以此加持妙供具　　供養靈山諸僧伽[몰・약쇠]
이 차 가 지 묘 공 구　　공 양 영 산 제 승 가

普供養眞言
보 공 양 진 언

옴 아아나 삼바바 바라 훔

普回向眞言
보 회 향 진 언

옴 삼마라 삼마라 미만나 사라마하 자가라바 훔

〈평염불〉

諸眞言畢[염불마침쇠]
제 진 언 필

③ 영산작법의 태징 반주

영산작법에서 연주하는 태징 반주는 크게 세 가지로 구분할 수 있다. 먼저 바라무의 태징 반주로 천수・사다라니・내림게 바라무 등으로 나눠볼 수 있고 나비무의 반주는 향화게작법을 그리고 소리의 반주는 가지게 등을 대표적인 태징 연주법으로 꼽을 수 있다. 이들 반주법은 영산작법을 비롯한 현행 불교 재 의식에서 가장 중요한 태징법

으로 전해지며 불교 재 의식을 진행하는 범패승이라면 반드시 익혀야
한다.[313]

㉠ 천수바라

천수바라무의 태징 반주는 사실 불교 재 의식을 대표하는 태징법이
라고 해도 부족함이 없다. 그만큼 크고 작은 재 의식에서 빠지지 않고
연주한다. 일반인이 쉽게 접해볼 수 있는 『천수경』(千手經)[314]에 수록
된 관음신앙의 천수다라니(千手陀羅尼)[315], 신묘장구대다라니(神妙章
句大陀羅尼) 진언을 음악으로 옮겨 무용으로 승화시킨 것으로서 현행
한국 불교 재 의식에서 가장 중요한 의식무용과 태징 반주법으로 범
패승은 평가한다.[316]

천수바라무의 반주는 태징·목탁·소북·호적 등이 연주되고 규모
가 큰 재 의식에서는 삼현육각·취타대도 반주에 참여한다. 이 중 태
징 반주는 음악을 주도하는 역할을 담당하게 되는데 특히 소리와 같
이 연주하는 특징이 있다.

천수바라무의 태징 반주는 6/8·9/8·12/8·15/8박자의 다양한 구

---

313) 일반적으로 불교 무용만을 전공한 작법승은 태징 연주가 미흡하다. 그러나
　　　작법승이라도 태징 반주를 공부하지 않고서는 불교 무용을 소화할 수 없다.
　　　그렇기 때문에 소리·무용 등을 공부하기 위해서는 반드시 태징 연주를 올
　　　바르게 이해하여야 하며 범패승이라면 당연히 태징을 다룰 줄 알아야 한다.
314) 천수천안관세음보살광대원만무애대비심다라니경(千手千眼觀世音菩薩廣大
　　　圓滿無碍大悲心陀羅尼經)의 약칭이다. 이것이 지금 유통되고 있는 대비주
　　　(大悲呪). 1권, 당나라 가범달마(伽梵達磨) 번역. 『천수다라니경』이라고도 한
　　　다. 『佛敎大辭典』, 下, 2510쪽.
315) 또한　대비심다라니(大悲心陀羅尼)·대비다라니(大悲陀羅尼)·대비주(大悲
　　　呪)라고도 함. 천수관음의 공덕을 설명한 근본주(根本呪)로, 82구가 있음. 『
　　　佛敎大辭典』, 下, 2510쪽.
316) 범패승이 가장 먼저 배우는 무용반주의 태징법이 바로 천수바라 태징법이
　　　다. 스승이 제자에게 전수할 때도 "천수바라 태징만 연주할 줄 알면 모든
　　　불교의식의 태징반주는 다 안 것이다"라고 전할 정도다.

성으로 이뤄져 있고 ♩.=70~90 정도의 속도로 연주하는 특징이 있다.

[그림 37] 천수바라무의 반주317)

특히, 박자의 리듬에 따라 춤사위가 바뀌는데 6/8과 9/8에서는 올리고 내리는 춤사위를 그리고 12/8과 15/8에서는 양손을 번갈아 돌리는 춤사위를 보이게 된다.

[그림 38] 천수바라무 춤사위318)

---

317) 천수바라 태징 반주는 주로 의식을 진행하는 법주 스님이 담당하고 있지만 이는 상황에 따라 변화가 있을 수 있다. 사진 출처: 2009 봉원사 영산재.
318) 사진 위는 6/8·9/8박자의 춤사위이고 아래는 12/8·15/8박자에서의 춤사위이다. 특히, 이와 같은 춤사위는 사다라니 바라무에서도 동일하다. 사진 출처: 이연경(도경), 「四多羅尼 바라무에 관한 연구: 경제와 완제의 비교를 통하여」(석사학위논문, 동국대학교 문화예술대학원, 2009), 35~36쪽.

[악보 37] 천수바라 태징 반주

연주·채보: 혜일

태징·북

나 모 라 다 나 다 라 야 야 나 막

알 야 바 로 기 제 새 바 라 야 　 보 지

사 다 바 야 마 하 사 다 바 야 마 하 가 로

니 가 야 오 옴 살 바 바 에 수 다 라 나 가 라 야

다 사 명 나 막 가 리 다 바 이 맘 알 야

ⓛ 사다라니바라

천수바라와 더불어 불교의식 무용의 꽃이라고 불리는 사다라니 바라무는 불·보살에게 올리는 공양(供養)의식의 절정으로써 그 의미와 가치가 매우 높은 의식무로 여겨 왔다. 사다라니바라의 이름은 '네 가지 다라니(진언)를 올릴 때 추는 바라무'라는 데서 붙여진 것으로, 공

양이 보다 장엄하고 성대해지기를 발원하는 의식무이다.319)

위에서 설명한 네 가지 진언은 다음과 같다.

- 無量威德自在光明變食眞言 나막 살바다타 아다 바로기
  제 옴 삼마라 삼마라 훔
- 施甘露水眞言 나무 소로바야 다타 아다야 다냐타 옴 소
  로소로 바라소로 바라소로 사바하
- 一字水輪觀眞言 옴 밤밤밤밤
- 乳海眞言 나무 사만다 못다남 옴 밤

진언은 모두 세 번 반복하며 진행하고 진언부분에서는 바라무를 행
하지 않는다.320) 사다라니바라의 태징 반주는 앞의 천수바라와 동일
한 구성인 6/8·9/8·12/8·15/8의 박사로 구성되고 박자에서 보여주
는 춤사위도 동일하다.

---

319) 이연경(도경), 「四多羅尼 바라무에 관한 연구: 경제와 완제의 비교를 통하여」,
4쪽.
320) 그러나 사실 중간에 바라무를 행하지 않는 것은 근래에 들어 행해진 것 같
다. 박자 혹은 리듬으로 분석하면 굳이 춤동작을 멈출 필요가 없는데도 불구
하고 이와 같은 춤사위가 자리 잡게 된 것은 일부 범패승이 진언 부분에서
박자를 놓치거나 임의로 소리에 멋을 부려 진언을 강조했기 때문인 것으로
진단한다. 이와 같은 사실은 구해·동희 스님 등도 지적하고 있는데 몇몇 범
패승은 "20년 전만 해도 사다라니 바라무는 진언 중간에 쉬지 않고 그대로
연결해서 무를 췄다"라고 증언하기도 한다.

연주·채보: 혜일

위 [악보 38]은 변식진언에서 확인할 수 있듯이 사다라니 바라무 반주의 특징은 바로 진언의 명칭을 소개함에 있다. 즉, 각 진언이 시작할 때마다 진언의 명칭을 소리하고 이어 진언을 세 번 반복하며 연주한다. 특히 각 진언을 연결할 때는 43마디와 같이 12/8박자의 리듬을 연주한다. 변식진언에서 "살다바타"에서 12/8박자 리듬이 한 번 나오게 되는데 이때 양손을 번갈아가며 돌리는 춤사위가 구성된다. 그 외에는 6/8·9/8박자로 이뤄져 올리고 내리는 춤사위가 반복된다.

[악보 39] 시감로수진언 태징 반주

연주·채보: 혜일

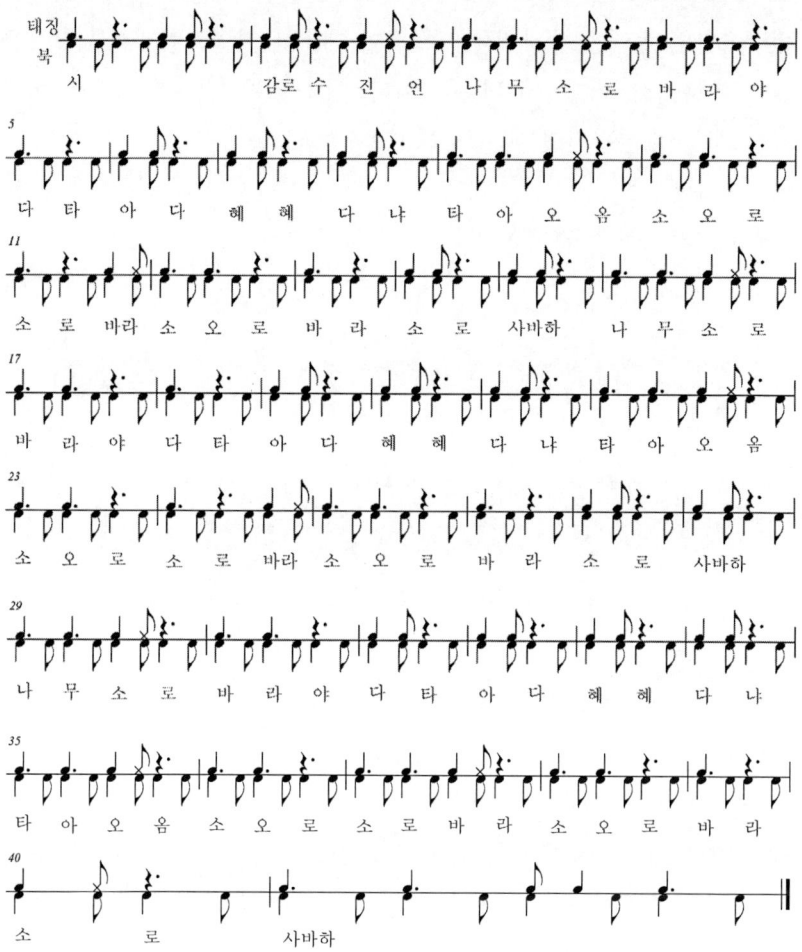

　시감로수진언 또한 처음 시작 부분에서는 진언의 명칭을 소리하며
연주한다. 구성은 6/8、9/8、12/8로 12/8박자에서 양손을 번갈아 돌리
는 춤사위를 구사한다. 특히 진언의 마지막 부분에 해당하는 "사바하"
가 세 번째 반복에서는 다음 진언과 연결하는 41마디에서 소리하는데 이는 춤사위와 깊은 관계가 있다. 이는 "사바하"의 바로 전 "바라소로"가 6/8+6/8, 즉 12/8박자로서 마지막 세 번째 반복에서는 양손을 번갈아가며 돌리는 춤사위를 구성하기 때문에 자연스럽게 "사바하"를 연결 부분에서 소리하게 되는 것이다. 이와 같은 연주는 다음에 이어지는 "일자수륜관진언"에서도 확인할 수 있다.

[악보 40] 일자수륜관진언 태징 반주

연주 · 채보: 혜일

일자수륜관진언도 6/8 · 9/8 · 12/8박자로 구성되며 짧은 진언이므로 박자와 리듬에 신경 써서 연주해야 한다. 특히 진언을 소리하는 부분에서 많은 범패승이 박자를 놓치는 경향이 뚜렷하다.321) 이는 각 진언의 명칭을 소개하는 부분이 각기 다르고 리듬의 구성도 차이가 있기 때문인 것으로 판단한다. 물론 일자수륜관진언에서도 12/8박자에서 양손을 번갈아 돌리는 춤사위를 구성한다.

---

321) 구해 스님은 이 부분을 많은 범패승이 실수하기 때문에 진언 부분에서 연주를 하지 않거나 또는 현재와 같이 상단 부처님을 바라보며 배례하는 춤사위가 나왔을 것으로 추정한다고 증언했다. 2009년 12월.

[악보 41] 유해진언 태징 반주

연주·채보: 혜일

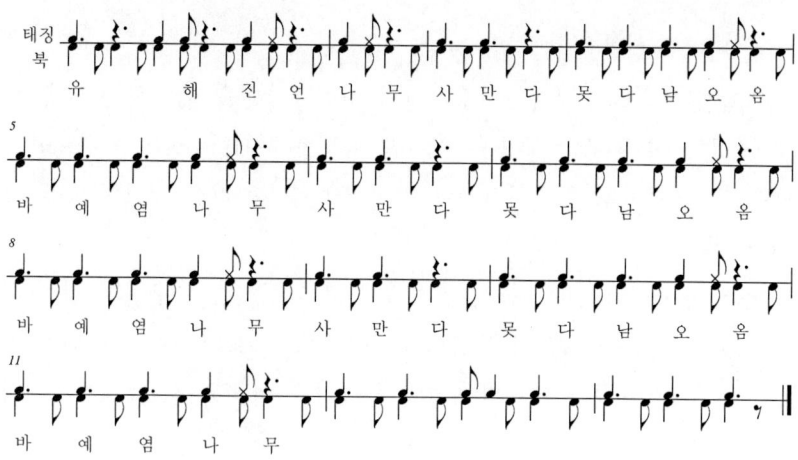

유해진언에서 사다라니 전체 반주 중 처음으로 15/8박자 리듬이 나오는데 이는 양손을 번갈이 돌리는 춤사위가 두 번 반복함을 의미한다. 또한 진언의 처음에 해당하는 "나무"가 세 번 반복 이후에도 보이는데 이 또한 춤사위와 관련이 있다. 즉, 춤사위를 원만하게 마무리하기 위해서는 오른손과 왼손의 반복이 끝나야 하는데 만약 "나무"를 연주하지 않는다면 춤사위를 마무리할 수 없기 때문이다.

사다라니 바라무 반주에서 특히 신중하게 연주해야 할 부분은 바로 진언의 명칭을 소리하는 부분이다. 많은 범패승이 이 부분에서 실수를 하고 있기 때문에 반주를 멈추고 소리만 하거나 박자를 놓쳐 전체적인 흐름에 영향을 주고 있고 심지어 호적 연주를 멈추거나 춤사위를 멈추는 경우가 발생한다. 그러나 본 장에서 소개한 태징 연주법으로 범패승이 연주할 것을 당부하며 위와 같은 형태로 연주한다면 사다라니 바라무를 변식진언부터 유해진언까지 중간 중간 상단을 바라보고 배례하는 쉬는 동작 없이 천수바라무와 같은 완벽한 춤사위를 구성할 수 있다.

ⓒ 나비무 향화게작법

현행 불교의식 무용은 천수바라와 향화게작법을 제외하고 논할 수
없을 만큼 이 두 의식무용은 중요한 위치를 차지한다. 특히 향화게작
법은 그 연주법과 춤사위가 독특하여 작법승 중 가장 경험이 많은 승
려가 이를 담당한다.

한국 불교 무용 반주 중 유일하게 휘모리 형식으로 구성된 것이 바
로 향화게작법이다. 그리고 향화게작법은 소리와 반주가 분리되어 진
행하는 특징이 있다. 즉, 다게성의 홑소리로 의식을 진행하다가 태징
반주를 시작으로 비로소 춤사위에 변하며 향화게작법을 시작한다.

[악보 42] 향화게작법 태징 반주322) |

연주: 구해
채보: 혜일

_____

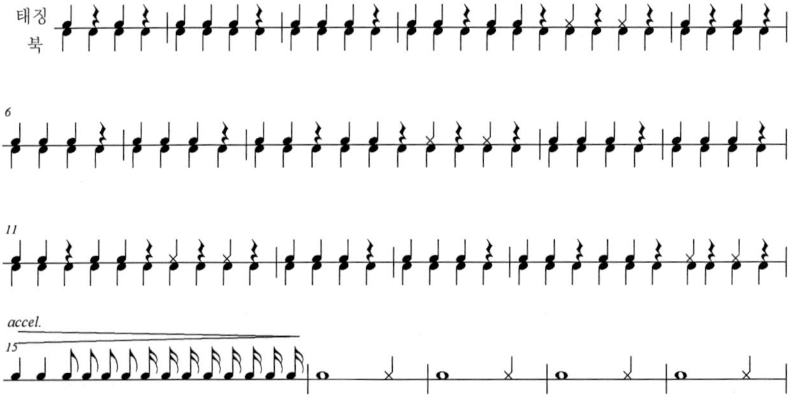

322) 2009년 12월 10일 구해 스님이 현행 생전예수재 진행에 관한 설명 중 녹음
한 자료를 채보하였다.

위 악보는 향화게작법의 도입부에 해당한다. 향화게작법무의 시작
은 "일일진출일체법"의 "법"에서 시작하는데 이때까지 작법승은 처음
"원차향화변법게"에서부터 홑소리, 다게성에 맞춰 사방요신[323]을 하
며 춤사위를 전개한다. 그리고 "법"에서 연주자의 태징에 맞춰 향화게
작법을 시작한다. 1마디에서 5마디는 상단을 바라보며 양팔을 벌리고
살짝 앉는 춤사위에 해당하는데 이때 작법승은 방향에 신경 써야 한
다.[324] 이러한 춤사위는 다음 6마디에서 8마디까지 동일한데 이때는
앞과는 반대쪽을 바라보며 춤사위를 진행한다.[325] 다음 이어지는 9마
디에서 11마디는 모두 상단 12시 방향을 바라보며 춤사위를 진행하고
12마디부터 14마디에서 모두 좌립[326]하며 다음에 연주하는 15마디에
서 양손을 벌리고 상단을 바라보고 절하듯 엎드린다.

---

323) 두 명의 작법승이 한 조를 이뤄 서로 마주보며 천천히 자리를 바꿔 동·서·
　　남·북 사방을 바라보며 앉았다가 일어나는 춤사위를 구성하는 나비무이다.
324) 향화게작법은 두 명이 한 조를 이뤄 진행한다. 그러므로 두 사람이 모두 상
　　단을 바라보고 있어도 오른쪽에 위치한 작법승은 시계 2시 방향으로 왼쪽에
　　위치한 작법승은 시계 10시 방향으로 앉는다.
325) 이때는 오른쪽 작법승은 시계 10시 방향으로 왼쪽 작법승은 시계 2시 방향
　　을 바라보며 춤사위를 진행한다.
326) 완전히 자리에 앉는 춤사위로서 마치 부처님 전에 절을 하듯이 자리한다.

[그림 39] 향화게작법327)

이어지는 16마디에서 20마디는 작법승이 가장 어려워하는 부분으로 16마디에서 먼저 상단을 바라보고 배례할 때 양손을 모은 후 다시 펼치는 동작을 하고 이어 17마디에서 펼지는 동작 후 방향을 바꿔 앞 무릎에 두 손을 옮겨 서로 바라보고 좌립한다. 다음 18마디에서는 제 자리에서 180도 왼쪽으로 돌며 좌립한 다음 19마디에서는 270도 오른쪽으로 돌며 좌립하고 20마디에서는 다시 왼쪽으로 180도 돌려 좌립한다. 물론 이와 같은 춤사위는 두 손을 펼친 후 방향을 바꿔 좌립하고 좌립할 땐 두 손이 앞무릎에 옮겨져야 한다.

---

327) 그림에서의 향화게작법은 무대에서 관중을 보고 배례를 하고 있지만 사실 괘불을 바라보고 행하는 것이 옳다. 이와 같은 방향설정은 불교의식이 무대화되면서 변한 것으로 추측하며 이는 시정해야 할 부분이다. 그림 위쪽은 홑소리에 맞춰 사방요신을 하는 것이고 아래 왼쪽은 악보 12마디에서 14마디에 해당하는 좌립이다. 그리고 아래 오른쪽은 15마디 연주에 따라 배례하는 모습이다. 사진 출처: 대구 보현암 생전예수재.

[그림 40] 향화게작법의 춤사위328)

[악보 43] 향화게작법 태징 반주 Ⅱ

연주: 구해
채보: 혜일

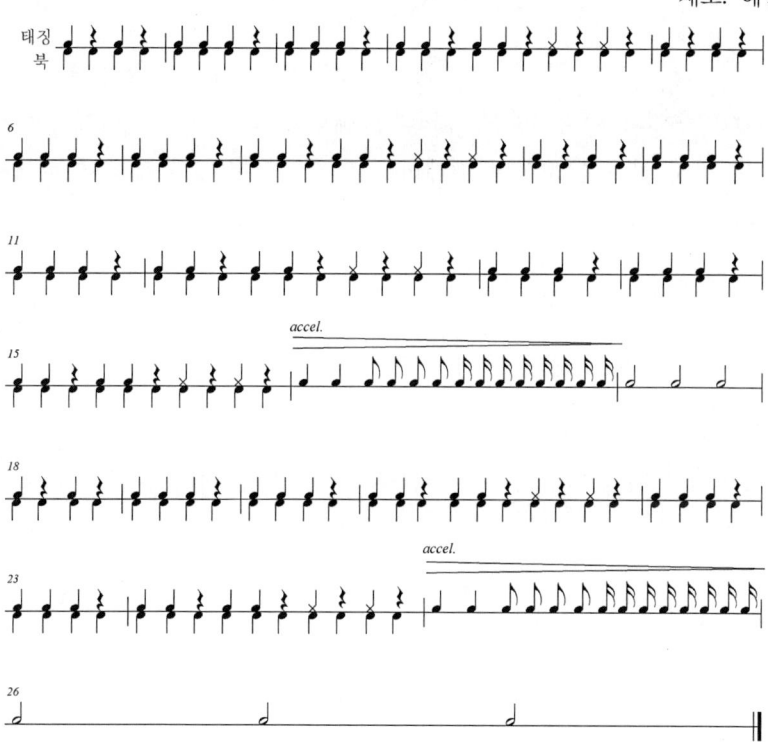

---

328) 16마디에서 20마디에서 그림과 같이 양손을 벌려 배례한 후 방향을 바꿔 두
   손을 무릎에 모으고 좌립한다. 사진 출처: 대구 보현암 생전예수재.

위 악보는 향화게작법 중간 연결부로 이때는 작법승이 양손을 벌리고 앉은 좌립에서 뒤로 눕듯이 젖히는 춤사위를 구성한다.

[그림 41] 향화게작법의 배례 모습329)

앞의 1마디에서 15마디까지는 상단을 바라보며 좌립하는 춤사위를 위한 반주이고 16마디에서 엎드려 배례한다. 그리고 17마디에서는 세 번에 걸쳐 양손을 모으며 배례하는 춤사위를 전개한 후 18마디에서 24마디까지 양손을 벌린 채 뒤로 누워 젖히는 동작을 한 후 다시 25마디에서 엎드려 배례한다.

[악보 44] 향화게작법 태징 반주 Ⅲ

연주: 구해
채보: 혜일

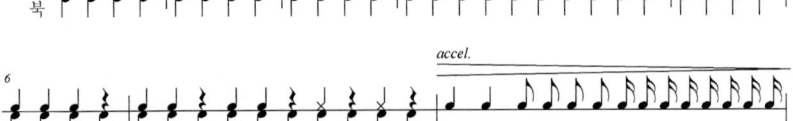

329) 그림 왼쪽은 [악보 43] 18마디에서 24마디에 해당하는 뒤로 젖히는 동작이며 이어 25마디 연주에서 앞으로 엎드려 배례하는 동작으로 연결한다. 사진 출처: 구월사 생전예수재.

　위의 악보는 향화게작법 종결부에 해당하는 것으로 첫마디에서 7마
디까지 뒤로 젖히는 춤사위를 전개하고 이어 8마디에서 배례한다. 그
리고 9마디에서 12마디는 도입부에서 동·서·남·북 사방으로 방향
을 바꾸며 배례하는 춤사위는 동일한데 이때는 양손을 벌리고 모으는
동작을 세 번에 걸쳐 반복하는 것이 특징이다.

　향화게작법은 연주자의 성향에 따라 춤사위가 바뀔 수 있지만 연주
자는 반드시 작법승과 호흡을 같이해야 한다. 만약, 작법승이 방향을
바꾸는 동작이 느릴 경우 태징을 눌러 막고 연주하는 것을 조금 천천
히 한다거나 양손을 모으는 동작에서의 반주를 작법승의 춤사위 속도
에 맞추는 등 상호간의 배려가 있어야 완성도 높은 향화게작법을 시
연할 수 있다.

[그림 42] 향화게작법의 방향전환330)

ㄹ 가지게

가지게(加持偈)는 법주와 대중이 주고받는 헌좌게 성(聲)의 홑소리를 중심으로 진행하며 엄숙한 분위기가 든다. 그러나 홑소리 이후 태징 반주를 바탕으로 한 보공양진언과 보회향진언의 소리는 가지게의 절정을 표현할 만큼 경쾌하다. 가지게는 굳이 영산작법이 아닌 일반적인 천도재에서도 쉽게 접해볼 수 있다.

---

330) 향화게작법에서 가장 유의해야 하는 것이 바로 방향전환이다. 이것은 태징 연주자와 작법승의 호흡과도 직접적인 연관성이 있기 때문에 향화게작법의 완성도를 높이기 위해서 반드시 신중하게 연주해야 한다. 사진 위 왼쪽부터 시계 방향으로 처음 마주보고 다음 왼쪽으로 180도 회전, 그리고 오른쪽으로 270도 회전 마지막으로 180도 왼쪽으로 회전하여 좌립한다. 사진 출처: 구월사 생전예수재.

[악보 45] 가지게[331]

소리: 유창렬·박송암
채보: 한만영

그러나 가지게의 홑소리는 헌좌게와 같이 선창과 후창으로 진행하며 태징 연주를 통해 서로의 소리를 이어간다. 엄숙하며 장중한 무게를 느끼게 하는 홑소리에 비해 이어지는 보공양진언과 보회향진언의 태징 연주는 가지게의 절정을 표현할 만큼 경쾌하다. 가지게는 굳이 영산작법이 아닌 일반적인 천도재에서도 쉽게 접해볼 수 있다.

[악보 46] 보공양진언·보회향진언

연주·채보: 혜일

---

331) 韓萬榮, 『佛敎音樂硏究』(서울: 서울大學校出版部, 1982), 256쪽.

바 라 훔   옴 아 아 나

삼 바 바   바 라 훔

옴   아 아 나 삼 바 바

바 라 훔   보

회향   진언   옴 삼 마 라

삼 마 라 미 만나 사 라 마하 자 가 라바훔

옴   삼 마 라   삼 마 라

미 만나 사 라 마하 자 가 라바훔

옴   삼 마 라   삼 마 라

미 만나 사 라 마하 자 가 라바훔

가지게에서의 태징 반주는 "보공양진언"과 "보회향진언"을 세 번 반복하는 것으로 구성된다. 박자는 12/8박자를 기본으로 하고 있지만 진언의 명칭을 소리하는 부분과 진언의 세 번째 반복에서는 강조하기 위한 방법으로 24/8박자로 이어 연주하며 소리한다. 가지게에서는 태징 외에도 목탁과 북 연주를 병행하는데 3분박의 경쾌한 리듬에 맞춰 참여한 모든 이가 동참하여 소리하는 것을 원칙으로 한다. 특히 진언과 진언을 연결하는 19마디와 진언을 세 번 반복할 때마다 각 진언을 연결하는 부분인 4 · 9 · 14 · 19 · 23 · 30 · 37 · 44 등의 마디는 모두 12/8박자 리듬으로 구성된다.

(7) 조전점안(造錢點眼)과 금은전이운(金銀錢移運)

조전점안과 금은전이운은 현행 생전예수재에서 빠질 수 없는 중요한 의식이다. 특히 조전점안은 그 의식이 갖고 있는 상징성332)이 크기 때문에 생전예수재에서는 반드시 봉행한다. 일반적으로 현행 생전예수재에서는 조전점안과 금은전이운을 따로 분리하여 진행하지 않고 원만한 진행 절차를 위해 이어서 봉행하고 있다.333)

조전점안은 쉽게 종이로 만든 돈(錢)을 명부세계에서도 통용(通用)할 수 있도록 하는 의식이다. 즉, 평범한 종이돈을 법사 스님의 증명과 범패승의 염불 그리고 동참한 재가불자의 정성스러운 마음을 바탕으로 성스러운 명부세계의 공양물로 승화시키는 의식인 것이다. 또한 이어지는 금은전이운은 이렇게 만들어진 공양물을 고사단334)으로 옮

---

332) 명부세계에서 사용할 수 있는 돈을 만든다는 일반적인 개념으로 생전예수재에서는 의식규모에 관계없이 봉행한다.

333) 사실 생전예수재 본 의식 전에 조전점안을 먼저 하고 이후 생전예수재 본 의식 중 고사단에서 금은전이운을 해야 하지만 절차상의 어려움 등을 들어 이어서 하고 있다.

334) 도사(都司) · 감사(監司) · 부사(副司)의 총칭으로 명부세계의 재무 · 회계 등을 맡는다. 이 이운의식은 곧 살아 있는 자가 의식절차에 의해 명부전에 공

겨 올바른 의식절차에 의해 명부전에 공양물을 올리는 것을 증명받기 위한 것으로 해석할 수 있다.

① 조전점안 · 금은전이운 태징 연주법

조전점안과 금은전이운에서 사용하는 태징 연주법은 크게 [시작쇠 I]·[거불쇠]·[세망치]·[몰아뛰기]·[연결쇠]·[마침쇠]·[염불마침쇠] 등이다. 그리고 평염불[335]을 위한 연주법 등이 포함된다. 특히 조전점안은 이와 같은 평염불의 형식이 주류를 이루고 있는데 이는 현행 천수경을 처음부터 참회진언까지 독송하고 각 진언을 21번씩 반복하여 읽는 것이 포함되어 있기 때문인 것으로 판단한다. 조전점안에서는 무용반주가 없으며 금은전이운에서는 요잡바라가 포함되고 있으나 앞에서 이미 요잡바라에 관한 자세한 설명이 있었으므로 생략한다.

② 태징법을 표시한 조전점안과 금은전이운

<평염불> 『千手經』懺悔眞言까지 讀誦
　　　　　천 수 경　　참 회 진 언　　　　독 송

[336]造錢眞言 <평염불>
　　조 전 진 언

옴 바아라 훔 사바하 (21번 반복)[337][염불마침쇠]
唵 婆阿羅 吽 娑婆訶

成錢眞言 <평염불>
성 전 진 언

양을 올렸음을 고사님이 증명하길 기원하는 의미가 담겨 있다. 『佛敎大辭典』 (서울: 홍법원, 1998), 上, 125쪽.

335) 일반적인 독경형식, 예를 들면 일자일타 형식으로 연주하는 것을 말한다.

336) 진언 앞에서의 요령 연주는 길게 한 번 흔드는 것을 의미한다. 이후 후 진언의 명칭은 소리로만 하고 이어 각 사물을 평염불 반주 형식으로 연주한다.

337) 조전점안에서의 각 진언은 통상적으로 21번 반복하는 것으로 전해지고 있으나 시간 관계에 따라 변화가 있을 수 있다.

옴 반자나 훔 사바하 (21번 반복)
唵 般自那 吽 娑婆訶

南無佛水 南無法水 南無僧水 南無五方龍王水 (3번 반
남무불수 남무법수 남무승수 남무오방용왕수
복)338)[염불마침쇠]

灑香水眞言 <평염불>
쇄 향 수 진 언
옴 아라 훔 사바하 (21번 반복)[염불마침쇠]
唵 阿羅 吽 娑婆訶

變成金銀錢眞言 <평염불>
변 성 금 은 전 진 언
옴 반자나 반자니 사바하 (21번 반복)[염불마침쇠]
唵 般自那 般自尼 娑婆訶

開錢眞言 <평염불>
개 전 진 언
옴 자나니 사바하 (21번 반복)[몰아뛰기]
唵 自那尼 娑婆訶

(金銀錢移運)
금 은 전 이 운

[시작쇠 I](擁護偈)
옹 호 게

---

338) 앞 진언은 21번 반복하지만 "나무불수"에서 "오방용왕수"까지는 3번 반복을
기본으로 하고 시간에 따라 늘리거나 줄일 수 있도록 한다.

誰道金銀山不動[거불쇠]　不煩天帝命夸娥[거불쇠]
수 도 금 은 산 부 동　불 번 천 제 명 과 아

人間紙作冥間寶　　　　儘是如來妙力多[몰아뛰기]〈요잡바라〉
인 간 지 작 명 간 보　　진 시 여 래 묘 력 다

散花落　散花落　散花落[세망치]
산 화 락　산 화 락　산 화 락

南無摩訶般若波羅密　南無摩訶般若波羅密　南無摩訶般
나 무 마 가 반 야 파 라 밀　나 무 마 가 반 야 파 라 밀　나 무 마 가 반

若波羅密[몰·연결쇠]
야 파 라 밀

(經函移運)
경 함 이 운

妙法何須別處討[세망치]　　花花草草露全機[세망치]
묘 법 하 수 별 처 토　　　　화 화 초 초 로 전 기

人人不識圓珠在　　　　也使能仁捲蔽衣[세망치]
인 인 불 식 원 주 재　　　야 사 능 인 권 폐 의

(動經偈)
동 경 게

珠爲山珍登淨案[세망치]　藥因療病瀉金瓶[세망치]
주 위 산 진 등 정 안　　　약 인 요 병 사 금 병

大乘法力難思議　　　　若薦亡靈轉此經[세망치]
대 승 법 력 난 사 의　　　약 천 망 령 전 차 경

(拈花偈)
넘 화 게

花果一時同妙法[세망치]　　染中常淨亦如然[세망치]
화 과 일 시 동 묘 법　　　　염 중 상 정 역 여 연

金將數朶芙蓉蘂　　　　供養靈山法寶前[세망치]
금 장 수 타 부 용 예　　　공 양 영 산 법 보 전

散花落 散花落 散花落[세망치]
산 화 락 산 화 락 산 화 락

南無靈山會上佛菩薩 南無靈山會上佛菩薩
나 무 영 산 회 상 불 보 살 나 무 영 산 회 상 불 보 살

南無靈山會上一切諸佛諸大菩薩摩訶薩
나 무 영 산 회 상 일 체 제 불 제 대 보 살 마 가 살

獻錢眞言 〈평염불〉
헌 전 진 언

옴 아자나 훔 사바하 (21번 반복)[339]
唵 我自那 吽 娑婆訶

〈평염불〉

化紙成錢兼備數 堆堆正似白銀山
화 지 성 전 겸 비 수 퇴 퇴 정 사 백 은 산

今將奉獻冥官前 勿棄茫茫曠野間
금 장 봉 헌 명 관 전 물 기 망 망 광 야 간

妙經功德說難盡 佛語臨中最後談
묘 경 공 덕 설 난 진 불 어 임 중 최 후 담

山毫海墨虛空紙 一字法門書不咸[몰아뛰기]
산 호 해 묵 허 공 지 일 자 법 문 서 불 함

(8) 전시식(奠施食)

현행 생전예수재는 대령과 관욕절차를 포함하고 있기 때문에 재 의
식에 동참한 영가를 위한 시식을 올려야 한다. 특히 전시식의 대상은
사십구재나 천도재 등의 어느 특정한 영가를 위한 것이라기보다는 참
석대중의 인연영가를 비롯한 비록 재 의식에 초대받지 못한 삼십육부
에 흩어져 있는 무량한 귀중(鬼衆)과 그 권속 그리고 일체 귀신·지옥

---

339) 앞 조전점안의 진언 반복 후 [염불마침쇠]로 마치고 다음 진언으로 넘어가는
　　것과는 달리 21번 반복 후 〈평염불〉 반주로 이어서 계속 이어간다.

중생 모두를 포함하고 있다. 이들 모두를 부처님의 평등한 원력과 화
엄력 등의 가피로서 일체 고통을 여의고 극락왕생하길 발원하며 공양
을 올리는 의식이 전시식이다. 현행 생전예수재에서 전시식은 생전예
수재 본 의식절차인 상ㆍ중ㆍ하단 공양의식이 끝난 후 야외 회향의식
을 시작하기 전에 진행한다. 전시식은 생전예수재를 비롯한 영산재 등
의 규모가 큰 재의식뿐만 아니라 삼동결재 기간 중 관음예문에서 행
해지기도 하는데 주로 도량에 들어오지 못한 무주고혼을 위해 야외에
서 행해지기도 한다.340)

① 전시식 태징 연주법
전시식의 태징 연주법은 크게 [한망치]ㆍ[몰아뛰기]ㆍ[염불마침쇠]
등으로 나눠볼 수 있는데 의식의 진행은 주로 <평염불>341)로 구성되
어 진행하는 경우가 많다.

---

340) 필자는 이와 같은 일반 재 의식에서 진행하는 전시식의 설행이 앞서 소개한
재대령이나 관욕의식과 깊은 연관성이 있을 것으로 여긴다. 가령 대령과 관
욕의식이 재 의식에 초대받지 못한, 업장이 두터워 도량에 들어오지 못한 무
주고혼만을 위해 설행하는 의식일 것으로 가정한다면 야외에서 전시식을 설
행하는 것이 당연한 절차이기 때문이다. 조선시대에 간행된 다양한 의식집
에서도 대령과 관욕의식을 위한 설단(設壇)이 모두 도량 밖 야외에 설치된
것만으로도 대령 → 하단관욕 → 전시식으로 이어지는 무주고혼을 위해 진행
하는 공양의식을 얼마든지 진행할 수 있기 때문이다. 그러나 이는 특정목적
을 갖고 청하는 재 의식의 주인공과는 무관한 영가를 대상으로 하고 있기
때문에 재의식 본 절차와는 관계없이 도량 밖에서 설행해야 한다는 가정으
로 접근해야 한다. 물론, 재 의식의 목적을 위해 초대받은 하단 영가를 위한
공양의식은 이미 본 의식절차(수륙재 등) 하단 공양에 포함되어 있으므로
굳이, 관음시식이나 전시식을 설행할 이유가 없다.
341) 전시식의 <평염불>은 법주 스님을 비롯한 대중 모두가 염불하는 특징이 있
다. 물론 일자일타의 형식을 기본으로 연주하고 소리한다.

② 태징법을 표시한 전시식

〈평염불〉[342]

[343)]佛身充滿於法界 普現一切衆生前
불 신 충 만 어 법 계　보 현 일 체 중 생 전

隨緣赴感靡不周 而恒處此菩提座
수 연 부 감 미 부 주　이 항 처 차 보 리 좌

[344)]是日今時 沙門大衆等 運 慈悲心 行 平等行 以 本
시 일 금 시　사 문 대 중 등　운 자 비 심　행 평 등 행　이 본

願力 大方廣佛華嚴經力 諸佛加被之力 以此淸淨法食 普
원 력　대 방 광 불 화 엄 경 력　제 불 가 피 지 력　이 차 청 정 법 식　보

施一切法界面燃鬼王 所統領者 三十六部 無量無邊恒河
시 일 체 법 계 면 연 귀 왕　소 통 령 자　삼 십 육 부　무 량 무 변 항 하

沙數 諸餓鬼衆 洎 訶利帝母 一切眷屬 婆羅門仙衆 併 此
사 수　제 아 귀 중　계　하 리 제 모　일 체 권 속　바 라 문 선 중　병 차

方他界 刀兵殞命 水火焚漂 疾疫流離 飢寒凍餒 繩木自
방 타 계　도 병 운 명　수 화 분 표　질 역 유 리　기 한 동 뇌　승 목 자

盡 刑憲而終 産難而死 一切滯魄孤魂 依草附木 一切鬼
진　형 헌 이 종　산 난 이 사　일 체 체 백 고 혼　의 초 부 목　일 체 귀

神 地府酆都 大小鐵圍山 五無間獄 八寒八熱 輕重諸地
신　지 부 풍 도　대 소 철 위 산　오 무 간 옥　팔 한 팔 열　경 중 제 지

獄 嶽司城隍等處 一切受苦衆生 六途傍來 一切中陰衆生
옥　악 사 성 황 등 처　일 체 수 고 중 생　육 도 방 래　일 체 중 음 중 생

咸赴我請 無一遺者 願汝一一 各得摩竭陀國 所用之斛
함 부 아 청　무 일 유 자　원 여 일 일　각 득 마 갈 다 국　소 용 지 곡

七七斛食 除諸飢渴 第恐凡聖難通 當求三寶加被
칠 칠 곡 식　제 제 기 갈　제 공 범 성 난 통　당 구 삼 보 가 피

---

342) 일반적으로 전시식은 반주음악 없이 법주 스님의 독송으로 시작하는데 이때
　　〈평염불〉의 개념은 글자의 높낮이를 중심으로 소리를 구성하여 진행한다.
　　가령 "불"자는 소리를 높여서 하고 "어"자는 낮게 소리한다.

343) 목탁을 한 번 내린 후에 소리를 시작하고 "보리좌"부터 다시 한 번 내려 소
　　리를 마친다.

344) 길게 흔들어 연주한 후 요령연주 없이 소리하며 시작한다. 본문 시작 전의
　　요령은 모두 이와 같다.

〈평염불〉[345]

(千手一片爲孤魂 普召請眞言 云云)
천 수 일 편 위 고 혼 보 소 청 진 언 운 운

南無常住十方佛 南無常住十方法 南無常住十方僧
나무상주시방불 나무상주시방법 나무상주시방승

南無本師釋迦牟尼佛
나무본사석가모니불

南無觀世音菩薩
나무관세음보살

南無冥陽救苦地藏王菩薩
나무명양구고지장왕보살

南無起教阿難陀尊者[염불마침쇠]
나무기교아난타존자

諸佛子 已承三寶 加被之力 悉赴我請 當生希有心 捨
제불자 이승삼보 가피지력 실부아청 당생희유심 사

離顚倒想 歸依三寶 懺除罪障 咽喉開通 運心平等 受我
리전도상 귀의삼보 참제죄장 인후개통 운심평등 수아

所施 無遮無碍 淸淨法食除 諸飢渴
소시 무차무애 청정법식제 제기갈

〈평염불〉

歸依佛 歸依法 歸依僧 歸依佛 兩足尊 歸依法 離欲尊 歸
귀의불 귀의법 귀의승 귀의불 양족존 귀의법 이욕존 귀

依僧 衆中尊 歸依佛竟 歸依法竟 歸依僧竟
의승 중중존 귀의불경 귀의법경 귀의승경

地藏菩薩滅定業眞言
지장보살멸정업진언

옴 바라마니다니 사바하
唵 婆羅摩尼多尼 娑婆訶

---

345) 신묘장구대다라니를 염송할 경우 악기 반주가 시작된다.

觀世音菩薩滅業障眞言
관 세 음 보 살 멸 업 장 진 언

옴 아로륵계 사바하

唵 阿魯勒繼 娑婆訶

開咽喉眞言
개 인 후 진 언

옴 보보제리 가리다리 다타아다야

唵 步步帝理 伽里多里 多陀阿多野

三昧耶戒眞言
삼 매 야 계 진 언

옴 삼매야 살다밤[염불마침쇠]

唵 三昧耶 薩陀鑁

宣密加持身田潤澤業火淸凉各具解脫變食眞言
선 밀 가 지 신 전 윤 택 업 화 청 량 각 구 해 탈 변 식 진 언

〈평염불〉

나막 살바다타 아다 바로기제 옴 삼바라 삼바라 훔

那莫 薩婆多陀 我多 婆路其帝 唵 三婆羅 三婆羅 吽

施甘露水眞言
시 감 로 수 진 언

나무 소로바야 다타아다야 다냐타 옴 소로소로 바라소로
바라소로 사바하

南無 素魯縛耶 怛他揭多耶 怛姪他 唵 素魯素魯 縛羅素魯
縛羅素魯 娑婆訶

一字水輪觀眞言
일 자 수 륜 관 진 언

옴 밤밤밤밤
唵 鑁鑁鑁鑁

乳海眞言
유 해 진 언

나무 사만다 못다남 옴 밤
南無 三滿多 沒陀喃 唵 鑁

稱揚聖號346)
칭 양 성 호

南無多寶如來 [한망치]
나 무 다 보 여 래

願諸孤魂破除慳貪法財具足
원 제 고 혼 파 제 간 탐 법 재 구 족

南無寶勝如來 [한망치]
나 무 보 승 여 래

願諸孤魂各捨惡道隨意超昇
원 제 고 혼 각 사 악 도 수 의 초 승

南無妙色身如來 [한망치]
나 무 묘 색 신 여 래

願諸孤魂離醜陋形相好圓滿
원 제 고 혼 이 추 루 형 상 호 원 만

南無廣博身如來 [한망치]
나 무 광 박 신 여 래

願諸孤魂捨六凡身悟虛空身
원 제 고 혼 사 륙 범 신 오 허 공 신

南無離怖畏如來 [한망치]
나 무 이 포 외 여 래

---

346) "칭양성호"부터는 법주와 바라지 스님의 호흡이 중요하다. 가령 먼저 법주
가 "나무다보여래"를 소리하면 바라지는 목탁과 태징을 한 번 연주한 후
"나무다보여래"를 소리하고 이어 다시 법주가 "나무다보여래"부터 "법재구
족"까지 소리한다. 이와 같은 소리형태는 "나무아미타여래"까지 이어진다.

願諸孤魂離諸怖畏得涅槃樂
원 제 고 혼 이 제 포 외 득 열 반 낙

南無甘露王如來 [한망치]
나 무 감 로 왕 여 래

願諸孤魂咽喉開通獲甘露味
원 제 고 혼 인 후 개 통 획 감 로 미

南無阿彌陀如來 [한망치]
나 무 아 미 타 여 래

願諸孤魂隨念超生極樂世界
원 제 고 혼 수 염 초 생 극 락 세 계

〈평염불〉

神呪加持淨飮食　普施河沙衆鬼神
신 주 가 지 정 음 식　보 시 하 사 충 귀 신

願皆飽滿捨慳貪　速脫幽冥生淨土
원 개 포 만 사 간 탐　속 탈 유 명 생 정 토

歸依三寶薩菩提　究竟得成無上道
귀 의 삼 보 살 보 리　구 경 득 성 무 상 도

功德無邊盡未來　一切衆生同法食
공 덕 무 변 진 미 래　일 체 충 생 동 법 식

汝等鬼神衆　我今施汝供
여 등 귀 신 충　아 금 시 여 공

此食遍十方　一切鬼神供
차 식 변 시 방　일 체 귀 신 공

願以此功德　普及於一切　我等與衆生　當生極樂國　同見無
원 이 차 공 덕　보 급 어 일 체　아 등 여 충 생　당 생 극 락 국　동 견 무

量壽　皆共成佛道
량 수　개 공 성 불 도

施鬼食眞言
시 귀 식 진 언

옴 미기미기 야야미기 사바하

唵 尾其尾其 野野尾其 娑婆訶

施無遮法食眞言
_{시 무 차 법 식 진 언}

옴 목역능 사바하

唵 穆力楞 娑婆訶

普供養眞言
_{보 공 양 진 언}

옴 아아나 삼바바 바아라 훔

唵 阿阿那 三婆婆 婆阿羅 或

普回向眞言
_{보 회 향 진 언}

옴 삼마라 삼마라 미마나 사라마하 자거라바 훔[염불마침쇠]

唵 舍摩羅 舍摩羅 尾摩羅 舍羅摩訶 左佉羅婆 或

諸佛子 受 法食已 飢渴旣除 今當再爲汝等 懺悔無始
_{제 불 자 수 법 식 이 기 갈 기 제 금 당 재 위 여 등 참 회 무 시}

已來 至於今日 將 身口意 作諸惡業 各各至誠 隨我音聲
_{이 래 지 어 금 일 장 신 구 의 작 제 악 업 각 각 지 성 수 아 음 성}

發露懺悔
_{발 로 참 회}

〈평염불〉

我昔所造諸惡業 皆由無始貪瞋癡 從身口意之所生 一切
_{아 석 소 조 제 악 업 개 유 무 시 탐 진 치 종 신 구 의 지 소 생 일 체}

我今皆懺悔 懺悔眞言 云[염불마침쇠]
_{아 금 개 참 회 참 회 진 언 운}

諸佛子 懺悔罪業已 今當至誠 發四弘誓願 然後帝聽
_{제 불 자 참 회 죄 업 이 금 당 지 성 발 사 홍 서 원 연 후 제 청}

妙法
_{묘 법}

〈평염불〉

衆生無邊誓願度 煩惱無盡誓願斷 法門無量誓願 學佛道
중생무변서원도 번뇌무진서원단 법문무량서원 학불도

無上誓願成 自性衆生誓願度 自性煩惱誓願斷 自性法門
무상서원성 자성중생서원도 자성번뇌서원단 자성법문

誓願學 自成佛道誓願成 發菩提心眞言 云[염불마침쇠]
서원학 자성불도서원성 발보리심진언 운

諸佛子 發 四弘誓願已 各宜洗心 諦聽妙法 我佛如來
제불자 발 사홍서원이 각의세심 체청묘법 아불여래

憐愍汝等 自 無始以來 至於今日 迷眞逐妄 隨業漂流 出
연민여등 자 무시이래 지어금일 미진축망 수업표류 출

沒四生 往來六道 受 無量苦 特爲汝等 開 大解脫門 演說
몰사생 왕래육도 수 무량고 특위여등 개 대해탈문 연설

十二因緣法 各令於言下 頓明自性 永絶輪回 十二因緣法
십이인연법 각령어언하 돈명자성 영절윤회 십이인연법

者 亦因亦因因 亦果亦果果 迷之則 生死業海 悟之則 寂
자 역인역인인 역과역과과 미지즉 생사업해 오지즉 적

滅性空 無明緣行 行緣識 識緣名色 名色緣六入 六入緣
멸성공 무명연행 행연식 식연명색 명색연육입 육입연

觸 觸緣受 受緣愛 愛緣取 取緣有 有緣生 生緣老死憂悲
촉 촉연수 수연애 애연취 취연유 유연생 생연노사우비

苦惱 無明滅則 行滅 行滅則 識滅 識滅則 名色滅 名色滅
고뇌 무명멸즉 행멸 행멸즉 식멸 식멸즉 명색멸 명색멸

則 六入滅 六入滅則 觸滅 觸滅則 受滅 受滅則 愛滅 愛
즉 육입멸 육입멸즉 촉멸 촉멸즉 수멸 수멸즉 애멸 애

滅則 取滅 取滅則 有滅 有滅則 生滅 生滅則 老死憂悲苦
멸즉 취멸 취멸즉 유멸 유멸즉 생멸 생멸즉 노사우비고

惱滅
뇌멸

〈평염불〉

凡所有相 皆施虛妄 若見諸相非相 即見如來
범소유상 개시허망 약견제상비상 즉견여래

一切有爲法 如夢幻泡影 如露亦如電 應作如是觀 若以色
_{일 체 유 위 법　여 몽 환 포 영　여 로 역 여 전　응 작 여 시 관　약 이 색}

見我 以音聲求我 是人行邪道 不能見如來 一念普觀無量
_{견 아　이 음 성 구 아　시 인 행 사 도　부 능 견 여 래　일 념 보 관 무 량}

劫 無去無來亦無住 如是了知三世事 超諸方便成十力[몰
_{겁　무 거 무 래 역 무 주　여 시 요 지 삼 세 사　초 제 방 편 성 십 력}

아뛰기]

(次誦心經及佛說往生淨土呪願我盡生無別念如常施施念
_{차 송 심 경 급 불 설 왕 생 정 토 주 원 아 진 생 무 별 념 여 상 시 시 염}

佛至燒臺拜送)[347]
_{불 지 소 대 배 송}

생전예수재 전시식의 마무리는 주로 장엄염불을 끝으로 염송하는데
장엄염불이 진행되는 동안 생전예수재에 쓰였던 금은전을 비롯한 예
수재용품 그리고 일체 모든 장엄구를 모두 걷어낸 후 소대로 향할 수
있도록 준비한다. 이는 전시식이 현행 생전예수재 본 의식절차의 마무
리에 해당함을 의미하고 이어 야외 회향의식을 진행한다.

---

347) 이후 장엄염불을 끝으로 소대로 향할 수 있도록 한다.

III 조선시대 생전예수재348)의 절차와 음악적 분석

① 조선시대 생전예수재의 절차

1) 『예수시왕생칠재의찬요』의 이해

(1) 조선시대 불교의식집의 간행과 목적

조선시대는 계속적인 숭유억불정책(崇儒抑佛政策)으로 불교의 사회 경제적인 토대가 완전히 박탈당하였던 시대였다. 교단은 위축될 대로 위축되었고, 산간총림(山間叢林)으로 축소되면서 겨우 명맥을 유지하였다. 그러나 종교적인 요구로서 천재지변(天災地變)에 대한 구원의 손길과 인간의 무병장수와 사후명복을 비는 행위 등은 유교적인 정치 윤리로는 해결될 수 없었다. 이로 인해 조선에 들어와 불교의 정치적·사회적 영향력은 축소·억제되었지만, 종교적 차원의 불교의례와 신앙만은 전적으로 말살될 수 없었다.349)

---

348) 본래 조선시대에 통용된 생전예수재의 명칭은 예수시왕생칠재이다. 그러나 본 논문에서는 이해를 돕기 위해 이와 같은 명칭을 생전예수재로 통일하여 기술한다.

349) 南希叔, 「16~18세기 佛敎儀式集의 간행과 佛敎大衆化」, 『韓國文化』(서울: 서울大學校韓國文化硏究所, 2004) 제34집, 97쪽.

조선 정부는 숭유배불 정책을 폈음에도 불구하고, 조선 초기부터 왕실에서는 49재를 비롯한 불교의례를 지속적으로 개최하였으며, 척불 정책을 강하게 편 것으로 알려진 세종대(1418~50)에서도 이러한 경향은 강하게 지속되었다. 중종 조(1506~44) 이후 왕실 귀족층의 공식적인 불교신앙 생활은 대체로 자취를 감추게 되고, 불교는 서민화되었다. 그러나 조선의 경우 전 시대에 비하여 훨씬 많은 의례 관련 문헌이 출판되었으며, 이 시대의 예불 의례집은 15세기부터 19세기까지 꾸준히 간행되었다. 불교의례집이 집중적으로 간행된 시기는 16~17세기였으며, 그 대부분은 수륙재의 설행방법을 담고 있는 천도재 관련 의례집이다. 16~17세기에 수륙재가 많이 설행된 이유는 이 시대가 전란의 시대로서 일반 서민들의 고통을 위무하려는 데 목적이 있었던 것으로 보인다. 따라서 천도재 등의 불교의례가 사찰에서 매우 중요한 위치를 차지하였으며, 의례집의 빈번한 간행도 이러한 맥락에서 이루어진 것으로 보인다.350)

[표 4] 규장각소장 수륙재 관련 의식집351)

구분	서명	소계
수륙재 및 기타 천도재	天地冥陽水陸雜文、天地冥陽水陸齋儀梵音刪補集、天地冥陽水陸齋儀纂要、法界聖凡水陸勝會修齋儀軌、水陸無遮平等齋儀撮要、水陸儀文撮要、施食儀文、仔夔文節次條例、仔夔刪補文、眞言勸供、作法龜鑑、作法節次、請文、雲水壇、雲水壇儀文	15

현재 규장각(奎章閣)에는 불교의식집류(佛敎儀式集類)가 총 27종352) 43본(本)이 소장되어 있는데 이러한 의식집 중에는 수륙재(水陸

---

350) 김종명, 「한국 일상예불의 역사적 변용」, 『불교학연구』(서울: 불교학연구회, 2007) 제18호, 163쪽.

351) 南希叔, 「16~18세기 佛敎儀式集의 간행과 佛敎大衆化」, 『韓國文化』 제34집, 102쪽.

齋) 관련 의식집이 15종으로 가장 다양하다. 이는 조선시대에 설행된 의식 중에서 수륙재가 차지하는 비중이 상당히 높았다는 것을 충분히 짐작할 수 있다.353) 또한 조선시대 간행된 불교 의례집에 관한 내용은 세민 스님이 엮은 『한국불교의례자료총서』(韓國佛敎儀禮資料叢書)에 서도 확인할 수 있는데 이는 조선시대에 간행되었던 한국불교의례를 총망라하고 있다. 특히 세민 스님은 불교의례를 신앙형태별로 정토신 앙형·밀교신앙형·선종신앙형으로 나눠 분류하고 있는데354) 이 중 영혼천도 관련 의례집을 정리하면 다음과 같다.

[표 5] 『한국불교의례자료총서』 천도재 관련 의식집355)

구분	서명	소계
영혼천도 의례집	白衣解(고려)·慈悲道場懺法集解(고려말)·詳校正本慈悲道場懺法(1474)·禮念彌陀道場懺法(1503)·天地冥陽水陸雜文(1531)·法界聖凡水陸勝會修齋儀軌(1573)·水陸無遮平等齋儀撮要(1573)·預修十王生七齋儀纂要(1576)·預修十王生七齋儀纂要(1632)·靈山大會作法節次(1634)·天地冥陽水陸齋儀纂要(1661)·五鍾梵音集(1661)·大刹四明日迎魂施食儀文(1710)·天地冥陽水陸齋儀梵音刪補集(1721)·仔夔文節次條例(1724)·雲水壇儀文(1731)·慈悲道場觀音懺法(1868)·地藏菩薩本願懺儀(1884)·仔夔刪補文(미상)·禮念往生文(미상)	20

---

352) 수륙재 및 기타 천도재 15종, 기타법회 6종, 일상의식 1종, 상례 4종으로 총 27종에 달한다.

353) 南希叔, 「16~18세기 佛敎儀式集의 간행과 佛敎大衆化」, 『韓國文化』 제34집, 101~102쪽.

354) 『한국불교의례자료총서』에서는 영혼천도의례집 20여종, 밀교의례집 5종, 상 장의례집 8종, 승가의 예참의례집 4종, 불가 내 상요의례집 35종 등이 실려 있다. 박종민, 「한국 불교의례집의 간행과 분류: 『韓國佛敎儀禮資料叢書』와 『釋門儀範』을 중심으로」, 『역사민속학』(서울: 한국역사민속학회, 2001) 제 12호, 113~15쪽.

355) 영혼천도의례집이 16~17세기에 집중하여 발간된 것을 확인할 수 있다. 박 종민, 「한국 불교의례집의 간행과 분류: 『韓國佛敎儀禮資料叢書』와 『釋門儀 範』을 중심으로」, 『역사민속학』 제12호, 113쪽.

이와 같은 천도재[356] 관련 의례집의 발간 배경은 다음과 같이 정리할 수 있는데 먼저 남희숙은 그의 학술 논문 「16~18세기 佛敎儀式集의 간행과 佛敎大衆化」[357]에서 16~17세기에 수륙재가 성행하게 된 이유를 다음과 같이 설명하고 있다.[358]

16세기 이후 18세기 전반까지 조선에서 이상기후 현상으로 자연재해가 만연하였다는 사실에 주목할 필요가 있다. 즉, 조선에 있어 16세기에서 18세기 전반기까지는 기온강하 현상으로 인해 자연재해가 빈발했던 이른바 '소빙기'(小氷期)에 해당된다. 이러한 한랭화 현상의 심각한 사례만도 선조 39년(1606), 인조 9년(1631), 인조 25년 현종 즉위년(1659) 등이 더 확인된다. 이상현상의 대부분이 겨울이 아닌 4월, 8월, 9월 등에 일어났고, 여름철인 7, 8월에 눈이 오고 얼음이 어는 경우도 한두 번이 아니었다.

뿐만 아니라 이 기간에는 큰 규모의 외침으로 임진 · 정유 · 정묘 · 병자 등이 있었다. 자연재해는 기근과 전염병을, 전란은 전쟁희생자를 초래하여 사회적으로 큰 타격을 입히기 마련이다. 마땅히 이 기간에 국가적 차원의 대책이 있었을 것이다. 그런데 이렇게 전쟁과 자연재해가 극심했던 것과는 반대로 국가에서 공적인 차원에서 고통 받는 백성들을 위무하기 위해 설행한 국가의례(國家儀禮)가 『조선왕조실록』을 비롯한 연대기 자료에서는 거의 확인되지 않는다. 그러나 불교의식집과 승려문지의 재소문(齋疏文)은 당시 자연재해 · 기근 · 전염병 · 전쟁 등으로 고통 받고 있었던 일반 대

---

356) 여기에서 말하는 천도재란 살아 있는 자와 죽은 자를 위로하고 왕생극락하기를 발원하는 공양으로 정의할 수 있으며 생전예수재도 이에 포함된다.

357) 南希叔, 「16~18세기 佛敎儀式集의 간행과 佛敎大衆化」, 『韓國文化』 제34집, 97~165쪽.

358) 南希叔, 「16~18세기 佛敎儀式集의 간행과 佛敎大衆化」, 『韓國文化』 제34집, 137~41쪽.

중의 모습을 적나라하게 보여준다. 따라서 16~17세기에 빈
번히 설행된 수륙재 의식은 소위 '소빙기'를 휩쓴 자연재해
와 네 차례에 걸친 왜란(倭亂)과 호란(胡亂) 등에 대한 불교
계의 종교적 대응으로 이해된다.

또한 박종민은 그의 학술 논문 「한국 불교의례집의 간행과 분류:『韓
國佛敎儀禮資料叢書』와『釋門儀範』을 중심으로」[359]에서 불교 의례집
이 지속적으로 간행된 동기에 대해 설명했는데 그 내용[360]은 다음과
같다.

> 수양대군은 용문사, 안평대군은 대자사(大慈寺)와 복천사
> (福泉寺) 불사에 참여하였을 뿐만 아니라 고승들과도 밀접
> 한 교류를 가졌다. 대신관료 중 윤호는 흥복사 불사에 사족
> 부녀자를 모집하기도 하였다. 또한 왕실, 그와 관련한 인물
> 들이 불교의례집 간행과 깊은 관련을 맺고 있었다. 인수대
> 비(仁粹大妃)는 학조(學祖) 스님에게 명하여 『오대진언집』
> 과 『진언권공』을 간행하게 하였다. 학조 스님은 『오대진언
> 집』에 직접 발문을 썼다. 자성대비(慈聖大妃)는 손부(孫婦)
> 인 혜공왕후 한 씨의 명복과 선왕선후의 극락왕생을 발원으
> 로 『여념미타도장참법』을 간행토록 하였다. 또한 영산부원
> 군인 김수온(金守溫)은 『상교정본자비도장참법』과 『법계성
> 범수륙승회수재의궤』에 발문을 썼다. 왕실, 이들과 밀접한
> 관련을 맺고 있는 영향력 있는 인물들이 위에서 예시한 불
> 사 외에도 각종 불교의례에 적극적으로 참여하였다. 또한
> 이들은 사찰을 자신들의 원당 또는 원찰로 선정하여 운용하
> 였고, 각종 불경번역을 통해서 불교와 연결하고 있었다. 이

359) 박종민, 「한국 불교의례집의 간행과 분류:『韓國佛敎儀禮資料叢書』와『釋門
儀範』을 중심으로」, 『역사민속학』 제12호, 109~24쪽.
360) 박종민, 「한국 불교의례집의 간행과 분류:『韓國佛敎儀禮資料叢書』와『釋門
儀範』을 중심으로」, 『역사민속학』 제12호, 118~19쪽.

들이 사회 각 분야에 영향력을 미치고 있었기 때문에 사찰 측 입장에서 보면, 이들의 불사 참여는 사찰 경영에 더할 나위 없이 안전장치였을 가능성이 매우 높았다. 이들 장치를 통해서 사찰은 각종 외부 압력을 견디어 낼 수 있다. 제도적・정책적으로 어려운 상황 속에서도 불교의례가 지속적으로 봉행되니, 일반 재가신도들은 자연적으로 사찰을 찾으면서 각종 불사에 참여하였다. 결과적으로 조선시대에는 불교의례집이 꾸준히 간행될 수밖에 없는 환경이 조성되었다.

두 학자가 설명한 조선 중기 수륙재의 성행과 천도재 관련 의식집의 간행된 이유는 다음의 세 가지로 요약할 수 있는데 첫째, 16세기와 17세기는 기후 재난 등으로 사회적・경제적 혼란이 가중되는 시점이어서 평민들이 살아가기에 힘든 고난의 시기였다는 것과 둘째, 임진왜란과 병자호란 등의 국가적 재난에 힘입어 사회적 어려움을 종교에 의지하여 벗어나고자 하는 종교적인 의례의 필요성이 대두되었다는 점 그리고 셋째, 숭유억불 정책 하에서도 일부 왕실과 사대부의 지속적인 지원이 결국 일반 재가신도들과 연계되어 각종 불사가 이루어졌다는 것이 불서 간행을 가능하게 했다는 것이 그것이다.[361]

불・보살을 비롯한 지장보살・명부시왕 등의 가피로서 극락세계(極樂世界)에 왕생(往生)하기 발원하는 의식인 수륙재와 그 외 천도재 관련 불교의식이 조선시대에 설행된 이유를 『조선왕조실록』에서 확인된 내용[362]을 통해 가늠해보고자 한다.

---

361) 물론 필자도 이와 같은 주장에 동의하지만 특히 수륙재의 설행 목적은 두 번째 의견에 무게를 두고 싶다. 또한 생전예수재의 설행 목적은 오히려 첫 번째 이유가 가장 크게 작용했을 것으로 짐작한다.

362) 『조선왕조실록』에는 불교와 관련된 4,152여 건의 내용이 있으며 이 중 수륙재와 천도재 관련 내용이 약 200여 건으로 확인되었다.
http://sillok.history.go.kr/main/main.jsp 검색어: 불교・수륙재・천도재・기신재・시왕재

임금이 수륙재(水陸齋)를 관음굴(觀音堀)·견암사(見巖
寺)·삼화사(三和寺)에 베풀고 매년 봄과 가을에 항상 거행
하게 하였다. 고려의 왕씨를 위한 것이었다.363)

성문 밖 세 곳에 수륙재(水陸齋)를 베풀어 역부(役夫)로
서 죽은 자의 혼령을 위로하고는, 명하여 그 집도 3년 동안
복호하도록 하였다.364)

태상왕이 신도(新都)에 거둥하였으니 흥천사(興天社)의
사리전(舍利殿)이 낙성(落成)되고, 또 수륙재(水陸齋)를 베
풀어 선왕(先王)·선비(先妣)와 현비(顯妣) 그리고 여러 죽
은 아들과 사위, 고려의 왕씨(王氏)를 제사하기 위함이었다.
처음에 태상왕이 장차 신도(新都)에 가려 하니, 문하부(門下
府)에서 상언(上言)하였다.365)

수륙재(水陸齋)를 대산(臺山)의 상원사(上元寺)에 베풀었
으니, 천재(天災)를 없애기 위하여 빈 것이었다.366)

예조(禮曹)에 전지(傳旨)하기를, "내 생각해 보니, 삶이
있는 종류라면 물아(物我)가 하나의 본체(本體)인데, 법은
이미 만 가지로 달라서 괴로움도 있고 즐거움도 있지만 천
심(天心)을 생각하면 똑같은 사랑으로 볼 뿐이다. 내 불행히

---

363) 上命設水陸齋於觀音堀˙ 見巖寺˙ 三和寺, 每春秋以爲常. 爲前朝王氏也」太祖
    7卷, 4年(1395) 2月 24日(戊子).『朝鮮王朝實錄』(태백산사고본), 영인본, 1책
    75면. http://sillok.history.go.kr/main/main.jsp 검색어: 수륙재.
364) 乙卯/命設水陸齋於城門外三所. 薦役夫死亡者, 仍命復其家三年」太祖 9卷, 5
    年(1396) 2月 27日(乙卯).『朝鮮王朝實錄』(태백산사고본), 영인본, 1책 90면.
365) 太上王幸新都˚ 爲興天寺之舍利殿落成也˚ 且設水陸齋, 以薦先王先妣若顯
    妣諸亡子壻及前朝王氏˚ 初, 太上王之將如新都也. 定宗 2卷, 1年(1399) 10
    月 19日(乙卯).『朝鮮王朝實錄』(태백산사고본), 영인본, 1책 158면.
366) 丁巳/設水陸齋于臺山上元寺˚ 禳天災也. 太宗 2卷, 1年(1401) 10月 2日(丁
    巳).『朝鮮王朝實錄』(태백산사고본), 영인본, 1책 214면.

둔난(屯難)의 비운(非運)을 만나 살육(殺戮)한 자가 많았는데, 형벌로 죽은 혼들이 기식(寄食)할 곳이 없이 길이 고도(苦途)에 빠진 것을 매우 불쌍하게 여긴다. 또 온 경내(境內)에 제사를 지내지 않는 귀신도 또한 많을 것이니, 제도(諸道)의 깨끗한 곳에다 봄·가을로 수륙재(水陸齋)를 베풀어 궁한 혼(魂)들을 도액(度厄)하게 하라."하였다.367)

예조(禮曹)에 명하여, 함길도에서 죽은 사람들을 위하여 조신(朝臣)을 보내어 수륙재(水陸齋)를 사사(寺社)에서 베풀고, 또 향(香)을 내려 치제(致祭)하게 하였다. 그 제문(祭文)에 이르기를, "대개 듣건대, 사람은 진실로 한 번 죽음이 있는데, 죽음이 홍모(鴻毛)보다도 가볍고 혹은 태산(泰山)보다 무거움이 있다고 하였다. 대저 능히 명(命)에 처하여 변하지 않고 나라를 위하여 몸을 버렸으니, 어찌 태산보다 중한 것이 아니겠는가? 생각하건대 그대들은 혹 지방을 선화(宣化)하고, 혹 국경 밖을 절충(折衝)하며, 혹 주(州)·부(府)에서 백성을 사랑하고, 혹 관방(關防)에서 적을 막았으며, 혹 사절(使節)을 가지고서 용감하게 행하고, 혹 향사(鄕社)에 앉아서 교육(教育)하며, 복례(僕隷)에 이르기까지 각각 그 주인을 위하여 모두 향읍(鄕邑)을 떠나고, 부모를 버리면서 몸을 돌아보지 않고 나라를 위하여 몸을 바치며, 바쁘게 종사(從事)한 자이었다. 어찌 무뢰(無賴)한 적이 슬그머니 불궤(不軌)한 모략을 품고, 몰래 도당(徒黨)을 결집하여 한 도를 연달아 점거하고, 흉측한 계책을 방자하게 하여, 어가(御駕)의 화(禍)를 불측(不測)하게 하고, 귀하고 천한 이가 없이 어육(魚肉)이 되게 할 것을 뜻하였겠는가? 아! 슬프다. 내 신민(臣民)의 임금이 되어 착하지 못한 일을 이루었으니, 어찌

<hr>

367) 傳旨禮曹曰: "予惟有生之類, 物我一本, 法旣萬殊, 有苦有樂, 念及天心, 一視等慈° 予不幸遭屯難之運, 殺戮者多, 甚憫刑憲之魂, 無所寄食, 長淪苦途° 且闔境無祀, 鬼神亦多, 其令諸道淸淨處, 春秋設水陸, 以度窮魂". 世祖 4卷, 2年(1456) 7月 26日(癸巳). 『朝鮮王朝實錄』(태백산사고본), 영인본, 7책 145면.

측연(惻然)하지 않으며, 생각함이 없겠는가? 북쪽을 바라보
며 몹시 탄식하고, 오로지 역사(驛使)를 보내어 널리 술자리
를 베푸니, 혼령은 붕주(朋儔)를 이끌고 와서 흠향(歆饗)하
라."하였다.368)

악질을 다스리소서. 신은 듣건대 황주(黃州)의 극성(棘城)
은 옛적에 전장터라고 일컬었는데, 구름이 끼고 비가 내리
는 날에는 귀신의 곡성이 추추(啾啾) 하여, 요기(妖氣)가 사
람에게 촉감하면 갑자기 악병(惡病)을 얻어 전전하면서 서
로 전염되어 죽음이 계속 무궁하여 이웃 경계에까지 뻗쳐,
한 도(道)의 편호(編戶)가 날로 모감(耗減)되어가고 있습니
다. 세종(世宗)께서는 무고한 백성이 비명에 요사(夭死)함을
깊이 진념하시고 명의(名醫)를 나누어 보내어 여리(閭里)를
두루 다니면서 치료하게 하였고, 또 조관을 차송(差送)하고
군정(軍丁)을 보내어 고골(枯骨)을 수습하여 혹은 묻고 혹은
불사르며, 수륙재(水陸齋)를 베풀어서 <u>원통한 기운을 풀게
하였더니</u>, 이로부터 악한 병이 점점 그치었습니다. 세조(世
祖)도 또 남방의 부호와 죄를 범한 사람을 옮기어서 채웠더
니, 이로 말미암아 인물(人物)이 소식(蘇息)하고 호구가 번
서(繁庶)하였는데, 근래에 악병이 혹 극성(棘城)과 전산(錢
山) 등지에서 발생하여 사람이 많이 근심하니, 깊이 염려됩
니다. 신은 원컨대 의관(醫官)을 나누어 파견시켜 병을 따라
구료(救療)하게 하고, 또 조신하게 명하여 두 지방에 나아가

368) 命禮曹, 爲咸吉道身死人等, 遣朝臣設水陸齋于寺社, 又降香致祭° 其祭文曰:
蓋聞人固有一死, 而死有輕於鴻 或重於泰山° 夫能處命不渝, 爲國捐軀, 豈非
重於泰山者歟? 惟爾等或宣化方面, 或折衝閫外, 或親民於州府, 或禦侮於關防,
或持使節而行邁, 或坐鄕社而敎育, 以至僕隷之各爲其主, 皆離鄕邑, 去父母忘
身徇國, 從事鞅掌者也° 豈意無賴之賊, 潛懷不軌之謀, 陰結徒黨, 連據一道,
恣騁兇計, 駕禍不測, 無貴無賤, 爲魚爲肉? 嗚呼! 哀哉° 予爲臣民之主, 致此
不淑, 寧不惻然, 無以爲懷? 北望長吁, 專遣驛使, 伻陳洞酌, 魂挈朋儔, 來格欽
些. 世祖 42卷, 13年(1467) 6月 6日(己亥). 『朝鮮王朝實錄』(태백산사고본),
영인본, 8책 84면.

수륙도량(水陸道場)을 설치하고 초혼(招魂)하여 설경(設經)
을 하면, 어그러진 기운이 스스로 그치고 병의 근원이 영구
히 끊어질 것입니다.[369]

위의 내용은 조선 초기 왕실 주도의 수륙재 설행에 관한 내용을 확
인할 수 있는 자료로서 수륙재가 왕실의 조상과 가족의 영혼을 비롯
한 전 시대의 왕씨(王氏)를 위로하기 위한 목적으로 시작되어 이후 천
재를 소멸하거나 사악한 기운을 없애고 더 나아가 나라 위해 목숨 바
친 군사·병졸 등을 위로하는 등 그 목적이 확대하여 설행되고 있음
을 확인할 수 있다. 또한 위와 같은 자료를 통해 조선 개국 초기인
1395년부터 1474년에 이미 수륙재의 설행목적이 확대하고 있음을 확
인할 때 임진왜란이 일어난 1592(선조 25)년과 병자호란이 일어난
1636년(인조 14) 이후 더욱더 빈번한 수륙재와 천도재 관련 불교의식
이 성행하였음을 쉽지 않게 짐작할 수 있다.

이는 생전예수재의 탄생과도 직접적인 연관이 있을 것으로 추정하
는데, 전해지는『예수시왕생칠재의찬요』는 모두 일곱 번에 걸쳐 간행
한 것으로서 명종 21년(1566) 성천(成川) 영천사(靈泉寺) 본을 시작으
로 선조 7년(1574) 순천(順天) 송광사(松廣寺) 본이 있고, 인조 10년
(1632) 삭녕(朔寧) 용복사(龍腹寺) 본, 인조 26년(1648) 순천(順天) 송
광사(松廣寺) 본, 효종 6년(1655) 영암 도갑사(道岬寺) 본, 17세기 중
기의 청계사(淸溪寺) 본 등이 전래되고 있다. 특히 간행 시기를 살펴

---

369) 其三曰, 治惡疾° 臣聞黃州棘城, 古稱戰場, 天陰雨濕之日, 鬼哭啾啾, 妖氣觸
人, 輒得惡病, 轉轉相染, 傳屍無窮, 延及隣境, 一道編戶, 日就耗減° 世宗深
軫無辜之民非命夭(扎)〔札〕, 分遣名醫, 遍行閭里以療治之, 又差朝官, 發軍
丁, 收拾枯骨, 或埋或燒, 設水陸齋以解冤氣, 自是惡病稍歇° 世祖又徙南方富
戶及犯罪之人以實之, 由是人物蘇息戶口繁庶, 近來惡病或發棘城及錢山等地,
人多患之, 深可慮也° 臣願分遣醫官, 隨病救藥, 又命朝臣, 就兩地設水陸道
場, 招魂說經, 乖氣自息, 病根永斷矣. 成宗 44卷, 5年(1474) 閏6月 25日(戊
申).『朝鮮王朝實錄』(태백산사고본), 영인본, 9책 123면.

보면 1566년에서 1655년, 즉 16~17세기 중기까지 집중되고 있다. 그 기간은 학계에 보고된 조선시대 수륙재와 천도재가 가장 성행했던 시기와 동일하다.

　16~18세기는 조선시대의 가장 어렵고 힘든 격정의 세월 속에서 민중을 중심으로 한 기복적 종교의례가 성행하였던 시기였고 이는 수륙재와는 성격이 다른[370] 또 하나의 불교의식인 생전예수재의 성립을 뒷받침하는 배경이 된 것으로 짐작한다.

(2) 『예수시왕생칠재의찬요』

　『예수시왕생칠재의찬요』에 관한 자료는 국립중앙도서관『예수시왕생칠재의찬요』 국문초록에 자세히 설명[371]되어 있는데 그 내용은 다음과 같다.

> 『예수시왕생칠재의찬요』는 조선 중기의 선승 대우(大愚;
> 1676~1763)[372]가 지은 예수재(預修齋)에 대한 불교의식집

---

370) 수륙재의 천도대상은 분명 먼저 간 망자(亡者)이다. 그러나 비슷한 의식인데 도 불구하고 조선시대 생전예수재는 분명 살아 있는 자를 그 대상으로 한다. 즉, 수륙재와 생전예수재는 죽은 사람과 살아 있는 사람으로 분리, 그 목적 대상을 달리하여 의식을 전개한 것으로 짐작한다.

371) 배현숙, 「국문초록」, 『예수시왕생칠재의찬요』 (서울: 국립중앙도서관).

372) 『佛敎大辭典 上』(서울: 홍법원, 1998), 454쪽에 전하는 대우(大愚) 스님은 1676~1763에 활동한 조선 후기 승려로, 호는 벽하(碧霞), 성은 박(朴) 씨로 서 전라도 영암 사람으로 알려져 있다. 그는 조연(照淵)에게 출가하여 화악 문신(華岳文信)에게 경전과 교학을 배웠으며, 환성지안(喚醒志安)에게서 선 을 이어받았다. 구곡각운(龜谷覺雲)의 『선문염송설화』에 오류가 있음을 발 견하고, 글과 말로써 그것을 바로잡았으며 1763년(영조 39) 6월 나이 88세 로 입적한 것으로 전해진다. 그러나 대우 스님이 집술했다는『예수시왕생칠 재의찬요』의 편찬연대가 전해지는 출생 시기 이전에 찬술된 점으로 미루어 동명이인(同名異人)일 가능성이 있다. 필자도 일반적으로 알려진 대우 스님 보다는『정토지귀집』(淨土持歸集)·『정토진여예문』(淨土眞如禮文)·『정토구 연등료』(淨土九蓮燈料) 등을 남기고 1407년 입적한 명나라 천태종의 승려 대

이다. 전체적으로 충식이 있어서 배접하고 개장한 수보본이다. 권두서명 다음에 '송당야납대우집술(松堂野衲大愚集述)'이라고 편자를 밝히고 있다. 권말에는 육화(六和)가 지은 『예수천왕통의(預修薦王通儀)』가 수록되어 있다. 선조 9년(1576) 안동 광흥사(廣興寺)에서 간행한 목판본이며, 당시 각수는 석견(釋堅)이다. 일반적으로 알려진 대우 스님은 조선의 선승(禪僧)으로 대흥사(大興寺) 13대종사(大宗師) 중 제7대 종사이다. 성은 박씨(朴氏), 호는 벽하(碧霞)이며, 전라남도 영암 출신이다. 소년시절 창가에서 새 우는 소리를 듣고 문득 발심하여 출가, 장로 조연(照淵)을 은사로 득도하였다. (…중략…) 예수재는 불교에서 살아 있는 사람의 사후를 위하여 공덕을 쌓는 종교의식이다. 49재나 수륙재(水陸齋)는 죽은 자의 명복을 빌고, 그 고혼이 극락왕생하게 하는 불교의식인 데 반하여, 예수재는 살아 있는 동안에 공덕을 미리 닦아 사후에 극락에 왕생하고자 하는 신앙에 의거한 불교의식이다. 이 의식은 『예수시왕생칠재의(預修十王生七齋儀)』라는 의식집에 근거를 둔 것으로, 도교의 시왕신앙(十王信仰)을 불교에서 수용하면서 비롯된 것이다. 우리나라에서 이 의식이 언제부터 행하여졌는지는 분명하지 않다. 다만 『고려사(高麗史)』에 시왕신앙의 흔적이 보이고 있고, 고려 후기에 지장시왕도(地藏十王圖)가 많이 제작된 것을 보아, 고려시대에 시왕신앙이 유행한 것과 더불어 예수재도 성행했던 것으로 추정된다. (…중략…) 이 책의 의식과 사상은 순수한 본래의 불교와는 조금 차이가 있다. 왜냐하면 이 책 속에는 중국 도교에 등장하는 여러 신들, 즉 일직사자(日直使者), 월직사자(月直使者), 명부시왕(冥府十王) 등이 나열되고 있기 때문이다. 이는 이역종교인 불교가 토착화하는 과정에서 융화를 꾀하고자 도입한 것이다. (…중략…) 내용은 통서인유[通(<서>차례)因由], 엄정팔방(嚴淨八方), 주향

우(大佑) 스님과 같이, 같은 법명에 다른 인물일 가능성에 무게를 두고 있다.

통서(呪香通序), 주향공양(呪香供養), 소청사자(召請使者), 안위공양(安位供養), 봉송사자(奉送使者), 소청성위(召請聖位), 봉영부욕(奉迎赴浴), 찬탄관욕(讚歎灌浴), 인성귀위(引聖歸位), 헌좌안위(獻座安位), 소청명부(召請冥府), 청부향욕(請赴香浴), 가지조욕(加持<조>씻을)浴), 출욕참성(出浴參聖), 참례성중(參禮聖衆), 헌좌안위(獻座安位), 소청중사판관(召請重司判官), 보례삼보(普禮三寶), 수위안좌(受位安座), 제위진구(諸位陳句), 가지변공(加持變供), 보신배헌(普伸拜獻), 가지변공(加持變供), 공성회향(供聖回向), 경신봉송(敬伸奉送), 화재수용(化財受用), 봉송명부(奉送冥府)로 구성되어 있다. (…중략…) 이 책은 선조 9년(1576) 안동 학가산(鶴駕山) 광흥사(廣興寺)에서 간행한 목판본이다. 이 책보다 앞선 판본은 명종 21년(1566) 성천(成川) 영천사(靈泉寺) 본, 선조 7년(1574) 순천(順天) 송광사(松廣寺) 본이 있고, 인조 10년(1632) 삭녕(朔寧) 용복사(龍腹寺) 본, 인조 26년(1648) 순천(順天) 송광사(松廣寺) 본, 효종 6년(1655) 영암 도갑사(道岬寺) 본, 17세기 중기의 청계사(淸溪寺) 본이 전래되고 있다.

전래되는 판본 모두 편자인 대우 스님의 생존연대보다 이르다. 그렇다면 일반적으로 알려진 대우 스님이 아닌 다른 대우 스님의 편찬으로 봐야 할 것 같다.

위의 『예수시왕생칠재의찬요』에 관한 내용 중 주목해야 할 것은 『예수시왕생생칠재의찬요』가 중국 도교 시왕사상의 영향 속에 성립되었다는 것과 대우 스님의 탄생연대와 편찬된 시기가 일치하지 않은 것이다.

필자는 이미 앞장에서 생전예수재를 비롯한 영산재와 수륙재, 즉 조선시대에 성행했던 불교 재 의식은 모두 시왕사상을 포함하고 있다고 정의한 바 있다. 그러나 『예수시왕생칠재의찬요』의 집술자인 대우 스님이 현재 일반적으로 알려진 대우 스님인지 혹은 동명이인(同名異人)은 아닌지, 보다 깊이 있는 조사를 진행해야 할 것으로 여긴다.

생전예수재에 관한 내용을 『조선왕조실록』에서는 찾아볼 수 없다.[373] 다만 시왕재에 관한 기록이 존재하는데 이는 억불정책하에 상소문으로 그 내용은 다음과 같다.

> 예조(禮曹)에서 계하기를, "함길도(咸吉道) 석왕사(釋王寺)는 태조(太祖)의 잠저(潛邸) 때부터 원찰(願刹)이라고 일컬어 거듭 새롭게 영건(營建)하고는 속전(屬田) 1백 결(結)과 또 나한(羅漢)·시왕재(十王齋)의 위전(位田)으로 각기 50결(結)씩 주었사오니, 청하건대 다른 사사(寺社)의 예에 의하여 나한(羅漢)·시왕재(十王齋)의 위전(位田)을 혁파하소서." 하니, 그대로 따랐다.[374]

『조선왕조실록』에 위와 같은 위전에 관한 혁파내용이 단 한 차례 보이고 그 외 시왕재·예수생칠재·생전예수재에 관한 다른 기록을 확인할 수 없다. 이와 같은 이유로 인해 생전예수재는 조선 초기, 왕실 주도로 설행한 흔적이 있는 수륙재와는 달리 민간에 토착화된 시왕사상을 바탕으로 정립된 불교 신앙으로 뿌리내려 성행했을 것으로 추측한다.

이와 관련해 조선시대에 정립된 불교 현왕신앙을 주목할 필요가 있

---

373) 『조선왕조실록』에서 생전예수재에 관한 내용을 찾아볼 수 없다고 해서 당시 보편적으로 성행하지 않았던 불교의식이라 단정하긴 어렵다. 이유는 『조선왕조실록』에서 언급하지 않은 민간 주도의 종교 의례는 얼마든지 존재하기 때문이다.

374) 禮曹啓: "咸吉道釋王寺, 自太祖潛邸時, 稱爲願刹, 重新營構, 屬田一百結, 又給羅漢十王齋位田各五十結 請依他寺社例, 革羅漢十王齋位田° " 從之. 世宗 41卷, 10年(1428) 9月 20日(己巳).『朝鮮王朝實錄』(태백산사고본), 영인본, 3책 145면. http://sillok.history.go.kr/main/main.jsp 검색어: 시왕재.

다. 현왕(現王)은 시왕신앙 중 염라(閻羅)대왕의 신앙에서 파생한 것으로 현왕은『불설예수시왕생칠경』에서 염라천자가 미래세에 성불하여 얻게 될 명호(名號)인 "보현왕여래"를 줄여 이르는 말이다. 다음은 『불설예수시왕생칠경』에서 나타난 염라천자에 관한 내용이다.375)

> 거룩하신 우리 스승 석가모니 부처님이 셀 수 없는 대중에게 금구로써 설하시되 그대들은 알지니라 이 법회의 염라천자 다가오는 미래세상 필경에는 성불하여 보현왕 여래로서 십호 모두 갖추리니 여래시며 응공이며 정변지며 명행족에 선서시며 세간해며 무상사며 조어장부 천인사며 부처세존 이와 같은 이름이라 그 여래가 머물 국토 화엄이라 할 것이니 아름다운 연꽃들이 누리 가득 피어 있고 갖가지의 보배로써 찬란하게 장엄되어 너무나도 깨끗하매 그와 같이 부르리라 또한 다시 염라천자 미래부처 보현왕이 상주하는 화엄국토 장엄스런 그 나라는 누구든지 그 스스로 자기 마음 닦으면서 중생들을 교화하는 보살들로 가득하리376)

이 보현왕여래가 조선시대 불교 의식집에서 사후 3일에 지내는 현왕재의 회주(會主)로 봉청되고 이를 주제로 한 불화를 현왕탱(現王幀)377)이라 함에 따라 현왕으로 불리게 되었다. 현왕이 봉청되는 현왕

---

375) 동봉정휴,『일원곡』(광주: 대한불교조계종우리절, 2003), 제7권, 210쪽.

376) 佛告諸大衆閻羅天子於未來世當得作佛名曰普賢王如來十號具足國土嚴淨百寶莊嚴國名華嚴菩薩充滿讚曰世尊此日記閻羅不久當來證佛陀莊嚴寶國常淸淨菩薩修行衆甚多.「佛說預修十王生七經」,『續藏經』, 第150卷, 777쪽.

377) 불교탱화의 하나로 사람이 죽어서 3일 후에 받는 심판을 주재하는 현왕여래(現王如來)를 중심으로 묘사한 불화이다. 보통 사찰 법당안의 현왕단(現王壇)에 봉안되는데, 현왕단은 일반적으로 약사전(藥師殿)에 두는 경우가 많다. 중단탱화에 속하는 이 불화에는 상단에 앉아 있는 현왕여래를 중심으로 주위에 명계중(冥界衆)의 여러 존상을 그리게 된다.『한국민족문화대백과사전 24』(서울: 웅진출판주식회사, 1997), 782쪽.

재는 중국이나 일본에서는 신행된 예가 발견되지 않아 조선시대에 생겨난 것으로 생각된다. 이는 현왕재가 조선시대 상황에 맞는 새로운 형태의 천도재로 정립된 의식으로 볼 수 있다.378) 그러나 현재에 와서 불교 재 의식 중 현왕재는 영산재와 생전예수재의 그늘에 가려 그 의식이 거의 행하지 않고 있다.

[그림 43] 현왕도와 감제사자도379)

이와 같은 사실에 비추어 생전예수재가 『조선왕조실록』에서 그 자취를 찾을 수 없다고 해서 조선시대에 성행하지 않았을 것으로 단정하는 것에는 무리가 있을 수 있으며 시왕신앙과 현왕신앙 등이 민중에 성행한 흔적만으로도 얼마든지 서민을 중심으로 성행했을 가능성

---

378) 김윤희, "朝鮮 後期 冥界佛畵 現王圖 硏究"(서울: 홍익대학교 대학원 석사학위논문, 2007), 1쪽.
379) 전북 완주 화암사 현왕도(좌; 1871)와 국립중앙박물관에 소장되어 있는 감재사자도(우; 18세기)로서 조선 후기 민간신앙이 바탕이 된 불교의식을 알아볼 수 있다. 김정희, 『불화, 찬란한 불교 미술의 세계』(서울: 도서출판 돌베개, 2009), 267~68쪽.

이 크다. 더군다나 현행하는 불교의식 중 독립된 재 의식집을 근거로 행하는 유일한 의식[380]이기에 더욱 그 가치를 높게 평가할 수 있으며 이 같은 중요성이 인정되어 『예수시왕생칠재의찬요』는 근대 불교 의식집인 『석문의범』에도 그 원전내용 그대로, 온전하게 수록되어 전해진다.

2) 『석문의범』에 관한 이해

『석문의범』의 탄생 배경을 알아보기 위해서는 먼저 19세기 조선이 처한 시대적 상황을 이해해야 한다. 이유는 간단하다. 『석문의범』은 1931년 『불자필람』[381]을 저본으로 하여 1935년 『석문의범』이란 이름으로 탄생되었는데 당시는 19세기 후반부터 시작된 근대화와 일본 식민지 그리고 서양종교의 유입 등으로 사회 각 분야에 헤아릴 수 없는 많은 변화가 있었기 때문이다. 이는 불교계도 예외가 아니었다.

(1) 조선 후기의 시대적 배경

19세기에 자본주의를 세계적 규모로 발전시킨 영국·프랑스·독일·미국 등에는 19세기 후반기에 산업자본주의 대신 독점자본주의가

---

380) 현행 영산재는 독립된 의식집이 존재하지 않고 수륙재는 독립된 의식집은 전해지고 있지만 원전에 근거하여 의식을 행하지 않고 있다. 다만 생전예수재는 현행 재 의식의 영향으로 시련·대령·관욕·신중작법·전시식 등의 의식이 추가되어 진행하고 있지만 본 의식 구성은 그 목적에 맞게 진행하고 있다.

381) 1931년 안진호에 의해 발간된 불교 의식집으로 상·하편으로 나눠 엮어져 있다. 상편에는 「아츰쇠ㅅ송」을 시작으로 상용의식을 중심으로 구성되어 있고 하편에는 「제불통청」을 시작으로 각 단의 불공의식과 상주권공재의식 그리고 부록으로 「포교방식」과 우리말 찬불가 등이 수록되어 있다. 특히 崔就墟가 쓴 「發刊의 趣旨」에 "韓龍雲氏의 深深後援은 何莫非佛力攸被로 作法供養이니"라고 기술된 점을 미뤄 한용운도 작업에 참여했을 것으로 짐작한다.

들어섰다. 이들 자본주의 국가는 자국 안에서 밖으로 눈을 돌려 국외 시장에 자본 수출을 꾀하여 초과이윤을 얻으려 해외시장 개척에 나선 다. 세계시장을 독점적으로 장악하기 위해서 이들이 경쟁적으로 식민 지 개척에 나서는 제국주의 단계가 되자 세계는 범세계적 식민주의 시대로 전환되었다. 19세기 벽두 이전부터 나타난 외국상선과 군항, 곧 이양선(異樣船)은 1860년을 전후하여 더욱 빈번해졌다. 영국·프 랑스·미국·독일·러시아의 각종 이양선이 해마다 몇 차례씩 나타나 식수와 식량 공급을 요구하고 해난 구조 요청이나 측량을 빌미로 접 근하였지만, 그 목적은 통상 요구에 있었다. 1866년, 프랑스와 미국이 우리나라를 무력으로 침공하는 것과 함께 조불·조미전쟁을 일으키자 민족국가의 존망은 동아시아 차원이 아니라 세계 제국주의 차원으로 확대되었다. 1876년에 우리나라는 유럽의 세계 패권 장악에서 유일하 게 예외로 남은 조그만 섬나라 일본과 맺은 불평등조약 체제의 성립 (조일수호조규, 조일무역규칙 등)으로 자본주의 세계 체제에 종속적으 로 편입하기 이르렀다. 그것은 곧 미국(1882), 독일(1883), 이탈리아 (1892), 벨기에(1901), 덴마크(1902) 등과 통상 조약을 체결하는 길을 터놓았거니와 부산(1876), 원산(1880), 인천(1883), 목포(1897), 군산 (1899) 등의 개항은 물론 서울의 시전에서부터 도시·강변·포구 등 우리나라 전 지역에까지 이들 자본에 개방되어 상업·무역·해운·금 융·철도·광산·어업·농업 각 분야에 걸쳐 경제적 침탈의 길을 터 놓아 민족자본의 형성을 가로막았다.[382]

(2) 19세기 조선 불교의 시대적 배경

조선시대의 억불정책은 불교활동의 많은 제약을 주었다. 억불숭유 에 의한 사상의 탄압, 유생들의 사찰과 승려에 대한 노동력 수탈, 경

---

382) 노동은, 『한국근대음악사 1』(서울: 도서출판 한길사, 1995), 84~86쪽.

제적 이권을 빼앗기 위한 사원의 정리 등 불교에 가해진 박해는 고려시대 승려들의 타락과 방탕 특히 사원 장리(長利)를 활용해 고리대금으로 서민, 농민층을 수탈, 착취한 행위에 대한 결과였다.[383]

그러한 까닭에 조선시대의 불교교단은 그 사회적 존립기반이 후기로 올수록 더욱 위태해졌으며 승려의 사회적 지위 또한 하락해 갔다. 조선 중기 이래 승려의 사회적 지위가 저하되어 갔음은 승려의 도성(都城) 출입을 금지한 사실[384]에서, 그리고 승려를 천민과 진배없이 간주한 당시의 상황을 통해서 짐작할 수 있다. 조선 후기 승려들의 수행처인 사원은 몇몇 사찰 이외에는 양반 지배층의 탐학(貪虐)의 대상이 되어 황폐해 갔고 승려는 성직자로서의 기능을 하기에는 그 신분이 천민(賤民)과 진배없는 시대였다.

조선 후기 양반 지배층의 승려 등에 대한 가렴주구(苛斂誅求)는 승려들의 노동력을 무상으로 강제하는 것과 사원 재물에 대한 토색(討索)으로 나타났다. 양반 지도층들이 산사(山寺)로 유흥 차 왔을 때 승려들은 주육(酒肉)과 기녀(妓女)까지 동원해서 접대해야 했다. 양반 지배층이 산사를 찾을 경우 때때로 예고 없이 들이 닥치는 예가 많았는데 이때 접대 준비에 소홀함이 없도록 하기 위해서 망대(望臺)제도가 만들어질 정도였다. 즉, 행차가 오는 것을 미리 알기 위해서 산봉우리 위에 망대를 두는 것이다. 그러한 관계로 '상망봉(上望峯)'이니 '중망봉(中望峯)'이니 '하망봉(下望峯)'이니 하는 따위의 지명이 생기기까지 한 것이다. 당시의 양반 이속배들의 승려에 대한 하대(下待)가

---

383) 정동하, 「일제식민지하에 있어서 한국불교」(석사학위논문, 한국정신문화연구원, 1987), 1쪽.

384) 도성출입 금지는 세종대에 시행되어 16세기 말에는 잠시 완화되었다가 1623년(인조 1) 재차 강화되어 19세기말까지 이어졌다. 이 조치는 '승려로서 도성에 들어가는 것을 금지하고 이를 어긴 자는 곤장 1백 대를 처한 후 노비에 충당한다'는 중형으로 억불정책을 유지하기 위한 방편이었다. 대한불교조계종교육원, 『조계종사 근현대편』(서울: 조계종출판사, 2001), 27쪽.

어떠했는지는 "시승(詩僧)으로서 가히 친하게 지낼 만한 자라도 마땅히 절에 놀러 가서 산간(山間)에서나 만나볼 것이요, 불러서 관아(官衙)에 들어오게 해서는 안 된다. 비록 주지(住持)를 지낸 자라도 참알(參謁)의 경우를 제외하고는 동헌(東軒)에 오르게 해선 안 된다."라는 사실에서 그리고, 승려들에 대한 토색이 어느 정도였는지는 "고을의 수령이 한 번 절에서 놀면 중들이 접대하는 비용은 거의 반년 동안의 생활비를 써버리게 된다. 같이 간 사람들이 술, 담배, 신발을 으레 토색하게 마련이다."라는 사실에서 미루어 충분히 짐작할 수 있는 것이다.385)

이렇듯 조선 후기의 승려들은 양반 지배층의 탐학의 대상일 뿐만 아니라 사원은 봉건(封建) 정부(政府)로부터 지물(紙物), 짚신, 메주, 곰의 혀, 송화(松花)가루 등 각종 공납(貢納)물을 바쳤다. 심지어는 산차(茶)까지 토색의 대상물이 될 정도였다. 조선 후기에 있어서 승려들과 사원에 부과한 각종 부역(賦役)과 공납으로 사원(寺院) 경제(經濟)가 황폐해 갔던 이와 같은 상황을 일컬어 "지방이배(地方吏輩)들이 사찰 승려에 대한 제멋대로의 부역은 당년(當年)의 승려로 하여금 눈물을 백세(百歲)에 남기에 하였던 것이다."라고 평할 만큼 조선 후기 승려들에 대한 억압과 수탈은 극도에 이른 것이다.386)

이상 살펴본 조선 후기의 승려의 사회적 위치와 사찰이 처한 시대적 상황에 의하면 당시의 시대적 현실에서는 체계적인 승가교육을 기대하기는 힘들었을 것으로 짐작한다. 그러나 이러한 억불정책으로 피폐(疲弊)해져 가던 승가(僧家)는 이후 근대화의 물결 속에 밀려오기 시작하는 일본불교를 접하면서 일대 전환기를 맞게 된다. 구체적인 예로 우선 승려들의 도성 출입을 막고 있던 왕조시대의 악법이 일본 승

---

385) 정광호, 『근대한국불교관계연구』(서울: 인하대출판부, 1994), 15쪽.
386) 표창진, 「한말일제하 일본불교의 침투와 조선불교계의 재편」(석사학위논문, 한국외국어대학교 교육대학원, 1998), 4~7쪽.

려 좌야전려(佐野全勵)387)의 주선으로 혁파되는 사건이 일어나게 된다.388)

승려들의 도성출입은 조선시대 억불책의 대표적인 예(例)였지만 역대 왕들 중에서 도성출입금지가 해제된 적도 있었다. 문종(文宗) 원년(1451) 승려의 왕성 출입을 금하였으나 세조 때의 호불 정책 내지는 명종대의 문정대비의 숭불정책으로 불교가 다시 부흥되었다. 명종 20년(1565)에 문정대비가 세상을 떠나자 배불정책은 다시 일어나 명종 21년에는 양종과 승과가 폐지되고 도승법도 금지되었다. 승려의 사회적 지위는 다시 떨어져서 사역과 천대로 그 질도 저하되었으며 불교는 산중으로 숨게 되었다. 숭유억불 정책이 강화됨에 따라 1623년에 다시 왕성 출입 금지령을 내렸다. 고종 2년(1865)에는 경북궁을 중건하였는데, 약 3년 동안 승려의 입성을 허락하였다. 이는 경복궁 중건 시에 승려들을 역사에 부리기 위해서 입성을 허락한 것이었다.389)

일본인 승려 좌야전려의 영향으로 입성해금을 계기로 조선 승려와 불자가 일본 불교에 대해 우호적인 관계로 돌아선 상황은 다음의 내용을 통해 알 수 있는데 이러한 일본의 적극적인 개입은 일본불교의 계획된 의도였음을 여러 문서를 통해 확인390)할 수 있다. 좌야전려의

---

387) 일본불교 일련종(一連宗)의 해외 진출의 의지를 다지던 '좌야전려(佐野全勵)'는 1895년 3월 일련종 종정 대리 자격으로서 3월 3일 부산항에 입항하여 일본 공사관의 후원을 배경으로 활발한 해금운동에 착수하여 이후 4월 1일 대원군을 만나 조선시대에 관한 대화를 나누었는데 점차적으로 입성해금의 분위기가 형성되자 4월22일 좌야전려의 청원서가 고종에게 진언됨에 따라 4월23일 승려의 도성출입 금지법은 마침내 철폐하기에 이른다. 표창진, 「한말일제하 일본불교의 침투와 조선불교계의 재편」, 15~19쪽.

388) 정광호, 「근대한일불교관계사연구」(박사학위논문, 경희대학교 대학원, 1989), 2쪽.

389) 김완정, 「근대일본불교의 한국 내 활동과 그 영향」(석사학위논문, 동국대학교 대학원, 1998), 14쪽.

390) 당시 일본 불교학자 고교형(高橋亨)이 저술한 『조선시대』에서는 조선시대는 이미 생기를 잃고 승려에게 종승(宗乘)도 없고 종지(宗旨)의 신조(信條)도

건백서가 조선 승려들이 오랜 숙원이던 입성해금의 결정적인 역할을 하자 당시의 조선 불교계가 좌야전려에게 큰 감사와 깊은 고마움을 가졌을 것임은 미루어 짐작할 수 있는 일이다. 조선 승려의 입성해금에 성공한 좌야전려는 그 여세를 몰아 이번에는 고종의 성수(聖壽)와 중흥(中興) 유신(維新)의 성업을 축하한다는 미명 아래 동년(1895) 5월 5일 성내에서 법회를 개최하였다. 입성해금이 된 지 보름이 다 되는 시점에서 좌야가 고종의 성수와 중흥 유신의 성업을 축하한다는 미명 아래 대법회를 개최한 그 이면에는 입성해금을 주도한 자신의 역량을 조선 승려들에게 내비치고 나아가 일련종의 위세를 조선인들에게 과시하고자 한 의도가 숨어 있던 것이다. 이 법회에 참가한 조선인의 수는 무려 1만 4천 명이었다.[391]

그러나 불교계의 오랜 악법이었던 도성출입 금지에 대한 해제는 시대적 분위기에 힘입어 우리 스스로 해결할 수 있었던 여건[392]이었음

없음을 간파하고 방편만 잘 쓴다면 그들은 일본 불교의 종지로 개종시키고 나아가서는 일련종(一連宗)을 가지고 조선 불교계를 통일(統一)하는 것도 그다지 어려운 일이 아니라고 생각했었다. 이에 좌야사(佐野師)는 조선 승려를 위해 파천황(破天荒)의 은혜를 베풀어주고 또 그렇게 함으로써 그들을 일련종으로 끌어들이는 계기를 만들고자 하였다. 그리고 여기서 기재(奇才) 좌야사가 착안한 것은 실로 조선시대 승려의 입성해금(入城解禁) 문제 그것이었다. 이것이 과연 좌야사의 창안에서 나온 것이냐? 또는 어느 지략 있는 사람의 권고에 의한 것이냐에 관한 문제는 이제 증험할 만한 문헌이 없으나 어쨌든 이조불교의 역사(歷史)를 아는 사람이라면 누구도 그 묘한 착상에 감탄하지 않을 수 없을 것이다. 조정의 여러 대신들 사이를 왕래하며 양해를 얻고, 형세가 호전되매 다시 건백서(建白書)를 초(草)하여 총리대신(總理大臣)이하 각 대신들을 역방 그 취의(趣意)를 설며하고 이를 각의(閣議)에 부쳐 실시해줄 것을 청했다. 표창진, 「한말일제하 일본불교의 침투와 조선불교계의 재편」, 17~19쪽.

391) 표창진, 「한말일제하 일본불교의 침투와 조선불교계의 재편」, 9쪽.
392) 당시 시대적으로 서학(西學)의 전교활동을 견제할 수 있는 방안으로 지금까지 억압하였던 불교를 다소 완화(緩和)하여 서학에 대한 견제정책(牽制政策)으로 삼고자 하였다. 이 같은 분위기는 힘입어 1866년 10월 유점사(榆岾寺)

에도 불구하고 위정자들이 자신들의 정치적 이해관계에 묶여 결실을 보지 못한 것은 한국불교 개화기를 시작하는 첫 장의 이해를 반감시키는 결과로 이어질 수 있음을 예고하는 것이라고 할 수 있다. 그 후 불교계의 흐름은 친일적 경향이 속출하는 분위기가 야기된 것은 한국 불교계의 커다란 손실이라는 평가를 면하기 어려울 것으로 보인다.[393]

당시의 사회적·종교적 분위기가 친일적 행위로 이어지는 시점에 불교계 내부에서는 근대적이고 독립적인 성향이 두드러지게 나타나게 되는데 바로 한용운·백용성·권상로·이능화 그리고 안진호가 바로 그들이다.

에 각종 요역을 면제에 관한 감결(甘結)이 내려졌으며, 1887년 7월에 다시 유점사에 요역혁파에 관한 절목(節目)을 내리고 있음을 볼 수 있다. 이후에도 1879년 표충사(表忠寺)에 각종 침탈을 엄금하라는 완문(完文)과, 1899년 대흥사에 각종 요역혁파에 관한 완문이 내려졌다. 이러한 경향은 1865년(고종 2)에 시작한 경복궁(景福宮) 중건공사가 끝나자 대원군은 그 낙성에 즈음하여 복지(福祉)를 빌기 위해 경성(京城) 부근에 있는 수백 명의 승려들을 초청하여 재연(齋筵)을 설(設)하고 있음도 그러한 사실을 뒷받침하는 증거라고 할 수 있다. 이것은 조정으로 하여금 외세(外勢)의 침입과 함께 다가서는 서학의 전래(傳來)라는 곤경에서 그나마 불교가 재래종교(在來宗敎)로서 친밀감을 가지고 있으며, 민중(民衆)들에게 내세적(來世的) 신앙(信仰)을 줄 수 있는 종교로 인식하였음을 알려주는 증거라고 할 수 있다. 또한 동학혁명(東學革命; 1894~1896)을 계기로 개혁을 담당할 기관으로 군국기무처(軍國機務處)가 설치되었는데 군국기무처가 즉시 실시해야 하는 주요사항 가운데에는 승려 및 비구니(比丘尼)가 수도(首都)에 들어오는 것을 금하는 법을 폐지할 것을 건의하는 '오스트리아-헝가리 제국의 외교보고서(1885~1913)'가 있는데 이 보고서에 의하면 군국기무처가 즉시 실시해야 하는 주요 개선사항이라면서 18가지를 열거하고 있는데 14번째가 앞에서 말한 비구의 도성 출입 금지에 대한 해금(解禁)을 건의한 사항이다. 김경집, 「한국불교 개화기 교단사 연구」(박사학위논문, 동국대학교 대학원, 1996), 79~87쪽.

393) 김경집, 「한국불교 개화기 교단사 연구」, 89쪽.

(3) 불교 개혁 승려들의 사회적 대응

일제강점기에 일제가 실시한 불교정책의 목적은 종래의 한국 교단을 그들의 목적에 부응하도록 재편성하는 일이었으며 그 결과로 나타난 것이 사찰령을 필두로 시행세칙, 각본말사사법, 기타 포교규칙 등 일련의 불교관계 법령들이었다. 사찰령은 일제가 한국불교를 마음대로 다스릴 수 있는 근거를 마련한 법령이었으므로 불교계에서는 이에 저항하는 운동이 일어났다. 일제의 식민불교정책에 저항하는 사찰령 철폐운동은 불교개혁승려들을 중심으로 일어나게 되었으며 이 운동은 일제 말기까지 끊이지 않고 계속되었다. 특히 3·1운동 이후부터는 한용운, 김법린 등을 주축으로 활발한 사찰령 철폐운동을 전개하였고 1920년 6월 20일 결성된 '조선시대청년회'라는 이름으로 구체화되었다. 한용운을 당수로 1930년에 결성된 항일 비밀단체인 만당(卍黨)이 사찰령 철폐를 강령으로 하고 있었으며, 불교음악운동과 관련이 있는 조학유는 만당을 맨 처음 발기한 핵심 승려로서 사찰령 철폐운동에 투쟁하였다. 임제종운동은 1910년 9월 승려 이회광이 합방 이하는 정치적 흐름에 편승하여 한국불교의 원종과 일본의 일개 종파인 조동종과의 연합을 체결한 것이 발단이 되어 일어난 일본의 반조동종운동이다. 이는 일본 불교의 침탈에 항거하는 한국 불교의 종파를 설립하는 계기가 되었으며, 1911년 1월 15일 전라도 송광사에서 개최된 조동종 맹약 규탄대회에서 임제동 설립을 결의하였다. 당시 백용성은 개교사장(開敎師長)으로서 포교 전반에 관한 총책임을 맡아 활동하였는데, 1913년에 금강반야법회를 개설하고 『歸原正宗』과 『불교입교문답』 등을 간행하여 불교를 대중화시키고 포교하는 데 앞장섰다.[394]

1919년 거족적인 독립만세운동에 불교계가 자발적으로 참여하여

---

394) 이미향, 「항일 측면에서 본 불교음악운동」, 『大覺思想』[서울: (재)대한불교조계종 대각회 대각출판부, 2006]제9집, 267~76쪽.

민족불교의 위상을 떨친 역사적 의의는 간과할 수 없으며, 특히 3·1 운동의 민족대표였던 한용운과 백용성을 구심체로 중앙과 지방의 불교 청년들의 활약상은 민족불교의 수호인 임제종운동의 지속이라는 측면에서도 당연한 것이었다. 선학원은 일제의 사찰령과 일본 불교의 침투로 인한 한국전통불교의 몰락을 개탄한 항일의식을 소유한 승려들의 발로로 1921년 11월 30일 창설되었다. 선학원을 설립한 그들의 성향은 포교활동을 통한 불교의 천양의식이 투철하였고, 3·1운동 전후의 항일운동에도 관여하고 있었으며, 일제의 사찰령 철폐운동에 치열한 활동을 하였던 조선시대청년회 회원이었다. 선학원 창설 주도 인물들의 이러한 성향은 곧 선학원의 창설 의의가 전통불교 수호와 일제 불교정책에 대한 대항이라는 면을 극명하게 제시해주는 것이라고 할 수 있으며, 이러한 성격을 가진 선학원에서는 선풍의 진작과 수좌들의 수행활동을 보호하기 위한 것으로 볼 수 있다. 그러나 중일전쟁과 태평양전쟁으로 인한 일본의 군국중의 체재로 인하여 변질될 수밖에 없는 상황에 이르게 되었다.395)

(4) 근대 불교 개혁과 음악운동

일제 강점기, 불교계의 지속적인 항일운동의 전개는 한용운396)·백용성397)·권상로398)·이능화399)·조학유400) 등의 주도에 의해 불교

---

395) 김광식, 『韓國近代佛教史研究』(서울: 민족사, 1996), 143~46쪽.

396) 1879~1944. 승려·시인·독립운동가. 본관은 청주. 본명은 정옥(貞玉). 아명은 유천(裕天). 법명은 용운, 법호는 만해(萬海·卍海). 유년시대는 대원군의 집정과 외세 침략 등으로 나라 안팎이 어수선한 시기였다. 그 불행한 시대적 배경과 사회적 여건은 결국 그를 독립운동가로 성장시킨 간접적 요인이 되었다고 볼 수 있다. 그의 대표작인 『조선불교유신론』은 불교중흥에 대한 그의 이론과 실천을 망라한 최대의 불교시론이다. 특히 구태의연한 자세에 대한 통렬한 비판은 오늘에 이르기까지 하나의 귀감이 될 수 있다. 『한국민족문화대백과사전 24』(서울: 웅진출판주식회사, 1997), 263~65쪽.

397) 1864~1940. 근대의 고승·독립운동가. 본관은 수원. 속명은 상규(相奎). 법

계의 개혁과 불교음악운동으로 이어지는데 특히 한용운은『조선불교유신론』(朝鮮佛敎維新論)에서 불교의 개혁 필요성을 강하게 주장하고 있다.『조선불교유신론』은 1910년 탈고되어 1913년 불교서관을 통해 발행된 것으로, 저작 배경은 조선개국 이해 유교적 사회질서에 의한 불교계의 오랜 침체기간으로 불교 진리의 왜곡과 승단(僧團)의 구태의연한 폐습에 대한 비판과 함께 당시 서구 근대문명의 영향으로 인한 일련의 근대화 지향이 조선사회와 종교계에서 동시에 무분별하게 난립하는 사회·사상적 혼란기 속에서 이에 현실적 대안으로 불교의 근본진리를 회복하고 이를 위해 승려의 자각과 불교에 대한 올바른 이해를 통해 인류사회 문명의 궁극적 지향점으로서 불교를 제시하고 있다.401) 특히 한용운의『조선불교유신론』에서 주목해야 할 것이 있

명은 진종(震鍾). 법호는 용성(龍成). 1919년 3·1운동 당시에는 한용운과 함께 민족대표 33인 중 불교의 대표자로 참가하여 구국운동에 헌신하였다. 불교포교의 일환으로 박한영과 함께 불교잡지인『불일』(佛日)을 간행하였고, 일요일마다 법회를 여는 일요학교를 개설하였다.『한국민족문화대백과사전 21』(서울: 웅진출판주식회사, 1997), 497~98쪽.

398) 1879~1965. 승려·불교학자. 호는 퇴경(退耕). 일생을 한국불교학의 정립과 불교사상 발굴선양에 전념하면서 교육계·언론계 등 여러 분야에 지대한 업적을 남겼다.『한국민족문화대백과사전 3』(서울: 웅진출판주식회사, 1997), 947쪽.

399) 1869~1943. 학자. 자는 자현(子賢). 호는 간정(侃亭)·상현(尙玄)·무능거사(無能居士). 격동하는 당시의 내외정세를 알고 국제문물을 접하기 위하여 불어·영어·일어·중국어 등 외국어 습득에 전력하였다. 그의 한국학 관계 저술은 매우 가치가 뛰어난 것이다. 불교사 정리에 착수하여 한국불교에 관한 일체 사료를 집성, 망라하여 1918년『조선불교통사』(朝鮮佛敎通史)를 자비로 출판하였다.『한국민족문화대백과사전 17』(서울: 웅진출판주식회사, 1997), 756쪽.

400) 생몰년월일 미상. 해인사 승려로 일제강점기 불교개혁운동의 핵심운동가로 활동. 이미향,「조학유의 생애와 찬불가」,『보조사상』(서울: 보조사상연구원, 2006) 제26호, 384쪽.

401) 이성원,「만해 한용운의 불교사상 연구:『朝鮮佛敎維新論』을 중심으로」(석사학위논문, 영남대학교 교육대학원 , 1999), 31쪽.

는데 바로 당시 불교계가 안고 있던 무분별한 의식(儀式) 전개에 관한 것으로서, 그는 이를 반드시 개혁해야 할 구습(舊習)으로 정의하였다.

조선에서는 소위 염불이라 하는 것은 부처님을 부르는 것일지언정 부처님을 염(念)하는 것이라고 볼 수 없다. 아미타불(阿彌陀佛)이 과연 정토(極樂淨土)에 계실 것인가. 만일 그렇다면 서쪽으로 십만 억이나 되는 국토를 지나 한 나라가 있되 그 이름이 극락이라 했으니 어찌도 그리 먼 것이랴. 불신(佛身)이 법계(法界) 안에 충만해 있다고 하려는가. 그렇다면 원근(遠近) 내외가 불신 아님이 없을 것이니, 새삼스레 무엇을 부른다는 말인가. 자기 마음이 곧 아미타불이라고 하려는가. 그렇다면 항상 내 몸 안에 있어서 손을 저으나 가지 않고 부르나 오지도 않아, 가고 옴이 처음부터 없는 주인공이라 할 것이니, 남에게 불리는 것은 있을 수 있거니와 스스로 부르는 것은 있을 수 없는 일이다. 불도(佛道)를 불러서 구할 수 있다고 하면 천 번 만 번 불러 사양할 바 아니거니와, 불러서 구할 수 없는 바에는 부른다 해도 군말이 될 따름이다. 자기 마음이 정토임에도 불구하고 정토를 바라는 이들이 제 마음에서 구하지 않고 딴 데서 구한다면 이야말로 나무에 올라가 고기를 구하고 거북을 묶어 놓고 털을 찾는 격이니, 일생을 이 일로 보낸들 무슨 이익이 있겠는가. 나에게 성불(成佛)할 만한 도(道)가 있으면 내가 스스로 성불하여 저절로 정토에 가게 될 것이다. 그러면 될 것을 무엇이 불가(不可)한지 비굴한 마음으로 더없이 멀고 더없이 소원한 다른 곳의 부처님에게 애걸복걸하고 있으니, 어찌 그리도 가까운 것을 버리고 먼 곳을 택하며, 자기 것을 종으로 삼고 남의 것을 주인으로 받든단 말인가. 동일한 불성(佛性)을 지닌 엄엄한 칠척(七尺)의 몸으로 대낮이나 맑은 밤에 모여 앉아 찢어진 북 가죽을 치고 군은 쇳조각을 두들겨 의미 없는 소리로 대답도 없는 이름을 졸음 오는 속에서 부르고

있으니, 이는 과연 무슨 짓일까.[402]

조선 佛家의 백 가지 법도가 신통치 않아서 하나도 볼 것
이 없거니와 그중에서도 齋供養의 儀式(梵唄、四物、作法
、禮懺 및 기타)이라든지 제사 때의 예절 따위의 일(對靈、
施食 및 기타)에 이르러서는 매우 번잡 혼란하여 질서가 없
고 비열 雜駁해서 끝이 없는 상태다. 이것을 모두어 도깨비
연극이라고 하나 이름 붙이면 거의 사실에 가까울 듯하니
지금은 말하는 것도 부끄러운 까닭에 가리어 논하지 않으련
다. 그리고 기타의 평시의 예식(巳時供養、朝夕禮佛、念誦
、誦呪 및 기타)도 혼란해 진실성을 잃고 있는 터인즉 대소
의 어떤 예식임을 막론하고 일체를 소탕한 다음에 하나의
간결한 예식을 정해서 시행하면 될 것이다. 그러면 간결한
예식을 어떤 모양으로 시행한다는 것인가. 각 사원에서는
禮佛을 매일 한 번씩 행하되 집회 때가 되어 執禮가 雲執鐘
을 다섯 번 치면 승려와 신도는 옷깃을 가다듬고 일제히 佛
堂으로 나아가 香을 사르고 三頂禮를 행한 다음 같이 찬불
가를 부르고 물러나면 된다.[403]

한용운은 염불당과 불상 그리고 불가에서 행하는 각종 공양의식의
법도가 불교의 진리와는 하등의 관계도 없으며 오히려 불교의 진리를
왜곡하고 있음을 지적하여 승단의 비합리적 제도를 개혁하려고 하였
다. 한용운이 조선시대 염불당을 폐지하고자 한 것은 이회광 일파의
염불을 종지로 하는 일본 정토종과의 야합에 대한 반발과 조선의 염
불이 북과 징 같은 악기를 두드리면서 염불의 본래 의미를 상실한 채,

---

402) 李元燮 譯 (韓龍雲 著), 『朝鮮佛敎維新論』(서울: 萬海思想研究會, 1983),
    58~63쪽.
403) 李元燮 譯(韓龍雲 著), 『朝鮮佛敎維新論』, 102~103쪽. 文明久, 「韓國佛敎音
    樂의 展開에 關한 研究: 朝鮮時代 刊行된 儀禮要集을 中心으로」(석사학위논
    문, 원광대학교 동양학대학원, 2000), 56쪽 재인용.

건성으로 불·보살을 호명(呼名)하는 것을 거짓염불이라 하여 이를 타파할 것을 주장하고 또한 "나에게 성불할 도(道)가 있으면 내가 스스로 성불하여 정토에 가게 될 것이며, 정토에 왕생할 원인이 없는 경우, 왕생할 수 없음이 명명백백하다"라고 하여 철저한 불교의 인과법칙을 제시하여 승려들을 깨우치고 있다.

이러한 염불의 폐단과 더불어 불가에서 숭배하는 소회(塑繪) 중 법도에 어긋나는 우상(偶像)숭배를 폐지하고자 주장하고 있는데, 소회라는 것은 불교에 있어 부처님·보살·나한·명왕·신중·제천 등의 형상(形象)과 회상(繪像)을 말하는 것으로, 만해는 소희의 발생원인과 이의 난립을 지적하고, 제불(諸佛)·보살 등을 대표해서 오직 석가모니불만을 형상화하여 기념·예배할 것을 주장하고 있다.404)

> 난신의 도구는 그렇다 하고 불보살의 소회는 다 머물러
> 둘 것인가. 불보살의 상은 다 머물러 두어도 무방하겠으나
> 이것도 매우 번거로운 일이다. 거기다가 불보살을 말한다면
> 이름은 달라도 이치에 있어서는 하나이다. 그러기에 어느
> 한 분을 들어 다른 불보살을 통합함이 좋다. 그리하여 만약
> 에 한 분을 들어 다른 불보살을 통합하는 경우에는 오직 석
> 가모니 그분이 적합할 것이다.405)

이능화는 이른바 종교 경쟁 시대에 불교의 교학과 포교의 발전을 위해 불교개혁이 절실함을 호소하고, 또 그 개혁의 방향을 제시하기 위한 작업을 추진하게 되었으니, 그가 『조선불교월보』를 통해 연재했던 『조선불교개혁론』이 바로 그것이다. 그리고 그가 한국 근대불교학

---

404) 이성원, 「만해 한용운의 불교사상 연구: 『朝鮮佛敎維新論』을 중심으로」, 55~56쪽.

405) 李元燮 譯(韓龍雲 著), 『朝鮮佛敎維新論』, 98쪽. 文明久, 「韓國佛敎音樂의 展開에 關한 硏究: 朝鮮時代 刊行된 儀禮要集을 中心으로」, 58쪽 재인용.

의 성립에 끼친 가장 중요한 공헌은 한국 불교의 역사적 체계화 작업이라고 할 수 있다.[406]

이와 같은 개혁의지는 불교계 항일음악의 형성에 영향을 주게 되는데 특히 일제강점기에 전개된 불교음악운동은 이를 잘 대변해주고 있다. 먼저 1906년 5월 개교한 명진학교[407]에서 애국가운동이 전개되고 이를 통해 민족의 독립과 자주 민권운동을 고취시키며 항일운동을 드높이는 계기가 되었다.[408]

또한 권상로는 그가 저술한『韓國文學史』,『朝鮮漢文學史』등을 통해 항일운동에 참여하고 효 사상을 바탕으로 한 대승경전인『부모은중경』을 한글로 번역하여 일반 민중이 알기 쉽게 불교 알리고 한편으로 그것을 노래로 만들어『은듕경』[409]으로 보급하였다.

조학유는 불교잡지인『佛敎』28~41호에 걸쳐 각 호에 2곡씩 불교노래를 발표하였는데 그 곡은 총 24곡이다. 이 곡들의 가장 큰 특징은 부처의 일대기를 통해 불교의 사상이나 이념을 전달하려 한 것으로 이는 불교계의 항일운동에서 강조하고 있는 불교교육을 통한 전통불교의 수호의 반영이라고 할 수 있다.

백용성은 3·1 독립운동에 이어 3년간의 감옥생활을 마치고 출옥한

---

406) 李在軒,「近代 韓國 佛敎學의 成立과 宗敎 認識」(박사학위논문, 韓國精神文化研究院, 1998), 140쪽.

407) 1906년 5월에 불교계에서 근대적 교육 사업을 위한 중앙교육기관의 설립을 추진하여, 동대문 밖 원흥사에 세운 불교전문교육기관으로 현재 동국대학교의 전신이다.『한국민족문화대백과사전 7』(서울: 웅진출판주식회사, 1997), 164쪽.

408) 이미향,「항일 측면에서 본 불교음악운동」,『大覺思想』제9집, 277~78쪽.

409)『은듕경』에는 총 12곡의 불교노래가 악보와 함께 수록되어 있는데 그 목록을 열거하면 찬불가·회탐수호은·임산수고은·생자망우은·연고토감은·회건취습은·유포양육은·세탁부정은·원행억렴은·위조악업은·구경연민은·신불가 등이다. 이미향,「항일 측면에서 본 불교음악운동」,『大覺思想』제9집, 279쪽.

후 서구의 다른 종교에 대한 깊은 이해를 통해 새로운 불교포교 방법과 불교운동을 절감한 후 누구나 보면 쉽게 알 수 있는 한글로 된 경전과 노래로 된 불교 의식집의 간행에 전념하여 『대각교의식』을 편찬하기에 이른다.410)

이와 같은 불교계 내부에서 불교개혁과 불교음악운동을 전개하고 있는 시점에서 안진호(安震湖)는 이들과는 다른 시선과 접근방식으로 기존에 팽배해 있던 무분별한 불교의식을 타파하고 올바른 전통적 불교의식의 정립을 통해 조선의례의 전통성을 회복하고자 각고의 노력을 진행하였는데 그것이 바로 본 연구의 저본인 『석문의범』의 탄생이었다.

(5) 『석문의범』(釋門儀範)

『석문의범』의 저자 안진호(1880~1965)는 경북 예천 보문사 출신 승려로서 용문사에서 출가하였다. 이름은 안석연(安錫淵)이며 석찬(錫贊)은 법명이고 진호(震湖)는 당호이다. 출가 후, 최초의 근대식 불교학교인 명진학교(동국대학교 전신) 1회생으로 입학하여 1908년에 졸업하였다. 졸업생 중에는 근대불교 개혁운동의 핵심승려로서 근대불교운동을 전개하였던 권상로, 강대연, 이종욱, 한용운 등이 포함되어 있어 명진학교에서의 교육이 이들에게 많은 영향을 주었음을 확인할 수 있다. 명진학교 졸업 후에는 선진불교로 알려져 있던 일본의 불교계를 시찰하기 위해 일본을 방문하였으며, 강원도 오대산 상원사 강원의 강주를 역임하였다. 특히 각 사찰의 기관지 출판에 관여하였는데 그가 간행한 기관지에 『봉선사본말사지』(奉先寺本末寺誌)·『도봉산망월사지』(道峰山望月寺誌)·『유점사본말사지』(榆岾寺本末寺誌)·『전등사본말사지』(傳燈寺本末寺誌) 등이 있으며 금강산 불교회 선전부 간사로도 역임하였다. 안진호는 출판사 만상회(卍商會)의 설립자 겸

---

410) 이미향, 「항일 측면에서 본 불교음악운동」, 『大覺思想』 제9집, 278~85쪽.

운영자로서 불교서적을 통한 불교의 대중화를 꾀하려는 근대불교개혁 승려 중의 한 사람이었다.[411]

먼저 안진호가 편찬한『석문의범』에 관한 일반적인 소개 내용을 살펴보도록 하자.

『석문의범』은 근대의 고승 석찬(錫贊)이 불교의식을 집대성하여 편찬한 책으로서 상하 2권 1책으로 전해진다. 이 책은 일제강점기와 근대화의 새로운 시대를 맞아 전통적인 불교의식의 정신을 살릴 수 있는 간결하고 새로운 의범(儀範)을 필요로 하게 됨에 따라 저자가 1933년에 집필을 시작, 1935년 4월에 탈고하여 간행하였다. 상권은 황엽보도문(黃葉普渡門)이라 하여 제1편은 각단예경문, 제2편은 기도에 따른 각종 교유 및 축원문, 제3편은 각종 예식 때 독송하는 송주, 제4편은 불공·천도 등에 관한 행사의 기고문인 각소로 구성되어있다. 하편은 ① 편자가 시대적 요청에 따라 편집한 것으로 포교의 현대화를 위해 포교방식의 개선, 출판물에 의한 지상포교, 불편한 벽지민을 위해 서신포교·성가포교 등을 들고 있다. 포교방식의 개선은 법상 위에서만 하던 법문을 강연식 포교와 경전에 의한 설법, 출가 승려에게 지도하던 산중법문을 통속적인 강연형식으로 전환하여 재래의 불립문자(不立文字)·직지인심(直持人心)·견성성불(見性成佛)·개구즉착(開口卽錯) 등과 같이 선(禪)에만 치우쳤던 방법에서 탈피, 선의 이론적인 면도 겸비하여 가르치는 선의 실수와 선학의 양면을 주장하였다. 지상포교에 있어서는 불교잡지 발행, 알기 쉬운 책자, 한문경전의 번역, 서신포교 등의 방법을 제시하였다. ② 의식에 관해서는 자력(自力) 수행인 참선 외에도 타력(他力) 수행인 불전기도와 불공의 개선, 복잡하고 산만한 장례식을 간소하게 할 것과

---

411) 이미향,「『釋門儀範』歌曲篇의 음악유형 연구」,『韓國佛敎學』(서울: 韓國佛敎學會, 2007) 통권 제47집, 409쪽.

불전에서 결혼식을 권장하여 새로운 불자가 되도록 하고, 무주고혼을 천도하는 추도의식을 새롭게 바꿀 것을 밝혔다. 또한 성가포교를 시도하여 ③ 참선곡·회심곡·백발가·몽환가·권왕가·원적가·왕생가·신년가·신불가·찬불가·경축가·성탄가·성도가·오도가·열반가·월인가·목련가·권면가 등을 보급하기 위하여 직접 작사 또는 소개하여 적극 권장하였다.412)

이는『한국민족문화대백과사전』에서 전하는『석문의범』에 관한 것으로서 본문내용에서 살필 수 있듯이『석문의범』은 1930년대 당시의 시대 상황과 맞물려 불교개혁의 일환으로 편집되었을 것413)으로 필자는 확신한다. 그런데 저자 안진호는 불교개혁을 주도한 한용운 등과는 불교의식에 접근·바라보는 시각에 상당한 차이가 있음을 알 수 있다. 즉, 한용운은 불교의식 자체가 불교교리와는 무관한 기복신앙이므로 반드시 타파해야 한다고『조선불교유신론』에서 강력하게 주장한 반면, 안진호는 교와 선을 깨달음을 얻기 위한 방편이므로 의례와 의식은 반드시 있어야 한다고 주장하는 것이 그것이다.

이와 같은 그의 주장은『석문의범』의 서문(序文)414)에서도 발견할 수 있는데 다음은 상권 서문의 내용이다.

▶『석문의범』 상권 서문
유인(有人)이면 사유사(斯有事)요 유사(有事)면 사유례

---

412) 『한국민족문화대백과사전 12』(서울: 웅진출판주식회사, 1997), 120~21쪽.
413) 이는 불교개혁을 주장한 한용운도『석문의범』의 전신(前身)인『불자필람』에 참여하였음을 확인할 수 있고 이를 통해 당시 불교계는『불자필람』과 그것의 확대계승인『석문의범』의 성립에 뜻을 모아 협조한 것으로 보인다. 송현주, 「현대 한국불교 의례의 과제와 제언」,『철학사상』(서울: 서울대학교 철학사상연구소, 2000) 제11호, 208~209쪽.
414) 『석문의범』의 서문은 권상로와 김태흡이 썼으며 그 두 사람은『석문의범』을 공동 감수하였다.

(斯有禮)요 유례(有禮)면 사유의(斯有儀)니 대이례락형정(大
而禮樂刑政)과 소이읍양진퇴(小而揖讓進退)가 시야(是也)라
황평년무루천(況平年亥累千)하고 중유불억(衆有不億)하니
약무의궤(若無儀軌)면 수족(手足)을 난조(難措)일지라 연
(然)함으로 영산당일(靈山當日)의 요잡단궤(遶匝袒跪)로부
터 삼천위의(三千威儀)와 팔만세행(八萬細行)을 명시(明示)
하신 계율((戒律) 성립(成立)되고 다시 년대(年代)를 지나며
지역(地域)이 널러짐을 따라 종종(種種)의 조문의식(條文儀
式)이 업지아니하니 예경일문(禮敬一門)만으로도 지반(志
磐)·자기(仔夔)·범음(梵音)·귀감(龜鑑)·요집(要集)이 무
비(無非) 이것을 편차(編次)한 것이라 연(然)이나 혹광혹간
(或廣或略)하고 혹이혹동(或異或同)할쑨아니라 혹석일행이
금일폐(或昔日行而今日廢)하고 혹고문무이금문유(或古文無
而今文有)하야 미상귀일(未嘗歸一)하니 중개병언(衆皆皆病
焉)이라 왕년(往年)에 연방로두타(蓮邦老頭陀)~차(此)를 개
탄(慨歎)하고 진호강백(震湖講伯)에게 위탁(委託)하야 불자
필람(佛子必覽)을 간행(刊行)하엿스나 역시광수박채(亦是廣
搜博採)를 다하지 못함으로 갑병(甲病)을 초의(稍醫)에 을병
(乙病)이 우생(又生)일새 이제 강백(講伯)이 다시 대증투제
(對症投劑)하라는 파심(波心)이 유연(油然)하야 법문중첩(法
門重疊)의 혐(嫌)을 피(避)치안코 일거질(一巨秩)을 신찬(新
纂)하니 선교양종(禪敎兩宗)과 예송제편(禮誦諸篇)이 가위
지의(可謂至矣)로다 중생(衆生)의 견해(見解)는 억각부동(億
各不同)하니 혹자차편(或者此編)을 독(讀)하고 도리여 망양
(望洋)의 탄(歎)을 발(發)하지 아니할지도 역미가지야(亦未
可知也)로다 약혹기연(若或其然)이면 여차내하재(余且奈何
哉)리요 희(噫)라 해별정귀재유득(海鼈井龜齋有得)하니 붕
원앵소량무방(鵬園鸚笑兩無妨)을 지장일우산하윤(只將一雨
山河潤)이라 휴설군방단여장(休說群芳短與長)을 을해사월
(乙亥四月) 성탄익야(聖誕翌夜) 사월출인(四佛山人) 퇴경상
로(退耕相老) 식(識)[415]

위의 『석문의범』 상권 서문에서 주목해야 할 것은 불교 의식은 불교의 역사와 같이한 것으로 마치 "수천 년 동안 중생을 교화해온 불교에 의례가 없다면 어찌 진정한 종교로서 자리할 수 있겠는가"라며 의식의 중요성을 강조하고 있다. 이는 앞에서 한용운이 제기한 불교의식 개혁과 뜻416)을 같이하면서도 그 접근 방식에는 상당한 차이가 있음을 암시하는 것으로 볼 수 있는데 당시의 무분별하게 행해지는 불교의

---

415) 사람이 있으면 일이 있고 일이 있으면 예(禮)가 있고 예가 있으면 의식(儀式)이 있기 마련이니 크게는 예약행정(禮樂刑政)과 작게는 읍양진퇴(揖讓進退)가 그것이다. 하물며 수천 년(數千年) 동안 수억(數億)의 대중을 교화해온 불교(佛教)에 의궤(儀軌)가 없다면 어떻게 수족(手足)을 움직일 수 있겠는가. 그러므로 영산 당시(靈山當時)에는 요잡단궤(遶匝袒跪)로부터 삼천위의(三千威儀)와 팔만세행(八萬細行)을 명시(明示)한 계율(戒律)이 성립되고 연대(年代)를 따라 지역이 넓어짐으로써 가지가지 조문의식(條文儀式)이 생기게 되었으니 예경(禮敬) 한 가지만 하더라도 지반(志磐)·자기(仔虁)·범음(梵音)·귀감(龜鑑)·요집(要集) 등이 모두 그것을 편집한 것이다. 그러나 어떤 것은 너무 광범위하고 어떤 것은 너무 간략하고 혹은 같고 혹은 다르고 또 옛날에 쓰이든 것이 오늘에는 폐지되고, 古文은 없어지고 현대문만 남게 되어 한결같지 못하므로 대중이 함께 병을 앓게 되었다. 몇 해 전 연방로두타(蓮邦老頭陀)의 부탁으로 진호강백(震湖講伯)께서 불자필람(佛子必覽)이라는 책을 발간하였으나 역시 광수증손(廣搜增損)을 다하지 못하여 갑병(甲病)을 겨우 치료하면 을병(乙丙)이 또 생기므로 다시 강백(講伯)이 병을 따라 방제(方劑)를 내서 중첩된 법문을 피하고 의식(儀式)을 한꺼번에 모아 묶으니 가위(可謂) 선교양종(禪教兩宗)의 예송제편(禮誦諸篇)을 한눈에 볼 수 있게 된 것이다. 중생(衆生)의 견해(見解)는 억부동(億不同)이라 혹 이것을 보고도 망양(望洋)의 탄(歎)을 발(發)하지 않는 자 없을 것이나 만일 그렇다면 난들 어찌하겠는가. 해별정귀재유득(海鼈井龜齋有得) 붕원앵소량무방(鵬園鸎笑兩無妨) 지장일우산하윤(只將一雨山河潤) 휴설군방단여장(休說群芳短與長) 一九三一年 四月 佛誕日 四佛山人 퇴경상로(退耕相老) 식(識) 安震湖, 『釋門儀範』(京城: 卍商會, 1935), 上, 1쪽.

416) 안진호는 한용운, 권상로 등과 같은 명진학교의 1회 졸업생으로 당시 새로운 불교 포교에 기여하기 위해 출판사 만상회를 설립하고 많은 불교서적과 사찰 기관지 출판에 참여한 점으로 미뤄 그도 또한 불교의식 개혁을 필요성을 인식하고 있었음이 분명하다.

식을 조선시대에 발간된 불교 의식집을 수집·정리하여 일반 대중에게 소개함으로써 올바른 불교의식의 이해를 돕고 더 나아가 시대에 맞는 불교 의식 개혁에 새로운 대안을 제시하는 것으로 짐작할 수 있다.

▶『석문의범』하권 서문

대도(大道)는 법(法)이 없으면 세울 수 없고 진교(眞敎)는 의식(儀式)이 없으면 베풀 수 없다. 필경(畢竟)의 도는 면벽 관심(面壁觀心)으로 충분하고 죄업(罪業)을 참회(懺悔)하는 데는 마음의 이치를 깨달으면 그만이다. 무슨 법이 필요하며 무슨 의식을 베풀 것이 있겠는가. 그러나 이것은 상근이인(上根利人)의 견지(見地)이고 중류이하(中流以下)는 달을 보는데 손가락이 필요하고 방향을 아는 데 지남철(指南鐵)을 필요로 한다. 손가락이 없으면 달을 보는 연(緣)이 끊기게 되고 지남철이 없으면 남북(南北)을 가리는 데 옹색하게 되기 때문이다. 이러므로 대조(大造)는 홍해(鴻海)라 티끌 하나도 꺼리지 않고 진자(眞慈)는 보편(普遍)이라 한 물건도 버리지 않는 것이다. 우리 부처님께서 미맹(迷盲)의 물(物)들을 불쌍히 여겨 한량없는 방편(方便)을 베푸시니 말하자면 격외(格外) 향상문(向上門)이 그것이고 불교수행문(佛敎修行門)이 그것이며, 비밀총지문(秘密總持門)이 그것이고 염불왕생문(念佛往生門)이 그것이다. 다 이는 부정(浮情)을 막고 사습(邪習)을 경계(警誡)하고 삼학(三學)을 닦아 각해(覺海)에 들어가는 길이니 어떤 것이 귀(貴)하지 아니한 것이 있고 어떤 것이 마땅하지 아니한 것이 있겠는가. 그러나 초심입도자(初心入道者)는 아침저녁으로 불전예배(佛前禮拜)하고 헌공지송(獻供持誦)하는데도 촉처면장(觸處面牆)이라 년전에 예천(醴泉) 취염노사(就塩老師)께서 진호강백(震湖講伯)에게 부탁하여 조모지송(朝暮持誦)과 기타의식(其他儀式)을 편집한 불자필람(佛子必覽)을 출간하기는 하였지만 증보갈망(增補渴望)하는 자가 파다(頗多)하여 진호강백(震

湖講伯)께서 거기 빠진 것을 보충하고 또 순서를 적절히 배열하여 개제왈(改題曰)『석문의범』(釋門儀範)이라 하니 무법방편(無法方偏)은 무의불구(無儀不具)라 보고 들음에 한 눈에 요연(瞭然)하게 되므로서 잎을 따고 가지를 찾는 데 걱정이 없게 되었다. 옛 사람이 말하기를 염불(念佛)은 초비제일관(初非第一關)이요 참선(參禪)은 원시불방편(元是佛方便)이라 공성각차신한(功成覺此身閑)하면 묵계보리대도심(默契菩提大道心)이라 하니 이로써 미루어 보면 이『석문의범』(釋門儀範)은 참선염불의 방편 가운데서도 방편(方便)이라 가만히 공(功)을 이루어 계합(契合)하는 자에게 귀(貴)함이 있을 것이다. 그러므로 이『석문의범』(釋門儀範)의 방편이 없다면 염불의 길 또한 없게 되고 참선(參禪) 또한 방안(方案)을 얻을 수 없을 것이니『석문의범』이야말로 교해(敎海)의 지남(指南)이고 석문(釋門)의 보감(寶鑑)이라 하겠다.

金華山應禪庵 大隱 泰洽 謹識417)

위의『석문의범』하권 서문에서 주목해야 할 것은 먼저, 깨달음을 얻은 상근인(上根人)에게는 의식이나 의례 없이 단지 마음이 이치를 깨닫는 것으로 불교의 진리를 얻을 수 있다고 정의한 후 일반 대중은 아직 이와 같은 진리를 얻지 못한 중·하근인(中·下根人)으로 분류하여 반드시 깨달음을 얻기 위한 방편으로 의식이 존재해야 함을 강조한다. 이는 마치 달을 보기 위해서는 그 달을 가리키는 손이 필요한데 깨달음으로 인도하는 손과 같은 역할을 담당하는 것이 바로 의식·의례라는 것이다.

이와 같은 주장은 곧, 종교와 종교 의식·의례는 반드시 공존해야 함을 의미하고 종교의 대중화를 위해 의식은 반드시 필요함을 역설하는 것으로 볼 수 있다. 그리고 그는 의식은 염불·참선 등과 같이 방

---

417) 安震湖,『釋門儀範』, 下, 1쪽.

편임을 강조하고 불교 의식은 올바른 불교의 진리를 깨닫기 위한 다양한 방법 중 하나임을 분명하게 정의하고 있다. 이는 당시의 불교 개혁이 선(禪) 사상을 중심으로 해야 한다는 기존 입장과는 크게 다른 견해임이 분명하고 당시의 시대적 개혁요구에 부응하기 위한 새로운 전기를 마련한 것으로도 여길 수 있다.

『석문의범』이 성립되어 출간되었다는 것은 일차적으로 당시 근대불교의 의례문제에 대한 대안, 혹은 나름의 해답이 정비되었음을 의미하며, 『석문의범』이 의미하는 바의 의례개혁노선에 대체로 모든 한국불교계가 따랐음을 의미한다.418)

『석문의범』이 당시 불교 개혁에 동참하여 일반 대중의 포교에 기여하고자 함은 상권 범례(凡例)419)에서도 확인할 수 있다.

> 一. 本書는 佛敎儀式을 全部 網羅하야 更히 他册子閱覽의 要가 업도록을 期함.
>
> 一. 本書는 讀者의 便宜를 從하야 鮮漢文으로 上下段에 分錄함.
>
> 一. 本書는 疊書를 忌避하야 同一한 文句가 重複한 處에는 但「云云」二字로 記入或指文 함.
>
> 一. 本書는 眞言에 對하야 在來艱澁한 漢文字를 拔去하고 但鮮文字로 全用處도 有함.
>
> 一.「欲建曼拏羅先誦」七字가 解釋文句이고 眞言 名이 아니기에 本書는 此로 括弧하야 正文이 아닌 것을 明示함.
>
> 一. 本書는 圓滿을 主로하야 淨口業眞言으로 開法藏眞言까지는 朝誦呪부터 此를 記入 함.
>
> 一. 在來로 神衆歌詠에 佛陀를 讚德한 卽佛身普遍諸大會云云等妄發句節을 削除하고 乾 鳳寺故 寶雲老德의 新製인「欲色諸天聖衆」云云 등의 句語를 記入함.

---

418) 송현주, 「현대 한국불교 의례의 과제와 제언」, 『철학사상』 제11호, 209쪽.
419) 安震湖, 『釋門儀範』, 上, 2쪽.

一. 願往生 願往生 云云等의 初二節이 在來로 倒置되었기에
本書는 此를 正誤함.

一. 寺刹從來慣習에 依하야 漢字變音을 仍用함이 有하니 如
釋迦를 「서가」로 道場을 「도 량」으로 十方을 「시방」으
로 菩提를 「보리」로 南無를 「나무」로 一切를 「일체」로
涅 槃을 「열반」으로 布施를 「보시」로 婆羅密을 「바라밀
」로 力을 或 「륵」으로 한 等이 其例가 됨.

一. 勸供과 祝願에 地藏請以上은 上壇例를 準用하고 羅漢請
以下는 中壇例를 準用함.

一. 國文을 總히 舊慣에 依하치 않고 新綴字法을 依하며 就
中 「츤친」「기긔」「나라」「이리」「영령」「슴음」 等에도 모
다 發音標準으로 하고 또 字音을 從하며 「又저뎌」에는
저를 「쳐텨」에는 「처」를 取하며 또 「서셔」「처쳐」 等에
總히 一點字를 取함.

一. 佛子必覽刊行後에 數處錯誤됨을 發見하였음으로 本書
에는 此를 正誤함.

범례를 살펴보면 『석문의범』이 당시 불교 의식집과는 많은 점에서
차별되어 간행되었음을 확인할 수 있다. 먼저 당시에 수집할 수 있었
던 불교 의식집을 바탕으로 국·한문을 혼용, 상·하단으로 구분하여
정리한 것과 신중가영이나 욕건만나라선송에서 보이는 당시의 불교의
식 문제점을 지적, 수정·보완하여 새롭게 정리하였다. 또한 한자법에
의한 변음을 국문으로 표기하였던 점과 이에 새로운 철자법을 이용한
점 등이 바로 그것이다.

『석문의범』의 편찬은 의식불교를 일반 대중을 위하여 방편문으로
지향하되 교리에 합당하도록 합리적인 수정을 가하고 있다는 점은 근
대 한국불교 신앙의례의 새로운 전개가 있게 된 것이라 할 수 있
다.420)

(6) 『석문의범』의 『예수시왕생칠재의찬요』

① 『예수시왕생칠재의찬요』의 절차

『석문의범』에 기술된 『예수시왕생칠재의찬요』는 1566년부터 간행된 조선시대 의식집인 『예수시왕생칠재의찬요』를 저본으로 삼고 있다.

본 연구를 위해 참고한 『예수시왕생칠재의찬요』는 박세민 스님이 1980년 편찬한 『韓國佛教儀禮資料叢書』[421])의 것과 현재 국립도서관에 소장된 1576년[422])과 1632년[423]) 본이다. 그러나 본 연구에서, 1576년과 1632년 간행된 『예수시왕생칠재의찬요』가 아닌 『석문의범』의 『예수시왕생칠재의찬요』를 연구 대상으로 선택한 배경에는 다음과 같은 이유가 있어서이다.

먼저 『석문의범』에 포함된 『예수시왕생칠재의찬요』는 의식 흐름 전개에 관한 절차를 보다 쉽게 이해할 수 있다. 더군다나 원전에는 분리되어 기술되어진 각종 소(疏)와 의식문 등이 본문 내용에 모두 포함되어 있어 보다 쉽게 생전예수재를 이해·분석할 수 있다. 그러나 이와 같은 이유로 무작정 『석문의범』에 의지해서 생전예수재를 진행한다면 반복하는 항목이 있을 수 있어 주의를 요한다.

[표 6] 『예수시왕생칠재의찬요』 시대별 목차 분류

	1576년 『예수재찬요』	1632년 『예수재찬요』	1935년 『석문의범』
목차 분류	1.통서인유 2.엄정팔방 3.주향통서 4.소청사자 5.안위공양 6.봉송사자 7.소청성위 8.봉영부욕 9.찬탄관욕	1.예수천왕통의 2.통서인유 3.엄정팔방 4.주향통서 5.주향공양 6.소청사자 7.안위공양 8.봉송사자 9.소청성위	1.예수작법 준비 2.통서인유 3.엄정팔방 4.주향통서 5.주향공양 6.소청사자 7.안위공양 8.봉송사자(청장·물장)

---

420) 文明久, 「韓國佛教音樂의 展開에 關한 研究: 朝鮮時代 刊行된 儀禮要集을 中心으로」, 61쪽.

421) 朴世敏, 『韓國佛教儀禮資料叢書』(서울: 保景文化社, 1980), 第2輯, 65~95쪽.

422) (선조 9) 안동 학가산(鶴駕山) 광흥사(廣興寺).

423) (인조 10) 경기도 삭녕(朔寧) 수청산(水淸山) 용복사(龍腹寺).

10.인성귀위 11.헌좌안위 12.소청명부 13.청부향욕 14.가지조욕 15.출욕참성 16.참례성중 17.헌좌안위 18.소청고사판관 19.보례삼보 20.수위안좌 21.제위진백 22.가지변공 23.가지변공 24.보신배헌 25.가지변공 26.공성회향 27.경신봉송 28.화재수용 29.봉송명부 30.보신회향	10.봉영부욕 11.찬탄관욕 12.인성귀위 13.헌좌안위 14.소청명부 15.가지조욕 16.출욕참성 17.참례성중 18.헌좌안위 19.기성가지 20.보신배헌 21.공성회향 22.소청고사판관 23.안위공양 24.경신봉송 25.보신회향	9.소청성위 10.봉영부욕 11.찬탄관욕 12.인성귀위 13.헌좌안위 14.보례삼보 15.소청명부 16.청부향옥 17.가지조욕 18.제성홀욕 19.출욕참성 20.참례성중 21.헌좌안위 22.기성가지 23.보신배헌 24.공성회향 25.소청고사판관 26.보례삼보 27.수위안좌 28.제위진백 29.가지변공 30.가지변공 31.가지변공 32.공성회향 33.경신봉송 34.화재수용 35.봉송명부
부록	예수천왕통의、소첩(소청사자소、행첩、소청성위소、소청명위소、수설명사승회함합소)、결단분위、장영배좌시、단중소입지물、조전법、예수작법단배절차규식、영청당위패절차	소청사자소、행첩、소청성위소、소청명위소、수설명사승회함합소、결단분위、장영배좌시、단중소입지물、조전법、청장、물장、청장피봉、시왕제물등、시왕배치법、전급제물등、조전지법、제석예참택일법、작단의식	예수재분단규식、금은전이운식、예수천왕통의、십이생상속、봉전환근전헌상、물장、결단분위、장영배좌시、단중소입지물、시왕배치법、전급제물등、조전법

1576년과 1632년에 간행된『예수시왕생칠재의찬요』와『석문의범』의『예수시왕생칠재의찬요』의 차이점을 나눠보면 다음과 같이 정리할 수 있다.

첫째, 1576·1632년『예수시왕생칠재의찬요』에서는 소청사자소(召請使者疏)·수설명사승회소(修設冥司勝會疏)·소청성위소(召請聖位疏)·소청명위소(召請冥位疏)·행첩(行牒) 등의 각 단의 소(疏)[424]를 분리하여 기술하고 있지만 『석문의범』에서는 본문에 포함시켜 기술하였다. 이와 같은 각 단의 소는 재 의식의 전개 사항을 대중에게 전할 수 있는 결정적인 내용을 담고 있기에 따로 분리하여 기술할 경우 의식을 축소하기에는 용이할 수 있어도 전반적인 의식의 흐름을 가늠하기에는 어려움이 따른다.

둘째, 『석문의범』의 『예수시왕생칠재의찬요』에 포함된 청장(請狀)과 물장(物狀)[425]은 1576년 『예수시왕생칠재의찬요』에서 확인할 수 없지만 1632년의 것엔 실려 있다. 다만, 이도 또한 각 단의 소와 같이 본문에 실려 있지 않고 분리되어 기술했다.

셋째, 1576ㆍ1632년 『예수시왕생칠재의찬요』에서는 제성흘욕편(諸聖歇浴篇)이 존재하지 않는 데 반해 『석문의범』의 『예수시왕생칠재의찬요』에서 제십륙편에는 기술되어 있다. 마지막으로 조선시대 원전의 보신배헌편(普伸拜獻篇)은 상ㆍ중단 대상에 따라 차이를 보이고 있지만 『석문의범』에서는 중단이 끝난 이후 보이고 있다.[426] 그리고 가지변공편(加持變供篇)은 상ㆍ중ㆍ하단으로 나눠 『석문의범』에 기술되어 있다.

특히 주위 깊게 살펴볼 점이 있는데 그것은 바로 상ㆍ중단의 관욕 의식이다.[427] 조선시대이후 『석문의범』에 이르기까지 생전예수재 관련 의식집에는 모두 관욕의식이 포함되어 있는데도 불구하고 현행 생전예수재에서는 이를 봉행하지 않는다. 그러므로 이는 현행 생전예수재의 가장 큰 특징으로도 볼 수 있다.

---

424) 대상을 청(請)하기 위한 발원문 형식으로, 각 단에 서로 다른 대상에게 어떤 이유로 법식을 열게 되었는지 그 사유를 설명하는 내용을 담고 있다.

425) 安震湖, 『釋門儀範』, 上, 166~67쪽.

426) 보신배헌은 상단과 중단 이상의 공양의식에서 행하는 의식으로, 하단 명부 관리를 위한 공양의식에는 염송하지 않는다.

427) 봉영부욕ㆍ찬탄관욕ㆍ청부향욕ㆍ가지조욕ㆍ제성흘욕ㆍ출욕참성 등으로 분류할 수 있다.

위의 내용을 간추려보면 1566년 영천사에서 간행된『예수시왕생칠재의찬요』이후 17세기 중기(1650년대) 청계사 본까지, 100년 동안 거듭된 간행을 통해 필요에 따라 변형된 흔적을 발견할 수 있다. 이와 같은 흔적은『석문의범』에서, 분리되어 있던 각 단의 소와 청장·물장, 그리고 재 의식 진행에 필요한 의식문까지 모두 본문에 포함시켜 기술한 것으로 이는 의식을 진행하기에 보다 용이하도록 배려한 것으로 여겨지며 1576·1632년에 간행된『예수시왕생칠재의찬요』외에 나머지 본에 기술된 모든 의식문 등을 하나로 통합하여 기술한 것으로도 볼 수 있다. 그러므로『석문의범』에 실린『예수시왕생칠재의찬요』는 현재까지 확인된 조선시대 간행된 7점의『예수시왕생칠재의찬요』와 달리 필요한 의식을 통합본 형식으로 모아 기술한 것으로 여길 수 있다.

② 『석문의범』의 오류

『석문의범』에 실린『예수시왕생칠재의찬요』는 앞에서도 설명하였듯, 1566년부터 7번에 걸쳐 간행된『예수시왕생칠재의찬요』를 바탕으로 만들어졌다. 그러나 이와 같은 합본은 결국 예기치 않은 오류를 보이고 있는데 이는 같은 목적을 위한 동일한 의식 항목이 반복적으로 등장하고 있는 것으로 확인할 수 있다.

그렇기 때문에 정확한 이해 없이 무작정『석문의범』만을 의지해서 생전예수재를 봉행한다면 의식전개에 또 다른 문제점이 발생할 수 있다. 이를 극복하기 위해서는 앞 [표 6]의 각 시대별 절차를 주의 깊게 관찰하고 또한 이해해야 한다.

먼저, 첫 번째 문제 제기는 1576년『예수시왕생칠재의찬요』의 목차 17. 헌좌안위편에서 26. 공성회향편까지를 '어떻게 이해할 것인가?'이다. 17. 헌좌안위편(獻座安位篇) 의식의 전개 흐름을 살펴보면 앞서 증명상과 중단에 모셔질 불·보살을 모두 청한 후 관욕의식을 통해 각 단에 모신 것을 의미한다. 이후 공양을 올리지 않고 바로 18. 소청고사판관편(김請庫司判官篇), 즉 고사·판관을 청하는 하단의식으로 넘어간다. 상·중·하단에 모두 성현들을 청해 모시고 난 후 각 단에 공양을 올리는 의식은 바로 22. 가지변공편부터 25. 가지변공편까지이다.

먼저 상단, 증명단에 모셔진 불·보살에게 공양을 올리고 다음 중단, 명부단에 공양을 올린 후 마지막으로 하단 고사단에 공양을 올리게 되는 것이다. 그런 다음 26. 공성회향편(供聖回向篇)을 통해 부처님의 크신 가피로서 모든 공양의식을 회향함을 알리게 된다.

두 번째 문제 제기는 1632년 『예수시왕생칠재의찬요』의 목차 18. 헌좌안위편에서 20. 보신배헌편까지를 이해하는 문제인데, 18. 헌좌안위편 또한 상단과 중단의 성현을 청해 관욕의식 후 각 단에 모시는 것을 기본으로 하고 있다. 그러나 앞 1576년 『예수시왕생칠재의찬요』와는 다르게 하단, 고사단으로 넘어가지 않고 바로 상단과 중단의 성현에게 공양을 올린다. 이 의식이 바로 19. 기성가지편과 20. 보신배헌편이다. 특히 이때 보신배헌편, 가지게에서 공양을 올리는 대상은 상단과 중단의 구분 없이 상단 불·보살의 명호부터 중단, 부지명위중(不知名位衆)까지 그 명호를 그대로 읽어나간다. 이와 같은 공양의식이 끝나고 난 후 21. 공성회향편으로 이어가며 모든 공양의식을 회향한다. 더군다나 상대적으로 하단 공양의식은 축소되어 진행하는데 하단에는 가지변공이 아닌 안위공양, 즉 일반적인 공양의식으로 진행하고 있는 것으로 확인되어 상·중단 성현과는 차별된 모습을 보여주고 있다.

세 번째 문제 제기는 1935년 『석문의범』의 목차 21. 헌좌안위편부터 24. 공성회향편과 다시 29. 가지변공편에서 32. 공성회향편까지를 '어떻게 이해할 것이냐'이다. 만약 이와 같은 절차 그대로 의식을 진행한다고 가정하면 틀림없이 21. 헌좌안위편을 통해 상단, 증명단과 중단 성현을 모두 청하고 관욕한 후 각 단에 모신 다음 22. 기성가지편과 23. 보신배헌편을 통해 상단과 중단428)에 공양을 올렸음에도 불구하고 다시 하단, 고사단에 명부 관리 등을 청해 모신 다음 29. 가지변공편에서 다시 상단 공양을 올리고 28. 가지변공편에서는 중단 공양을 그리고 29. 가지변공편에서 하단에 공양을 올리게 되며 또 앞서 24. 공성회향편에서 부처님께 공양회향을 발원했음에도 다시 좀 더 확대된 내용으로 32. 공성회향편을 통해 공양회향을 밝히게 된다.

결국 상단과 중단은 두 번에 걸쳐 공양을 올리게 된다. 물론 이해하기에 따라서는 "두 번 공양 올리는 것이 그렇게 잘못된 것이냐"라고 여길 수도 있겠지만 이는 『석문의범』의 편자가 과거에 발간한 『예수시왕생칠재의찬요』 모두를 합본으로 편집하는 과정에서 생긴 오류일 수도 있다.

한 가지 중요한 사실은 본 연구의 저본으로 삼고 있는 『예수시왕생칠재의찬요』는 1566년부터 1650년대 예수시왕생칠재, 즉 생전예수재의 독립된 의식집429)임을 감안할 때 1576년 본(本)은 『예수시왕생칠재의찬요』 초기 의식집이고 1632년 본(本)은 후기 의식집으로 볼 수 있다. 더군다나 초기 의식집은 의식의 생략이나 축소된 흔적이 없지만 본문 내용에서 다음과 같은 글을 남김으로써 생전예수재를 약례로 진행할 수 있음을 암시하고 이와 같은 흔적은 1632년 본과 『석문의범』의 본문에 그대로 실려 있다.430)

송심경 망칙봉다게 선 함합소 영수전상방화 환향성위전

---

428) 여기서는 1632년 본(本)에서처럼 보신배헌편 가지게에서 상단과 중단의 모든 성현의 명호가 차례대로 나열되어 진행한다.

429) 『범음산보집』이나 『작법귀감』과 같은 종합서가 아닌 하나의 재 의식만을 위한 독립된 의식집을 의미한다.

430) 물론 목판본에 기술된 본문내용이라기보다는 집필하는 과정에서 당시 승려에 의해 개인적으로 의식을 설명한 내용일 것으로 추측한다.

송 금강경 급 수생경후 준권진소이차송경 오공양 후 정근
명발 축원(誦心經 忙則奉茶偈 宣 緘合疏 領受錢上放火 還向
聖位前 誦 金剛經 及 壽生經后 準卷盡燒而次誦經 五供養 后
精謹 鳴鈸 祝願)431)

　위 내용은 1935년 『석문의범』 상·하단 고사·판관 수위안좌편(受
位安座篇)에 기술되어 있는 것으로 그 내용은 이 부분에서 심경(반야
심경)을 염송하고 만약 시간이 허락하지 않으면 바로 이어지는 다게
로 넘어가도 무방함을 말한다. 또한 먼저 함합소를 읽고 금은전을 거
두어 태운 뒤 상단성위전에서 금강경과 수생경을 염송한 후 준비한
용품을 사르고 오공양 후 정근과 명발 그리고 축원으로 이어가는 것
으로 설명하고 있다. 이와 같은 설명은 그 내용에는 약간의 차이가 있
지만 1576년 본(本)에서도 같은 부분에서 설명 기술하고 있다.

[그림 44] 1576년 『예수시왕생칠재의찬요』의 약례 설명432)

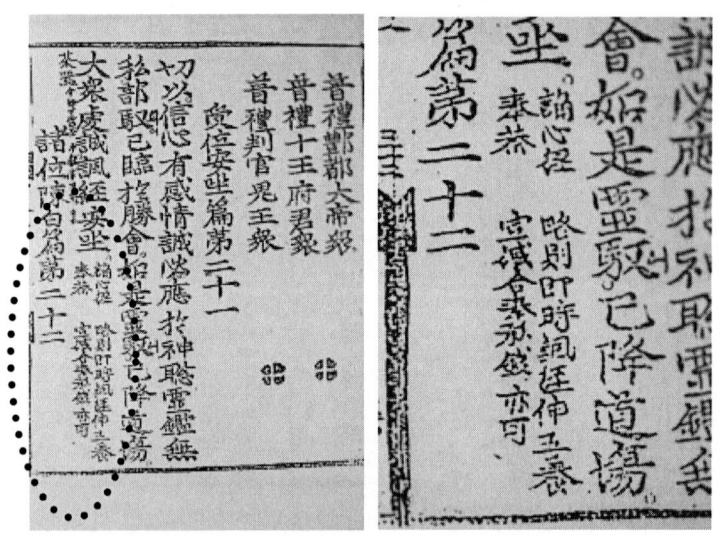

---

431) 安震湖, 『釋門儀範』, 上, 201쪽.
432) 朴世敏, 『韓國佛敎儀禮資料叢書』, 第2輯, 82쪽. 사진 출처: 본인 촬영.

그러나 만약 1576년 본에서 하단에서 약례로 의식을 진행할 경우에는 상단과 중단의 공양의식은 불가피하게 생략할 수밖에 없게 된다. 왜냐하면 이와 같은 약례는 곧 본래 목적의 의식을 마치고 회향함을 의미하기 때문이다.

이미 설명했듯이 1576년 본에서의 각 단 공양의식은 하단 명부관리를 청한 후 이뤄진다. 그러므로 약례를 진행하기 위해서는 반드시 하단의식을 진행하기 전에 반드시 상단과 중단에 공양을 올려야 한다. 그래야 비로소 하단에서 모든 의식을 마무리할 수 있기 때문이다. 이와 같은 약례로 다시 의식 전개를 이룬 것이 바로 1632년 본으로 볼 수 있고 이 의식집에서는 중단 이후 바로 공양의식을 전개하여 하단에서 모든 의식을 마무리한다. 물론 하단 명부관리를 위한 공양의식은 가지게를 생략한 일반적인 불공 형태 공양의식으로 진행하고서 말이다. 더군다나 1632년 의식집은 회향의식에 해당하는 야외 봉송의식 또한 1576년 본(本)의 27. 경신봉송 28. 화재수용 29. 봉송명부편을 24. 경신봉송편 한 가지로 축소하여 진행한다.

지금까지 각 의식집의 의식 전개 과정을 보면 결국, 1632년 본은 1576년 본을 약례로 축소하여 간행한 것으로도 볼 수 있다.[433] 그러나 1935년 『석문의범』은 이와 같은 간행본을 포함하여 의식을 중복 기술함으로써 같은 공양의식을 두 번에 걸쳐 진행하게 한다. 물론, 『석문의범』으로 생전예수재를 진행할 경우 좀 정례와 약례로 구분하여 의식을 진행함이 마땅하다. 예로 정례로 의식을 진행할 경우는 1576년

---

433) 수륙재의 경우 『천지명양수륙재의찬요』와 『수륙무차평등재의촬요』가 모두 수륙재를 설행하기 위한 의식집이지만 진행 편(篇)수가 각기 다르다. 쉽게 이해하면 『찬요』는 원본에 해당하고 『촬요』는 축소본에 해당한다. 그러나 무주고혼을 천도하기 위한 목적은 같아도 그 방편은 다르다. 그렇기에 『찬요』는 「중례집」이라 하고 『촬요』는 「결수문」이라 칭한다. 그러나 생전예수재를 위한 1576·1632년 본은 의식집의 명칭과 내용 구성이 동일함에도 불구하고 의식절차를 축소한 흔적이 있다.

본을 기준으로 삼고 약례로 의식을 진행할 경우는 1632년 본을 기준으로 삼아야 할 것이다.

3) 조선시대 생전예수재의 규식(規式)[434]

조선시대에 발간한『예수시왕생칠재의찬요』를 저본으로 삼고 있는 『석문의범』의 생전예수재에 관한 절차는 모두 35편[435]이다. 그리고 부록편에 생전예수재를 봉행하기 위한 준비과정 등을 12편으로 나눠 소개하고 있다.

본 장에서는 먼저『예수시왕생칠재의찬요』에 실린 부록편의 내용을 살펴 조선시대 생전예수재를 원만하게 봉행하기 위한 준비과정은 무엇인지, 원전에서는 그 방법을 어떻게 제시하고 있는지 정리할 것이다. 그리고 생전예수재 각 절차를 설명하여 재 의식의 전체적인 흐름을 가늠하는 데 중점을 둘 것이다. 이와 같은 접근 방법은 현행 생전예수재와 조선불교 생전예수재를 보다 쉽게 비교 검토하는 연구 과정이 될 것으로 기대한다.

(1) 조선시대 생전예수재의 준비과정

여느 불교의식과 마찬가지로 조선시대 생전예수재를 봉행하기 위해서는 먼저 준비과정을 필요로 한다.[436]『예수시왕생칠재의찬요』에서

---

434) 본 장의 구성에서는 생전예수재의 이해를 돕기 위해 필요에 따라 동봉 스님의 우리말 해석본과 각주의 원문 한자를 1935년에 안진호가 편찬한『석문의범』에서 옮기도록 하겠다.

435) [표 6]의『석문의범』목차 중 1. 예수작법 준비는 예수재 본 의식을 진행하기 위한 준비과정으로 보고 여기에는 포함시키지 않았으며『석문의범』에는 모두 33편이 수록되어 있으나 이 중 제14편인 소청명부와 차례로는 제15편에 해당하는 청부향옥이 모두 제14편으로 이중 기재되어 있기 때문에 여기에서는 절차번호를 달리하여 기술하였다. 그러므로 본 논문에서는 생전예수재를 모두 35편으로 설명한다.

는 이와 같은 준비과정을 부록으로 분류하여 따로 기술하였다. 앞서 [표 6]에서 확인하였듯이 간행연도가 다른 각 저본의 부록편은 각 단의 소(疏)를 본문에 포함시키거나 따로 분리해서 기술한 것 외에는 구성의 변함이 없다. 그럼 『석문의범』의 절차를 기준으로 부록편을 정리하도록 하겠다. 다만 부록에 포함된 『예수천왕통의』에 관해서는 이미 본론에서 충분히 설명하였기에 여기에서는 생략하도록 하며 봉전환근전헌상(奉墳還謹專獻上)과 물장(物狀) 그리고 결단분규(結壇分位)는 본문에 포함되어 있거나 반복 설명이 있을 수 있어 생략한다.

① 예수재 분단규식

예수재 분단규식에서는 생전예수재를 봉행하기 위해 모두 9개의 단(壇)이 필요함을 강조한다. 먼저 각 단을 상·중·하단으로 분류하고 각 단마다 다시 상·중·하로 나눠 청하는 성현을 달리해 모실 것을 제시한다. 그리고 각 단에 모셔질 대상이 누구인지를 설명하고 있다. 다음은 『석문의범』의 내용이다.

> 일. 삼신불 위상단
> 이. 자지장지도명무독위중단
> 삼. 범왕제석사대천왕위하단(차삼단위증명단야)
> 일. 십왕위중상단
> 이. 자하판관지영기등 위중단기여위개위하단야
> 우치조관단 사자단병위팔단 설단배치 상거오촌위준야자상
> 단지하단차차거불후선소 사자단배치서변
> 상삼단 위목질
> 나무청정법신비로자나불
> 나무원만보신노사나불
> 나무천백억화신석가모니불

---

436) 이와 같은 준비과정은 현행 생전예수재에도 동일하게 적용된다.

이상상단 본존지장보살 용수보살 관세음보살 상비보살 타
라니보살 금강장보살 비로자나화신천조 노사나응신천조 동
법신천조 대지노사나화신천조 미륵화신태산부군천조 남방
노인지장화신천조 도명존자 무독귀왕(이상중단)
대범천왕 제석천왕 사방천왕(이상하단삼단위목열서)[437)]

『석문의범』의 내용을 보다 쉽게 정리하면 다음 표[438)]와 같다.

[표 7] 상단(증명단) 설치법

	왼편	중앙	오른편
상상단 (중앙)	노사나불	비로자나불	석가모니불
상중단 (왼편)	육광보살·도명존자	지장보살	무독귀왕·육대천조
상하단 (오른편)	제석천왕	대범천왕	사대천왕

[표 7]은 생전예수재를 위한 총 9단 중 상단에 해당하는 것으로 증
명단이라고도 부른다. 각 단은 중앙을 중심으로 왼편과 오른편으로 나
눠 각 대상을 모시는데 이때 위목[439)]으로 모실 것을 요구하지만 현재

---

437) 一. 三身佛 爲上壇 二. 自地藏至道明無毒爲中壇 三. 梵王帝釋四大天王爲下壇
(此三壇爲證明壇也) 一. 十王爲中上壇 二. 自夏判官至靈祇等 爲中壇其餘位
皆爲下壇也 又置曹官壇 使者壇並爲八壇 設壇排置 相去五寸爲准也自上壇至
下壇次次擧佛后宣疏 使者壇排置西邊 上三壇 位目秩 南無淸淨法身毘盧遮那
佛 南無圓滿報身盧舍那佛 南無千百億化身釋迦牟尼佛 已上上壇 本尊地藏菩
薩 龍樹菩薩 觀世音菩薩 常悲菩薩 陀羅尼菩薩 金剛藏菩薩 毘盧遮那化身天
曹 盧舍那應身天曹 同法身天曹 大智盧舍那化身天曹 彌勒化身泰山府君天曹
南方老人地藏化身天曹 道明尊者 無毒鬼王(已上中壇) 大梵天王 帝釋天王 四
方天王 (以上下壇三壇位目列書). 安震湖, 『釋門儀範』, 上, 216쪽.
438) 이지형, 『예수시왕생칠재』(서울: 도서출판 동림, 1992), 30~37쪽.
439) 평평한 나무에 각 대상의 명호를 새겨 모신 것으로 현재에 와서는 거의 찾아
볼 수 없다.

에 와서는 위패를 접어서 모시거나 번을 달아 모시기도 한다. 그러나 관욕의식을 행하기 위해서는 위목이나 위패에 명호를 새겨 모시는 것이 옳을 것으로 판단한다. 상상단을 가운데 모시고 나면 왼편엔 상중단을 그리고 오른편에 상하단을 모신다. 이와 같은 내용에 근거하면 중앙은 가장 높은 지위를 상징하고 그 다음 왼편 그리고 오른편으로 이어지는 것을 알 수 있다. 이는 다음의 중단과 하단에서도 동일하게 적용한다. 즉, 중단과 하단에서도 각 단을 상·중·하단으로 분류하여 각 성현을 모신다. 다만, 하단의 하중단 이하는 오른쪽과 왼쪽의 구분을 두지 않는다.

[그림 45] 상단의 모습440)

[표 8] 중단 설치법

	왼편	중앙	오른편
중상단 (중앙)	하원지관	풍도대제	시방법계지부성중 (명부시왕)441)
중중단 (왼편)	삼십육위 귀왕	이십육위 판관	이부동자·십이사자
중하단 (오른편)	칠위 영관	종관	부지명위

---

440) 상단에 모셔질 각 대상의 위패가 모셔져 있다. 『석문의범』에서는 관욕을 위해 모두 5위를 모실 것을 명시하고 있지만 지장보살을 따로 분리하여 모두 6위를 모셨다. 오른쪽 아래 위패는 사자단을 모신 것이다. 출처: 2010년 1월 24일 청룡사 조선시대 예수시왕생칠재 복원 법회, 본인 촬영.

중단에서도 중앙을 중심으로 왼편과 오른편으로 나눠 모시되 중상단을 중앙에 모시고 다시 왼편과 오른편으로 중중단과 중하단으로 나눠 모신다.

[그림 46] 중단의 모습[442]

[표 9] 하단 설치법

	왼편	중앙	오른편
하상단(중앙)	관사	고조관	군졸
하중단(왼편)	사천사자·공행사자·지행사자·염마사자		
하하단(오른편)	말·낙타		

하단에서 유의해야 할 것은 앞 단은 같은 단에 모시더라도 각기 서열이 정해 오른쪽 왼쪽으로 구분지어 모시는 데 반해 하중단 이하는 사직사자와 말·낙타 등을 이러한 구분 없이 모신다.

---

441) 명부시왕이라 기술했지만 사실 명부 시왕의 각각의 명칭을 모두 나열하여 모셔야 한다.

442) 『석문의범』에서는 관욕을 위해 모두 6위를 모실 것을 명시하고 있지만 부지명위패를 따로 하여 모두 7위를 모셨다. 특히 중단 앞에는 금은전을 모심으로써 재 의식에서 중단이 차지하는 비중을 짐작할 수 있다. 출처: 청룡사, 본인 촬영.

[그림 47] 하중단 사직사자와 하하단 말·낙타 단 설치[443]

② 금은전이운

『석문의범』에서는 금은전이운법을 두 가지로 나눠 제시한다. 동봉 스님도『일원곡』제7권[444]에서 금은전이운은 두 가지가 존재하며 어느 것을 하더라도 무방하다고 기술하고 있다. 첫 번째 이운법[445]을 살펴보면 다음과 같다.

이운게
조성전산산경수 봉헌명부십왕전
안열종관고사중 수차건성대인연

---

443) 하단에는 사자와 마구단이 설치되는데 오른쪽 단 아래 모셔진 사자패와 하단의 사자패는 같은 것임을 확인해야 한다. 이와 같은 설명은 생전예수재에 관한 본문 설명, 소청사자편에 자세히 설명하고 있다. 출처: 청룡사, 본인 촬영.

444) 동봉정휴,『일원곡』, 제7권, 87~89쪽.

445) 移運偈 造成錢山山競秀 奉獻冥府十王前 案列從官庫司衆 受此虔誠大因緣 引導出三摩訶聲打鈸引於庫司壇前奉獻獻 錢偈紙造錢山兼備數 獻上閻羅列聖前 從官庫司眷屬等 不捨慈悲哀納受 獻錢眞言 唵 我自那 吽 娑婆訶」安震湖,『釋門儀範., 上, 217쪽.

인도출삼마하성타발인어고사단전봉헌헌전게

지조전산겸비수 헌상염라열성전
종관고사권속등 불사자비애납수

헌전진언
옴 아자나 훔 사바하

위 내용에서 인도승은 "삼마하" 하고 소리를 내면서 고사단 앞에
나가 동발을 울리고 헌전게를 받들어 올린다고 설명한 점으로 미뤄
이운게 후 시왕전에 모셔진 금은전을 고사단 앞에 옮겨놓고 의식을
진행하는 것으로 여겨진다. 이와 같은 진행은 금은전이운 의식의 약례
로 보인다. 또 다른 금은전이운446)은 시왕전에 모셔진 금은전을 이운
게를 염송한 후 고사단으로 옮겨 헌전게와 경함이운으로 이어간다.

일본 운
수도금은산부동 불번천제명과아
인수지작명간보 신시여래묘력다
(대중요잡 지 고사단전)

헌전게
화지성전겸비수 퇴퇴정사백은산
금장봉헌명관전 물기망망광야간

경함이운

---

446) 一本 云 誰道金銀山不動 不煩天帝命夸娥 人誰紙作冥間寶 儘是如來妙力多
(大衆繞匝 至 庫司壇前) 獻錢偈 化紙成錢兼備數 堆堆正似白銀山 今將奉獻冥
官前 勿棄茫茫曠野間 經函移運 妙法何須別處討 花花草草露全機 人人不識圓
珠在 也使能仁捲蔽衣 動經偈 珠爲山珍登淨案 藥因療病瀉金瓶 大乘法力難思
議 若薦亡靈轉此經. 安震湖,『釋門儀範』, 上, 217~18쪽.

묘법하수별처토 화화초초노전기
인인불식원주재 야사능인권폐의

동경게
주위산진등정안 약인요병사금병
대승법력난사의 약천망령전차경

  두 번째 금은전이운은 앞에 "일본 운"이 명시되어 있는 것으로 보아 또 다른 금은전이운 의식으로도 볼 수 있다. 이는 본문 중간에 "일본 운"을 기술하여 '어느 책에서는 이렇게 말한다'라는 의미로 해석할 수 있어 금은전이운 의식이 두 가지로 존재함을 증명한다.447)

  생전예수재에서 봉행하는 금은전이운 의식은 소청고사판관편의 거불이 끝나고 이뤄진다. 이는 금은전이운 의식의 설행이 곧, 시왕전에 받치고자 정성스럽게 준비한 금은전을 비로소 고사단 앞으로 옮기는 것으로 해석할 수 있어 의식 흐름의 전개상 올바른 설행 시점으로 여긴다.448)

[그림 48] 생전예수재 용품과 금은전449)

---

447) 그러나 필자의 견해로는 위에서 소개한 금은전이운 의식을 두 가지로 진행하기보다는 오히려 두 의식의 부족한 게송을 채워 보다 완성도 높은 의식을 통합, 진행하는 것이 옳을 듯싶다.
448) 현행 생전예수재에서는 생전예수재 본 의식절차가 시작하기 전에 금은전이운을 한다. 이는 재 의식 진행상 맞지 않는다.
449) 출처: 청룡사, 본인 촬영.

③ 십이생상속

생전예수재는 금생(今生)에 재 의식에 동참하여 전생(前生) 빚을 갚고 그 공덕으로 내생(來生)에는 극락세계에 왕생하길 발원하는 의식이라 정의할 수 있다. 그럼 과연 각 개인이 갚아야할 전생 빚은 과연 어떻게 알 수 있을까?

각 개인이 본인이 지은 전생 빚을 십이생상속을 통해 확인할 수 있다.

십이생상속의 내용을 살펴보면, 각 개인의 전생 빚을 계산해놓고 살아생전에 빚을 갚고 저승으로 가도록 권한다. 이어 모든 빚은 사람들마다 그 몫이 달라 똑같이 지고 있는 것이 아니므로 사람에 따라 빚의 양(量) 또한 다르다고 기술한다. 이는 매년 태어나는 인간의 띠별 생애가 다른 것과 그 이치가 같다.[450] 이와 같은 전생 빚에 관한 내용은 앞서 설명한 『예수천왕통의』와 『수생경』에 근거한 것이다. 다음은 본 연구 본문 제1장에 실린 『수생경』의 전생 빚에 관한 내용을 요약한 것이다.[451]

> 그경전에 이르시되 열두가지 띠를따라 남섬부주 거친세상
> 사람으로 태어날때 누구누구 할것없이 생명줄을 이어준돈
> 수생전을 빌리나니 명부에서 빌렸기에 갚아야할 것이니라
>
> 혹은만일 중생들이 수생전을 안갚으면 깨어있을 경우에는
> 말할것도 없거니와 잠을자는 도중에도 두려움에 시달리고
> 잠결인지 꿈결인지 알수없게 뒤바뀌며 삼혼칠백 아득하게
> 더욱점점 멀어졌다 깊은어둠 허공속에 미미하게 생기니라
> 이같은일 계속되매 맑은정신 빼앗기고 마침내는 죽음으로
> 목숨끌고 가느니라 온갖소리 모든대화 한결같이 몰아내고

---

450) 비구 만다, 『생전예수재(生前像修齋) 참회의 공덕』(서울: 문예마당, 2003), 44~45쪽.
451) 『수생전』에 관한 원문은 본문 제1장에 기술되어 있으므로 생략한다.

사람혼백 잡아당겨 정신없애 버리나니 이와같은 두려운일
어찌하여 생기는가 생명부채 수생전을 아니갚은 까닭이라
그러므로 누구든지 살아생전 정성다해 수생경을 봉독하고
금강경을 봉독하며 수생전을 불에살라 명부전에 바친다면
옷과음식 생명녹봉 넉넉하게 받으리라 부처님이 이와같이
경을설해 마치시니 본명성관 본명판관 수라왕사 천룡팔부
참여했던 천신들이 부처님의 말씀듣고 모두크게 기뻐하고
신수봉행 했느니라 수생경의 공덕들을 세가지로 애기하면
첫째로는 묵은원결 풀어주는 경전이고 둘째로는 사람목숨
늘여주는 진언이고 셋째로는 오역죄를 소멸하는 경전이라
누구든지 이경전을 지성으로 독송하면 무간지옥 떨어질죄
한꺼번에 면케되고 마침내는 천상계에 왕생하게 될것이니
참되고도 실다우며 허망하지 않느니라

그럼『석문의범』에 명시된 개개인의 전생 빚은 얼마나 되는지 살펴
보면 다음과 같다.[452]

㉠ 자생(子生)[453]

갑자흠전오만삼천관간경일십칠권납제삼고원조관
병자흠전칠만삼천관간경이사권납제구고왕조관
무자흠전육만삼천관간경이일권납제륙고윤조관
경자흠전십일만관간경삼오권납제구고이조관
임자흠전칠만관간경이이권납제삼고맹조관

이를 도표로 정리하면 다음과 같다.

---

452) 비구 만다,『생전예수재(生前豫修齋) 참회의 공덕』, 46~51쪽.
453) 甲子欠錢五萬三千貫看經一十七卷納第三庫元曹官　丙子欠錢七萬三千貫看經
二四卷納第九庫王曹官　戊子欠錢六萬三千貫看經二一卷納第六庫尹曹官　庚子
欠錢十一萬貫看經三五卷納第九庫李曹官　壬子欠錢七萬貫看經二二卷納第三
庫孟曹官. 安震湖,『釋門儀範』, 上, 223쪽.

[표 10] 쥐띠에 해당하는 사람의 전생 빚

생년	빚진 돈	갚을 곡물	읽을 경전	받는 이
갑자생	5만 3천 관	창고 3개	17권	원(元)조관
병자생	7만 5천 관	창고 9개	24권	왕(王)조관
무자생	6만 3천 관	창고 6개	21권	윤(尹)조관
경자생	11만 관	창고 9개	35권	이(李)조관
임자생	7만 관	창고 3개	22권	맹(孟)조관

ⓛ 축생(丑生)[454]

을축흠전이십팔만관간경구사권납제십오고전조관
정축흠전사만이천관간경구사권납제십오고전조관
기축흠전팔만관간경이오권납제삼고최조관
신축흠전십일만관간경삼육권납제십팔고길조관
계축흠전이만칠천관간경일공권납제팔고십조관

이를 도표로 정리하면 다음과 같다.

[표 11] 소띠에 해당하는 사람의 전생 빚

생년	빚진 돈	갚을 곡물	읽을 경전	받는 이
을축생	28만 관	창고 15개	94권	전(田)조관
정축생	4만 3천 관	창고 15개	94권	전(田)조관
기축생	8만 관	창고 3개	25권	최(崔)조관
신축생	11만 관	창고 18개	36권	길(吉)조관
계축생	2만 7천 관	창고 8개	10권	습(習)조관

---

454) 乙丑欠錢二十八萬貫看經九四卷納第十五庫田曹官　丁丑欠錢四萬二千貫看經
九四卷納第十五庫田曹官 己丑欠錢八萬貫看經二五卷納第三庫崔曹官 辛丑欠
錢十一萬貫看經三六卷納第十八庫吉曹官　癸丑欠錢二萬七千貫看經一十卷納
第八庫習曹官.　安震湖, 『釋門儀範』, 上, 224쪽.

ⓒ 인생(寅生)455)

　　병인흠전팔만관간경이륙권납제십고마조관
　　무인흠전육만관간경이공권납제십일고곽조관
　　경인흠전오만일천관간경이팔권납제십오고모조관
　　임인흠전구만육천관간경이이권납제십삼고최조관
　　갑인흠전삼만삼천관간경십일권납제십삼고두조관

이를 도표로 정리하면 다음과 같다.

[표 12] 범띠에 해당하는 사람의 전생 빚

생년	빚진 돈	갚을 곡물	읽을 경전	받는 이
병인생	8만 관	창고 10개	26권	마(馬)조관
무인생	6만 관	창고 11개	20권	곽(郭)조관
경인생	5만 1천 관	창고 15개	28권	모(毛)조관
임인생	9만 6천 관	창고 13개	22권	최(崔)조관
갑인생	3만 3천 관	창고 13개	11권	두(杜)조관

ⓒ 묘생(卯生)456)

　　정묘흠전이만삼천관간경구권납제십일고허조관
　　기묘흠전팔만관간경이오권납제이십육고송조관
　　신묘흠전팔만관간경이륙권납제사고장조관

---

455)　丙寅欠錢八萬貫看經二六卷納第十庫馬曹官　戊寅欠錢六萬貫看經二十卷納第
　　　十一庫郭曹官　庚寅欠錢五萬一千貫看經二八卷納第十五庫毛曹官　壬寅欠錢九
　　　萬六千貫看經二二卷納第十三庫崔曹官　甲寅欠錢三萬三千貫看經十一卷納第
　　　十三庫杜曹官. 安震湖, 『釋門儀範』, 上, 224쪽.
456)　丁卯欠錢二萬三千貫看經九卷納第十一庫許曹官　己卯欠錢八萬貫看經二五卷
　　　納第二十六庫宋曹官　辛卯欠錢八萬貫看經二六卷納第四庫張曹官　癸卯欠錢一
　　　萬二千貫看經八卷納第二十庫王曹官　乙卯欠錢八萬貫看經二六卷納第十八庫
　　　柳曹官. 安震湖, 『釋門儀範』, 上, 225쪽.

계묘흠전일만이천관간경팔권납제이십고왕조관
을묘흠전팔만관간경이륙권납제십팔고유조관

이를 도표로 정리하면 다음과 같다.

[표 13] 토끼띠에 해당하는 사람의 전생 빚

생년	빚진 돈	갚을 곡물	읽을 경전	받는 이
정묘생	2만 3천 관	창고 11개	9권	허(許)조관
기묘생	8만 관	창고 26개	25권	송(宋)조관
신묘생	8만 관	창고 4개	26권	장(張)조관
계묘생	1만 2천 관	창고 20개	8권	왕(王)조관
을묘생	8만 관	창고 18개	26권	유(柳)조관

ⓜ 진년(辰年)[457]

　　무진흠전오만이천관간경십팔권납제십사고풍조관
　　경진흠전오만칠천관간경십구권납제이십사고유조관
　　임진흠전사만오천관간경십오권납제일고조조관
　　갑진흠전이만구천관간경일공권납제십구고동조관
　　병진흠전삼만이천관간경십일권납제삼십오고가조관

이를 도표로 정리하면 다음과 같다.

---

457) 戊辰欠錢五萬二千貫看經十八卷納第十四庫馮曹官　庚辰欠錢五萬七千貫看經
十九卷納第二十四庫劉曹官　壬辰欠錢四萬五千貫看經十五卷納第一庫趙曹官
甲辰欠錢二萬九千貫看經一十卷納第十九庫董曹官　丙辰欠錢三萬二千貫看經
十一卷納第三十五庫賈曹官. 安震湖, 『釋門儀範』, 上, 225쪽.

[표 14] 용띠에 해당하는 사람의 전생 빚

생년	빚진 돈	갚을 곡물	읽을 경전	받는 이
무진생	5만 2천 관	창고 14개	18권	풍(馮)조관
경진생	5만 7천 관	창고 37개	19권	유(柳)조관
임진생	4만 5천 관	창고 50개	15권	조(趙)조관
갑진생	2만 9천 관	창고 21개	10권	동(童)조관
병진생	3만 2천 관	창고 16개	11권	가(賈)조관

ⓑ 사년(巳年)458)

　　　기사흠전칠만이천관간경이사권납제삼십일고조조관
　　　신사흠천오만칠천관간경십구권납제삼십칠고고조관
　　　계사흠천삼만구천관간경십삼권납제오십고배조관
　　　을사흠전구만관간경삼공권납제이십일고양조관
　　　정사흠전칠만관간경이삼권납제십육고정조관

이를 도표로 정리하면 다음과 같다.

[표 15] 뱀띠에 해당하는 사람의 전생 빚

생년	빚진 돈	갚을 곡물	읽을 경전	받는 이
기사생	7만 2천 관	창고 31개	24권	조(曹)조관
신사생	5만 7천 관	창고 37개	19권	고(高)조관
계사생	3만 9천 관	창고 50개	13권	배(裵)조관
을사생	9만 관	창고 21개	30권	양(揚)조관
정사생	7만 관	창고 16개	23권	정(程)조관

---

458)　己巳欠錢七萬二千貫看經二四卷納第三十一庫遭曹官　辛巳欠千五萬七千貫看
　　經十九卷納第三十七庫高曹官　癸巳欠千三萬九千貫看經十三卷納第五十庫裵
　　曹官　乙巳欠錢九萬貫看經三十卷納第二十一庫楊曹官　丁巳欠錢七萬貫看經二
　　三卷納第十六庫程曹官. 安震湖,『釋門儀範』, 上, 226쪽.

ⓐ 오년(午年)[459]

　　　경오흠전육만이천관간경이공권납제사십삼고진조관
　　　임오흠전칠만관간경삼삼권납제사십사고공조관
　　　갑오흠전사만관간경십삼권납제이십일고우조관
　　　병오흠전삼만삼천관간경일이권납제육십고소조관
　　　무오흠전구만관간경삼공권납제삼십구고사조관

이를 도표로 정리하면 다음과 같다.

[표 16] 말띠에 해당하는 사람의 전생 빛

생년	빚진 돈	갚을 곡물	읽을 경전	받는 이
경오생	6만 2천 관	창고 43개	20권	진(陳)조관
임오생	7만 관	창고 44개	33권	공(孔)조관
갑오생	4만 관	창고 21개	13권	우(牛)조관
병오생	3만 3천 관	창고 61개	12권	숙(宿)조관
무오생	9만 관	창고 39개	30권	사(史)조관

◎ 미생(未生)[460]

　　　신미흠전일만삼천관간경삼이권납제오십구고상조관
　　　계미흠전오만이천관간경십칠권납제사십구고주조관
　　　을미흠전사만관간경십삼권납제오십일고황보조관

---

459) 庚午欠錢六萬二千貫看經二十卷納第四十三庫陳曹官　壬午欠錢七萬貫看經三
　　三卷納第四十四庫孔曹官　甲午欠錢四萬貫看經十三卷納第二十一庫牛曹官　丙
　　午欠錢三萬三千貫看經一二卷納第六十庫蕭曹官　戊午欠錢九萬貫看經三十卷
　　納第三十九庫史曹官. 安震湖, 『釋門儀範』, 上, 226~27쪽.
460) 辛未欠錢一萬三千貫看經三二卷納第五十九庫常曹官　癸未欠錢五萬二千貫看
　　經十七卷納第四十九庫朱曹官　乙未欠錢四萬貫看經十三卷納第五十一庫皇甫
　　曹官　丁未欠錢九萬一千貫看經二九卷納第五十二庫朱曹官　己未欠錢四萬三千
　　貫看經十五卷納第五庫卜曹官. 安震湖, 『釋門儀範』, 上, 227쪽.

정미흠전구만일천관간경이구권납제오십이고주조관
기미흠전사만삼천관간경십오권납제오고변조관

이를 도표로 정리하면 다음과 같다.

[표 17] 양띠에 해당하는 사람의 전생 빚

생년	빚진 돈	갚을 곡물	읽을 경전	받는 이
신미생	1만 3천 관	창고 59개	32권	상(常)조관
계미생	5만 2천 관	창고 49개	17권	주(朱)조관
을미생	4만 관	창고 51개	13권	황보(皇甫)조관
정미생	9만 1천 관	창고 52개	29권	주(朱)조관
기미생	4만 3천 관	창고 5개	15권	변(卞)조관

㉩ 신생(申生)[461]

임신흠전사만이천관간경십사권납제사십구고묘조관
갑신흠전칠만관간경이삼권납제오십육고여조관
병신흠전삼만삼천관간경십일권납제오십칠고하조관
무신흠전팔만관간경삼육권납제오십팔고시조관
경신흠전육만일천관간경이일권납제사십이고호조관

이를 도표로 정리하면 다음과 같다.

---

461) 壬申欠錢四萬二千貫看經十四卷納第四十九庫苗曹官　甲申欠錢七萬貫看經二
三卷納第五十六庫呂曹官　丙申欠錢三萬三千貫看經十一卷納第五十七庫何曹
官　戊申欠錢八萬貫看經三六卷納第五十八庫柴曹官　庚申欠錢六萬一千貫看經
二一卷納第四十二庫胡曹官. 安震湖, 『釋門儀範』, 上, 227~28쪽.

[표 18] 원숭이띠에 해당하는 사람의 전생 빚

생년	빚진 돈	갚을 곡물	읽을 경전	받는 이
임신생	4만 2천 관	창고 49개	14권	묘(苗)조관
갑신생	7만 관	창고 56개	23권	여(呂)조관
병신생	3만 3천 관	창고 57개	11권	하(何)조관
무신생	8만 관	창고 58개	36권	시(柴)조관
경신생	6만 1천 관	창고 42개	21권	호(胡)조관

㉧ 유생(酉生)462)

계유흠전오만관간경십육권납제십이고신조관
을유흠전사만관간경이사권납제이고안조관
정유흠전십칠만관간경사팔권납제이십구고민조관
기유흠전구만관간경이구권납제이십이고손조관
신유흠전삼만칠천관간경십삼권납제십오고정조관

이를 도표로 정리하면 다음과 같다.

[표 19] 닭띠에 해당하는 사람의 전생 빚

생년	빚진 돈	갚을 곡물	읽을 경전	받는 이
계유생	5만 관	창고 12개	16권	신(申)조관
을유생	4만 관	창고 2개	24권	안(安)조관
정유생	17만 관	창고 29개	48권	민(閔)조관
기유생	9만 관	창고 32개	29권	손(孫)조관
신유생	3만 7천 관	창고 15개	13권	정(丁)조관

---

462) 癸酉欠錢五萬貫看經十六卷納第十二庫申曹官　乙酉欠錢四萬貫看經二四卷納
第二庫安曹官　丁酉欠錢十七萬貫看經四八卷納第二十九庫閔曹官　己酉欠錢九
萬貫看經二九卷納第二十二庫孫曹官　辛酉欠錢三萬七千貫看經十三卷納第十
五庫丁曹官. 安震湖, 『釋門儀範』, 上, 228쪽.

㉠ 술생(戌生)⁴⁶³⁾

　　갑술흠전이만오천관간경구권납제이십칠고병조관

　　병술흠전팔만관간경이오권납제삼고좌조관

　　무술흠전사만이천관간경십사권납제삼십육고진조관

　　경술흠전십일만관간경삼오권납제이고신조관

　　임술흠전칠만이천관간경이오권납제사고팽조관

이를 도표로 정리하면 다음과 같다.

[표 20] 개띠에 해당하는 사람의 전생 빚

생년	빚진 돈	갚을 곡물	읽을 경전	받는 이
갑술생	2만 5천 관	창고 27개	9권	병(竝)조관
병술생	8만 관	창고 3개	25권	좌(左)조관
무술생	4만 2천 관	창고 36개	14권	보(普)조관
경술생	11만 관	창고 2개	35권	신(辛)조관
임술생	7만 3천 관	창고 4개	25권	팽(彭)조관

㉡ 해생(亥生)⁴⁶⁴⁾

　　을해흠전사만팔천관간경십육권납제사십이고성조관

　　정해흠전삼만구천관간경십삼권납제사십고길조관

　　기해흠전칠만이천관간경이오권납제오십고정조관

---

463)　甲戌欠錢二萬五千貫看經九卷納第二十七庫並曹官　丙戌欠錢八萬貫看經二五
　　卷納第三庫左曹官　戊戌欠錢四萬二千貫看經十四卷納第三十六庫晉曹官　庚戌
　　欠錢十一萬貫看經三五卷納第二庫辛曹官　壬戌欠錢七萬二千貫看經二五卷納
　　第四庫彭曹官. 安震湖, 『釋門儀範』, 上, 228~29쪽.
464)　乙亥欠錢四萬八千貫看經十六卷納第四十二庫成曹官　丁亥欠錢三萬九千貫看
　　經十三卷納第四十庫吉曹官　己亥欠錢七萬二千貫看經二五卷納第五十庫丁曹
　　官　辛亥欠錢十萬一千貫看經四五卷納第四十庫石曹官　癸亥欠錢七萬五千貫看
　　經二四卷納第四十三庫仇曹官. 安震湖, 『釋門儀範』, 上, 229쪽.

신해흠전십만일천관간경사오권납제사십고석조관
계해흠전칠만오천관간경이사권납제사십삼고구조관

이를 도표로 정리하면 다음과 같다.

[표 21] 돼지띠에 해당하는 사람의 전생 빚

생년	빚진 돈	갚을 곡물	읽을 경전	받는 이
을해생	4만 8천 관	창고 42개	16권	성(成)조관
정해생	3만 9천 관	창고 40개	13권	길(吉)조관
기해생	7만 2천 관	창고 50개	25권	정(丁)조관
신해생	10만 1천 관	창고 40개	45권	석(石)조관
계해생	7만 5천 관	창고 15개	24권	구(仇)조관

이상과 같이 개인의 전생 빚은 태어난 해에 따라 각기 다르다. 십이생상속의 정립은 곧 금생에 받는 수많은 고통이 모두 전생의 악업(惡業), 즉 빚(業障)에 있음을 깨달아 이를 소멸하고자 금생에 많은 선업(善業)을 짓고 내생에는 복을 받기 위한 간절한 발원이 바탕이 된 것으로 볼 수 있다. 그렇기에 전생 빚, 악업을 소멸하기 위한 방편으로 결국, 조선시대 민중들은 생전예수재를 봉행했던 것으로 추측한다.

④ 장영배좌시(將迎排座時)

장영배좌는 말 그대로 맞이하고(迎) 보내는(排) 때의 마음가짐을 말하는 것으로 찬탄·공양하는 대상을 맞이하거나 보낼 때의 자세를 설명하는 것으로 볼 수 있다. 내용[465]을 정리하면 다음과 같다.

---

465) 王目不亂書不虧書虧而亂則不許揭座將拜送供養禮畢捲錢馬及王目之時須從下次第而收之置鐵床亦從下燒之無鐵床則篙柴排地而燒之莫以鞭杖搖動若搖動則靈神無所受用反受其殃若不搖動則得福無量. 安震湖, 『釋門儀範』, 上, 232쪽.

첫째, 시왕의 위목을 쓸 때는 정성을 들여야 하며 함부로 쓰거나 획수가 틀리거나 이름이 틀렸을 경우 위목을 올려서는 안 된다.

둘째, 배송을 할 경우 수생전 및 위목을 거둘 적에는 반드시 하위로부터 상위로 거슬러 올라가며 거둬야 하며 아래로부터 태워야 한다.

셋째, 태울 적엔 손에 들고 태워서는 안 되며 휘둘러서 태워서도 안된다. 철상이나 뼁대 위에 놓고 태우게 되면 한량없는 복을 받게 된다.

⑤ 단중소입지물(壇中所入之物)

각 단에 올리는 공양물에 관한 설명이 바로 단중소입지물의 내용이다. 그 내용466)을 살펴보면 다음과 같이 정리할 수 있다.

먼저 향·꽃·등(燈)·차·과일·마지(쌀) 등을 올리고 금은전, 운마 열 필, 낙타 열 필, 작은 붓 열 자루, 먹(墨) 열 자루, 벼루 열 갑, 칼 열 자루, 명(命) 쌀, 명(命) 수건, 명전(命錢), 죽, 그물, 종이 등을 올린다. 특히 금은전 이후 나열한 공양물은 중단에 해당하는 것으로 보이며 이는 뚜렷한 숫자가 정해진 것이 아닌 능력에 맞게 준비할 것을 주문한다.

⑥ 시왕배치법(十王排置法)

시왕배치법은 중단 명부시왕을 단에 모실 경우 그 위치를 설명하는 것인데 이에 관한 우리말 번역본467)을 살펴보면

> 지장보살을 중심으로 하여 각 명사들은 삼단으로 나뉘는
> 데 단의 차이는 다섯 치(약 15㎝)로 하고 성중들의 이름을

---

466) 各各設壇須備香花燈燭茶果飯餠金銀錢雲馬十匹駱駝十匹小筆十柄眞墨十丁碩
匣十坐碩石十枚刀子十柄命米命巾命金長菱荳湯珠網公事紙一一聖前一一奉獻
多少莫論隨力所辦. 安震湖, 『釋門儀範』, 上, 232쪽.

467) 동봉정휴, 『일원곡』, 제7권, 148쪽.

명목도 마찬가지로 다섯 치씩 차이를 두어 모십니다. 삼단을 나누면 육천조에서 태산부군까지는 상단이 되고 하판관으로 부터 토지영관까지는 중단이 되며 시왕의 아전권속 142위는 하단이 됩니다. 만일 공양하는 재자가 전체 272위 가운데 단 한 분도 빠뜨리지 말고 각기 그릇에 담아 공양해야 하며 이름지위 알 수 없는 일곱 위까지도 반드시 빠뜨리지 말고 공양해야 합니다. 만일 여러 가지 사정으로 완벽하게 각기 그릇에 담아 공양할 수 없을 때는 여기에 삼등법이 있습니다. 첫째 지장보살로부터 시왕에 이르기까지는 각기 그릇에 담아 공양합니다. 둘째 하판관으로부터 삼원장군에 이르기까지 29위는 큰 그릇으로 함께 올리고, 36귀왕들은 큰 그릇으로 함께 올리고, 사자 16위는 큰 그릇으로 함께 올리고, 시왕의 아전내관들 164위는 큰 그릇으로 함께 올리고, 이름지위 알 수 없는 신중들 7위는 큰 그릇으로 함께 올립니다. 셋째 그 재에 해당되는 왕과 아울러 아전내관들은 지장보살, 시왕들과 마찬가지로 별도로 그릇을 준비하여 올립니다.[468]

『예수천왕통의』에서 제시하였듯이 명부시왕을 비롯한 그 권속들의 이름을 청해야 하듯이 그 공양물도 각기 따로 준비해서 올려야 함을 설명하고 있다. 그러나 현실적으로 위와 같이 행하기에는 많은 제약이 따르기 때문에 시왕배치법에서 그 약례를 설명하고 있다.

---

468) 地藏爲首各冥司須分三壇差下五寸三壇名目亦各差下五寸排點之六天曹至泰山府君爲上壇以夏判官至土地靈官爲中壇以十王衙內眷屬一百四十二位爲下壇若供養者二百七十二位不闕一位各器供養不知名位七位亦須供養 若能事未周都供養者有三等法第一地藏至十王各器自夏判官至三元將軍二十九位都呈三十六鬼王都呈使者十六位都呈十王衙內一百六十四位都呈當齋王衙內別排不知名位都呈已上七坐也. 安震湖, 『釋門儀範』, 上, 232~33쪽.

⑦ 전급제물등(錢及諸物等)

생전예수재를 봉행하기 위해서는 앞서 단중소입지물에서 나열한 공양물 외에도 참석대중이 올리고자 하는 공양물이 있을 수 있다. 그중 돈과 일반 공양물을 올리는 법을 설명한 것이 전급제물등이다. 내용469)을 정리하면 먼저 일반적으로 올리는 공양물도 삼보(三寶)의 가지력이 바탕이 되어야 하는데, 먼저 길상인의 수인(手印)으로 왼손과 오른손의 엄지와 무명지를 서로 닿게 한 후 나머지 손가락은 편다. 그리고 정법계진언 삼편과 변식진언ㆍ시감로수진언ㆍ일자수륜관진언ㆍ유해진언을 염송하며 갖가지 아름답고 장엄스러운 공양물이 됨을 설명한다. 또한 이는 무량한 소원을 성취할 수 있다고 기술하고 있다.

생전예수재는 각 단에서 그 대상에게 공양을 올린 후 사다라니 바라무와 가지게를 행하는데 그 목적이 바로 이와 같은 공양물을 올리기 위한 것이며 이는 일반적인 공양물도 부처님의 가지력을 빌려 성스러운 공양물로 탄생되어지길 발원하는 참여대중의 염원이 담겨있는 것으로 여길 수 있다.

⑧ 조전법(造錢法)

『예수시왕생칠재의찬요』 부록에서 가장 중요한 것 중 하나가 바로 조전법이다. 조전이란 '돈을 조작한다' 혹은 '돈을 만든다'는 의미이다. 그러므로 조전법은 '돈을 만드는 방법'으로 그 의미를 해석할 수 있다. 즉, 생전예수재에 참여한 대중의 목적에 맞도록, 한낱 보잘것없는 종이돈을 명부세계에서도 유통할 수 있는 성스러운 돈으로 바꾸는 방편이 조전법이다.

---

469) 排壇后飮食香花等隨所辦之物並盛飮食器物等皆以普通吉祥印相者以左右手母指與無名指相捻餘施指三散誦淨法界眞言加持三遍變食眞言等加持三遍卽成種種美好之食供養百千恒河沙數冥王等得加持食各成就根本所願也. 安震湖, 『釋門儀範』, 上, 233쪽.

현행 생전예수재에서는 이를 조전점안(造錢點眼)이라 칭하고 있는데 『석문의범』점안편(點眼篇)[470]에는 조전점안이란 의식이 존재하지 않는다. 더군다나 불교의식에서 점안(點眼)이란 불·보살·가르침·승(僧)과 직접적으로 관련된 형상·탱화·탑·가사 등에만 그 명칭을 사용할 수 있음을 상기할 때 이와 같은 조전점안의 명칭은 근래에 들어 생성한 것으로 여겨진다. 이와 같은 의견을 뒷받침할 수 있는 근거는 부록 조전법 ②[471]에서도 찾아볼 수 있다. 다음은 조전 방법에 관

---

470) 安震湖, 『釋門儀範』, 下, 94~113쪽.

471) ① 法師先着架裟向東方念造錢眞言一百八遍然後造錢以楊枝三七條編之三處楊簾鋪於地其上堆錢以蒿簾覆之汲月德方水一升周灑於錢上誦成錢眞言等諸呪楊者白楊也常名性木也蒿者謂苗陳常名加火作只 ②一本云造錢者一貫須具三十文余曾問無影庵大老僧答云藏經本無此法但出道觀祀神法也余私議之以錢一貫長造錢則何處求造如此長者也雖連紙而造錢貧人難辦也今之人以一尺長之紙染黃折半而黃白相交堆之以圓錄雕錢一行十文一幅成三十文造無數錢文此法通於貧富可以使用世間十兩爲一貫冥府以三十文爲一貫假量張折半造錢爲一兩八錢冥府以六貫通用而一束紙折半染黃造錢爲三十六兩冥府錢爲一百二十貫又十束紙爲三百六十兩冥府爲一千二百貫又百束紙爲三千六百兩冥府爲一萬二千貫云造錢之法同一然用法不同也 ③一本云造錢以次第出置淨席上又以楊枝三七條編之三處作大簾簾上堆黃白紙錢汲月德水一升僧着大衣臨水誦眞言曰唵阿婆羅吽娑婆訶誦一百八遍然後以手灑水於錢又蒿三七條編之三處覆其錢上又誦眞言一百八遍則變作金銀錢去棄二簾分上十王及諸眷屬經云世尊與迦葉過俱尸羅城有一大山白如雪迦葉問云彼山何故白如珂雪答曰此是南閻浮提人事神王造錢不依法故虛棄成山迦葉云如何依法便不虛棄答曰我有神妙章句卽說呪曰唵伴遮那伴遮尼娑婆訶取月德方水一升灑於錢上變作金銀錢 ④又勝鬘經云世尊行於冥路阿難見紙山問曰何故積于紙山佛言南贍浮提人造錢獻于十王不如法故十王不肯納受棄於此處積成紙山卽說呪曰唵阿遮那吽娑婆訶私謂經文不同眞言不一文勢互現雖然見其意則一也右前眞言卽是造錢眞言亦開錢眞言也 ⑤又較正本云造錢之時先設造錢幕一僧誦造錢眞言唵婆阿羅吽娑婆訶一百八遍諸僧列坐造錢爲限誦大悲呪次造錢后以楊枝三七條編之三處作大簾簾上堆於金銀錢又以蒿枝三七條編之三處覆於其上又誦成錢眞言唵婆左那吽娑婆訶一百八遍次以汲月德方水一升獻于證明壇法師着架裟臨水先誦 南無佛水南無法水南無僧水南無五方龍王水三七遍后以松枝灑水於錢上次誦灑香水眞言唵婆阿羅婆吽百八遍后東向坐作觀默想變爲金銀錢去棄二簾分上冥府十王前及諸眷屬等 ⑥造錢

한 우리말 번역본472)이다.

① 병법사는 우선 먼저 대가사를 수하고 동쪽을 향하여 조
전진언을 108번 염송한 뒤 조전합니다. 꼭 동쪽이 아닐
경우 상단을 바라보았을 때 오른쪽으로 해도 무방합니
다. 왜냐하면 대개의 모든 법당은 북쪽을 등지고 남쪽을
향해 있기 때문입니다. 조전할 때는 버드나무가지를 준
비하였다가 세 줄로 엮어 버드나무가지 발을 만들어 땅
에 깔고 그 위에 돈을 쌓으며 다시 그 돈 위에 뻥대로
엮은 발을 덮고 월덕방위의 물을 한 되 길러 돈 위에 두
루 뿌리면서 성전진언 등 해당되는 여러 가지 진언을 염
송합니다. 여기서 버드나무가지는 하얗게 껍질을 벗긴
것으로 고유명사가 성목이고, 뻥대는 묘진입니다만 고유
명사는 가화작지, 즉 부젓가락입니다.

② 어떤 책에서는 이렇게 말하고 있습니다. "즉 조전을 함에
있어서 한 관은 반드시 30문을 갖추어야 한다"고. 내가
일찍이 무영암의 나이 드신 큰스님께 여쭈었더니 그 스
님께서 답하시길 "장경에는 본디 이런 법이 없어. 이는
도관에서 신들에게 제사지내는 법에서 유래한 거야."라
고 하셨습니다.473) 내가 개인적으로 생각해보니 돈을 만
들 때 한 관의 길이로 돈을 만들려고 한다면 과연 어디
에서 이처럼 긴 돈을 만들 수 있느냐는 것입니다. 비록
종이를 이어서 돈을 만든다 하더라도 가난한 사람은 장
만하기가 매우 어렵습니다. 요즘 사람들은 한 자 길이의

眞言 唵 婆阿羅 吽 娑婆訶 成錢眞言 唵 婆左那 吽 娑婆訶 灑香水眞言 唵 婆
阿羅婆 吽 變成金銀錢眞言 唵 發娑羅 半遮尼 娑婆訶 掛錢眞言 唵 伴遮那 伴
遮尼 娑婆訶 獻錢眞言 唵 阿遮那 吽 娑婆訶. 安震湖, 『釋門儀範』, 上,
233~36쪽.

472) 동봉정휴, 『일원곡』, 제7권, 149~52쪽.
473) 내용 중 '내가'라는 1인칭은 부록을 기술한 조선시대 당시의 저자이다.

종이로써 절반만을 노란색으로 물을 들여 물들인 노란 쪽과 물들이지 않은 하얀 쪽을 서로 교차하여 쌓아놓고 동그란 끌로 돈을 아로새깁니다. 이때 한 줄에 10문씩, 한 폭에 30문을 아로새겨 수없이 많은 문의 돈을 만듭니다. 이 법은 가난하거나 부유하거나 다 통할 수 있으며 사용할 수 있는 돈입니다. 세간에서는 열 냥이 한 관인데 명부에서는 30문이 한 관입니다. 양장법을 빌려 그를 다시 절반으로 돈을 만들면 한 냥 여덟 전, 곧 18전이 명부에서는 여섯 관으로 통용됩니다. 그러므로 한 묶음의 종이에 절반을 노랗게 물들여 돈을 만들면 36냥이 되고 이는 명부의 120관에 해당합니다. 따라서 열 묶음의 종이는 360냥이 되고 명부의 1,200관에 해당하며 백 묶음의 종이는 3,600냥이 되고 명부의 12,000관에 해당합니다. 이와 같이 돈을 만드는 법은 동일하지만 돈을 쓰는 법은 같지 않습니다.

③ 어떤 책에서는 이렇게 설명합니다. 돈을 만드는 데 있어서 우선 깨끗한 자리를 마련해야 합니다. 또한 버드나무 가지를 세 줄로 엮어 큰 발을 만들어 땅에 깔고 그 발 위에 노랗게 물들인 쪽과 물들이지 않은 백지 상태 쪽이 서로 교차하도록 쌓은 뒤 월덕수 한 되를 긷되 병법 스님이 대가사를 수하고 물그릇을 들고는 진언을 외웁니다. 옴 아바라 훔 사바하 108편을 외운 뒤 손으로 물을 움켜잡아 돈 위에 뿌립니다. 또 뺑대를 세 줄로 엮어 돈 위를 덮고는 진언 108편을 외고 그리하여 금은전으로 바뀌면 두 개의 발 위에 던져 놓습니다. 『시왕경』과 『제권속경』에서는 말씀하십니다. 세존께서 하루는 가섭존자 더불어 구시라성을 지나실 때 하나의 큰 산이 보이는데 백마노와 같고 눈과 같이 희므로 가섭이 부처님께 여쭈었습니다. "저 산은 어찌하여 하얗기가 백마노 같고 눈 같습니까?"그러자 부처님께서 답하셨습니다. "이는 이

염부제 사람들이 신왕을 모시면서 돈을 만들되 법에 의
지하지 않고 함부로 만들어 신왕들이 쓰지 않고 일부러
버린 것이 이처럼 산이 되었느니라." 가섭존자가 여쭈었
습니다. "그렇다면 어찌 해야 법에 의한 것이며 버리지
않게 하겠습니까?" 그에 대해 부처님께서 말씀하셨습니
다. "나에게 신묘장구가 있으니 곧 주문으로 설하리라."
하시며 주문을 외시니 "옴 반자나 반자니 사바하"이셨습
니다. 월덕방위의 물을 한 되 길어 돈 위에 뿌리면 비로
소 금은전으로 변하게 됩니다.

④ 또 『승만경』에서는 말씀하셨습니다. 세존께서 명로를 행
차하실 때 아난다가 종이산을 보고 여쭈었습니다. "무슨
까닭으로 여기 종이가 쌓여 산이 되었나이까?" 부처님께
서 말씀하셨습니다. "남염부제 사람들이 돈을 만들어 시
왕들에게 드렸는데 여법하지 않다고 해서 시왕들이 받아
들이지 않고 이곳에 버려 종이산을 이룬 것이니라." 하
시면서 곧 주문을 외우셨습니다. [옴 아자나 훔 사바하]
내 감히 말하노니 경문이 같지 않고 진언이 하나가 아니
어서 문장의 흐름이 서로 드러내는 것은 그렇다고 하더
라도 그 뜻에서 보면 결국은 하나입니다. 위의 진언은 돈
을 만드는 이른바 [조전진언]이고 또한 돈을 사용할 수
있다는 이른바 [개전진언]입니다.

⑤ 교정본에서는 이렇게 설명합니다. 돈을 만들 때 먼저 조
전막을 치고 한 스님이 [조전진언: 옴 바아라 훔 사바하]
를 108편 염송하면 나머지 모든 스님들이 차례대로 앉아
돈이 다 만들어지기까지 대비주를 정성껏 지송합니다.
다음으로 돈이 만들어지면 버드나무가지로 세 줄로 발을
엮어 큰 발을 만들고는 발 위에 금은전을 쌓고, 뺑대로
역시 세 줄 발을 엮어 그 위에 덮습니다. 그리고 [성전진
언: 옴 바자나 훔 사바하]를 108편 외운 뒤에 월덕방위의

물 한 되를 길어 증명단 법사 큰스님한테 드립니다. 이때 큰스님은 대가사를 수하고 물그릇을 들고 먼저 [나무불수 나무법수 나무승수 나무오방용왕수]를 21번 염송한 뒤 솔가지로 돈 위에 물을 뿌리면서 [쇄향수진언: 옴 바아라 바 훔]을 108번 지송합니다. 그런 뒤에 다시 동쪽을 향해 앉아 금은전으로 변해가는 모습을 관하면서 묵묵히 생각하고 두 개의 발 위에 있던 명부시왕과 모든 아전들과 권속들에게 나누어 올립니다.

⑥ 조전진언: 옴 바아라 훔 사바하
   성전진언: 옴 반자나 훔 사바하
   쇄향수진언: 옴 바아라바 훔
   변성금은전진언: 옴 발사라 반자니 사바하
   괘전진언: 옴 반자나 반자니 사바하
   헌전진언: 옴 아자나 훔 사바하

조전법에 관한 내용은 크게 6단락으로 나눠 설명하는데,

첫째 단락에서는 조전하는 방법을 설명한 것으로 조전을 위해 준비해야 하는 물(物)들을 설명하고 법사 스님이 의식을 진행하기위한 염불법 등을 기술하고 돈을 어떻게 놓고 의식을 시작해야 하는지 상세히 설명하고 있다.

둘째 단락에서는 조선시대 『예수시왕생칠재의찬요』를 편찬한 대우 스님이나 부록 조전법을 기술한 당시의 승려가 돈 만드는 법에 관해 스승에게 여쭙는 내용이 있는데 스승의 답으로 "장경(대장경)에는 조전방법이 없다"라고 하며 "조전방법은 도교에서 신들에게 제사 지내는 법에서 유래한 것"이라고 설명한다. 또한 돈에 관한 길이와 모양 등을 당시의 시대상을 반영하여 만들게 됐음을 설명한다.

셋째 단락에서는 앞의 첫째 단락의 내용과 비슷하다. 다만 『시왕경』과 『제권속경』의 근거474)를 들어 조전법의 중요성을 설명하고 있다.

넷째 단락에서는 셋째 단락에 설명한 내용을 다시 『승만경』475)의 예를 들어 설명하고 있다. 또한 돈을 만드는 진언은 조전진언이며 그 돈을 사용할 수 있는 진언은 개전진언으로 밝히고 있다.

다섯째 단락에서는 조전방법을 설명한 다른 교정본을 소개하는 내용으로 특히 성전진언을 108번 염송한 후 증명 법사 스님에게 청정수를 건네면 법사 스님은 나무불수·나무법수 등을 염송하고 이후 쇄향수진언을 108번 왼다. 다음 금은전으로 변해가는 종이돈을 관(觀)한 뒤 명부시왕과 모든 권속들에게 금은전을 나누어 올린다고 설명한다. 이 다섯째 단락이 현행 생전예수재의 조전점안의식에 결정적인 영향을 주고 있을 것으로 짐작한다.

여섯째 단락은 앞에서 설명한 조전방법에 기술된 각 진언들을 나열하고 있다.

지금까지 『석문의범』에 기술된 『예수시왕생칠재의찬요』의 부록에 관한 내용을 알아보았다. 생전예수재를 봉행하기 위한 준비과정을 부록으로 편집해 기술한 편자의 의도는 그만큼 당시의 재 의식에 관한 절차가 어려워 무분별하게 진행되는 것을 방지하기 위한 방편으로 보인다. 더군다나 중국 도교의 영향으로 정립된 의식인 만큼 당시 재 의식에 동참하는 참석대중에게 의식의 정당성을 설명하기 위한 것으로도 여길 수 있다. 그러나 이와 같은 부록이 온전하게 전해지고 있기 때문에 생전예수재에 관한 정확한 목적을 현재의 우리는 보다 쉽게 알 수 있다.

---

474) 이와 같은 내용은 본문 제1장에 설명 『예수시왕생칠경』에 자세히 소개되어 있다.

475) 1권. 유송의 구나발다라 번역. 『승만사자후일승대방편방광경』의 약칭. 사위국 바사익 왕의 딸로서 아유사국으로 시집간 승만 부인이 석존께 대하여 자기의 사상을 여쭙고, 부처님이 이를 기쁘게 받아들인 것을 내용으로 한 것. 일승으로서 종지를 삼는 『묘법연화경』과 같은 것으로 묘법연화는 광설(廣說)이며 이 경은 약설(略設)이다. 『佛敎大辭典』, 上, 1478쪽.

4) 조선시대 생전예수재 절차

지금까지 생전예수재를 봉행하기 위한 준비과정 등을 살폈다. 본 장에서는 생전예수재 의식 절차에 관한 내용을 알아봄으로써 재 의식 전개에 관한 이해를 돕고 더 나아가 명확하게 정립된 조선시대 생전예수재의 올바른 해석을 정립하고자 한다. 이를 위해『석문의범』에 기술된 절차를 저본으로 삼고 필요에 따라 우리말 번역본을 함께 실어 설명하도록 하겠다. 참고로 상·중·하단의 위패나 위목을 관욕이나 봉송을 위해 옮길 경우 연(輦)을 사용해야 함에도 불구하고 2010년 1월 24일 청룡사 예수시왕생칠재 복원 법회에서는 현실적인 재현의 어려움이 있어 임의로 인도승과 신도들에 의해 행해졌다.

(1) 통서인유편(通敍因由篇)

조선시대의 재 의식은 의식을 시작하면서 왜 이러한 의식을 봉행하게 되었는지 그 연유를 밝히는 다양한 의식문이 존재한다. 이와 같은 의식문이 바로 소문(疏文)이다. 각 의식마다 다양한 형태의 의식문이 존재하는데 수륙재에서는 설회인유편(設會因由篇)이 이에 해당하고, 영산·각배재에서는 개계소(開啓疏)와 대회소(大會疏)가 그 역할을 담당한다. 생전예수재의 통서인유편을 통해 본 도량에서 의식을 위한 모든 준비를 마친 후 생전예수재를 봉행하는 연유를 밝히고 이를 삼보(三寶)전에 고(告)하는 형식을 띠고 있다. 그리고 참여한 대중에게도 그 이유를 밝힘으로써 본 의식에 시작을 알리고 더 나아가 모든 지난 악업을 참회하고 계를 수지하여 스스로를 청정하게 할 것을 역설한다. 다음은 통서인유편의 우리말 해석본476)이다.

---

476) 동봉정휴,『일원곡』, 제7권, 12쪽.

이생에선 복과수명 더욱더욱 늘이옵고 다음생엔 미타정찰
왕생하기 원이오매 삼십오편 예수재의 과의법식 준수하며
예수시왕 생칠지재 여법하게 닦나이다 이제오늘 저희들이
크나크온 신심으로 청정수월 도량에서 보리원을 발하옵고
이세간의 진재들을 아낌없이 희사하여 명부시왕 좋은모임
마련코자 하옵니다 일백가지 음식맛을 고루고루 장만하고
보살연각 성문승의 법의자리 베푸오며 저희들이 정성다해
엎드려서 바라오니 거룩하고 크신자비 법신보신 화신이여
크나크신 방편으로 장엄스레 교화하며 명부세계 머무시는
한량없는 명관이여 행동언어 마음으로 삼밀가지 드리우사
남김없이 한결같이 원만하게 하옵소서[477]

　이와 같이 연유를 밝힌 다음 참여한 대중이 모두 삼업[478](三業)을
청정하게 하여 계(戒)를 수지하고 부처님이 수행할 때 세우신 서원과
같은 마음을 이어가겠다는 정삼업진언(淨三業眞言)과 계도도장진언
(戒度塗掌眞言), 삼매야계진언(三昧耶戒眞言)을 염송한다. 통서인유편
에 포함된 세 가지 진언은 참석대중 스스로가 마음가짐을 청정하는
마음자세를 보이는 것으로 생전예수재를 봉행하기에 앞서 스스로 재
에 임하는 자세를 점검하는 것으로 여길 수 있다.

---

477)　現曾福壽當生淨刹之願式遵科儀預修十王生七之齋以今月今日就於某寺以大信
　　　心發菩提願捨世間之珍財建冥王之勝會食陳百味法演三乘伏願大聖大慈三身大
　　　覺大權大化諸位冥官俯賜加持悉令圓滿. 安震湖, 『釋門儀範』, 上, 156쪽.
478)　말과 행동 그리고 뜻으로 지은 업(業).

[그림 49] 통서인유편479)

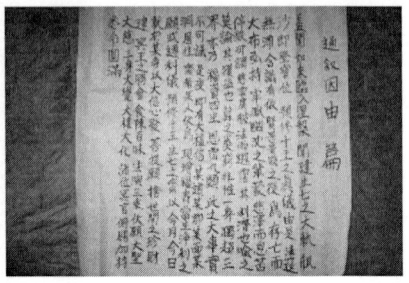

(2) 엄정팔방편(嚴淨八方篇)

생전예수재를 봉행하는 도량(道場)을 관세음보살님의 위신력으로 청정하게 하는 것으로, 의식이 진행되는 동안 일체의 마군(魔軍)480)이 도량에 침범하지 못하도록 하며 삿된 장애가 사라지기를 발원한다. 이를 위해 관세음보살님이 이 도량에 강림하길 발원하고 이후 단(壇)을 열고 만들어서 도량의 경계를 삼아, 본 도량이 생전예수재를 봉행하기 위한 청정한 도량임을 밝힌다. 특히 엄정팔방편은 천수다라니와 사방찬(四方讚) 그리고 참회게(懺悔偈) 등을 포함하고 설법(說法)할 수 있는 순서를 마련함 점481)으로 미뤄 이 시간을 통해 법사 스님이 대중에게 생전예수재와 관련된 법문을 설한다. 다음은 엄정팔방편의 서문과 관음청(觀音請)의 우리말 해석본482)이다.

---

479) 상단을 바라보고 생전예수재를 봉행하는 이유를 고하고 있다. 출처: 청룡사, 부산대학교 서정매.
480) 악마의 군세. 특히 애욕의 신(神)의 군세. 석존이 성도할 때에 제6천(天)의 마왕이 그의 권속들을 거느리고 와서 성도(聖道)를 방해함에 신통력으로 이들을 모두 항복받았다고 한다. 『佛敎大辭典』, 上, 542쪽.
481) 卽唱伏請偈次四方讚嚴淨偈懺悔偈燃臂擧揚后說法可也. 安震湖, 『釋門儀範』, 上, 158쪽.
482) 동봉정휴, 『일원곡』, 제7권, 13~14쪽.

예수시왕 생칠재의 단은이미 열리옵고 거룩하온 이불사가
바야흐로 펼쳐지매 삼밀가지 법수로써 온도량에 뿌리오니
온갖티끌 없어지고 깨끗하여 졌나이다 한량없는 마구니는
멀찌감치 달아났고 여러가지 삿된장애 모두모두 사라지니
기도하는 바를따라 어디든지 감통하고 구하는바 있는곳은
모두이뤄 지나이다[483]

지성귀의 하사옵고 일심봉청 하나이다 일천손을 지니시고
일천눈을 지니시온 크신사랑 크신아픔 함께하는 보살이여
관자재여 보살이여 크나크신 마하살님 다만오직 바라오니
본래서원 어기잖고 중생들을 위하시고 사랑하는 마음으로
이도량에 강림하사 주수가지 하옵시고 쇄정호마 다라니주
법수가지 하옵소서[484]

[그림 50] 엄정팔방편의 천수바라무와 도량게나비무[485]

(3) 주향통서편(呪香通序篇)

상서로운 향을 사르므로 온 세계 모든 성자를 비롯한 일체중생이
그 향내를 맡아 성불하길 발원하는 것으로 참여한 대중의 서원을 담

---

483) 詳夫聖壇旣啓佛事方陳將法水以加持灑道揚而淸淨蕩諸穢汚祛衆魔邪凡隨禱而
   感通在所求而成就. 安震湖, 『釋門儀範』, 上, 157쪽.
484) 南無一心奉請千手千眼大慈大悲觀自在菩薩摩訶薩惟願不違本誓哀憫有情降臨
   道場加持呪水. 安震湖, 『釋門儀範』, 上, 158쪽.
485) 생전예수재를 봉행하기위한 도량을 청정하게 하는 목적으로 의식무가 행해
   진다. 출처: 청룡사, 불찬범음연합회 총무 이종기.

아 향을 사르는 분향진언(焚香眞言)을 포함하고 있다. 다음은 주향통 서편의 우리말 해석본486)이다.

온화함이 어리오매 바야흐로 향기로워 향로위의 향사르자
온갖세계 두루하네 상서로운 노을일어 아름다운 기틀되고
푸른연기 고루퍼져 누리가득 덮었어라 노을연기 조화이뤄
구름되고 비가되어 다시없는 복이되고 상서로움 일으키매
시방세계 모든성자 맡지않는 이가없고 삼유중생 제도되지
않는이가 없나이다 간절하온 마음으로 이제여기 향사르고
다라니를 외우나니 향사르는 진언이라 조심스레 정성스레
다라니를 지송하여 온누리에 사바계에 두루하게 하오리
다487)

(4) 주향공양편(呪香供養篇)

일체 모든 중생이 깨달음을 얻어 안락(安樂)하길 발원하여 계향(戒 香)·정향(定香)·혜향(慧香)·해탈향(解脫香)을 부처님과 가르침과 스님들을 비롯한 시방의 모든 현자와 영혼들께도 공양 올리는 의식으 로 참석대중의 지극한 서원을 담고 있다. 이 주향공양편까지가 생전예 수재를 봉행하기 위한 준비과정으로 볼 수 있다. 즉, 어떤 연유로 생 전예수재를 봉행 하려는지 그 이유를 삼보 전에 알리고 참석대중 스 스로가 청정한 마음을 내어 일체 장애가 일어나지 않도록 한다. 그리 고 관세음보살님의 가피로서 도량을 청정하게 하여 재 의식을 방해하 려는 마장을 여의고 삿된 마음이 침범하지 못하도록 스스로를 참회한 다. 이후 법사 스님에게 법문을 청해 생전예수재에 관한 법문을 듣고

---

486) 동봉정휴, 『일원곡』, 제7권, 17~18쪽.
487) 切以百和氤氳六銖馥郁繚蒸一爐之上普熏諸刹之中結瑞靄以爲臺聚祥烟而作盖
爲雲爲雨興福興祥十方諸聖無不聞三有衆生無不度今者焚香有陀羅尼謹當宣念
願令普熏遍周沙界. 安震湖, 『釋門儀範』, 上, 159쪽.

이후 일체 불·보살과 성현에게 향공양을 올림으로 일체 중생 모두가 깨달음을 얻어 안락하길 발원하여 생전예수재를 봉행하기 위한 준비를 마쳤기 때문이다.

[그림 51] 주향공양편488)

(5) 소청사자편(召請使者篇)

소청사자편부터 생전예수재의 목적을 위한 전개 의식으로 볼 수 있는데 시작은 먼저 사자(使者)를 청하는 의식부터 진행한다. 불가에서 전해지는 사자(使者)의 정의는 명부(冥府) 시왕(十王)의 명을 받아 죽음을 맞이한 이를 저승세계로 인도하는 성현으로 삶과 죽음, 이승과 저승 혹은 중생과 명부의 현자(賢者)를 연결하는 중요한 가교의 역할을 담당한다.489)

생전예수재에 참여한 대중은 왜 사자를 먼저 청하는지 다음의 사자소(使者疏)490)에서 확인할 수 있다.

---

488) 사부대중을 대표해서 상단을 비롯한 각 단의 향로에 향을 사른다. 출처: 서정매, 이종기.

489) 이와 같은 사자의 역할은 조선불교 재 의식에서 중요한 몫을 담당한 것으로 보인다. 동시대에 성행했던 수륙재 관련 의식에서도 빠지지 않고 동일한 목적으로 사자를 청하는데 이는 조선시대 성행했던 다양한 재 의식의 보편적인 특징이었을 것으로 여긴다.

490) 동봉정휴, 『일원곡』, 제7권, 19~20쪽.

듣사오니 부처님이 자비모습 드리우사 중원국토 백억화신
방편으로 보이시고 금과옥조 가르치심 사랑으로 유통하사
남섬부주 중생들을 불쌍하게 여기시네 그렇거늘 어찌항차
범부들의 생각으로 성스러운 부처님뜻 그어떻게 계합하며
또한다시 부질없는 세속적인 몸으로서 까마득한 저승세계
과연어찌 할것인가 성자들과 현자들을 청하고자 하는이는
모름지기 사자힘을 빌려야만 할것이라 그러므로 부처님의
자비하신 가호속에 무탈하게 거주하는 대소설판 재자들이
이생에선 복과수명 더욱더욱 늘이옵고 다음생엔 미타정찰
왕생하기 원이오매 명부세계 시왕전에 살아생전 칠칠재를
여법하고 정성스레 닦아가려 하나이다 그러므로 조심스레
병법사문 아사리와 바라지와 법사승을 법에따라 명하옵고
특별하게 저희들이 이가람에 나아와서 명부세계 시왕도량
아주활짝 열어놓고 하룻밤을 지새면서 번을달고 첩을내고
청정하게 결계하고 단세우고 장엄하여 삼십오편 예수재의
과의법식 준수하며 명부지폐 향과꽃과 등과촛불 마련하고
싱그러운 차와과일 향기로운 음식이며 장엄하고 엄숙하온
공양의궤 갖추옵고 년월일시 사직사자 간절하게 청하오니
허공으로 지상으로 불꽃으로 오옵소서 첫째년직 사천사자
둘째월직 공행사자
셋째일직 지행사자 넷째시직 염마사자 위와같은 사자님께
엎드려서 바라오니 총명하게 헤아리고 정직하게 행하소서
명부세계 문서들고 질풍처럼 다니시되 천둥처럼 오셨다가
번개처럼 가시도다 풍겨오는 모습이여 너무나도 당당하고
거룩하신 그힘이여 헤아리기 어려워라 받은명을 행하심에
때를넘지 않으시고 사사로움 없는바램 너무나도 깔끔해라
다만오직 바라오니 지극한덕 부찰이여 신묘자비 바라오니
광명으로 내리소서 우직하온 충정으로 삼가소를 올리니
다491)

---

491) 聞金人垂相示中土之化身玉敎流慈憫南洲之劣輩然凡情詎通聖意況俗體難遭幽

위 사자소에서 알 수 있듯, 힘없는 세속 세계 중생들은 명부세계 사자의 힘을 빌려 이생에서는 수명장수를 누리고 다음 생엔 왕생극락하길 발원하는 데 연직·월직·일직·시직 등의 사직사자에게 생전예수재 동참재자들의 서원이 담긴 문서를 명부세계에 전달하기 위해 사자들을 청하는 것으로 볼 수 있다. 사자는 이 문서를 명부시왕님께 전달하여 명부를 관장하는 시왕을 비롯한 일체권속이 생전예수재 설판 도량으로 강림할 수 있도록 한다. 이와 같은 발원은 다음에 이어지는 유치(由致)[492]에서 보다 정확하게 확인할 수 있다.

> 염라대왕 저승문서 손에덜컥 쥐옵고는 인간세상 첩사로써
> 그의할일 다하심에 저승에서 이승으로 오고감이 잠깐이고
> 이승에서 저승으로 가고옴이 순간이라 만에하나 사자위신
> 의지하지 않는다면 누가능히 지성세계 이르를수 있으리오
> 그러므로 부처님의 자비하신 가호속에 무탈하게 거주하는
> 대소설판 재자들이 이생에선 복과수명 더욱더욱 늘이옵고
> 다음생엔 미타정찰 왕생하기 원이오매 명부세계 시왕전에
> 살아생전 칠칠재를 여법하고 정성스레 닦아가려 하나이
> 다[493]

關若欲請召聖賢必須假於使者由是卽有大韓某住所居住某人保體現增福壽當生淨利之願預修十王生七之齋謹命秉法闍梨一員及法事僧一壇以今月今日就於何寺開峙冥司十王道場約一夜揚幡發牒結界建壇式遵科儀特備冥錢香花燈燭茶果珍食供養之儀端請年直四天使者月直空行使者日直地行使者時直琰魔使者右伏以聰明正直捷疾持符其來也迅若雷奔其去也速如電急威風莫測聖力難思不違有命之期允副無私之望今年今月今日今時幸乞神慈同垂光降仰惟至德俯察愚衷謹疏. 安震湖, 『釋門儀範』, 上, 160~161쪽.

492) 동봉정휴, 『일원곡』, 제7권, 21~22쪽.
493) 冥界之符文作人間之捷使往返斯須廻旋頃刻記四洲善惡之多少奏十殿冥王之聖聰秋毫不忒正直無邪若不假於威神誰能達於至聖. 安震湖, 『釋門儀範』, 上, 161쪽.

[그림 52] 소청사자편494)

 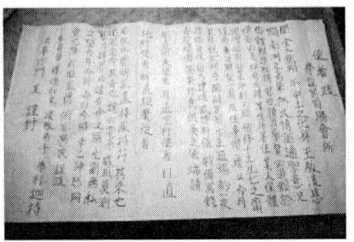

(6) 안위공양편(安慰供養篇)

안위공양은 말 그대로 편안하게 위로하고 공양을 올리는 의식이다. 그 대상은 참석 대중의 발원을 명부세계에 전달하기 위해 도량을 찾은 사자(使者)들이다. 도량에 모셔진 사자들에게 정성을 다해 공양을 올리는 의식의 진행은 사자들을 설단에 모시고 이어 다(茶)공양을 올린 후 일체 공양이 부족함이 없도록 사다라니(四陀羅尼)를 염송한다. 이어 가지게를 진행함으로써 각 공양을 부족함 없이 흠향(歆饗)할 수 있도록 한다. 다음 재자(齋者)들이 명부세계를 관장하는 열 시왕을 비롯한 그 권속들을 청하는 행첩소(行牒疏)를 읽는다. 행첩소는 중생 개개인의 선악에 관한 기록을 담은 것으로서 여길 수 있지만 본문에서 밝힌 수설명사승회소(修設冥司勝會所)의 내용으로 보아 명부세계 일체 권속들을 생전예수재가 봉행되는 이 도량으로 강림하실 것을 발원하는 초청장으로 볼 수 있다.495) 다음은 행첩소의 내용 중 일부496)이다.

> 거룩하고 크신사랑 법신보신 화신이여 지장보살 크신성자
> 육광보살 마하살과 좌보처로 도명존자 우보처로 무독귀왕
> 육대천조 일체현성 성중들을 청하옵고 다음으로 소청하니

---

494) 출처: 청룡사, 이종기.
495) 사실 행첩소를 초청장으로 단정 지어 설명하기란 쉽지 않다. 왜냐하면 이어지는 봉송사자편에 청장과 물장이 등장하기 때문이다. 그러므로 재 의식의 구성상 행첩소가 곧 청장과 물장으로 볼 수 있다.
496) 동봉정휴, 『일원곡』, 제7권, 28~29쪽.

십대명왕 비롯하여 태산부군 청하옵고 이십육위 판관이며
삼십칠위 귀왕이며 삼원장군 오도대신 한량없는 성중들을
공경스레 청하옵고 다음으로 소청하니 모든위의 명관들과
저승문서 보관하는 자료실의 사서들과 판관들과 귀왕들과
선과악의 부서들과 감재사자 직부사자 사직사자 청하옵고
소머리의 나찰이며 말머리의 나찰이며 아방들과 졸리들과
평범하온 관리들과 이름석자 알수없고 직위마져 알 수 없고
헤아릴수 전혀없는 일체권속 들이시여 간절하온 마음으로
정성다해 바라오니 은근하게 따르시고 정성굽어 살피시며
자시자정 되기전에 가지력을 빌리시고 각기품서 의지하여
이법연에 오옵소서 오늘시주 이를받아 널리크게 공양하니
우선먼저 사직사자 들고오신 저승문서 두손모아 우러르어
지성스레 공양하고 하늘나라 비롯하여 저승세계 이르도록
아름다운 법의자리 모두함께 모시오되 어기거나 지체함이
일체없게 하오리니 수고롭다 생각말고 굽어살펴 주옵소서
조심스레 행첩소를 삼가올리 옵나이다[497]

[그림 53] 사자단과 행첩[498]

497) 大聖大慈法報化三身諸佛地藏大聖六光菩薩道明　無毒六大天曺一切聖賢等衆
　　次及召請十大冥王泰山府君二十六位判官三十七位鬼王三元將軍五道大神等衆
　　次及召請諸位冥官案列諸司判官鬼王善惡二符監齋直符四直使者牛頭阿房
　　卒吏諸班不知名位難思難量一切眷屬等衆咸冀上遵密語俯鑑精誠克於子時之前
　　仗此加持之力各依品叙齊赴法筵受今施主廣大供養右仰四直使者賷持文牒上遊
　　天界下及幽冥速疾遍請咸準法筵不憚劬勞希毋違滯謹牒. 安震湖, 『釋門儀範』,
　　上, 164~65쪽.
498) 출처: 청룡사, 본인 촬영.

(7) 봉송사자편(奉送使者篇)

명부세계를 관장하는 지장보살과 십대명왕, 그리고 그의 권속들이 도량에 강림하길 발원하는 행첩소를 사자들에게 전해주면 사자는 행첩소를 명부세계에 전달하기 위해 도량을 떠나야 한다. 그러므로 봉송사자편은 사자를 명부세계로 돌려보내는 의식이다. 여기에서 주목해야 할 것이 바로 사자가 도량을 떠난 후 참여대중은 다시 한 번 간절하게 명부세계의 지장보살과 도명·무독귀왕을 비롯한 십대명왕과 그 권속 그리고 명부세계의 여러 관리들이 꼭 도량에 강림할 것을 발원하는 청장(請狀)과 물장(物狀)을 염송한다. 청장은 살아 있는 자의 수명장수와 복을 빌어 사후 극락왕생하길 발원하기 위해 지장보살을 위시한 도명·무독 양대 성자를 위시한 명부시왕이 강림하길 서원하는 내용이고 물장은 선망조상 영가님을 보호하고 그들을 제도하기에 힘쓰고 있는 지부성중과 그 권속들을 위해 공양을 마련하였음을 밝혀 강림하길 발원하는 내용을 담고 있다. 다음은 청장과 물장의 일부 내용[499])이다.

① 청장(請狀)

대소설판 재자들이 저희자신 위하여서 이생에선 복과수명
더욱더욱 늘이옵고 다음생엔 미타정찰 왕생하기 원이오매
오늘이제 청정하온 수월도량 이르러서 정성스런 마음으로
진리자리 마련하고 남섬부주 교화주인 지장대성 비롯하여
도명무독 양대성자 석범호세 육대천주 명부시왕 제조판관
귀왕장군 동자사자 하고많은 영재들께 우러르어 고하오
며[500])

---

499) 동봉정휴, 『일원곡』, 제7권, 30~31쪽.

500) 特爲己身現增福壽當生淨刹之願就於某寺以今月今日虔設法筵仰告南方化主地藏大聖爲首道明無毒兩大聖者釋梵護世六大天主冥府十王諸曹判官鬼王將軍童子使者諸靈宰等盡地府界一切聖賢衆不捨慈悲的於今夜聞奉請之音俱臨法會.安震湖, 『釋門儀範』, 上, 166쪽.

본문 내용에서 확인 할 수 있듯이 청장을 염송하는 이유는 재 의식에 참여한 살아 있는 대중이 스스로의 수명이 늘고 복을 받으며 사후 극락왕생하길 염원하기 위한 것이다.

② 물장(物狀)

> 대소설판 재자들이 지극정성 기울이고 선망조상 영가님을
> 특별하게 위한고로 아미타불 극락정토 왕생하기 원이오매
> 오늘이제 청정하온 수월도량 이르러서 명사들을 비롯하여
> 시왕성재 수설하고 차와과일 메와떡을 정성스레 올리옵고
> 금전은전 준비하고 구름말과 구름낙타 청정하온 공양구를
> 모두함께 마련하고 지부성중 비롯하여 여러부서 높은관리
> 셀수없는 권속들께 엎드려서 청하오니[501]

위에서 설명한 물장의 내용으로 생전예수재가 살아 있는 자만을 위한 한정된 재 의식이 아님을 알 수 있다. 이는 현행 생전예수재가 오직 살아 있는 자를 위한 재 의식이라는 인식과는 차별되게 그 목적을 확대 해석할 수 있는 것으로 볼 수 있다. 비로소『예수천왕통의』에서 밝힌 생전예수재의 설행 목적을 이 대목에서 확인할 수 있다.

먼저, 물장에서는 영가(靈駕)들의 극락왕생을 발원하기 위해 명부시왕을 비롯한 그의 권속들 그리고 명부에 소속된 헤아릴 수 없는 관리들에게까지 공양을 진설하고 서원하여 그들이 강림하길 발원한다. 현행 생전예수재와는 차별되는 것으로 현행 생전예수재서는 영가의 왕생극락을 위해서 영가를 직접 청하고 그들을 깨우쳐서 왕생극락하길 발원하는 의식으로 구성되어 있다.[502] 그러나 본문 제1장『예수천왕

---

501) 某氏靈駕往生淨刹之願就於某寺以今月今日修設冥司十王聖齋茶果飯餠金銀錢
    文雲馬駱駝淸淨供具章表一緘伏請地府聖衆. 安震湖,『釋門儀範』, 上, 167쪽.
502) 대령·관욕·전시식 의식 등이 이에 해당한다. 만약 영가를 천도하고자 하는
    재 의식이라면 당연히 이와 같은 형식으로 절차가 전개되어야 하지만『예수

통의』에 설명된 생전예수재의 목적을 보면 왜 물장이 존재하는지를 짐작할 수 있게 한다.

> 대왕께서 살아생전 지극하신 성심으로 마흔아홉 번에걸쳐 시왕에게 공양하며 공덕닦고 선행함에 부족함이 없었는데 은혜받은 시왕들이 어찌그를 모르리까 그렇지만 대왕이여 <u>시왕들은 그렇지만 열시왕의 종관들과 그에따른 권속들은 널리베푼 왕의공양 받은적이 없으므로 언제든지 그마음에 아쉬움이 있었기에</u> (…중략…) 세상에는 종관들의 이름패가 없는지라 청할수도 없거니와 공양할수 없으므로 나와같은 죄인들의 잘못만이 아닙니다 다만오직 바라오니 고매하신 명사시여 <u>사바세계 중생들을 어여쁘게 여기시고 대자대비 크신사랑 저버리지 마시옵고 종관명목 기록하여 죄인에게 주신다면 제가본국 돌아가서 인간세상 널리전해 미혹속에 깊이빠진 한량없는 중생들을 남김없이 빠짐없이 모두제도 하오리다</u> (…중략…) <u>열시왕의 종관목록 이세상에 전해지고 어리석은 사람들을 지혜롭게 깨우치니</u> 서로서로 전해받아 여법하게 재를닦아 명사들의 숨은고통 면하도록 해주니라

위 『예수천왕통의』의 일부 내용은 "시왕 권속들이 병사왕에게 왕이 베푼 공양을 받은 적이 없음을 알리고 병사왕은 권속들이 누구인지 몰랐기에 공양을 올릴 수 없었음을 설명한다. 그리고 이후 권속의 목록에 얻어 이후 생전예수재에서 그들에게 공양 올리게 되었다"라는 내용이 담겨 있다. 또한 금은전의 제작 목적은 살아 있는 자가 갚아야 할 전생 빚을 상징하기도 하지만 선망조상 영가들이 복을 받아 극락 왕생하길 기원하여 법식에 맞춰 만들게 되었음을 짐작할 수 있다.

천왕통의』에서는 영가를 직접 청하는 것이 아닌 영가를 제도하는 명부시왕 권속들을 청해 그들을 찬탄하고 공양한다.

명부세계 시왕전에 명왕재를 베풀면서 돌아가신 영가들로
복을받게 하려하여 수생전을 바치지만 찢어지고 <u>구격진돈</u>
<u>가려내지 아니하고 저승화폐 만드는법 의지하지 아니한채</u>
<u>명왕에게 바치므로 명왕들이 받지않고 이곳에다 던져버려</u>
산을이룬 것입니다

결국 청장·물장은『예수천왕통의』에 내용을 바탕으로 살아 있는
자와 그와 인연 있는 선망조상 영가 모두를 위한 재 의식인 것이 분명
하고 재 의식의 전개는 그들과 직접적으로 관계된 성현을 청한 후 그
들을 찬탄하고 공양하는 데 목적을 두고 있다.

참고로 청장과 물장은 행첩소와 더불어 글로 써서 사자의 위패를
봉송할 때 같이 소(燒)한다. 장(狀)은 곧 문서를 상징하기 때문이
다.503)

[그림 54] 봉송사자편504)

---

503) 이는 의식의 음악적 전개와는 상관없이 진행해야 할 것으로 판단한다. 행첩
소는 소리가 전해지고 있지만 청장과 물장은 소리구성에 관한 자료를 확인
할 수 없다. 그러므로 편지형태로 써서 사자를 봉송할 때 태워야 할 것으로
여긴다.

504) 사자에게 명부관리를 청하기 위한 행첩소를 읽은 후 사자패를 태우는 것으
로 사자봉송의식이 마무리된다. 참고로 사자를 법당 밖으로 모신 때는 연
(輦)을 사용할 것을 주문한다. 출처: 청룡사, 이종기.

(8) 소청성위편(召請聖位篇)

소청성위는 사자를 봉송한 후 진행하는 데 이 의식을 진행하기 전 『석문의범』에서는 먼저 관욕단(灌浴壇)505)을 차릴 것을 제시한다. 이는 욕실을 만들고 삼신패·육광패·천조패·도명무독패·범석천왕패 등을 별도로 모실 수 있도록 다섯 구역으로 나눠 만들어 성현의 강림을 준비한다.506) 관욕단을 마련한 후 상단 의식을 시작하는데 이는 불 · 보살이 도량에 강림하여 생전예수재의 원만한 설행을 증명하길 발원하는 내용을 담고 있다. 흔히 상상단(上上壇)·증명단(證明壇)이라 고도 하는데 의식의 진행은 비로자나부처님을 위시한 삼신불(三身佛) 과 지장보살·육광보살·육대천조·도명존자·무독귀왕·사대천왕 등을 청하는 것으로 구성한다. 이와 같은 목적은 소청성위소(召請聖位疏)에서 확인할 수 있다. 다음은 소청성위소의 일부507)이다.

> 위의모든 성자들께 엎드리어 바라건대 부처님의 크신은혜
> 두루끼쳐 주시오매 느낌있는 마음들을 어긋나게 마시옵고
> 가르침의 법력일랑 헤아리기 어려우매 가이없는 중생들을
> 능히건져 주옵소서 또한다시 엎드려서 지성으로 비옵나니
> 각천이신 부처님은 황금빛의 모습이라 자비광명 범부에게
> 고루비춰 주옵시고 허공같은 부처님법 실로영험 스러워라
> 크신위덕 이땅위에 감통하게 하시오네 이제오늘 저희들이
> 청정공양 닦으오니 사랑하는 그마음을 듬뿍내려 주옵소서
> 선정에서 나오시어 광명으로 임하시매 <u>자비하신 부처님은</u>
> <u>증명하여 주옵소서</u> 마음모아 귀의하며 삼가소를 올리니
> 다508)

---

505) 현행 생전예수재의 관욕의식은 영가를 대상으로 하고 있지만 조선시대 생전 예수재에서 봉행하는 두 번의 관욕의식은 모두 상·중단에 모셔지는 불·보 살을 위한 것이다.

506) 沐浴所則別作五區位牌則三身牌六光牌天曹牌道明無毒牌梵釋天王牌也. 安震湖, 『釋門儀範』, 上, 167쪽.

507) 동봉정휴, 『일원곡』, 제7권, 34~35쪽.

소청소위소 이후 불·보살을 청하는 연유를 밝힌 유치(由致)와 각각의 불·보살을 찬탄하는 청사(請詞)가 이어진다.

[그림 55] 소청성위편509)

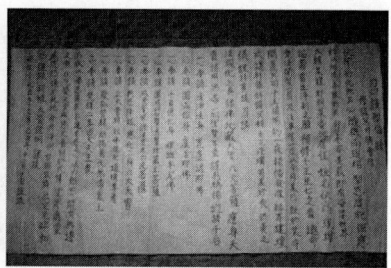

(9) 봉영부욕편(奉迎赴浴篇)

봉영부욕편은 현행 생전예수재에서는 봉행하지 않는다. 아직까지 뚜렷하게 그 이유를 확인하지 못했지만 구해 스님을 비롯한 일부 범패승의 증언을 빌리면 과거 40년 전까지는 행했던 의식으로 짐작할 뿐이다. 다만 2009년 11월, 능해 스님의 증언은 참고사항으로 여길 법한데, 1970년대 이화응(和應) 스님이 집대성한 것을 1980년대 박삼우(三愚) 스님이 장벽응(碧應) 스님의 감수(監修)를 거쳐 『예수재의범』이란 의식집으로 편찬했을 당시 일부 스님들이 "어떻게 감히 중생이 부처님을 목욕시킬 수 있겠는가? 그러므로 이와 같은 의식은 생략함이 마땅하다"라고 한 점으로 미뤄 당시 범패승들이 의도적으로 생략했음을 추측할 수 있다.510) 이는 현행 생전예수재가 범패승들에 의해

---

508) 右伏以佛恩周庇不違有感之心法力難思能濟無邊之衆伏乞覺天金相慈光普照於凡情空界眞靈威德感通於此地今修淨供望賜哀憐出定光臨和南謹疏仰惟大覺證明謹疏. 安震湖, 『釋門儀範』, 上, 169쪽.

509) 출처: 청룡사, 이종기.

510) 2009년 11월 28일. 칠장사. 능해 스님 증언. 물론 현행 생전예수재 관련 의식집은 1980년 이후 만들어진 것을 활용하고 있다. 그렇기 때문에 관욕의

임의적으로 변화된 견기이작형 재 의식임을 증명하는 것이다. 그러나 생전예수재의 올바른 설행을 위해서는 봉영부욕편을 반드시 복원해야 한다. 이유는 생전예수재의 증명을 위해 도량에 강림하는 허공세계의 형상 없는 불·보살, 성현들을 관욕의식을 통해 형상으로 표현하여 참 석대중이 성현의 존재를 눈으로 확인할 수 있도록 하기 때문이다. 더 군다나 이는 신심을 북돋우게 할 수 있는 훌륭한 방편이다.[511]

봉영부욕은 먼저 강림한 불·보살이 관욕실로 향할 것을 발원하고 대중이 바라(鈸)를 울리고 음악을 연주하며 위목·위패를 관욕실로 옮 긴다. 이와 같은 의식의 바탕은 입실게송[512]에서 확인할 수 있다.

> 룸비니의 동산에서 이세상에 오실때에 금색묘신 추하거나
> 지친모습 없으셨네 범정이익 주시고자 냇물가로 임하시니
> 이제관불 도생함도 마땅하다 하리이다[513]

이와 같은 관욕의식은 『수행본기경』[514](修行本起經)의 보살강신품 (菩薩降身品)에서 유래한 것으로 전해진다.

> 마침내 열 달이 차서 사월 파일이 되었는데 부인은 나가
> 서 유람하며 무우수 아래를 지나다가 문득 오른쪽 겨드랑이
> 로 태자를 낳으셨다. 갓 태어난 태자는 일곱 걸음을 걸으며
> 한 손으로는 하늘을, 또 한 손으로는 땅을 가리키며 말하기

식의 생략은 적어도 30년 전부터 이뤄졌을 것으로 추측한다.

511) 법당에 모셔진 불상과 탱화 등도 사실, 중·하근기의 중생에게 깨달음을 얻 도록 하는 방편의 역할로 조성된 것이다.

512) 동봉정휴, 『일원곡』, 제7권, 41쪽.

513) 毘藍園內降生時 金色妙身無厭疲 凡情利益臨河側 今灌度生亦復宜. 安震湖, 『釋門儀範』, 上, 173쪽.

514) 2권. 후한(後漢)의 축대력(竺大力) 등이 번역함.『과거현재인과경』과 동본임. 『佛敎大辭典』, 上, 1456쪽.

를, "하늘 위와 하늘 아래서 오직 나만이 높도다. 세계가 모두 괴로움이므로, 내가 장차 편안하게 하리라"고 하였다.

바로 그때에 하늘과 땅은 크게 진동하고 삼천 대천세계는 환하게 밝아졌으며 제석과 범왕이며 사천왕은 그의 권속들인 여러 용·귀신·야차·건달바·아수라 등과 함께 와서 태자를 모시며 호위하였고, <u>용왕의 형제 가라(迦羅)와 울가라(鬱迦羅)는 왼편에서 따스한 비를 내리고 오른쪽에서 찬비를 내렸으며</u>, 제석과 범왕은 접근하여 하늘 옷으로 감쌌고, 하늘에서는 꽃과 향을 내리며 거문고를 뜯고 악기를 울리며515)

보살강신품에서 용왕이 갓 태어나 아기 부처님을 관욕한 것이 유래가 되어 이후 많은 의식에서 관욕의식을 행하게 된다. 흔히 부처님 오신 날, 대부분의 사찰에서 행하는 관불식(灌佛式)이 그 대표적인 관욕의식으로 여길 수 있다. 이와 같은 예를 들어 보면 '중생이기 때문에 부처님을 목욕시킬 수 없다'라는 기존 범패승의 개념은 설득력이 없어 보인다.

---

515) 到四月七日,夫人出遊,過流民樹下,衆花開化,明星出時,夫人攀樹枝,便從右脅生墮地.行七步,擧手而言:天上天下,唯我爲尊,三界皆苦,吾當安之.應時天地大動,三千大千刹土莫不大明.梵四王,與其官屬,諸龍 鬼神 閱叉 揵陁羅 阿須倫皆來侍衛.有龍王兄弟一名迦羅,二名鬱迦羅.左雨溫水,右雨冷泉,梵摩持天衣裹之. 『高麗大藏經 지식베이스』(인터넷: http://kb.sutra.re.kr/ritk/index.do). 검색어: 수행본기경.

[그림 56] 봉영부욕편516)

(10) 찬탄관욕편(讚歎灌浴篇)

봉영부욕편에서는 왜 증명단에 모셔진 불·보살에게 관욕의식을 행해야 하는지에 관한 정확한 목적이 드러나지 않았다. 그러나 비로소 찬탄관욕편에서 그 목적을 설명하고 있는데 그 내용517)은 다음과 같다.

> 무위라고 하는것은 측량할수 바이없고 유상이라 하는것은
> 생각하기 어려워라 티끌속에 머물지만 오염되지 아니하고
> 일체상을 떠났지만 방편으로 상을두네 몸이이미 청정한데
> 목욕할게 있으랴만 범부들을 위한고로 욕실안에 드시어라
> 동참하신 대중들은 모두함께 소리높혀 아래있는 관목게를
> 화음맞춰 외우시라518)

내용에서 밝혔듯이, 이미 깨달음을 얻은 때 묻지 않은 청정한 불·보살이기 때문에 관욕의식이 필요 없음에도 불구하고 중생들의 믿음, 즉 불·보살이 재 의식의 증명을 위해 이 도량에 강림하셨음을 알 수 있도록 방편으로서 관욕의식을 행하고 있음을 설명하고 있다.

---

516) 상단에 모셔진 상단패를 신도들이 모시고 관욕단으로 향한다. 이때도 역시 연을 사용해 이동해야 한다. 출처: 청룡사, 이종기.

517) 동봉정휴, 『일원곡』, 제7권, 42쪽.

518) 切以無爲回測有相難思居塵而不染於塵離相而有權之相身旣淸淨何須沐浴實爲凡情而納浴下有灌沐之偈大衆隨言后和. 安震湖, 『釋門儀範』, 上, 173~74쪽.

이러한 방편의 결과는 결국 재 의식에 동참한 참석대중에게 더욱 진실하고 간절한 믿음을 유발시켜 재 의식의 목적을 극대화시킬 수 있다.519)

앞서 설명한 관욕의식의 유래를 확인할 수 있는 것은 이어지는 게송인 구룡찬(九龍讚)으로 룸비니에서 아기 부처님을 목욕시키는 용왕에 관한 모습을 찬탄하는 내용을 담고 있다. 이어 관욕의식을 통해 오탁중생이 청정한 부처님의 법을 얻을 수 있기를 발원한다.

[그림 57] 찬탄관욕편520)

(11) 인성귀위편(引聖歸位篇)

인성귀의편은 생전예수재의 설행을 증명하기 위해 도량에 강림하신 불·보살에게 이제 목욕을 마치고 상단(연화대), 증명단로 강림하시길 발원하며 위목이나 위패를 옮겨 모시는 의식이다. 이때 대중 모두 "나무영산회상불보살"을 염송하는데 이는 현행 불교의식의 대표적인 짓

---

519) 물론 방편이다. 『석문의범』 하권 서문에도 밝혔듯이 상근기인은 종교 의식 자체가 필요하지 않는다. 그러나 중·하근기인은 의식이라는 방편을 통해 결국 깨달음을 얻을 수 있다. 이는 모든 종교의 뿌리가 기복신앙에 있는 것만 봐도 충분히 공감할 수 있는 부분이다. 더군다나 당시의 시대상과 의식 내용을 살펴보면 참석대중의 간절함을 그대로 느낄 수 있다.

520) 인도승은 상단패를 관욕단에 모시고 난 후 병풍 앞에 앉아 불·보살이 목욕함을 관(觀)한다. 출처: 청룡사, 이종기.

소리인 거령산으로 전해지고 있다. 거령산을 참석대중이 다 같이 소리한다는 것은 이제 비로소 불·보살이 형상으로서 대중 앞에 보이는 것을 의미한다.

인성귀의편과 흡사한 형식으로 구성된 의식이 바로 현행 괘불이운 의식이다.[521] 괘불이운에서도 거령산, 짓소리를 참석대중이 동음으로 소리할 때 괘불함에 모셔진 하나의 부처님 탱화를 영산단으로 옮겨 신성하고 거룩한 부처님으로 모신다. 당연히, 관욕의식을 마친 불·보살의 위목이나 위패는 불·보살의 형상으로 여길 수 있다.

[그림 58] 인성귀의편[522]

(12) 헌좌안위편(獻座安位篇)

현행 생전예수재는 봉영부욕편에서 인성귀위편까지 생략하고 소청 성위편 후 바로 헌좌안위편을 진행한다. 헌좌안위는 관욕의식을 마치고 증명단에 모시는 의식이다. 헌좌안위 의식을 통해 증명단에 불·보살이 연화대에 안치하는데 이때 헌좌게를 염송한다. 특히 헌좌안위편은 생전예수재의 모든 원력이 원만하게 이뤄지길 발원하는 내용[523]을

---

521) 괘불과 위목·위패의 차이점이 있지만 그 목적은 같다고 볼 수 있다. 엄연히 괘불도 형상이요, 위목이나 위패도 형상이다. 모두 방편이고 방편을 행하는 목적은 동일하다.

522) 관욕을 마친 상단패를 다시 받아들고 "나무영산회상불보살" 짓소리에 맞춰 상단으로 향한다. 출처: 청룡사, 이종기.

523) 切以道場永潔聖駕雲臻旣從有感之心必副無私之望. 安震湖, 『釋門儀範』, 上,

담고 있다.

　의식은 헌좌진언(獻座眞言)을 통해 증명단에 모셔진 불·보살에게 다(茶)공양을 올리며 마친다.

[그림 59] 헌좌안위편524)

(13) 보례삼보편(普禮三寶篇)

　이제 상단, 증명단에 생전예수재를 증명할 불·보살의 형상이 위목·위패를 모셔졌기에 참여한 모든 대중은 자리에서 일어나 영접하는 의식이 바로 보례삼보편이다. 그 내용525)을 살펴보면 다음과 같다.

> 맑은하늘 둥근달이 휘영청청 밝아오매 어두운곳 비춰내지
> 않는곳이 전혀없듯 부처님의 응화신은 느낌따라 나아가사
> 원이있는 곳이라면 필히따라 주시도다 중생들은 행동언어
> 마음으로 귀의하고 제불보살 여섯가지 신통으로 살피시네
> 그러므로 <u>우두명향 공경스레 사르옵고 어산작법 여법하게
> 부처님을 찬탄하며</u> 동서남북 사유상하 경건하고 공경스레
> 상주하신 삼보님께 믿음으로 예합니다526)

　175쪽.

524) 상단 앞에서 헌좌게, 즉 헌좌진언에 맞춰 상단패를 각 단에 모신다. 출처: 청룡사, 이종기.

525) 동봉정휴, 『일원곡』, 제7권, 45쪽.

526) 切以空月騰輝無幽不燭佛身赴感有願必從衆生以三業歸依諸佛乃六通垂鑒由是

특히 찬탄하는 방법을 향을 사르는 것과 어산(魚山)[527] 소리를 하는
것으로 구분하였는데 이 모두가 불·보살에게 예를 올리는 방편임을
설명하고 있다. 이어 증명단에 모셔진 불·보살의 큰 자비와 희사(喜
捨) 그리고 광명(光明)을 찬탄하는 사무량게(四無量偈)를 염송하고 시
방(十方)에 상주(常住)하는 삼보전에 배례(拜禮)하는 사자게(四字偈)
와 오자게(五字偈)를 끝으로 보례삼보편을 마친다. 여기까지가 상단,
증명단을 상징하는 의식이다.

(14) 소청명부편(召請冥府篇)

이제부터 중단(中壇)의식으로 들어간다. 중단을 위한 의식은 명부세
계를 관장하는 지장보살을 위시한 열 분의 시왕(十王)과 그 권속을 모
두 청하여 공양 올리는 것을 목적으로 한다. 그렇기에 생전예수재 의
식에서 가장 긴 시간과 분량으로 구성되어 진행한다. 특히 소청명부편
은 중단의식의 시작을 의미하는데 중단의식도 앞의 상단, 증명단 의식
에서처럼 관욕의식을 진행하기 때문에『석문의범』에서는 중단의식 진
행에 앞서 중단에 청해질 성현을 위한 관욕단을 먼저 설치할 것을 주
문한다. 관욕실에는 풍도패·시왕패·판관장군패·귀왕패·동자사자
패·부지명위패를 모실 수 있는 여섯 구역이 마련된다.[528]

소청명부편에서는 먼저 생전예수재가 봉행되는 도량에 명부를 관장
하는 명왕을 비롯한 옥왕·판관·귀왕·장군·아방·동자·졸리 그
리고 이름을 알 수 없는 헤아릴 수 없는 많은 무리조차도 모두 강림하
실 것을 발원하는 소청명위소(召請冥位疏)를 염송한다.

敬焚牛首高震魚音虔恭十方信禮常住三寶. 安震湖,『釋門儀範』, 上, 176쪽.
527) 생전예수재가 성행했던 당시에도 범패 성(聲)이 존재하고 있었음을 짐작할
수 있다.
528) 浴所則別設六區而位牌則酆都牌十王牌判官將軍牌鬼王牌童子使者牌不知名位
牌等. 安震湖,『釋門儀範』, 上, 177쪽.

다음은 소청명위소의 일부 내용529)이다.

위와같이 갖춘뒤에 엎드려서 바라오니 명부관조 일체현성
한량없는 이들이여 거룩하신 자비로서 이도량에 오시오되
신령스레 여유롭게 조심스레 오옵소서 저위로는 부처님의
가르침을 생각하고 아래로는 단월신심 소중하게 여기어서
한녘으로 용의깃발 높이달아 드날리고 한녘으로 봉황수레
어서어서 오르신뒤 험악하고 거친길을 마다않고 오시옵되
명부세계 여러대중 모두함께 거느리고 성스러운 이향단에
어서속히 나오시어 항하사수 묘한작용 널리두루 베푸소
서530)

소청명위소를 염송하고 난 후 바로 각 대상을 청하는 이유를 밝힌
유치와 각 대상을 찬탄하여 성현을 청하는 청사로 이어진다.

(15) 청부향욕편(請赴香浴篇)

참석대중의 발원으로 도량에 강림한 중단, 명부세계의 모든 성현을
목욕실로 인도하는 의식이 바로 청부향욕이다. 의식의 설행 목적은 상
단 관욕의식과는 조금 다르다. 상단 관욕의식은 중생들에게 불·보살
이 존재하고 있음을 믿고 의지할 수 있도록 관욕의식을 통해 그 형상
이 나타나길 발원하는 반면 중단 관욕의식은 명부를 관장하시는 어려
움에도 불구하고 참석대중을 위해 강림하신 성현을 환영하고 그들의
근심을 공감하기 때문에 각 성현을 위로하는 뜻이 담겨 있다. 이와 같
은 내용은 다음의 입실게에서도 확인할 수 있다.

---

529) 동봉정휴, 『일원곡』, 제7권, 49쪽.
530) 右具如前伏乞冥府官曹一切聖賢等衆希降聖慈望垂靈助上禀如來之勅下愍檀信
之心早布龍旌速排鳳輦毋賜叱阻奉領徒衆願赴聖壇廣施妙用僧某冒犯冥威無任
懇禱激激切之至. 安震湖, 『釋門儀範』, 上, 179쪽.

고요한방 밝은등불 밤은이미 이슥한데 맑고맑은 그마음에
서향연기 어리어라 천지간을 오고가는 한량없는 신중이여
이욕실에 나오시어 <u>근심의때 벗기소서</u>531)

[그림 60] 청부향욕편532)

(16) 가지조욕편(加持澡浴篇)

가지조욕편은 앞에서 설명한 중단 관욕의식의 목적을 좀 더 구체적
으로 확인할 수 있다. 특히 의식의 명칭을 '가지조욕'이라 칭한 것은
그 대상이 중단 성현이기 때문으로 짐작하며 이는 상단의 찬탄관욕과
는 구별되는 것으로 여겨진다. 다음은 관욕게에 관한 설명533)이다.

저희이제 이와같이 향탕수를 마련하여 일체시왕 대중들을
관욕시켜 드리오니 몸과마음 모두씻어 청청하게 하신뒤에
진공묘유 상락향에 어서증입 하옵소서534)

---

531) 靜室燈明夜色幽 氷壺藻鑑瑞香浮 天行地步諸神衆 來詣蘭湯擧錦幬. 安震湖, 『釋
門儀範』, 上, 193쪽.
532) 중단 명부세계 권속들을 관욕단으로 모시기 위해 중단패를 옮기고 있다. 출
처: 청룡사, 이종기.
533) 동봉정휴, 『일원곡』, 제7권, 49쪽.
534) 我今以此香湯水 灌浴一切十王衆 身心洗滌令淸淨 證入眞空常樂鄕. 安震湖, 『
釋門儀範』, 上, 194쪽.

(17) 제성헐욕편(諸聖歇浴篇)

이 의식은 1576년과 1632년의『예수시왕생칠재의찬요』에서는 확인할 수 없다. 다만 두 저본에서는 가지조욕편에 헌수게를 포함하여 하나의 가지조욕편으로 구성되어 있다. 그러므로 두 저본의 가지조욕편은 관욕을 한 후 중단으로 향할 것을 발원하는 제성헐욕의 내용을 그대로 포함하여 기술하고 있다.535)『석문의범』은 관욕의식과 의식이 끝난 후 중단으로 향할 것을 발원하는 제성헐욕편을 따로 분리하고 시왕전에 감로수를 올리는 헌수게 그리고 관욕실이 마련됨을 알리는 헐욕게 등으로 나눠 기술하였다.536)

헐욕게의 내용537)은 다음과 같다.

> 저희들이 정성스레 향탕수를 마련하여 시왕님을 비롯하여
> 명부대중 관욕하니 바라건대 시왕대중 법가지를 받으시고
> 몸과마음 모두함께 청정하여 지사이다538)

---

535) 朴世敏,『韓國佛敎儀禮資料叢書』, 제2집, 80, 113쪽.
536) 『석문의범』의 기술 내용에는 두 저본에는 포함되지 않은 헐욕게(歇浴偈)가 존재한다. 그러나 헐욕게가 조선시대『예수시왕생칠재의찬요』의 어느 본에 기술되어 있는지 확인하지 못했다. 다만, 이 게송이 존재하고 있기 때문에 제성헐욕편으로 나눠 기술한 것으로 여겨진다.
537) 동봉정휴,『일원곡』, 제7권, 75쪽.
538) 以此香湯水 灌浴十王衆 願承法加持 普獲於淸淨. 安震湖,『釋門儀範』, 上, 194쪽.

[그림 61] 중단 관욕539)

(18) 출욕참성편(出浴參聖篇)

출욕참성편은 불교의식에서 상단과 중단 각 대상의 서열을 짐작할
수 있는 의식이다. 즉, 출욕참성편을 통해 왜 상단에서 찬탄관욕이라
는 의식이 중단에서 가지조욕으로 바뀌었는지 그 의문점을 해결해줄
수 있다. 또한 중단에서 참석대중이 관욕을 '시켜드린다'라는 내용이
있는데 '어떻게 중생이 관욕을 시켜드릴 수 있는가'에 관한 의문도 충
분히 설명할 수 있다.

출욕참성편의 내용은 이제 목욕을 마쳤으니 이 도량으로 강림하여
성현, 즉 앞서 이 도량에 생전예수재를 증명하기 위해 강림하신 모든
불·보살에게 예를 갖춰 인사드리길 발원한다. 다음은 출욕참성편의
내용540)이다.

> 다만오직 바라오니 명부세계 시왕님들 그에따른 일체신료
> 함께하신 신중이여 예수재를 닦아가는 이도량에 오셨으니
> <u>우선먼저 성중들을 참배해야 하리이다</u> 향기로운 욕실에서
> 정단으로 나오시어 오롯하온 마음으로 두손모아 합장하고
> 조심스레 걸으시어 부처님을 뵈옵소서 저희대중 다시한번

---

539) 신도들에 의해 옮겨진 중단패를 중단 관욕단에 옮기고 인도승은 중단 명부
관리들이 관욕함을 관(觀)한다. 출처: 청룡사, 이종기.
540) 동봉정휴, 『일원곡』, 제7권, 76.

앞길인도 하오리다541)

위의 내용에서 알 수 있듯이 중단에 모셔질 성현들도 틀림없이 명부를 관장하는 신성한 존재인 것은 분명하지만 불·보살 단계에 이르지 못한, 지금도 성불(成佛)을 위해 깨달음을 구하는 중생의 위치인 것을 알 수 있다. 그러므로 당연히 상단, 증명단에 예를 올려야 한다.

[그림 62] 출욕참성편542)

(19) 참례성중편(參禮聖衆篇)

참례성중의식을 통해 중단 관욕의식을 마친 명부시왕을 비롯한 명부권속들이 상단에 모셔진 일체 모든 불·보살과 삼보전에 예를 갖춰 배례하게 된다. 참고할 것은 이 모든 배례에 관한 의식이 참석대중에 의해 이뤄지고 있음이다. 바로 보례게(普禮偈)가 그것인데 이 게송에 맞춰 삼보전를 비롯한 시방에 상주하는 모든 불·보살에게 배례한다. 배례의식은 비록 명부를 관장하는 성스러운 위치에 있지만 삼보(三寶)전에 귀의하고 그 대상 스스로가 깨달음을 구하고 있음으로 이해할 수 있다.

---

541) 惟願冥府十王一切僚宰等衆欲詣道場先叅聖衆請出香浴速赴淨壇今當專心合掌徐步前行大衆無勞再伸迎引. 安震湖, 『釋門儀範』, 上, 194쪽.
542) 중단을 관욕의식을 마친 후 상단 불·보살 전에 예(禮)를 갖추기 위해 중단 패는 상단으로 향한다. 출처: 청룡사, 이종기.

[그림 63] 참례성중편543)

(20) 헌좌안위편(獻座安位篇)

헌좌안위는 상단에 예를 올린 중단 명부 성중들을 중단으로 옮겨 안치시키는 의식이다. 앞서 상단의식에서는 관욕이 끝나고 불·보살의 위목·위패를 상단으로 모실 때 대중 모두 짓소리인 거령산, 즉 "나무영산회상불보살"을 염송하였지만 중단 헌좌안위편에서는 법성게(法性偈)544)를 염송하며 중단으로 위목·위패를 모신다. 그리고 헌좌게송의 진언도 상단의 "옴 바아라 미나야 사바하"가 아닌 중단의 "옴 가마라 승하 사바하"를 염송한다. 이는 상단과 중단을 구별하여 성현의 지위를 나타내는 것으로 이해할 수 있는데 이는 중단을 아래에 둠으로써 상단의 신성함을 더욱 강조하는 것으로 여길 수 있다.

[그림 64] 헌좌안위편545)

---

543) 상단 앞에 멈춘 중단패는 중단에 모셔지기 전, 상단 불·보살에게 먼저 세 번의 예를 갖추게 된다. 출처: 청룡사, 이종기.
544) 신라의 의상 스님이 중국에서 『화엄경』을 연구하면서 그 뜻을 요약하여 게송으로 적은 노래. 『佛敎大辭典』, 上, 822쪽.
545) 상단에 예를 올린 중단패는 중단에 모셔지게 된다. 출처: 청룡사, 이종기.

(21) 기성가지편(祈聖加持篇)

(21) 기성가지편부터 (23) 공성회향편은 이미 앞장에서 설명한 것처럼 1632년 본에서 보이는 생전예수재의 약례의식을 옮긴 것으로서 만약 생전예수재를 약례로 진행할 경우에 해당하는 의식으로 추측한다. 그러나 정례로 진행할 경우라면 동일한 목적의 의식을 반복하지 않기 위해 지금의 의식은 생략하는 것이 옳을 것으로 여긴다.

만약, 약례로 진행한다면 이후 등장하는 상단과 중단의 가지변공편을 생략하거나 하단의 가지변공편은 일반, 공양의식으로 대처해야 함이 옳다. 이와 같은 의식 정립은 앞서 소개한 1576년과 1632년『예수시왕생칠재의찬요』에 근거한 것이다. 기성가지편은 네 가지 진언을 통해 참석대중이 올린 모든 공양구가 부족함이 없도록 하여 모든 성현에게 전해지길 발원한다.

(22) 보신배헌편(普伸拜獻篇)

보신배헌편은 상단과 중단에 올리는 공양의식이다. 특히, 중단 공양의식에 더 많은 비중을 두고 있다. 이는 1576년 저본에서 보신배헌편의 공양 대상이 중단에 모셔진 풍도대제존을 비롯한 명부 권속들로 확인됐기 때문이다.[546] 이후 1632년과 1935년에는 공양 대상을 상단과 중단의 모든 성현을 포함한 형식을 취하고 있다. 이와 같은 의식 전개로 인해 앞으로 모셔질 하단의식에는 이 보신배헌편을 구성하지 않는다.

보신배헌편이 상단과 중단 성현을 위한 것임을 내용에서 확인할 수 있는데 이는 불·보살과 성현에게 공양하는 향·등·청정수·꽃·차·과일을 비롯한 육법공양이 의식에 포함되어 있기 때문이다. 다음은 보신배헌편의 일부 내용[547]이다.

---

546) 朴世敏, 『韓國佛敎儀禮資料叢書』, 제2집, 83쪽.

바라건대 일주향은 해탈지견 내음되고 바라건대 마음등불
반야지의 광명되고 바라건대 청정수는 감로제호 맛이되고
바라건대 이공양은 법희선열 되어지고 바라건대 이꽃이여
만행화로 피어나고 바라건대 이번이여 여래옷이 되어지고
바라건대 이차한잔 감로미로 올려지고 바라건대 이과일은
선도향기 그윽하고 이와같이 번을달고 꽃을꺾어 드리옵고
싱그러운 차와과일 정성스레 올리나니 세간장엄 나아가서
묘법공양 이룸이라 자비쌓여 된것이요 선정지혜 훈덕이라
이와같이 아름답고 향기로운 진수로써 지극정성 다기울여
삼가배헌 하나이다548)

또한 육법공양을 올린 후 가지게를 염송하며 상단과 중단에 모셔진
모든 성현에게 공양을 올린다.

(23) 공성회향편(供聖回向篇)

앞에서 올린 모든 공양구가 결국 생전예수재의 원만한 회향으로 이
뤄질 수 있었음이 모두 일체 불·보살의 가피였음을 확인하고 이러한
인연공덕으로 인해 육도(六道) 윤회(輪回)하는 모든 중생은 성불(成
佛)에 이르고 명부에 있는 영가들은 천도되며 현생의 중생들은 편안
하게 살아갈 수 있도록 모든 것이 원만하고 태평하길 발원하는 내용
으로 이뤄져 있다. 앞에서도 언급하였듯이 이는 약례로 생전예수재를
봉행할 경우에 해당한다. 정례일 경우는 기성가지편부터 현재의 공성
회향편까지 생략하고 (20) 헌좌안위편 후 바로 하단의식인 소청고사
판관편으로 이어간다.

---

547) 동봉정휴, 『일원곡』, 제7권, 75쪽.
548) 上來加持已訖變化無窮願此香爲解脫知見願此燈爲般　若智光願此水爲甘露醍
醐願此食爲法喜禪悅乃至幡花互列茶菓交陳卽世諦之莊　嚴成妙法之供養慈悲
所積定慧所熏以此香羞特伸拜獻. 安震湖, 『釋門儀範』, 上, 197쪽.

(24) 소청고사판관편(召請庫司判官篇)

이제 상단과 중단에 이어 비로소 하단의식의 시작이다. 소청고사판
관편에서 가장 중요한 것은 중단 앞에 진설하였던 금은전과 예수재용
품(수생경·금강경 등) 등을 고사단, 즉 하단 앞으로 옮기는 의식이다.
이 의식은 거불을 마친 후 진행하도록 『석문의범』에 기술되어 있
다.[549]

금은전이운의식이 끝나고 나면 바로 고사·판관을 청하는 연유를
밝힐 유치와 각 대상을 찬탄하며 청하는 청사로 이어진다.

[그림 65] 소청고사판관편[550]

(25) 보례삼보편(普禮三寶篇)

보례삼보편에 앞서 한 가지 유의할 것이 하단의식에는 관욕의식이
없다는 점이다. 이는 하단에 청해 모시는 대상이 바로 명부세계에서
창고의 출납을 담당하는 관리이기 때문이다. 하단 관리의 강림은 단순
히 참석대중이 정성을 다해 마련한 금은전을 비롯한 예수재용품 등을

---

549) 安震湖, 『釋門儀範』, 上, 199쪽.
550) 중단 앞에 자리했던 금은전(예수재용품)을 하단 고사판관 앞에 모신 후 금은
     전이운 의식을 한다. 사실 금은전을 옮기는 것은 참여대중 모두가 짓소리
     "나무 마하반야바라밀" 소리하며 행한다. 그러나 2010년 1월 24일 청룡사
     예수시왕생칠재 복원 법회에서는 장소가 협소한 관계로 중단에서 하단으로
     미리 옮긴 후 이운의식을 봉행하였다. 출처: 청룡사, 이종기.

시왕전에 보고하거나 제대로 전해질 수 있도록 하는 소임이기에 참석 대중에게 복을 주는 성스러운 역할은 아니기 때문이다. 그러므로 공양을 올리는 방법에서도 앞의 상단·중단과는 차별되어 일반적인 공양 의식으로 진행한다.

이와 같은 하단 명부 창고를 맡은 관리들의 지위는 지금의 보례삼보편을 통해서도 쉽게 짐작할 수 있다. 내용은 도량에 강림한 하단명부 관리들이 먼저 상단, 불·보살에게 배례하고 이어 중단 명부 성현에게 배례하는 것으로도 알 수 있다. 다음은 보례삼보편 일부 내용[551]이다.

> 거룩하신 삼보님은 만나기가 어려운법 그와같은 생각으로
> 믿고예하 옵나이다 바로이어 이아래에 보례게가 있사오니
> 대중들은 나를따라 모두함께 송하시라 시방세계 무 상 존
> 오지십신 갖추신분 거룩하신 부처님께 두루예하 옵나이다
> 시방세계 이 욕 존 오교삼승 담긴진리 거룩하신 가르침에
> 두루예하 옵나이다 시방세계 중 중 존 대승소승 금강승등거
> 룩하신 스님들께 두루예하 옵나이다 풍도대제 신중들께 두
> 루예하 옵나이다 시왕부군 신중들께 두루예하 옵나이다 판
> 관귀왕 신중들께 두루예하 옵나이다[552]

내용에서 살필 수 있듯이 참석대중은 예수재 용품을 접수하여 시왕 전으로 옮길 목적을 도량에 강림한 하단 관리에게 불·보살을 만나 뵙기가 어렵고 삼보전에 예를 올릴 기회가 많지 않음을 알려 스스로 삼보 전에 예를 올리고 성현들을 친견하길 발원한다. 역시 하단관리

---

551) 동봉정휴, 『일원곡』, 제7권, 91쪽.
552) 懇意萬端想三寶之難逢傾一心而信禮下有普禮之偈大衆隨言后和普禮十方無上尊五智十身諸佛陀普禮十方離欲尊五教三乘諸達摩普禮十方衆中尊大乘小乘諸僧伽(次禮中位壇)普禮酆都大帝衆普禮十王府君衆普禮判官鬼王衆. 安震湖, 『釋門儀範』, 上, 200쪽.

또한 중생의 범주로 치부한 흔적이 드러나는 대목이다.

[그림 66] 보례삼보편553)

(26) 수위안좌편(受位安座篇)

상단과 중단에 모셔진 성현에게 배례한 후 고사·판관을 하단으로 모시는데 특이한 점은 상단과 중단에서 각 대상을 모실 때 염송하는 헌좌진언(게송)을 염송하지 않는 점이다. 이는 상·중단의 하위 개념임을 입증하는 것으로서 상·중·하의 지위 개념을 명확하게 보여주는 것이라 할 수 있다. 참고로 불교의식에서의 헌좌게는 두 가지로 전해진다. 상단 불·보살을 청해 모실 때는 "옴 바아라 미나야 사바라" 그리고 중단일 경우 "옴 가마라 승하 사바하"가 그것이다. 그러므로 의식에서 염송하는 헌좌게송에 따라 그 대상의 지위를 가늠할 수 있다.

만약 생전예수재의 하단의식에서 헌좌게송이 존재한다면 그리고 그 게송의 진언이 "옴 가마라 승하 사바하"라고 한다면 이는 하단 명부 관리의 지위가 중단 명부성현과 동일한 것이 된다. 그러나 아쉽게도 현행 생전예수재에서는 하단 관리에게조차 중단 헌좌게송인 "옴 가마라 승하 사바라"를 염송하고 있어 시정을 필요로 한다.

앞에서 설명하였듯이 생전예수재는 처음 의식이 정립된 시기부터

---

553) 하단패를 모시고 먼저 상단에 세 번 예를 올린 후 다시 중단으로 향해 중단에 세 번 예를 올린다. 출처: 청룡사, 이종기.

약례가 존재하고 있었음을 각 저본에서 확인하였다. 약례로 진행하는 시점이 명확하게 정립된 것은 1632년 저본에서 확인할 수 있는데, 특히 하단 공양의식에서『석문의범』과 같은 약례 설명이 당시부터 정립된 것임을 알 수 있다.

[그림 67] 1632년『예수시왕생칠재의찬요』약례 설명554)

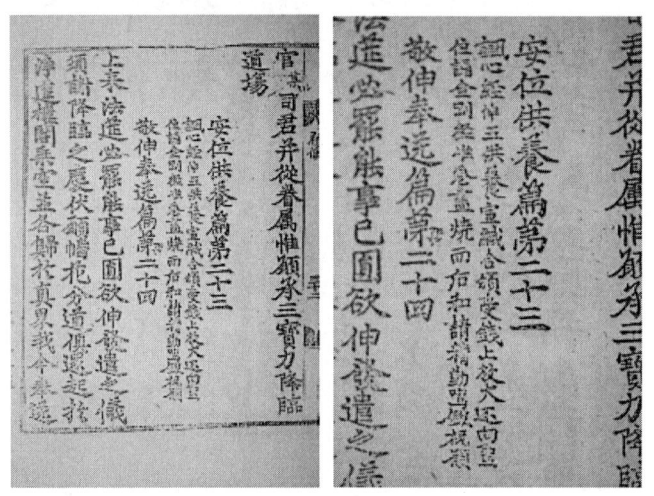

수위안좌편에서는 하단에 명부 관리를 모시고 난 후 다(多)공양을 올린다. 물론, 약례 일 경우 안위공양편으로 공양을 올려도 무방하다.

---

554) 1576년 본에서는 단지 약례에 관한 설명으로 기술되었던 것이 1632년 본에서는 안위공양편으로 재편되어 기술되고 있고 이는『석문의범』「誦心經 忙則奉茶偈 宣 緘合疏 領受錢上放火 還向聖位前 誦 金剛經 及 壽生經后 準卷 盡燒而次誦經 五供養 后 精謹 鳴鈸 祝願」본문 내용과 그 목적이 동일하다. 특이한 것은 1632년 본에서는 하단 공양의식으로 본 내용이 실려 있다는 것과 이후 바로 회향의식 절차를 진행하는 것으로 확인된다는 점이다. 이미 밝혔듯이 1632년 본은 1576년 본에 비해 의식의 전반적인 내용이 상당히 축소되어 있음을 상기해야 한다. 이는 의식 전개만 동일할 뿐 내용의 상당 부분은 생략되어 있다.

[그림 68] 수위안좌편555)

(27) 제위진백편(諸位陣白篇)

만약 앞에서 약례의식으로 생전예수재를 봉행했다면 현재의 제위진
백편부터 앞으로 전개될 가지변공은 생략함이 옳다. 그러나 약례가 아
닌 정례의식으로 진행한다면 이미 설명한 (21) 기성가지편부터 (23)
공성회향편을 생략하고 지금의 제위진백편을 진행해야 한다. 만약 앞
에서 (21) 기성가지편에서 (23) 공성회향편을 생략했다면 아직까지 상
단과 중단에 공양을 올리지 못했기 때문이다.

제위진백편은 약례가 아닌 정례로 의식을 봉행할 경우 상단과 중단
그리고 하단에 모셔진 모든 성중을 대상으로 한 공양의식임은 다음의
내용556)을 통해서 알 수 있다.

> 두손모아 마음모아 삼가아뢰 옵나이다 법당내에 함께하신
> 거룩하신 성중이여 오늘바로 이시간에 경건하게 청하오매
> 사랑으로 연민으로 향의자리 오옵소서 세속에서 전해지는
> 풍습들을 반연하여 고귀하신 자리들을 배열하긴 했사오나
> 높고낮은 서열이며 신분이며 지위들이 어긋나지 않았을까
> 실로염려 되나이다 생각하매 저희모두 우매하온 중생이라

---

555) 상단과 중단에 예를 올린 하단패는 이후 하단에 모셔진다. 출처: 청룡사, 이
　　　종기.
556) 동봉정휴, 『일원곡』, 제7권, 92~93쪽.

성중들의 높고낮음 알지못하 옵나이다 저희이제 엎드려서
간절하게 바라오니 총명하신 지혜로써 차례대로 앉으시고
너그럽게 인자하게 각기관용 베푸시어 저희들의 여린정성
어여쁘게 여기시고 넓고크신 아량으로 이공양을 받으소서
온갖정성 다기울여 간절하게 비옵니다[557]

내용에서 확인할 수 있듯이 만약 앞서 기성가지편에서 상단과 중단
에 공양을 올렸다면 중복된 의식임을 알 수 있고 이는 또한 제위진백
편이 하단 명부관리만을 위한 공양의식의 시작이라면 당연히 공양을
올리는 이유를 밝힌 지금의 소에서 명부관리의 명호를 언급했을 것이
다. 그러나 제위진백편의 공양 대상이 법당 내에 강림하신 모든 성중
을 모두 포함하고 있기 때문에 이는 정례의 공양의식으로 여길 수 있
다. 이와 같은 제위진백편 후 각 단, 상단과 중단 그리고 하단을 구분
하여 공양을 올리는 가지변공으로 이어진다.

(28) 가지변공편(加持變供篇): 상단

앞으로 전개될 가지변공은 상·중·하단으로 구분하여 진행된다.
먼저 가지변공편의 상단은 공양 받는 대상이 상단임을 알게 하는 내
용으로 구성되어 있다. 즉, 삼보전을 비롯한 지장대성과 육광보살·육
천조·도명무독귀왕·제석천중·사왕중 등 상단에 모셔진 일체 성현
을 위해 공양구를 진설하고 사다라니 진언을 통해 각 대상에 공양물
이 원만하게 전해지길 발원한다.

---

557) 謹白閭當聖衆今夜今時虔伸召請諒垂慈悶特降香筵乃緣世俗之相專排列寶位之
坐次實慮尊卑錯序各位差殊盖爲凡流不知高下伏望摠鑑次第就座各賜寬容矜恤
誠虔欣受供養無任懇禱激切之至. 安震湖, 『釋門儀範』, 上, 201쪽.

[그림 69] 상단 공양의식558)

(29) 가지변공편(加持變供篇): 중단

가지변공편의 중단 공양의식은 풍도대제존과 명부시왕을 비롯한 명부 성현에게 공양을 올리는데 공양의식 후 화청, 회심곡을 한다. 이는 앞의 상단의식과는 구별되는 것이다. 앞에서도 설명하였듯이 상단에 모셔지는 불·보살은 이 도량에서 봉행되는 생전예수재를 증명하기 위해 강림하신 성현임을 잊어서는 안 된다. 즉, 생전예수재의 주된 목적은 중단, 명부세계 성현을 위한 찬탄과 공양의식이다. 그러므로 1576년 본 이후 각 저본에서 중단 공양의식에 반드시 보신배헌편을 포함해 진행하는 이유도 이와 같은 재 의식의 목적 때문으로 여겨진다.

더군다나 중단 공양의식이 끝나고 나면 반드시 화청을 염송하도록 하고 있는데 이 화청의 내용은 각 저본에서 본문에 기술하고 있어 누구나 쉽게 읽어나갈 수 있도록 했다. 현행 생전예수재에서의 화청 내용은 대부분 망자를 위로하는 내용을 담고 있지만 생전예수재에서 염송하는 화청은 망자를 위로하는 내용 없이 모두, 명부시왕의 각 명호를 칭송하고 찬탄하는 내용으로 구성되어 있다.559)

---

558) 상·중·하단을 모두 청해 모신 후 먼저 상단에 사다라니 바라무를 비롯한 가지게 등의 공양의식을 봉행한다. 출처: 청룡사, 이종기.

559) 朴世敏,『韓國佛敎儀禮資料叢書』, 제2집, 84~85쪽, 116~17쪽; 安震湖,『釋門儀範』, 上, 205~207쪽.

[그림 70] 중단 공양의식560)

(30) 가지변공편(加持變供篇): 하단

가지변공의 하단의 특징은 앞의 상단과 중단, 각 대상에게 공양을 올리는 이유와 발원문 없이 진행한다는 점이다. 즉, 바로 사다라니 진언을 설함으로써 그 구성이 축소된 형태를 보이고 있다.

하단 공양의식이 마무리되고 나면 함합소(緘合疏)를 독송하게 되는데 이는 살아생전 생전예수재를 봉행했다는 증명서에 해당한다. 함합소를 하단에서 염송하는 이유는 함합소를 하단 명부 창고 관리자의 증명서로 인식하기 때문이다. 즉, 참석대중이 이와 같이 의식을 봉행하였음을 증명받기 위한 의식으로 함합소 염송 후 그 절반을 참석대중에게 나눠줌으로써 법당 내 모든 의식이 끝나게 된다. 함합소 내용의 일부561)를 살펴보면 그 목적을 확인할 수 있다.

> 이제여기 정성스레 예수재를 닦는재자 띠에따라 해당하는
> 고관전에 사관전에 사람으로 태어날때 빚으로서 물려받은
> 저승세계 통용되는 명간지폐 몇관이며 수생경과 금강경등

---

560) 생전예수재에서 가장 중요한 의식이 중단 공양의식이다. 이유는 생전예수재가 곧 중단 명부세계 관리들을 청해 모시고 그들에게 공양을 올리기 위한 목적으로 정립된 의식이기 때문이다. 그러므로 상단과는 달리 중단에는 바라무 외에도 화청법문(회심곡)을 진행한다. 출처: 청룡사, 서정매.

561) 동봉정휴, 『일원곡』, 제7권, 110~11쪽.

해당되는 권수들을 본명원신 본명성관 성총전에 올리옵고
본고전에 납부한뒤 사람몸을 받았으나 빈부귀천 고와낙을
모두모두 겪으면서 주어진바 모든것을 수용하였 사옵니다
이제여기 모자라는 명부지폐 몇관이며 금강경과 수생경등
빚진수량 그모두를 수에맞춰 준비하여 모두환납 하옵나
니562)

함합소를 염송한 후 그 참석대중에게 전생 빚을 모두 갚았음을 증
명하는 의식이 마무리 되면 이제 생전예수재의 모든 의식을 마치고
법당 밖 야외에서의 회향의식을 준비한다.

[그림 71] 하단공양의식과 함합소 염송563)

(31) 공성회향편(供聖回向篇)

앞서 (23) 공성회향편(供聖回向篇)은 생전예수재를 약례로 올릴 경
우에 해당하는 의식으로 정의하였다. 그러므로 지금의 공성회향편은

---

562) 今夫某生某名齋者曾於第某庫某司君前稟受人身之時貸欠冥間之錢幾貫壽生經
金剛經幾卷已於本命聖聰前納於本庫生於人間貧富貴賤修短苦樂各得其所以自
受用而今所欠冥錢某貫金剛經幾卷備數準備還納. 安震湖, 『釋門儀範』, 上,
210쪽.

563) 청룡사 복원 법회에서는 하단 공양의식을 바라무로 진행하지 않고 진언을
염송하는 것으로 대처하였다. 그리고 이후 함합소를 염송하는 것으로 상·
중·하단의 모든 공양의식을 마무리하였다. 출처: 청룡사, 이종기.

상단과 중단 그리고 하단에 공양을 올린 후 이어지기 때문에 정례 의식으로 볼 수 있다. 앞의 내용과는 문구에 차이가 있을 뿐 그 목적은 동일하다.

참고로 공성회향편에서 다음으로 이어지는 회향의식의 준비과정을 설명하고 있다. 내용을 살펴보면 공성회향을 마친 후 참석대중은 각 단의 위목·위패를 차례로 모신 후 법주 스님과 인도 스님을 따라 법당 뜰로 모이며 이때 종두 스님은 고사패 당좌를 모시고 법당 뜰 바깥쪽으로 자리한다. 중단 위목·위패는 뜰 안쪽 오른쪽에 그리고 상단 위목·위패는 뜰 안쪽 왼쪽에 모신다. 그리고 이어 회향 의식을 진행할 것을 설명한다.

(32) 경신봉송편(敬伸奉送篇)

공양회향을 마친 참석대중의 법주 스님과 인도승을 따라 각 단에 모셔졌던 위목이나 위패를 들고 모두 법당 앞뜰에 자리를 하되 중앙을 중심으로 왼쪽에 상단 그리고 오른편에 중단 그리고 뒤 혹은 바깥쪽으로 하단을 모신다. 경신봉송은 이제 지금까지 봉행했던 생전예수재를 끝남을 알리고 이제 모든 성현을 보내는 의식이다.

봉송의식에서는 무작정 모든 예수재용품과 금은전 그리고 위목을 태우는 것이 아니다. 봉송게의 순서에 따라 의식을 진행하는데 먼저 지장보살육광존 → 도명무독존 → 응화육천조 → 범석사왕중 → 국왕용신중 → 풍도대제중 → 십전명왕중 → 판관귀왕중 → 고관사군중 → 장군동자중 → 사자제권속 등의 순서로 봉송한다.

이에 관한 순서로 보면 경신봉송편에서는 상상단의 위목·위패를 제외한 상중단부터 하단까지의 모든 성현을 먼저 봉송하는 것으로 볼 수 있다.

[그림 72] 공성회향과 경신봉송편564)

(33) 화재수용편(化財受用篇)

앞의 경신봉송편에서는 상상단를 제외한 일체성현을 봉송하는 의식
이었다면 화재수용편에서는 명부로 보내는 금은전 및 수생경 · 금강경
을 비롯한 예수재용품을 태우는 의식으로 여길 수 있다.

(34) 봉송명부편(奉送冥府篇)

앞에서 상 · 중 · 하단의 위목이나 위패를 봉송한 후 예수재용품을
모두 태운 다음 봉송명부편에서는 각 단에 올렸던 공양물을 태우고
마지막으로 본 생전예수재를 증명하기 위해 강림하였던 상상단 위목
이나 위패를 태우게 된다. 물론 생전예수재를 봉행하기 위해 도량에
있던 모든 번들도 거둬 태운다. 이와 같이 경신봉송에서 시작하여 봉
송명부편까지는 각 단에 모셔겼던 위목이나 위패를 비롯하여 명부전
에 올리는 금은전, 예수재용품과 도량장엄에 사용된 일체 번까지 그
순서에 따라 모두 소한 후 생전예수재의 마지막 의식인 보신회향편으
로 이어간다.

---

564) 상 · 중 · 하단패를 모시고 법당을 나선 후 소대 장소에 도착하여 봉송의식을
　　준비하고 있다. 출처: 청룡사, 이종기.

(35) 보신회향편(普伸回向篇)

보신회향편은 생전예수재를 모두 마치는 의식이다. 평소에 쉽게 행할 수 없는 의식을 회향하게 된 공덕을 참석한 대중에게 알리고 이와 같은 인연 공덕으로 대중 모두 성현을 찬탄한 후 참회의 마음을 새겨 한 마음으로 수행할 것을 다짐한다. 마지막 회향게를 끝으로 모든 생전예수재를 끝마친다. 다음은 회향게의 내용565)이다.

두루두루 원하오니 고륜해의 일체중생 온갖열뇌 다제하고
청량얻게 하옵소서 위가없는 보리심을 너나없이 모두내어
애욕강물 벗어나서 열반언덕 올라지다566)

[그림 73] 소대 회향567)

지금까지 생전예수재를 의식 절차와 내용을 중심으로 살펴보았다. 조선시대 생전예수재의 의식 전개는 넓은 의미로서 다섯 단계로 구분하여 설명할 수 있다.

첫째, 생전예수재의 준비과정에서 일체 불·보살을 찬탄하는 게송

---

565) 동봉정휴, 『일원곡』, 제7권, 120쪽.

566) 普願衆生苦輪海 摠令除熱得淸凉 皆發無上菩提心 同出愛河登彼岸. 安震湖, 『釋門儀範』, 上, 213쪽.

567) 예수재용품과 장엄물 그리고 각 단 위패를 소(燒)하는 것으로 생전예수재가 마무리된다. 출처: 청룡사, 이종기.

을 염송함으로써 석가모니 부처님을 비롯한 모든 성현의 가피와 공덕을 찬양한다. 이는 생전예수재를 준비하기 위한 식전행사로 볼 수 있다. 둘째, 이어 생전예수재 본 의식을 시작하면 부처님과 참석대중에게 생전예수재를 봉행하게 된 연유를 설명하고 관음보살의 가피로서 본 도량에서 재 의식이 올바르게 진행될 수 있도록 도량을 청정하게 한다. 이는 의식이 진행되는 동안 일체의 마군이 도량에 침범하지 못하도록 하고 일체의 삿된 장애가 사라지길 발원하는 서원이 담겨 있다. 이어 명부세계를 관장하는, 중단에 모셔질 성현에게 생전예수재를 설행하는 본 도량에 강림하길 발원하는 내용의 편지를 전달하려는 목적으로 먼저, 사자를 청해 공양을 올리고 봉송한다.

셋째, 상단과 중단, 그리고 하단의식의 설행은 생전예수재가 원만하게 봉행될 수 있기를 기원하는 마음으로 상단, 증명단을 설치하고 본 의식이 참석대중의 지극한 정성을 바탕으로 봉행되고 있음을 증명할 불·보살을 청한다. 이어 관욕의식을 통해 중·하근기 중생이 불·보살의 강림을 현상으로서 보일 수 있도록 한다. 또한 앞서 사자를 통해 참석대중의 발원을 적어 보낸 행첩, 편지의 결과로서 중단에 모셔질 명부세계 성현을 청한다. 중단 성현 또한 관욕의식을 통해 근심을 위로한 다음 상단에 예를 올려 중단의 성현 또한 부처님의 거룩한 법으로서 제도받길 발원하고 중단에 안치한 후 참석대중의 염원을 담은 공양물을 받아주시길 발원한다. 이어 하단 명부관리들을 청해 상단과 중단에 예를 올리게 한 후 금일 명부세계에 올릴 전생 빚인 금은전과 수생전 그리고 금강경 등의 예수재용품을 올바른 법식을 통해 전달한다.

넷째, 상단과 중단 그리고 하단 각 단에 대상이 되는 성현들을 청해 모신 후 각 단에 공양을 올리는 의식을 진행하는데 이때는 약례와 정례로 구분하여 공양을 올린다. 약례일 경우는 하단 의식을 시작하기 전에 상단과 중단에 먼저 공양을 올리지만 정례일 경우는 하단 명부관리까지 청해 모신 후 각 단 공양을 올리며 하단 공양의식이 끝난 후 다음 합합소를 읽어 금일 참석대중이 생전예수재를 통해 명부세계에 지었던 과거 전생 빚을 갚게 됨을 알리고 그 증명을 받는다.

다섯째, 회향의식으로서, 초대한 각 단의 모든 성현을 법식에 맞게 봉송하는 의식이다. 먼저, 중단 이하 모든 성현을 봉송하고 이어 금일 명부세계에 갚을 전생 빚에 해당하는 금은전과 예수재용품을 태운다. 다음 재 의식에 올렸던 공양물을 태우고 마지막으로 상상단 위목·위패를 소하며 봉송의식을 마무리한다. 마지막으로 회향게를 염송함으로써 금일 봉행했던 모든 재 의식의 원만한 회향에 감사하고 또한 참석대중이 부처님 법에 의지하여 수행해나갈 것을 염원하며 의식을 마친다.

② 조선시대 생전예수재 음악적 구성

『석문의범』에 수록된 『예수시왕생칠재의찬요』는 16·17세기, 조선시대에 성행했던 재 의식임에도 현재까지 그 목적과 구성 전개에 큰 변화 없이 전승하는 불교 의식으로 꼽을 수 있다.568) 일반적으로 현행 불교 재 의식은 참석대중에게 보이는 무용과 장엄에 많은 비중을 두고 진행하는 것이 사실이다. 그러나 생전예수재는 범패승의 소리에 보다 큰 비중을 두고 진행한다.569) 특히 소리 중에서 유치성(由致聲)과 개계성(開啓聲) 그리고 편게성(片偈聲) 등은 조선시대 생전예수재를 구성하는 주된 소리로 꼽을 수 있다. 그럼 먼저 불교 재 의식을 구성

---

568) 물론 범패승의 견기이작으로 인해 특정 의식이 생략·변형되는 경향이 있지만 이는 전해지는 의식문을 참조하면 얼마든지 재현할 수 있다.

569) 물론 시련의식으로부터 시작하여 영산작법의식 등을 포함한다면 현행 생전예수재도 악·가·무 그리고 장엄이 어우러진 의식임에 분명하다. 그러나 생전예수재 본 의식만으로 평가했을 경우는 소리 부분에 큰 비중을 두고 진행하는 것으로 평가할 수 있다.

하는 소리(聲)에 관해 살펴보도록 하자.

　범패(梵唄)란 범음(梵音)의 가패(歌唄)란 뜻을 지닌다. 여기서 패(唄)란 패익(唄匿)의 약어(略語)이며, 찬탄(讚歎)의 의미를 지닌다. 또한 범패는 성명(聲明)·찬패(讚唄)·경패(經唄)라고도 하는데, 이는 곡조를 붙여서 경문을 노래하는 것을 말하고, 한편으로 각종 게송을 시창(示唱)하여 불덕(佛德)을 찬탄하는 것을 말한다. 우리나라에서는 범음·범패라고 하는데, 이는 두 가지 의미를 지닌다. 그 하나는 범토(梵土), 즉 인도에서 비롯된 불교음악이라는 뜻이고, 다른 하나는 범음성(梵音聲)에 의한 불교음악이라는 뜻이다. 범음성이란 줄여서 범음·범성이라고 하는데, 이는 맑고 깨끗한 음성이라는 의미이다. 그러므로 불교음악인 범패는 범음성으로 해야 된다는 것이다. 즉, 불보살의 음성으로서 경문(經文)을 읽거나 게송(偈頌)을 시창할 때에는 범음성으로 해야 교화력(教化力)을 충분히 발휘할 수 있다는 것이다.570) 이와 같은 범패는 일반적으로 크게 두 가지, 안채비와 바깥채비로 분류할 수 있고 안채비는 다시 네 가지로 구분하는 것으로 알려져 있다.571)

1) 바깥채비와 안채비의 정의 그리고 모순

　일반적으로 알려진 안채비와 바깥채비의 정의는 다음과 같다.
　먼저, 한만영은 그의 저서 『佛教音樂研究』572)에서 다음과 같이 정의하고 있는데,

　　안채비란 재(齋)를 올리는 절 안의 유식한 병법(秉法) 또

---

570) 法顯, 『한국의 불교음악』(서울: 운주사, 2005), 53~54쪽.
571) 사실 겉채비와 안채비로 구분하는 것이 상당히 모호한 개념이라 범패의 소리를 이 같은 두 가지로 분류·정의하는 것은 동의할 수 없다.
572) 韓萬榮, 『佛教音樂研究』(서울: 서울大學校出版部, 1981), 3쪽.

는 법주(法主)가 유치(由致), 청사(請詞) 같은 축원문(祝願
文)을 요령(搖鈴)을 흔들며 낭송(朗誦)하는 것으로, 흔히 염
불(念佛)이라고도 한다. 한편 바깥채비란 범패를 전문으로
하는 중이 다른 절에 초청을 받고 가서 소리하는 것으로 범
패는 주로 이 겉채비들의 노래이다.

라고 설명한다.

> 바깥채비는 이(理)와 사(事)라는 두 가지 측면에서 살펴
> 보면 바깥채비는 사적인 면으로 의식전체의 진행을 선도하
> 는 특징이 있으며 내용은 절구(絶句)인 한시(漢詩) 형태가
> 대부분이고 타사(他寺)의 스님들이 초청되어 행해진다. 본
> 사(本寺)에 범패를 학습한 스님이 없다면 외부에서 의식승
> 들을 초청해서 도량에 괘불을 걸고 많은 장엄과 많은 인원
> 이 필요하며 여러 가지로 규모가 큰 형태를 말한다.[573]

이와 같은 정의는 일반적으로 학계에 알려진 내용으로 한만영을 시
작으로 1980년대 이후 현재까지도 아무런 의심 없이 받아들여지고 있
다. 그러나 과거 학자들과 범패승이 정의한 이 내용은 상당히 모호한
개념일 수 있다. 가령, 한만영은 안채비가 '절 안에서 올리기 때문에'
안채비라고 정의한다. 그럼 당연히 '절 밖에서' 올리는 소리가 바깥채
비가 되는 것이다. '그럼 안채비소리가 꼭 절 안에서 해야 하는 소리
인가, 역으로 바깥채비는 절 안에서는 해선 안 되는 소리인가' 사실,
현행 재 의식에서는 더 이상 공간적인 접근 방식으로 소리를 분류하
는 것은 무의미하다.[574] 그리고 바깥채비의 정의에서는 다른 절에서

---

573) 심상현, 『영산재』(서울: 국립문화재연구소, 2003), 20~21쪽. 김민정(동환), 「
　　 범패 성(聲)에 대한 연구: 영산재 中心으로」(석사학위논문, 동국대학교 문화
　　 예술대학원, 2008), 81쪽 재인용.
574) 과거에는 어떤 이유에서 이렇게 구분하였는지 모르지만 공간적인 개념으로

초청받은 자가 하는 소리라고 말한다.

심상현이 정의하고 김민정이 인용한 내용에서도 바깥채비는 초청받은 다른 절에 스님들이 행하는 것이라 설명한다. 심지어 김민정은 그의 석사학위논문 "범패 성(聲)에 대한 연구: 연산재 中心으로"에서 한만영이 그의 저서 『佛敎音樂硏究』에서 밝힌 안채비의 종류에서 생긴 오류575)가 "한만영이 범패를 배우지 아니하고 학자 입장에서 보고 들은 것으로 내린 개념이다"라고 밝혔다. 그러나 필자는 한만영이 내린 안채비와 바깥채비의 정의를 비롯한 소리의 종류에서 보이는 몇 가지 오류는 당시 범패승의 일반적인 개념이었던 것으로 본다.576)

이는 안채비와 바깥채비의 정의도 동일하게 적용해볼 수 있는데 안과 밖으로 구분한 장소의 개념도 모순이지만 다른 절에 초청받거나 혹은 와서 염불하는 것이 바깥채비라는 것은 도무지 이해하기 힘든 부분이다.577) 야외에서 행하는 재 의식과 같이 괘불님을 모실 경우 상당히 많은 인원을 필요로 한다. 또한 그만큼 규모가 커지면 당연히 소리와 무용을 할 작법승도 필요해 승려를 청하는 것이지 마치 본사(本寺)에 바깥채비, 소리할 사람이 없거나 무용할 사람이 없어 그들을 청하는 것으로 보기에는 상당히 모순된 관점으로 볼 수 있다. 그리고 이와 같은 접근은 만약 의식을 진행할 범패승의 수가 모자라면 바깥채

안채비와 바깥채비의 명칭이 정해진 것은 분명해 보인다. 그렇지 않다면 명칭 자체를 안·바깥이라고 할 필요가 없기 때문이다.

575) 한만영이 안채비의 종류에서 청사성·축원성·탄백성·고아게성·헌좌게성 등을 포함시킨 것이 오류인 것을 지적하였다. 김민정(동환),「범패 성(聲)에 대한 연구: 영산재 中心으로」, 62쪽.

576) 한만영이 불교음악에 관한 정의를 내렸을 당시, 1970~80년대엔 범패승의 증언에 의지할 수밖에 없는 상황이었을 것으로 추측하기 때문이다.

577) 흔히 불가에서는 다른 절에 초청받아 가서 염불하는 승려를 '재받이 중'이라고 한다. 이들은 일정한 보시를 받아 생활하는데 만약 바깥채비가 이와 같은 개념으로 정의된다면 바깥채비는 '재받이 중의 소리'라고 명명할 수도 있지 않을까?

비를 할 수 없다는 식으로 정의할 수도 있기 때문이다. 결국 바깥채비는 사람의 수와 관계없이 얼마든지 재현할 수 있는 소리이다.

또한 심상현이 밝힌 "바깥채비가 의식전체의 진행을 선도하는 특징이 있다"라고 한다면 생전예수재의 유치성과 같은 안채비 소리 등을 바깥채비에 포함시켜야 한다. 이유는 간단하다. 생전예수재 혹은 수륙재에서는 유치성을 비롯한 개계성이나 편계성이 의식을 주도하기 때문이다. 그러므로 마치 바깥채비가 모든 의식을 주도하는 것으로 정의하는 것은 모순일 수 있다.

결국 안채비와 바깥채비의 개념 혹은 정의는 명확하게 정립된 분류법이라기보다는 옛 범패승들 사이에서 전해 내려오는 '확인되지 않은 소리 구분법' 정도로 받아들이는 것이 오히려 범패 소리를 보다 쉽게 이해하는 것일 수 있다. 다만, 이것을 범패 소리의 명확한 분류법으로 나눠 정리578)하기에는 무리가 있을 수 있으므로 필자는 범패 소리를 짓소리579)·홑소리580)·화청581)(和請)·유치성(由致聲)·착어성582)

---

578) 물론 이후 보다 깊이 있는 자료 수집을 통해 이와 같은 분류를 위한 개념 정립을 확립할 것이다.

579) 필자는 짓소리를 불교음악을 대표할 수 있는 범음성으로 꼽는다. 이유는 동음집(同音集)과 같은 의식집에 짓소리의 사설이 기술되어 있어 그 전통성을 확인할 수 있으며 대중이 무리를 지어 소리하는 특징이 있다는 것은 혼자 하는 독(獨)소리 형태보다 그 소리가 보다 온전하게 전해질 수 있기 때문이다. 즉, 독소리는 개인적인 성향에 따라 쉽게 변화할 수 있다는 의미이기도 하다. 짓소리는 소리의 반복으로 인해 짧게는 3분에서 길게는 3·40분이 소요될 정도로 늘릴 수 있다. 과거에는 72곡이 존재했지만 현재에는 약 15곡이 구해·동희·원명·현성 스님 등에 의해 전해지고 있다.

580) 홑소리는 독창으로 하는 특징이 있고 반복해서 소리하지 않는다. 그리고 주고받는 소리로 구성된 경우도 발견할 수 있는데 주로 칠언사구나 오언사구 형태로 구성된 계송과 산문 형태의 한시(漢詩) 등을 중심으로 소리가 전개한다. 불교의식에서 사용하는 범음성 중 그 종류가 가장 다양하여 약 50여 곡이 전해진다.

581) 흔히 회심곡(回心曲)이라고 알고 있는 불가의 노래로서 일반적인 화청과 축원화청으로 나눠볼 수 있다. 제목에 따라 약 20여 곡이 전해진다.

(着語聲)、편게성583)(片偈聲)、개계성584)(開啓聲)、게탁성585)(偈鐸聲)
、소성(疏聲) 등 소리의 특징만으로 분류·정의하는 것이 옳다고 본다.

2) 유치성(由致聲)

현행 생전예수재와 조선시대 생전예수재에서는 위에서 분류한 모든
소리를 포함하고 있다. 이 중 유치성과 개계성 그리고 편게성, 소성
등을 중심으로 진행하는데586) 유치(由致)란 진행하는 의식을 베풀게
된 연유를 상세히 밝히고 예배 대상이 되는 불·보살을 찬탄하는 내
용이 주를 이루고 있다. 물론 공양을 올리는 자를 축원하는 발원문의
형식을 띠고 있다. 특히, 의식문의 내용 중 "우러러 생각하옵건대"의
「앙유(仰惟)」나 "간절히 사뢰옵니다"의 「절이(切以)」 등은 유치성으로
진행해야 하는 문구(文句)로 확인된다.587)

---

582) 주로 영가(靈駕)를 대상으로 한 법문성으로 영가에게 전하는 소리로 인식되
어 있고 약 9곡이 전해진다.
583) 관욕의식을 진행할 경우 편게성이 쓰이는데 현행 생전예수재의 관욕은 그
대상이 영가에 중심을 두고 있기 때문에 하단인 영가를 관욕할 때 쓰이는
것으로 정의할 수 있다. 다만 조선시대 생전예수재 중단, 명부성현 관욕의식
의 경우 현행 관욕의식과 동일한 가사가 등장하고 있다. 그러므로 당연히 편
게성으로 의식을 진행하게 되는데 만약 중단 이상에서 편게성을 사용할 경
우 영단에만 사용된다는 기존 이론은 좀 더 신중히 고려해야 할 것으로 여
긴다. 소리의 특징은 가사의 높낮이에 따라 촘촘히 읽어나가는 형식을 띠고
있다.
584) 생전예수재에서 쓰이는 소리로서 개계성을 들 수 있다. '상부(詳夫)'로 시작
하는 개계성은 유치성과 같이 상단에서 소리하는데 상주권공·각배·영산
등 각 의식에서 독립된 소리로 존재할 만큼 매우 중요한 소리로 전해진다.
585) 게탁성은 소리로 존재하지 않지만 일반적인 재 의식에도 많이 쓰인다. 개계
성을 줄여서 소리할 경우 주로 쓰인다.
586) 조선시대 생전예수재의 경우 중단·하단의식에서 편게성이 많이 쓰인다.
587) 이와 같은 문구는 조선시대 생전예수재 복원에 열쇠로 여길 수 있다. 현재 복
원이 필요한 부분이 바로 이와 같은 유치성에 관한 부분인데 앙유·절이·복

생전예수재의 유치성은 청문성(請文聲)이라고도 불리는데 반주악기가 없이 창자(唱者) 홀로 소리하는 것을 기본으로 하며 반드시 서서 염불하는 특징이 있다. 불교의식에서는 서서 염불하는 것을 기본으로 하지만 영단을 비롯한 하단의식을 진행할 때, 혹은 장소에 따라 앉아서 소리하기도 한다.[588] 그러나 유치성은 반드시 서서 해야 함을 많은 어장 스님들이 강조하시는데 이는 찬탄과 공양 올리는 대상이 불·보살이기 때문이다.

유치성과 개계성 그리고 편게성은 대게 소리를 짓는 부분이 명확하게 구분되어 전해진다. "소리를 짓는다"라는 것은 특징 있는 선율을 반복하며 소리하는 것을 의미한다. 과거 간행된『예수시왕생칠재의찬요』를 비롯한 많은 의식집에 소리의 높낮이를 표시하거나 소리를 짓는 부분을 [ᄋ]와 같이 표시하고 있어 과거부터 짓는 소리가 존재하고 있음을 확인할 수 있다.[589]

이 등으로 시작하는 부분은 유치에 해당하므로 유치성으로 소리해야 한다.

588) 하단의식 중 영가 법문에 해당하는 것은 반드시 앉아서 염불하는 것을 기본으로 하고 있는데 이는 대승보살48경계(大乘菩薩四十八輕戒) 제46의 "높은 법상에 앉아 설법하라"에서 유래된 것으로서 "교화할 때는 법사도 그의 사정을 알아야겠지만 교화를 받는 자(영가)도 마땅히 설법자를 법답게 공양하고 법다운 자리에 앉혀 숭배하되 귀한 단월을 피계하여 법사를 피로하게 하면 못쓴다"라고 설명하고 있다. 한정섭,『佛敎戒律解說』(서울: 불교대학교재편찬위원회, 1999), 440쪽.

589) 국립중앙도서관에서 확인한 1576년 간행된『예수시왕생칠재의찬요』에서는 소리의 높낮이를 표시한 부분이 발견되고 있는데 이는 현행 생전예수재 소리를 짓는 부분과 상당 부분 동일한 것으로 보아 과거에도 유치성이 완벽하게 이뤄지고 있었음을 짐작할 수 있다. 다만 목판본에서는 짓는 표시가 없는 것으로 확인되는데 이는 의식집이 간행된 이후 표시되었을 것을 짐작하며 그 연대는 단정 지어 설명할 수 없다.

[그림 74] 『예수시왕생칠재의찬요』 유치성 표시[590]

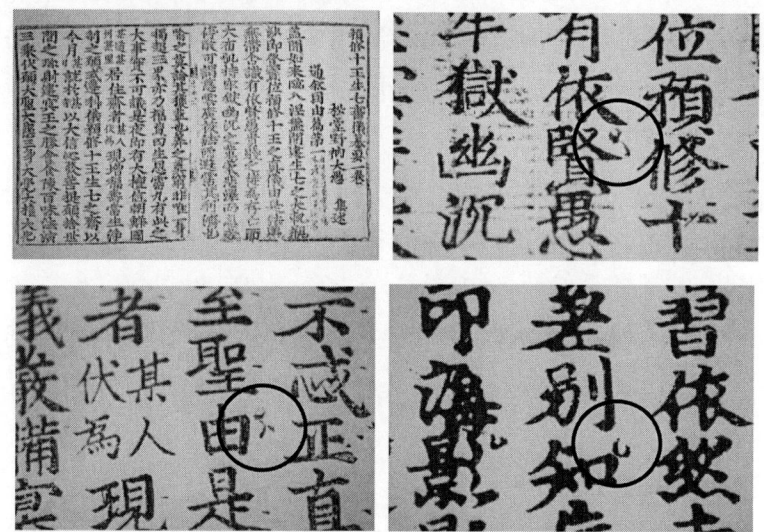

위와 같이 부분에서는 다음과 같은 선율로서 소리를 하는데, [그림 74] 위 오른쪽 그림에 표시된 『예수시왕생칠재의찬요』 통서인유편의 [ꞵ]의 특징을 악보를 통해 확인하면 다음과 같다.

[악보 47] [ꞵ]의 소리 구성

소리: 구해(2007)
채보: 오혁(2008)[591]

---

590) 위 왼쪽부터 시계 방향으로 『예수시왕생칠재의찬요』 본문의 전체적인 모습과 제1 통서인유편의 「依」와 「賢」 사이 그리고 제8 소청성위의 「別」과 「知」, 그리고 제5 소청사자편의 「聖」과 「由」에 소리를 짓는 부분이나 높낮이 등이 표시되어 있다. 특히 「依」와 「聖」은 현행 의식에도 동일하게 짓어서 소리한다.
591) 생전예수재와 관련된 유치성과 개계성, 편계성, 소성 등은 오혁, 서정매 선생님과 필자가 참여하여 2008년 9월부터 2010년 3월까지 마무리하였다.

[٩]가 표시된 부분은 악보 28마디부터 30마디로서 '의'(依)를 소리한 것이다. 이와 같이 소리하는 것이 유치성의 짓는 부분으로 설명할 수 있는데 앞의 26마디 '함식'에서 보이는 4도하행과는 차별되게 4도를 오르내리며 보다 화려하고 다채롭게 진행하는 구성을 띠고 있다. 다만 현행 생전예수재의 경우 각단 유치마다 소리를 짓는 것은 [٩]와 같은 모양으로 표시되어 있지만 글자마다 소리의 높낮이가 달라 창자(唱者)의 성향에 따라 각기 다른 소리로 전달되곤 한다.

유치성의 기본 형태는 일반적인 권공의식의 유치를 소리하는 데서 기초한다. 다음은 권공의식에서 소리하는 유치성에 관한 악보592)이다.

[악보 48] 제불통청의 유치

소리: 김운공
채보: 한만영

---

592) 韓萬榮, 『佛敎音樂硏究』(서울: 서울大學校出版部, 1982), 226쪽.

기본적인 유치성을 살펴보기 위해서는 먼저 제불통청(諸佛通請)[593]의 유치 중 "앙유 삼보대성자 종 진정계 흥 대비운 비신현신 포 신운어삼천세계"(仰惟 三寶大聖者 從 眞淨界 興 大悲雲 非身現身 布 身雲於三千世界)[594]를 살펴봐야 한다. '앙유'와 '대성' 그리고 '진정', '삼천' 등에서 각기 4도 이상 하향하며 소리를 짓는 것을 확인할 수 있다. 이것이 바로 [ᄋ\]로 표시된 짓는 부분이다.

권공의식에서 유치성은 소리를 꾸며 하향하는, 상당히 일정한 형식으로 구성된 듯 보이지만[595] 생전예수재를 비롯한 재 의식에서는 가사에 따라 소리 구성이 달라질 수 있기 때문에 그 형식이 바뀔 수 있다. 생전예수재에서 등장하는 대부분의 소리는 높낮이를 표시하고 있으며 그것을 바탕으로 소리를 구성하는데 범패승들은 한자(漢子)의 고하자(高下字)를 참고하여 소리를 읽어 가거나 염송한다. 이와 같은 고하자에 관한 정의는 다음과 같이 설명[596]할 수 있다.

고하자는 평측자(平仄字)라고도 하는데, 이때 '평측'이란 한

593) 『석문의범』 하권에 기술된 각청편(各請篇)에는 제불통청을 비롯한 미타·약사·미륵·관음청 등 약 20 여 편의 권공의식이 있다. 이 중 제불통청은 흔히 삼보통청이라고 하는데 일반 권공의식의 가장 기본적인 형태로 구성되어 있다.

594) 安震湖, 『釋門儀範』(京城: 卍商會, 1935), 下, 2쪽.

595) 권공의식은 일반 승려들이 매일, 일상적인 불공의식으로 행하고 있기 때문에 일정한 틀을 유지할 수 있다.

596) 沈祥鉉, 『佛敎儀式各論 Ⅱ』(서울: 한국불교출판부, 2000), 114쪽.

문글자의 음운(音韻)의 높낮이를 말한다.

평자(平字): 한문 사성(四聲) 가운데 평성(平聲)에 해당하는
글자.

측자(仄字): 한문 사성 가운데 상성(上聲)ㆍ거성(去聲)ㆍ입
성(入聲)에 당하는 글자. 곧 측운(仄韻)의 글자.

고하자에는 다음과 같은 몇 가지 법칙이 있다.
1. 받침이 'ㄴ' 'ㅇ'일 경우는 주로 낮은 자.
2. 받침이 'ㄱ' 'ㄹ' 'ㅂ'이나 모음(母音) 'ㅣ'는 주로 높은 자.
3. 받침이 없을 때는 주로 높은 자.
4. 위 자가 높고 아래 자가 낮을 때는 아래 자 받침에 변화
   가 온다.
   예) 대원리 → 대월리
5. 두 자가 다 높을 때는 아래 자가 희생당한다.
6. 두 자가 다 낮을 때는 평성(平聲)으로 나간다.

위의 설명은 "모든 자(字)가 반드시 여기에 준하는 것이 아니므로"
반드시 이와 같이 소리하지는 않는다. 다만, 위에서 설명한 기준에 맞
춰 소리하는 것이 바람직하고 또 유치성을 듣는 참석대중으로 하여금
환희심이 나도록 하는 것이 목적이기 때문에 올바른 소리의 창법을
습득하기 위한 것으로 이해한다. 그러나 생전예수재의 진행을 이해하
기 위해서는 유치성의 특징을 살펴 인식함이 중요하다.

3) 개계성(開啓聲)

상단의식 발원문을 염송할 경우 가장 보편적으로 쓰이는 것이 개계
성이다. 개계성은 상주권공재의 상부개계(詳夫開啓)와 시왕각배재의
원부개계(原夫開啓) 그리고 영산작법의 대개계(大開啓)의 진행 소리를

바탕으로 한다.597) 이 중 상부개계의 가사를 살펴보면 다음과 같은데

상부 수함청정지공 향유보훈지력 고장법수 특훈묘향 쇄
사법연 성우정토598)

그 내용은 "모든 장부시여 청정한 공덕은 물에 괴었습니다. 향냄이
있고 멀리 덕이 풍겨 옵니다. 고로 장차 법수는 특별히 훈향이 담겼습
니다. 묘한 향은 이 법연을 씻어서 맑고 보배로운 땅을 이루오리
다"599)로 설명할 수 있다. 상주권공을 비롯한 각 재 의식에서 개계는
의식을 시작하기 위해 삼업(三業)과 도량을 청정하게 하는 준비 의식
에 해당하는데 주로 합장게(合掌偈)600)와 고향게(告香偈)601)에 이어
진행한다. 개계에 함축된 의미는 법회가 시작됨을 삼보(三寶) 전에 고
하는 것으로 볼 수 있다. 그러므로 개계성은 예배 대상이 되는 불·보
살을 비롯한 일체 성현에게 의식의 시작을 알리는 내용을 전하는 것
이므로 유치성과 더불어 상단 의식에서 염송하는 소리로 정의할 수
있다.

이와 같은 상단 의식에 쓰이는 유치성과 개계성은 그 구성에 확실
한 차이점이 발견된다.

597) 재 의식에 따라 개계에 관한 명칭을 달리한다. 상주권공과 시왕각배재의 경
우 개계를 시작하는 가사를 따르고 있고 영산작법의 경우 영산재의 상징성
때문에 대개계롤 칭하는 것으로 짐작한다.
598) 詳夫 水含淸淨之功 香有普薰之德 故將法水 特薰妙香 灑斯法筵 成于淨土. 安
震湖, 『釋門儀範』, 上, 108쪽.
599) 寶光道行編著, 『우리말 석문의범』(함안: 心源寺, 2001), 94쪽.
600) 삼업(三業)을 청정히 할 것을 전제로 삼보님의 강림을 청하는 게송. 심상현,
『佛敎儀式各論Ⅴ』(서울: 한국불교출판부, 2001), 67쪽.
601) 향을 사르며 삼보님의 강림과 가지(加持)를 발원하는 게송. 심상현, 『佛敎儀
式各論Ⅴ』, 70쪽.

소리: 박송암
채보: 한만영

602) 沈祥鉉, 『佛敎儀式各論 II』(서울: 한국불교출판부, 2000), 196쪽.

[악보 49]에서 확인할 수 있듯이 개계성은 유치성과 달리 짓는 부분에서 일정한 형식을 발견할 수 있다. 가령 '상부', '향유보훈지력', '특훈묘향' 그리고 '성우정토'에서 "에 히에 에 히에 에 히에 히에 히에 히에 히에 히에 히에이 이에 으 오아 아"가 반복하며 출현한다. 이것이 곧 [ᄉ]의 짓는 부분이다. 유치성의 경우 똑같은 [ᄉ]라도 각기 소리의 구성이 달라지고 있지만 개계성의 경우 가사만 달리할 뿐 그 구성은 동일하다. 이와 같은 이유로 생전예수재 상단 의식의 경우 유치성과 개계성이 혼합된 형식으로 의식을 진행하고 있는데 이는 개계성이 가지고 있는 특수성, 즉 일정한 반복된 선율을 익히고 있으면 얼마든지 응용할 수 있는 장점이 있기 때문에 범패승들 사이에서 쉽게 응용되어 쓰인다.

그러므로 상단 의식에서 쓰이는 동일한 [ᄉ] 표시라도 유치성의 경우 불규칙한 선율구조를 이루고 있지만 개개성의 경우 규칙적인 구성으로 진행하고 있음을 알 수 있다.

4) 편게성(片偈聲)

현행 재 의식에서 편게성을 사용하는 대표적인 의식은 바로 하단 영가를 대상으로 한 관욕의식과 전시식 그리고 구병시식 등을 꼽을 수 있다. 이와 같은 이유로 편게성에 관한 일반적인 정의는 하단, 영가를 위한 의식에서 사용하는 소리로만 인식하고 있는 것이 사실이다. 그러나 본 연구 생전예수재의 복원에서 상단과 중단 성현을 위한 관욕의식, 특히 중단 관욕의식을 재현하기 위해서 편게성에 관한 기존의 인식들을 재정립할 필요가 있다.

필자는 중단과 하단 관욕의식의 경우엔 "무엇을 해주십시오" 또는 "어느 쪽으로 이동하십시오" 등의 의미로 내용을 담고 있음으로 편게

성으로 진행하고 '앙유'와 '절이'로 시작하는 상단 관욕의식의 경우에
는 유치성과 개계성으로 의식을 진행할 것을 당부한다.[603]

[악보 50] 편계성[604]

소리: 구해
채보: 동환

---

603) 필자가 조사하고 수집한 자료를 분석한 결과 상단과 중단, 명부성현을 위한
    관욕의식에서 현행 관욕의식과 동일한 가사(歌詞)의 가지조욕편(加持澡浴
    篇)이 존재하고 있음을 발견하였다. 특히, 상단 관욕의식의 경우 '앙유'와
    '절이' 등의 가사로 시작하고 있어 유치성이나 개계성을 중심으로 소리를
    진행해야 할 것으로 여긴다. 다만 일부 범패승의 경우 관욕의식은 무조건 편
    계성으로 진행해야 한다는 고정관념이 여전히 팽배해 있고 아직까지 현행
    재 의식에서 상단과 중단 관욕의식에 적용해보지 않아 쉽게 받아들여지지
    않는다. 본 연구를 위해 필자가 재정립한 견기이작형 재 의식 절차인「보정
    생전예수재」에서는 상단 관욕의식에서 유치성과 개계성으로 진행하고 중단
    이하 관욕의식은 편계성으로 진행한다.
604) 김민정,「범패 성(聲)에 대한 연구: 영산재를 中心으로」, 70쪽.

위 [악보 50]는 영단 관욕의식 중 인예향욕편(引詣香浴篇)에 관한 것으로 가사 '상래'와 '지' 그리고 '력', '등', '중'에서 소리를 짓는다. 특히 '상래'와 '력', '중'에는 모두 [ᄉ]가 표시되어 있다. 이외에도 관욕의식에 포함된 가지조욕편·가지화의편(加持化衣篇)·화의재진언(化衣財眞言)·출욕참성편(出浴叅聖篇)·가지예성편(加持禮聖篇)에서는 어김없이 편게성으로 구성한다. 특징은 모두 가사에 따라 소리를 끊어서 염송하고 짓는 부분에서는 중심음을 기준으로 4도 올렸다가 하행하는 구조로 되어 있다. 유치성과 동일하게 가사에 따른 사성체계, 즉 고하자를 가지고 있다고는 하나 꼭 그 절차를 따르지 않는 것으로 볼 수 있어 짓는 부분을 강조하여 소리를 구성함을 알 수 있다. 단지, 소리를 짓지 않는 가사의 경우 2자 3박을 기준으로 소리하는데 위의 '급'의 경우도 한 글자이지만 일정한 틀에 맞춰 진행하고 있는 것으로 미뤄 편게성은 3박의 리듬을 중심으로 구성하고 있음을 알 수 있다.

관욕의식의 편게성은 대상(영가)에게 직접 전하는 내용을 담고 있다. 그러므로 굳이 관욕의식이 아니더라도 대상에게 직접 "예경 대상에게 무엇인가를 직접 설명하거나 요구"할 경우 사용할 수 있는 것으로 보고 그 대상은 영단으로 한정된 하단 의식뿐만 아닌 중단의식에까지 확대해서 사용할 수 있을 것으로 여긴다.605)

---

605) 재현 작업에 참여한 구해 스님과 현성 스님도 이 점에 관해서는 필자의 주장에 동의하고 있다. 다만 구해 스님의 경우 과거 중단 관욕의식을 포함한 참례성중편에서도 편게성이 사용된 점은 인정할 수 있어도 현행 생전예수재에 참례성중편이 존재하고 있고 유치성으로 소리를 구성하고 있음을 들어 참례성중편만큼은 유치성으로 할 것을 강조한다. 그러나 필자는 참례성중편의 가사에 현행 관욕의식 가지예성편에 등장하는 "상 삼보지난봉 경 일심이신 례 하유참(보)예지게 대중수언후화"가 있음을 들어 이 또한 편게성으로 할 수 있을 것으로 여긴다.

5) 소성(疏聲)

　예수시왕생칠재에는 다양한 소(疏)가 등장한다. 예를 들어 소청사자소(김請使者疏)·행첩소(行牒疏)·소청성위소(김請聖位疏)·소청명위소(김請冥位疏) 등이 해당하는데 이는 예수시왕생칠재의 목적을 확인할 수 있는 좋은 자료로 볼 수 있다. 1576년과 1632년 저본에는 이와 같은 다양한 소를 부록으로 분류, 기술하고 있다. 그러나 『석문의범』에서는 재 의식 본문에 같이 실어 의식을 진행하는 데 어려움이 없도록 배려했다.

　상단·중단 그리고 하단에 등장하는 소를 염송하는 소리가 바로 소성이다. 현재 일반적으로 접해볼 수 있는 소성은 재 의식에 등장하는 대령의식의 대령소를 들 수 있다. 이와 같은 대령소를 소개한 악보를 살펴보면 다음과 같다.

[악보 51] 대령소606)

소리: 구해
채보: 동환

---

606) 김민정, 「범패 성(聲)에 대한 연구: 영산재를 中心으로」, 75쪽.

위 악보 대령소는 다른 소리에 비해 비교적 소리하기 쉽게 구성되어 있어 크고 작은 재 의식에서 자주 확인할 수 있다. 소리의 구성은 먼저 고하자를 기초로 가사의 높낮이에 따라 소리를 염송하는데 가사 중간에 짓는 부분이 등장하여 각 단락의 마무리하는 특징을 가지고 있다. 대령소에는 '수설대회소'를 비롯하여 '개문'、'여잠처견' 등 모두 14번의 짓는 부분으로 이뤄져 있고 이와 같은 부분은 [악보 51]의 5마디와 13마디에서처럼 '중'、'소'와 같이 4도 아래로 하행하는 산형을 이루는 메나리 선법으로 진행하는 특징을 보인다.

소성은 상단과 중단, 하단에 구별을 두지 않고 모든 소(疏)를 염송할 경우 소리하는 것으로 전해지는데 예수시왕생칠재의 사자소(使者疏)에서도 대령소와 같은 형식으로 진행함을 확인할 수 있다.

[악보 52] 사자소

소리: 구해(2007)

채보: 오혁(2008)

소성의 특징은 가사의 높낮이를 중심으로 읽어 가는데 가사를 2 혹은 4자로 나눠 산문형태로 진행한다. 가사마다 일정한 리듬을 가지고 읽어가는 것이 중요하고 짓는 부분에서는 음을 올렸다 내려서 종지해야 짓는 소리를 강조할 수 있다.

그러나 이와 같은 다양한 소를 현행 생전예수재의 경우 대부분 생략한다. 그중 소리를 확인할 수 있는 것이 사자소에 불과하고 그 외행첩소·소청성위소·소청명위소 등은 아쉽게도 쉽게 확인할 수 없다. 다행히 1576년 저본에서 현재는 사라진 각 단 소의 짓는 부분을 발견할 수 있어 가사의 고하자를 좀 더 면밀히 분석·정리한다면 예수시왕생칠재의 소성은 얼마든지 재현이 가능할 것으로 여긴다.

IV 현행 생전예수재와 조선시대 생전예수재의 비교

　본 장에서는 현행 생전예수재와 조선시대 생전예수재의 절차를 비교함으로써 그 차이점을 알아보고 생전예수재의 원래 목적에 맞는 재의식 절차를 정립하기 위해 현행 생전예수재에 포함된 영산재 관련 의식 절차 등을 새로운 시각으로 접근, 분석하고자 한다.

① 의식 절차의 비교

　조선시대에 간행한 독립된 의식집을 바탕으로 진행하는 조선시대 생전예수재는 1. 예수작법 준비 2. 통서인유 3. 엄정팔방 4. 주향통서 5. 주향공양 6. 소청사자 7. 안위공양 8. 봉송사자(청장·물장) 9. 소청성위 10. 봉영부욕 11. 찬탄관욕 12. 인성귀위 13. 헌좌안위 14. 보례삼보 15. 소청명부 16. 청부향옥 17. 가지조욕 18. 제성홀욕 19. 출욕참성 20. 참례성중 21. 헌좌안위 22. 기성가지 23. 보신배헌 24. 공성회향 25. 소청고사판관 26. 보례삼보 27. 수위안좌 28. 제위진백 29. 가지변공 30. 가지변공 31. 가지변공 32. 공성회향 33. 경신봉송 34. 화재수용 35. 봉송명부 등으로 구성한다. 물론, 조선시대 생전예수재가 의식집의 절차만으로 의식을 진행했다고 단언할 수는 없다. 그러나 16세기에 발간된 의식집이 위와 같이 독립된 형식으로 구성되어 있기 때문에 당시엔 의식집에 기술된 내용과 절차만으로 진행했을 가능성이 크다.

현행 견기이작형 생전예수재의 절차[607]는 오전과 오후로 구분해서 나눌 수 있다. 먼저, 오전 1부 순서로는 시련 → 대령 → 관욕 → 괘불이운 → 영산작법 → 개계소 → 식당작법 → 신중작법 → 조전점안법) → 금은전이운 등이고 오후 2부에서는 통서인유 → 엄정팔방편 → 주향통서 → 소청사자 → 안위공양 → 봉송사자 → 상단영청지의 → 보신배헌 → 소청명부 → 참례성중 → 헌좌안위 → 기성가지 → 소청고사판관 → 보례삼보 → 수위안좌 → 수설명사승회소 → 마구단권공 → 전시식(하단) → 공성회향 → 경신봉송 → 화재수용 → 봉송명부 → 보신회향 등을 진행한다.

동일한 목적의 조선시대 생전예수재와 현행 생전예수재는 절차 구성에서 상당한 차이가 있다. 즉, 독립된 의식집을 중심으로 전개하는 조선시대 생전예수재는 설행 목적에 중점을 둔 반면 현행 생전예수재는 시련·대령·관욕의식을 비롯하여 괘불이운과 영산작법 등을 포함하고 있어 망자를 위로하고 불·보살을 찬탄, 공양하는 등의 보다 다양하고 광범위한 목적으로 진행하고 있다.

현행 생전예수재 의식 절차에 관한 정립 형태는 18세기 이후 보편적으로 등장하는『천지명양수륙재의범음산보집』과 같은 종합서의 영향일 것을 추측한다. 그러나 이와 같은 견기이작형 의식의 정착과 변화로 인해 살아 있는 자를 위한 목적으로 설행하는 의식은 오히려 축소된 흔적이 역력하다. 이와 같은 사실은 다음 표를 통해 보다 쉽게 이해할 수 있다.

---

607) 조선시대에 발간된 생전예수재 관련 의식집 중 이와 같은 절차로 구성된 의식집은 찾아볼 수 없다. 현행 생전예수재는『예수시왕생칠재』를 기본으로 그 외 다른 의식들을 추가하여 새롭게 정립한 의식 절차로 추측한다.

[표 22] 현행생전예수재와 조선시대 생전예수재 의식 비교

	현행(낮)	조선시대(밤)
준비 의식	시련·대령·관욕·괘불이운·영산작법·신중작법·조전점안법·금은전이운	예수작법 준비(조전의식· 불보살찬탄)
본 의식	통서인유·엄정팔방·주향통서편·소청사자·안위공양·봉송사자·상단영청지의·보신배헌·소청명부·참례성중·헌좌안좌·기성가지·소청고사판관·보례삼보·수위안좌·수설명사승회소·마구단권공·전시식·공성회향	통서인유·엄정팔방·주향통서·주향공양·소청사자·안위공양·봉송사자(청장·물장)·소청성위·봉영부욕·찬탄관욕·인성귀위·헌좌안위·보례삼보·소청명부·청부향욕·가지조욕·제성홀욕·출욕참성·참례성중·헌좌안위·기성가지·보신배헌·공성회향·소청고사판관·보례삼보·수위안좌·제위진백·가지변공·가지변공·가지변공·공성회향
회향 의식	경신봉송·화재수용·봉송명부·보신회향	경신봉송·화재수용·봉송명부

위 표에서 확인할 수 있는 두 의식의 특징은 첫째, 준비 의식에서의 차이점을 들 수 있다. 현행 생전예수재의 경우 시련, 대령과 관욕의식을 진행함으로써 재 의식에 참여한 참석대중과 인연 있는 상세 선망 부모님을 비롯한 일체영가를 청하여 살아 있는 자와 죽은 자 모두를 천도시키려는 목적을 동시에 드러내고 있다. 또한 규모가 큰 사찰에서 윤달을 맞이해 야외에서 의식을 봉행하다 보니 당연히 괘불이운과 영산작법의식을 포함할 수밖에 없었을 것으로도 짐작한다.

하단, 망자를 위한 대령과 관욕의식을 포함한 배경에는 살아 있는 자와 죽은 자 모두를 천도하고자 하는 대승적인 설행 목적이 숨어 있다. 그러나 현재 불교계 내부에 자리 잡은, 일반 신도가 참여하고자 하는 재(齋)는 대부분 돌아가신 부모님을 비롯한 인연 있는 망자가 재 의식을 통해 왕생극락하길 발원하는 의식으로 인식하고 있다. 그렇기

에 동참재자의 수(數)를 늘려 사찰 재정에 도움을 받으려는 목적으로 이와 같은 절차의 설행이 자연스럽게 이뤄진 것으로 짐작한다.

이에 비해 조선시대 생전예수재는 조전의식과 불·보살 찬탄의식만으로 생전예수재 준비의식을 진행한다.608) 이는 생전예수재가 명부세계 일체 성중에게 공양을 올리기 위한 목적을 가지고 정립된 의식이며 살아 있는 자를 위해 의식을 봉행하는 목적에 충실해 보인다. 더군다나 괘불이운 등의 의식 절차를 포함하지 않는 것은 의식 전개의 시점이 저녁 시간 이후 밤 시간대를 이뤄졌기 때문에 의식 시작 전에 이미 괘불이운을 행했을 것으로 여긴다.

현행 천도재를 비롯한 생전예수재에서는 영가에게 공양을 베풀기 위해 대령과 관욕의식을 봉행함으로써 살아 있는 수행자나 참석대중이 직접 영가에게 법문하고 영가가 스스로 발심(發心)하여 깨달음을 성취할 수 있도록 의식을 진행한다. 그러나 조선시대 수륙재와 대례왕 공문(시왕각배재) 그리고 생전예수재의 경우엔 이승과 저승을 이어주는 사자(使者)의 힘을 빌려 지옥중생인 영가를 제도하는 명부세계 성현을 청해 공양을 올림으로써 이후 영가들이 천도될 수 있기를 발원하는 형식을 띠고 있다.

둘째, 현행 생전예수재는 상단(증명단)과 중단(명부성현)의 일체 관욕의식을 생략하고 있다. 그리고 각 단을 청할 때마다 보신배헌·기성가지·마구단권공609) 등, 공양의식을 진행하고 하단의식 이후 전시식

---

608) 한 예로 옹호게 등을 들 수 있는데 가령 옹호게는 시련, 괘불이운, 신중작법의 의식 시작에서 동일한 목적으로 행해진다. 이는 별개의 의식임으로 당연히 그럴 수 있을 것으로 여길 수도 있지만 한편으로는 별개의 의식을 생전예수재라는 하나의 의식으로 다시 재정립하는 과정에서 생긴 오류로도 짐작해볼 수 있는 대목이다.

609) 마구단권공의식은 1576·1632년 『예수시왕생칠재의찬요』에서는 포함되어 있지 않다. 그러나 1721년 『천지명양수륙재의범음산보집』卷中 예수작법절차에는 기술되어 있는 것으로 봐서 이후 정립된 의식으로 간주할 수 있다.

을 행함으로써 초대받지 못한 무주고혼에게까지 공양을 베푼다. 조선시대 생전예수재는 상단과 중단의 관욕의식을 포함하고 있고 약례와 정례로 구분하여 공양의식 진행에 차이를 두고 있다. 이미『석문의범』하단 수위안좌편에서 확인했듯이 약례일 경우 상단과 중단 의식이 끝나고 난 후 각 단에 공양을 올리며 하단, 명부 관리를 청해 함합소를 증명 받은 후 바로 회향 의식으로 진행한다. 정례일 경우는 상·중·하단의 대상을 모두 청해 모신 후 각 단에 공양올리고 이후 회향 의식으로 넘어간다.

셋째, 현행 생전예수재에서의 회향 의식은 말미에 보신회향을 행함으로써 모든 재 의식이 일체 불·보살과 성현의 가피로서 원만하게 회향함을 고(告)하지만 조선불교 생전예수재는 재장(齋場)에서 소대로 향하기전 이와 같은 목적의 공성회향을 행함으로써 같은 내용을 반복하지 않는다.

그럼 현행 생전예수재와 조선시대 생전예수재 절차상의 차이점이 발생하게 된 이유는 무엇일까?

물론, 시간이 흐름에 따라 의식이 변해 가는 것은 당연한 결과로 받아들일 수 있지만 필자는 그 이유를 먼저 전승방법의 역사적 전개를 통해 추측하고자 한다. 본 연구에서 다루는 조선시대 생전예수재는 16~17세기, 약 400년 전에 성행했던 재 의식이다. 당시의 생전예수재는 그 설행 목적에 충실할 수밖에 없을 것으로 짐작하는데 이는 해당 의식에 관한 의식집의 독립된 단행본 형식으로 존재하고 있기 때문이다. 그러나 이후 18세기에 접어들면서 다양한 목적을 가진 불교 의식이 정립되고 또 정착하기를 반복하면서 그 수가 급등하게 되고 무분

참고로『천지명양수륙재의범음산보집』의 예수재작법은 독립된『예수시왕생칠재의찬요』을 옮긴 것이라기 보단 상단·중단·고사단을 청하고 각 단에 공양 올리는 형식을 취하고 있다. 전체 분량이 불과 5쪽으로 기술되어 있으며 대부분 의식진행에 관한 설명을 담고 있다.

별한 의식의 설행을 바로잡고 올바르게 전승하기 위해 여러 종류의 의식들을 한데 엮은 종합서 형식의『범음산보집』과『작법귀감』등이 등장하기에 이른다.

종합서를 참고해서 의식을 진행하기 위해서는 의식을 전문적으로 수행한 범패승에게 의지할 수밖에 없고 범패승은 설행장소와 목적 등을 감안하여 의식 절차를 상황에 맞게 정립했을 것으로 추측한다. 바로 견기이작형으로 말이다. 다만, 이와 같은 견기이작형 생전예수재 절차는 얼마든지 다양한 모습으로 변화할 수 있음에도 이후 범패승은 마치 그와 같은 의식 절차만이 올바른 의식절차일 것으로 받아들여 설행하며 현재에 이른 것으로 추측한다. 그 절차를 무조건 따라야 한다는 고정관념에 사로잡혀서 말이다.

다음, 두 번째로 의식의 봉행하는 시점에 따라 의식 절차가 재정립 되었을 가능성이다. 재 의식의 설행을 주로 밤에 주로 행했던 조선시대와 달리 현재의 재 의식은 대부분 낮 시간에 봉행된다. 그러므로 보편적으로 야외에서 괘불을 모시고 행할 수 있고 괘불이운 의식이 포함되다 보니 자연스럽게 영산작법 등이 추가될 수도 있을 것으로 짐작한다. 물론 이러한 의식 정립도 범패승에 의한 견기이작형으로 볼 수 있다.

마지막으로 현재 성행하고 있는 영산재와 같은 보편적인 천도재의 의식 절차에 영향을 받아 의식을 시연하는 범패승이 현행 생전예수재를 봉행했을 가능성이다.[610] 한 예로 시련과 대령, 관욕의식 등은 현재에 와선 규모가 큰 모든 재 의식이 빠지지 않고 등장한다. 그러나『석문의범』에서의 시련·대령·관욕 등은 시식편(施食篇)[611]으로 따로 분류되어 있다.『작법귀감』의 경우엔「상용시식의」가 대령의식 후

---

610) 아무런 의심 없이 영산재의 절차를 받아들인 결과로 해석할 수 있다. "남들 이 다 그렇게 하니까 나도 그렇게 한다"라는 식으로 말이다.

611) 安震湖,『釋門儀範』, 下, 49~64쪽.

등장하고 있어 이 모두 무주고혼 영가에게 공양을 베풀기 위한 의식으로 이해할 수 있다.612) 만약 과거의 모든 재 의식 절차가 현행 의식 구성 절차처럼 행해졌다면 조선시대에 간행된 수륙재·예수재 관련 의식집과 『천지명양수륙재의범음산보집』、『작법귀감』、『석문의범』과 같은 종합 의식집에 반드시 재 의식을 설행하기에 앞서 시련·대령·관욕의식을 행할 것을 협주로라도 설명, 기술했을 것이다.613)

그러나 조선시대를 거쳐 현재에 이르는 생전예수재 의식 절차의 변화는 내면적으로는 살아 있는 자와 죽은 자 모두를 천도시키는 사상적 기반을 이루고 외형적으로는 보다 화려하고, 성스러운 장엄의 발전은 기대할 수 있어도 한정된 시간 속에서 의식을 진행하다 보니 재 의식 설행 목적에 필요한 일부 의식 절차를 생략할 수밖에 없는 부정적인 측면을 낳았다.

---

612) 『석문의범』에 기술된 데로 "시련→대령→관욕→관음·구병·화엄시식, 혹은 상용영반"으로 의식을 진행한다면 정말 잘못된 의식일까? 꼭, 현재의 일반적인 사십구재와 같이 관욕의식 이후『천수경』을 염송하고 지장청을 봉행한 후 공양 올리는 것만이 정례라고 누가 장담할 수 있을 것인가? 『천수경』이 1961년 통도사에서 현재의 모습으로 정립된 후 자연스럽게 당시의 상주권공재가 사라지기 시작하였다. 1931년 안진호의『불자필람』에서의 상주권공재는 현재의 지장신앙이 아닌 관음신앙, 즉 관음예문에 중점을 두고 진행했고 이는 현재『석문의범』상주권공편에서도 쉽게 확인할 수 있다. 관음신앙이 바탕이 되었기에 시식에서도 자연스럽게 관음시식으로 의식을 끝냈음은 의심할 여지가 없다. 결국 현행 재 의식 절차가 모두 상황에 따라 정립된 견기이작형 의식임을 부인할 수 없다.

613) 아직까지도 조선시대에 발간된 의식집에서는 현행하는 재 의식 절차와 동일한 의식 절차를 찾아볼 수 없다. 단지,『천지명양수륙재의범음산보집』(1721)에서는 卷上에「대령의」(對靈儀)가 처음에 등장하고 卷下에「대령작법여의문」(對靈作法如儀文)이 기술되어 있다. 또 다른『천지명양수륙재의범음산보집』(1739) 卷上에서는「수륙대령의」(水陸對靈儀)가 등장하는데 이는 현행 재대령에서 관욕의식을 뺀 의식으로 흔히 범패승들 사이에서 '민대령'이라 칭한다. 필자는『범음산보집』등에서 각 의식의 설행 시점을 명확하게 구분하지 않은 이유가 의식을 진행하는 범패승이 상황에 따라 그 목적에 맞게 의식 진행을 할 수 있도록 배려한 것으로 여긴다.

② 생전예수재에 포함된 영산재의 해석

현행 영산재와 일부 동일한 구성을 지닌 견기이작형 생전예수재의 진행 절차는 상황에 따라 얼마든지 변화가 가능하다. 그러나 이와 같은 진행 절차를 '예부터 지금까지 해왔다'는 식으로 아무런 의심 없이 정법으로 받아들여 설행할 경우 동일한 목적의 의식을 반복하게 된다. 한 예로 현행 생전예수재를 절차 중 식전 의식만을 풀어서 설명하면 다음과 같이 정리할 수 있다.

> ① 본 도량을 수호하는 <u>일체 성현인 제현성·대범천왕·제석천왕·사천왕을 비롯한 신중 등을 초대하는 의식을 봉행한 후 도량에 모신다.(시련)</u> ② <u>상세선망 부모님을 비롯한 일체 영가를 청하고</u> 그들을 위로한 후 부처님의 법에 의지하여 <u>일체 모든 것이 무상함을 일깨워주고(대령)</u> ③ <u>목욕을 시켜 해탈케 한 후 부처님께 청정한 모습으로 예를 올리고 안치한다.(관욕)</u> ④ <u>옹호 성중의 보호 아래</u> 일체 불·보살이 강림할 것을 청하고 부처님을 모신다.(괘불이운) ⑤ 부처님을 찬탄하고 <u>여섯 가지 공양물을 올려 공양한다.(영산작법·육법공양)</u> ⑥ <u>호법 성중을 찬탄하고 그들이 강림할 것을 서원한</u> 후 차 공양을 올린다.(신중작법) ⑥ 금은전 점안의식을 하고 다시 이운의식을 봉행하여 <u>상단이나 고사단[614]에 모신다.</u>[615]

이와 같은 식전 의식을 봉행한 후 생전예수재 본 의식에서 다시 상단, 증명단의 일체 불·보살을 다시 청하고 또 모신 후 「보신배헌편」

---

614) 각 사찰마다 차이가 있지만 금은전을 명부세계 중단에 모시는 경우를 본 적이 없는 것으로 기억된다. 이유는 현행 생전예수재는 상단에 중점을 두고 진행하기 때문이다.
615) 금은전이운과 점안의식.

을 통해 육법공양 올린다. 이미 괘불이운과 영산작법을 통해 공양까지 올렸는데도 말이다. 또한 시련의식에서 이미 일체 성현을 초대했음에도 불구하고 동일한 성현을 생전예수재 상단에서 또 청해 모신다. 이와 같은 의식 절차에 관한 범패승의 일반적인 설명은 "헤아릴 수 없이 많은 불·보살이 존재하기 때문에 그렇다"거나 "불·보살이 도량에 강림하는 목적이 다르기 때문에 그렇다"고 답한다. 그런데 필자는 이와 같은 반복적인 의식의 등장 이유를 첫째, 아직까지 조선시대 불교의식에 관한 이론정립이 완벽하게 이뤄지지 않은 상태에서 단지, 범패승의 증언한 의식만을 그대로 받아들인 결과이거나 둘째, 과거 언제부터인가 견기이작형으로 행했던 의식을 마치 정석인 냥 무작정 받아들인 결과로 본다.

흔히 현행 영산재는 과거, 3일에 걸쳐서 봉행했다고 설명한다.[616] 3일 동안 영산재를 봉행할 경우의 절차는 첫째 날, 시련 → 대령 → 관욕을 봉행하고 둘째 날, 조점전안 → 신중작법 → 괘불이운 → 영산중간을 마친 후 식당작법까지 하고 셋째 날, 영산작법의 중간부터 운수상단 → 중단(소청성위) → 신중퇴공 → 관음시식·전시식 → 봉송 → 회향설법을 행한다고 한다. 그리고 이와 같은 의식이 예전에는 3일 동안 곧잘 거행되었으나 근간에는 찾아보고 어렵다고 설명한다.[617] 필자는 『범음산보집』과 『석문의범』 등에 기술된 다양한 목적의 의식들을 범패승에 의해 임의로 엮어 진행하는 현행 영산재를 근대 재의식의 특징을 살필 수 있는 전형적인 견기이작형 재로 꼽는다.

그러나 3일에 걸쳐 봉행했다는 영산재가 현재에 이르러서는 하루, 그것도 오전 10시에 시작해서 오후 5시까지의 한정된 시간에 모두 봉행한다. 더욱 약례화된 견기이작형으로 말이다. 그럼에도 불구하고 현재의 범패승은 이 모든 구성을 현행 재 의식을 구성하는 기본적인 절

---

616) 법현, 『불교음악 영산재 연구』(서울: 운주사, 1997), 13쪽.
617) 법현, 『불교음악 영산재 연구』, 15쪽.

차로 받아들인다.

필자는, 3일 동안 봉행하는 현행 영산재의 구성과 재 의식 절차가 무엇에 근거하고 있는지, 명확한 문헌 자료를 접해보지 못했다.[618] 설

---

618) 1900년대, 20세기에 들어 공식적으로 3일 영산재를 봉행한 예는 두 번 있다. 첫째는 법현 스님의 『불교음악 영산재 연구』에서 밝혔듯이 1968년 5월 14일에서 16일에 봉행된 예와 둘째, 2000년 이후 대한불교 조계종에서 원명 스님의 진행으로 매년 하루씩, 3년에 걸쳐 봉행한 3일 영산재가 그것이다. 비공식적으로는 대한불교 천태종이 1980년대 이후 매년 범패승을 초청하여 봉행한 3일 영산재가 유일하다. 3일 영산재 구성 절차 정립에 관해서는 1968년 봉행했던 영산재 시연에 주목할 필요가 있다. 1965년부터 정부는 전국에 흩어진 문화재 발굴사업에 역점을 두었고 이후 많은 문화재가 발굴, 지정되었다. 1968, 3일 영산재 시연은 당시 문화재관리국의 문화재 지정사업과 깊은 관계를 가지고 있을 것으로 사료(思料)되는데 이는 1973년에 영산재가 중요무형문화재로 지정되는 데 중요한 보고 자료로 활용되었을 가능성이 크다. 또한 이때 3일 영산재를 봉행하기 위한 절차가 견기이작형으로 재구성되었을 것으로도 짐작하는데 그 이유는 다음과 같다.

① 현재 불교의식 관련 학자들이 손꼽는 전통불교의식 보존 사찰은 당연 신촌 봉원사이다. 구해 스님의 증언에 의하면 근대 봉원사에서 불교의식이 전래되기 시작한 것은 20세기 초 월하 스님이 백련사에서 범패를 배워 봉원사에서 후학을 양성하기 시작한 시점부터로 확인된다. 월하 스님의 대표적인 제자가 1907년생인 김운파 스님인 것으로 미뤄보면 1920년대 이후 본격적으로 봉원사에 불교의식이 자리 잡았을 것으로 추정한다. 원명 스님의 증언에 의하면 당대 최고의 어장으로 꼽히는 박송암 스님이 1915년생이고 그가 후학양성을 시작한 시점이 1935~40년대인 점을 감안하면 결국 봉원사에서 범패를 전승하기 시작한 시기도 1935년 이후로 볼 수 있다. 그러나 이 시기는 3일 영산재를 봉행할 수 없던 시절이었음을 누구도 부인할 수 없다. 바로 1910년대부터 일본이 패망하기까지 약 35년간 이어온 「사찰령」(寺刹令) 때문이었다. 일제강점기에 야외에 괘불을 걸어 모시고 하루도 아닌 3일 동안 수많은 대중을 운집시켜 영산재를 봉행한다는 것이 현실적으로 불가능하다는 것은 너무도 당연한 것이다. 이는 송암 스님이 원명 스님에게 "사실 3일 영산재를 봉행해본 적은 없다"라는 말을 했다는 증언으로도 확인할 수 있다. 또한 근대사의 가장 힘든 시기였던 6.25전쟁과 1960년대 이승만 정권의 의도적인 비구·대처승의 불교정화운동은 당시를 살아가는 승려에게 전쟁과도 같은 시기였음을 대한불교 조계종과 한국불교태고종의 많은 자료를 통해 확인할 수

사, 19세기 이전 시대에 간행된 현행 영산재의 절차와 같은, 3일 재의식 절차 그대로를 기술한 영산재 의식집이 밝혀진다 해도 3일 의식을 하루 동안의 한정된 시간 속에서 시연, 봉행해야 한다면 과감히 현행 절차를 수정하여 올바른 목적을 설행하기 위한 견기이작형으로 재정립해야 한다. 이유는 간단하다. 목적이 다른 두 의식인 영산작법과 시왕각배재를 영산재란 하나의 의식으로 통합하여 제한된 시간을 핑계로 완벽하게 재현하지 못할 바에는 두 의식, 영산작법과 시왕각배로 나눠 따로 봉행하는 것이 불교의식 복원과 발전 그리고 전수에 유리하기 때문이다.

있다. 당연히 1968년 이전, 3일 영산재를 봉행했다는 범패승들의 증언은 그저 한정된 범패승의 증언일 뿐이다.

② 현재 봉원사가 가장 권위 있는 전통불교의식 본존 사찰로 인식된 배경에는 1970년대 영산재가 중요무형문화재로 지정된 것과 무관치 않다. 당시, 불교의식으로는 유일하게 영산재가 국가가 인정하는 문화재로 등재된 것은 대내외적으로 봉원사만이 전통불교의식 전수를 위한 중심 사찰로 여기기에 충분하였기 때문이다. 물론 6.25전쟁 이후 사회적으로 안정된 시기를 맞이한 1970년대, 한강을 중심으로 강북에는 봉원사를 비롯한 백련사 그리고 홍천사 등이 사찰에서 불교의식과 관련된 많은 범패승을 배출하였고 또한 현재까지도 그 영향을 받아 활동하고 있는 것이 사실이다. 그러나 같은 시기 한강 이남 흑석동 화장사에는 도암·도범·홍찬·익현·도봉 스님 등, 강북의 사찰보다 더 많은 범패승을 배출하고 그 범패승이 활동했던 것으로 전해지는데 도봉 스님(1915~1997)과 해운·대안 스님의 증언에 따르면 일제강점기부터 1970년대까지 관악산을 중심으로 한 강남에 위치한 사찰에 크고 작은 재가 들면 대부분 화장사 스님들이 의식을 집전하였다고 증언한다. 또한 당시의 재 의식은 주로 사십구재를 비롯한 상주권공재가 중심을 이뤘고 큰 재라도 시왕재가 전부였다고 증언하는데 이는 당시 화장사 범패승이 참고했다는 의식집인 1915년(대정4년)에 간행된 『요집』(要集)에서 일부 확인할 수 있다. 특히 3일 영산재는 봉행하지도 참여해보지도 못했다고 확인한 바 있다. 참고로 『요집』은 상주권공을 시작으로 이운의식과 배송의식으로 이어지고 제불통청을 비롯한 일용의식 등이 설명되어 있다. 1940년대부터 1960년대까지 화장사와 달마사 그리고 보덕사에서 활동했던 고사염불의 대표적인 범패승이었던 도봉 스님은 필자의 친부(親父)이다.

1) 영산재의 정의에 관한 이해

   현 시대에 맞는, 새롭게 재정립할 견기이작형 조선시대 생전예수재의 올바른 절차 구성을 위해서는 먼저, 다양한 목적과 시연 상황으로 정립된 견기이작형 현행 영산재가 갖고 있는 정의와 절차에 관한 오류를 짚어보고 절차에 포함되어 있는 영산작법의 독립성, 괘불이운과 영산작법의 연관성 등에 관한 몇 가지 의문점을 해결해야 한다. 이유는, 현행 생전예수재 절차가 지금도 현재 성행하는 영산재 절차를 그대로 받아들여 진행하고 있기 때문이다.[619]

   현재 불교의식과 관련된 저서와 학술지에서 평가하는 영산재에 관한 내용을 살펴보면 다음과 같다.

> 예 1 현재 한국의 불교문화 예술을 거론할 때 영산대재를 제외하기란 거의 불가능하다. 재를 구축하고 있는 제반장치들은 바로 한국 불교예술이 지향하는 극점에 위치해 있기 때문이다. 고도의 철학적 사유를 바탕으로 작법과 범패 그리고 이들과 교직된 사설을 표상으로 한 영산대재는 그 자체로 대표성과 그 완성을 동시에 구현하는 불교종합예술이다.[620] 이와 같은 영산재는 석존이 법을 설한 영산회상의 재현을 상징하는 의식으로 석존이 주존(主尊)이 되어 운집한 대중을 향해 법문을 설하고, 모든 불보살과 신중(神衆)이 함께하며, 천향(天香)과 꽃비와 하늘음악이 가득하여 법열이 넘쳐나는 영축산의 법회를 상징적으로 재현하는 의례인

---

619) 현행 영산재 절차에 관한 오류를 지적하지 않고서는 새롭게 정립할 생전예수재절차의 정당성을 주장할 수 없다. "무엇을 근거로"라는 질문이 수없이 반복될 수 있기 때문이다. 설사 개인적인 의견으로 재 의식 절차를 제시한다고 해도 나름의 근거를 밝히지 않고서는 그저 공허한 소리에 불과할 것이다.

620) 박성철, 「영산재의 문화적 활용모델 연구」(박사학위논문, 동국대학교 대학원, 2004), 1쪽.

<u>것이다.</u> 이 영산재는 <u>살아 있는 자, 죽은 자 모두를 위한 재</u>이며, 그 의례 속에 담긴 풍부한 교리적 사상적 의미와 아울러 종교적 예술적 의미가 풍부하기 때문에 오늘날 한국 불교의 가장 대표적인 의례로 전승되고 있다.621)

위에서 소개한 영산재에 관한 내용은 보편적으로 알려진 학설이다. 물론, 불교의식에 관심을 갖고 있는 학자라면 누구나 접해본 내용이다. 위의 [예 1]에서 정의한 "영산재는 석존이 법을 설한 영산회상의 재현을 상징하는 의식으로 석존이 주존(主尊)이 되어, 운집한 대중을 향해 법문을 설하고, 모든 불보살과 신중(神衆)이 함께하며, 천향(天香)과 꽃비와 하늘음악이 가득하여 법열이 넘쳐나는 영축산의 법회를 상징적으로 재현하는 의례인 것이다"는 저자가 현행 영산재의 전체적인 진행 내용 중 「영산작법」을 설명한 것으로 여겨진다. 이어 "살아 있는 자, 죽은 자 모두를 위한 재"라고 설명하고 있는데 이는 「영산작법」 이후에 진행하는 「시왕각배재」를 의미한 것으로 보인다. 즉, 우리가 보편적으로 알고 있는 망자(亡者)를 위로하고 극락왕생(極樂往生)을 기원하는 재(齋)·제(祭)·천도(薦度)의 개념 말이다. 그러므로 저자는 현행 영산재의 절차 그대로를 올바르게 기술한 것으로 볼 수 있다.

다음은 현행 영산재 절차622)이다.

시련(侍輦) → 대령(對靈) → 관욕(灌浴) → 신중작법(神衆作法) → 괘불이운(掛佛移運) → 영산작법(靈山作法) → 식당작법(食堂作法) → 운수상단(雲水上壇) → 소청중위(召請中

---

621) 김응기, 「영산재 작법무 범패의 연구」(박사학위논문, 원광대학교 대학원, 2004), 2쪽.

622) 이 절차는 지난 10년 동안 필자가 영산재보존도량 봉원사에서 설행하는 영산재에 참여하며 기록한 내용과 기존에 보급된 영산재 관련 DVD 자료를 근거로 정리하였다.

位) → 신중퇴공(神衆退供) → 관음시식(觀音施食)·전시식
(奠施食) → 소대봉송(燒臺奉送) → 회향(回向)

위의 절차를 내용 중 앞에서 정의한 영산재에 관한 설명은 다음의
세 가지, 영산작법과 운수상단과 소청중위 등으로 요약할 수 있고 영
산작법을 제외하면 이후 의식은 현행 시왕각배재의 의식 절차와 차이
가 없다. 이는 일반적으로 알려진 영산재 절차나 혹은『석문의범』상
권 112쪽부터 155쪽까지 이어지는 의식절차를 확인하면 보다 쉽게 이
해할 수 있다.623) 이와 같은 이유로 영산작법과 시왕각배재가 합쳐져
영산재라고 하는 것이다.

그러면 영산재를 봉행하는 목적이 석가모니 부처님이 영취산에서
설법하는 모습을 재현하기 위해서일까? 아니면 상세선망 부모를 비롯
한 일체영가를 위로하기 위한 천도의 목적일까? 과연 무엇에 더 비중
이 있을까? 어장 스님을 비롯한 대부분의 범패승은 "영가천도를 위해
영산단을 꾸미는 것이지 영산단을 꾸미기 위해 영가천도를 하는 것은
아니다"라고 강조한다. 또한 영산재에서 운수상단을 비롯한 각배재
의식은 반드시 봉행할 것을 주문한다.624) 이와 같은 견해로 보면 현행
영산재는 시왕각배재에 영산작법을 포함한 의식으로도 여길 수 있다.
그러면 앞에서 설명한 영축산의 법회를 상징적으로 재현한 목적도 결
국 영가천도를 위한 방편으로 봐야 하고 기존의 학설도 "시왕각배재
에 영산작법을 추가하면 영산재"가 되는 것으로 새롭게 수정, 인식할
필요가 있다. 그렇다면 영산작법이 영산재만을 위해 존재하는 것이 아
닌 시왕각배재를 비롯한 다른 재 의식에서도 얼마든지 봉행할 수 있
는 독립된 의식이 될 수 있지는 않을까? 영산작법이 독립된 하나의 의

---

623) 현행 영산재의 가장 큰 비중을 차지하는 영산작법과 식당작법 그리고 각배
재로 이어진다.
624) 구해 스님 증언. 2010년 2월.

식으로 말이다.

2) 영산작법의 독립성

필자는 영산작법이 조선시대에는 하나의 독립된 의식으로 존재했을 가능성에 무게를 두고 조선시대에 간행된 의식집을 중심으로 그 의미를 살펴보고자 한다.

> **예 2** 처음 영산재라고 하는 재의 명칭이 등장하는 것은 1931년 안진호(安震湖)가 편찬한『釋門義範』에서 비롯되었으며, 영산재의 선행 명칭으로 17·18세기 의식집에서는 영산회(靈山會), 영산대회(靈山大會), 영산작법(靈山作法) 등을 사용하고 있음이 밝혀졌다. 그런데 영산재의 명칭을 사용한 것은 안진호에 의해서 비롯된 것만은 아니다. 1721년 경기고 양주 중흥사(重興寺)에서 개간된『天地冥陽水陸齋儀梵音刪補集』625)에 영산재의 명칭이 등장하고 있다. 雲水壇作法篇을 시작하면서 "齋前如上靈山齋後鳴鈸喝香"라고 부기하고 있어서 18세기 전반에 영산재의 명칭을 사용하고 있음을 확인할 수 있다.626)

---

625) 이 범음집은 발간이전의 수륙재 의식집과는 크게 다른 점이 있는데 이전까지는 주로 수륙재 의식의 절차와 내용을 간략히 정리하여 의식에 사용하기 편리하도록 주안점을 두었다면 '범음산보집'이라는 제목을 통해서도 알 수 있듯이 梵音의 고증에 노력을 기울이고 있다. 이 책은 지리산에서 활동한 승려인 智還이 재편집한 것으로 우선 서두에 지환이 梵學의 참모습을 잃어가는 것을 염려하여 이 책을 편집하였다는 것과 범패의 역사에 대해 간략하게 언급하였다. 南希叔,「16~18세기 佛敎儀式集의 간행과 佛敎大衆化」,『韓國文化』제34집, 107~108쪽.

626) 심효섭,「조선 전기 영산재 연구」(박사학위논문, 동국대학교 대학원, 2004), 12~13쪽.

예3 조선시대 발간된 범음집 중 영산재와 관련된 것으로
는 1613년(광해군 3) 경상도 안흥사(安興寺)와 1634년(인조
12) 경기도 용복사(龍腹寺)에서 개간된『靈山大會作法節次』
그리고 1827년(순조 27) 전라도 장성 운문암(雲門庵)의『作
法龜鑑』이 전해진다.[627]

조선시대의 보편적인 재 의식에서 영산재가 차지하는 비중은 상당
히 미비하다. 그도 그럴 것이 최소 19세기 이전에 간행된, 현행 영산
재 절차와 동일한 형태의 독립된 의식집은 아직까지 발견되고 있지
않기 때문이다.[628] 그러나 현재 영산재가 불교의식의 중심에 자리 잡
고 있다는 사실만으로도 그 존재적 가치는 충분함을 필자는 공감한다.
보다 정확하게 표현하면 영산작법의 가치를 높이 평가한다는 말이다.
이와 같은 인식의 전환은 "현행 영산재에서 가장 큰 비중을 두고 있는
영산작법은 과연 영산재만을 위한 의식인가?"에서 시작하였다.

필자는 조선시대에 성행했던 불교의식의 가장 큰 특징을 첫째, 독
립된 의식마다 모두 기·승·전·결(起承轉結)[629]이 명확하게 구분되
어 있는 점과 둘째, 현행 재 의식과는 달리 반복적인 형태, 가령 동일
한 대상을 청한다거나 게송(偈誦)을 반복하지 않는 것을 꼽는다. 물론,
규모가 큰 재 의식은 이와 같은 의식들을 임의로 엮어 견기이작형으
로 진행하는 것으로 본다.

---

627) 南希叔,「16~18세기 佛敎儀式集의 간행과 佛敎大衆化」,『韓國文化』제34집,
115~20쪽.
628) 아직까지도 조선시대 140여 편의 의식집 중 현행 영산재 절차인 영산작법+
각배재 형식 그대로 기술되어 간행된 독립적인 의식집은 찾아볼 수 없다.
629)『천지명양수륙재의범음산보집』이나『작법귀감』그리고 근대『석문의범』과
같은 다양한 의식을 모두 합본·편집한 의식집이 아닌『예수시왕생칠재의
찬요』,『수륙무자평등재의』등의 독립적인 재 의식집과『영산작법절차』,『
중례작법』등의 다양한 작법관련 의식집의 경우 모두 명확한 기승전결의 형
태로 의식을 진행한다.

영산작법만 하더라도 ① 할향을 시작으로 소직찬까지 불·보살의 공덕을 찬탄하는 기(起)에 해당하고 ② 상세선망 부모를 비롯한 일체 고혼들의 극락왕생하길 발원하는 등, 영산작법을 봉행하는 연유를 밝히고 도량을 청정하게 하여 불·보살의 강림을 발원하는 대회소까지 승(承)에 해당하며 ③ 불·보살의 강림과 법사 스님의 설법 그리고 영가가 극락세계에 왕생하길 발원하는 창혼과 공양의식까지 전(轉)에 그리고 ④ 육법공양과 회향주 그리고 일체 진언까지가 결(結)에 해당한다. 즉, 독립된 의식으로서의 구성이 완벽하게 이뤄져 있다고 볼 수 있다.

또한 위의 [예 2·3]를 모두 공감한다고 하더라도 영산작법 절차의 할향(喝香)·연향게(燃香偈)·할등(喝燈)·연등게(燃燈偈)·할화(喝花)·서찬게(舒讚偈)·불찬(佛讚) 비롯한 합장게(合掌偈)·고향게(告香偈) 등을 염송하는 목적과 시왕각배재의 '출자수미암반(出自須彌巖畔)'를 시작으로 등게(燈偈)·합장게(合掌偈)·고향게(告香偈) 등의 목적이 모두 불·보살을 찬탄하는 의미로 볼 수 있고 비록 현재는 영산재라는 하나의 의식으로 통합되어 진행하고 있지만 만약 독립된 각각의 의식으로 보면 이와 같은 구성은 모두 의식의 시작(起) 부분에 해당될 수 있다. 이는 원래 독립된 각각의 의식을 영산재라는 틀에 맞춰 견기이작형으로 진행하다 보니 하나의 의식으로 통합하여 진행한 것으로밖에 설명할 길이 없다.

영산작법이 독립된 의식이라는 가설은 단지 추측으로 끝나지 않는다. 조선시대에 간행된 『오종범음집』(五種梵音集)[630]을 비롯한 영산작

---

630) 지선(智禪)이 불가(佛家)의 의례집이 보편적이지 못하고 산란(散亂)함을 탄식하여 고금(古今)의 여러 의례집에서 채록보완(採錄補完)하고 벽암각성(碧岩覺性)이 서문(序文)을 쓰고 교정(校正)을 하여 1661년 무주 적상산 호국사에서 개판한 의식집이다. 내용은 卷上에 영산작법절차(靈山作法節次)·중례작법시련위의규식(中禮作法侍輦威儀規式)·결수작법(結手作法)·예수작법(預修作法)·지반십이단삼주야배치차제규식(志磐十二壇三晝夜排置次第規

법을 기술한 의식집에는 영산작법이 수륙재와 관련하여 봉행했거나 하나의 독립된 의식으로 존재하고 있기 때문이다.[631]

예 2)에서 "처음 영산재라고 하는 재의 명칭이 등장하는 것은 1931년 안진호(安震湖)가 편찬한『釋門義範』에서 비롯되었으며"라고 기술했는데 사실『석문의범』본문[632]에서는 영산재라는 명칭이 없다. 다만 영산각배(靈山各拜)를 진행하기 위해 먼저(先) 괘불이운을 하고 다음(次) 영산작법을 그리고 붙여서(付) 식당작법을 이어갈 것을 기술하고 있고 이 중 영산작법은 우리가 알고 있는 영산재 절차 중 한 부분으로 존재하고 있을 뿐이다. 또한 "영산재의 선행 명칭으로 17·18세기 의식집에서는 영산회(靈山會), 영산대회(靈山大會), 영산작법(靈山作法) 등을 사용하고 있음이 밝혀졌다"라고 기술하고 있는데 여기에서 말하는 영산회·영산대회·영산작법은 영산재의 선행명칭이라기보다는 "수륙재에 포함된 영산작법"으로 보거나 현행 절차에서 시왕각배재를 포함하지 않은 하나의 독립된 영산작법 의식으로 보는 것이 올바른 해석일 수 있다.

조선시대 재 의식에 영산작법의 등장은 특히 수륙재와 깊은 연관성이 있는데 이는 "양주 중흥사(重興寺)에서 개간된『天地冥陽水陸齋儀梵音刪補集』에 영산재의 명칭이 등장하고 있다"에서 밝혔듯이『天地冥陽水陸齋儀梵音刪補集』은 제목 그대로 수륙재 관련 의식집이기 때

式)등 범음집을 5종으로 나누어 수록하고 卷下에 운수단작법(雲水壇作法)과 부록으로 사명일영혼시식문(四名日迎魂施食文)·성도재작법(成道齋作法)·설선작법절차(說禪作法節次)·혼시분수작법(昏時焚修作法)·불상이운작법규식(佛像移運作法規式)·다비송몰규식(茶毘送歿規式) 등이 수록되어 있다. 朴世敏,『韓國佛教儀禮資料叢書』, 제2집, 180쪽.

631)『오종범음집』영산작법에서는 "..水陸齋式其文當於夜.."의 설명이 기술되어 있다.

632)『석문의범』에서의 영산재란 명칭은 상권 목차에만 나와 있고 본문에는 「영산작법」과 「영산각배」로 기술되어 있다. 만약 제작 당시에 영산재가 보편화된 재 의식이었다면 본문에도 그 제목이 그대로 실려야 하지 않았을까?

문이다.633) 그리고 이와 동일한 지적은 이어지는 [예 3]에서도 확인할
수 있는데 "영산재와 관련된 것으로는 1613년(광해군 3) 경상도 안흥
사(安興寺)와 1634년(인조 12) 경기도 용복사(龍腹寺)에서 개간된『靈
山大會作法節次』"가 그것이다. 내용을 기술한 저자는 단지「영산」(靈
山)이란 명칭이 존재하기 때문에『靈山大會作法節次』는 당연히 현행
영산재, 즉 영산작법과 시왕각배재 형식의 의식집인 것으로 여길 수
있으나『靈山大會作法節次』634)에는 독립된 영산작법의 내용만을 담
고 있으며 이어서 분수작법·소례결수·중례작법절차635) 등의 다양
한 의식들을 소개하고 있다. 이와 같은 사실로 미뤄볼 때 영산작법은
조선시대 수륙재와 직접 관련이 있거나 하나의 독립된 의식으로 존재
했을 것으로 여길 수 있다. 수륙재 관련 내용은 현행『석문의범』의 영
산작법636) 의식문637)에서도 확인할 수 있다.

---

633) 지환(智還)이 편집(編集)한 것으로 1721년 경기도 양주 삼각산 중흥사에서
    개간(開刊)한 목판본이다. 내용은 수륙재문(水陸齋文) 가운데 널리 사용되는
    것만을 추려 모은 의식집(儀式集)으로서, 卷上에 대령의(對靈儀)·분수작법
    절차(焚修作法節次) 등 삼십구종(三十九種)을, 卷中에 지반삼주야작법절차
    (志磐三晝夜作法節次)·삼일재전작법절차(三日齋前作法節次) 등 이십구종
    (二十九種)을, 卷下에 초일풍백우사단작법(初日風伯雨師壇作法)·당산천왕
    단작법(當山天王壇作法) 등 삼십일종(三十一種) 총 구십구종(九十九種)을
    수록하고 있다. 朴世敏,『韓國佛教儀禮資料叢書』, 제3집, 2쪽.
634) 1634(인조12년) 분수작법게(焚修作法偈)·소례결수작법절차(小禮結手作法
    節次)·중례작법절차·지반문작법절차·별축상작법절차 등을 합편하여 발
    간한 책.『佛教大辭典』, 下, 1773쪽. 이 의식집의 중례작법절차는 수륙재에
    사용하는 작법이다. 그러므로 영산재에 무게를 두기보다는 당시 보편적인
    재 의식이었던 수륙재에 무게를 두고 접근하는 것이 합당할 것이다.
635)「중례작법절차」는『천지명양수륙재의찬요』즉, 수륙재 관련 의식문이다.
636) 安震湖,『釋門儀範』, 上, 118~20쪽. 이 대회소(수설대회소)는 사실 현행 영
    산재에서는 사용하지 않고 있는데 이는 본 내용이 수륙재에 관해 기술(밑줄
    친 부분)하고 있고 본 의식이 수륙재를 위한 대회소임을 표현하고 있기 때
    문일 것으로 짐작한다.
637) 아직까지『석문의범』영산작법에 기술된 '대회소'를 조선시대에 간행된 의
    식집에서 발견하지 못했다. 개인적인 견해로 이 '대회소'는 수륙재 관련 의

大會疏(修設大會所)
대회소 수설대회소

盖聞眞空本寂 妙有繁興 依正互融 聖凡交徹 旣 悟迷之
개문진공본적 묘유번흥 의정호융 성범교철 기 오미지

派列 遂 苦樂之昇沈 般若現前 寶位立齊於四聖 塵勞未
파열 수 고락지승침 반약현전 보위입제어사성 진로미

息 輪回永墜於六凡 業海茫茫 甘受玲缾之苦 幽道擾擾
식 윤회영추어육범 업해망망 감수영병지고 유도요요

曾無拯救之方 不有至人 誰爲法事 是以 釋迦如來 首設
증무증구지방 불유지인 수위법사 시이 석가여래 수설

光明之呪 面燃大士 助開甘露之門 梁武帝 感逢神僧 齋
광명지주 면연대사 조개감로지문 양무제 감봉신승 재

修水陸 英禪師 文傳儀濟 福彼幽冥 惟玆勝會 設 大無遮
수수륙 영선사 문전의제 복피유명 유자승회 설 대무차

河沙可算 功德難量 今有此日 云云 由是 水陸會 首啓大
하사가산 공덕난량 금유차일 운운 유시 수륙회 수계대

悲心 屆斯追薦之辰 邀命大乘法師一位 秉法闍梨一員 法
비심 계사추천지신 요명대승법사일위 병법사리일원 법

事僧衆一壇 擇定今月某日夜 就於某處 啓建天地冥陽 水
사승중일단 택정금월모일야 취어모처 계건천지명양 수

陸大道場 幾晝夜 依法加持 潔方隅界 嚴備香花 修疏
륙대도량 기주야 의법가지 결방우계 엄비향화 수소

奉請大聖大悲 法報化三身諸佛 八大菩薩 五十二位諸菩
봉청대성대비 법보화삼신제불 팔대보살 오십이위제보

薩衆 三乘五敎 甚深法藏 五果四向 羅漢辟支 十大明王
살중 삼승오교 심심법장 오과사향 나한피지 십대명왕

金剛密跡 護法善神 次當召請 三界諸天 釋梵四王 諸天
금강밀적 호법선신 차당소청 삼계제천 석범사왕 제천

仙衆 五方上帝 二十八宿 九曜星君 日月二宮天子 乃至
선중 오방상제 이십팔숙 구요성군 일월이궁천자 내지

虛空藏菩薩之統攝 熾盛光如來之所降 周天列曜 一切聖
허공장보살지통섭 치성광여래지소강 주천열요 일체성

賢 次當奉請 大地神龍 五岳聖帝 四海龍王 三光水府 諸
현 차당봉청 대지신룡 오악성제 사해용왕 삼광수부 제

식집 간행된 이후 필요에 의해 추가된 것으로 짐작할 뿐이다.

龍神衆 主風主雨之尊 主苗主稼之宰 守彊護界 堅牢地神

及邀閻魔羅界 地府諸王 百官宰僚 諸鬼王衆 盡陰府界

一切神祇 地獄受苦 諸有情衆 次及古往人倫 明君帝王

補弼臣僚 三貞九烈 孝子順孫 爲國亡身 先賢後凡 人道

之中九流百家 一切人衆 並及九種橫 夭十類孤魂 三惡途

中 諸有情衆 仍及十方法界 意言不盡 昇沈不一 苦樂萬

端 未悟心源 同祈解却 據此水陸會首 主靈檀那 所伸意

者 濟拔各人 祖先父母 三代家親 失諱亡名 一切眷屬 摠

願不滯冥司 超生淨界 先當啓開者 右伏以 阿難興敎 武

帝遺風 宣 金剛頂之摠持 建 曼拏羅之勝地 由是 冤親不

擇 開 平等之法筵 追薦生天 建 水陸之妙會 上命三乘之

聖衆 道眼希垂 下沾五趣之靈祇 威光克備 今者會首 意

望行生 開啓功德良有薦 先亡以生天 保 現存之吉慶 然

冀具識具形 盡十方 三界世間 應六道 四生含識者 焚香

稽首 向佛傾心 赴 無遮無碍之道場 受 有分有全之功德

同來聖果 共結洪緣 俱沐良由 齊登覺岸 今當開啓 仰望

聖慈 敬對金容 表宣謹疏 (年月日云)

그럼 영산작법(공양·찬탄)의 작법(作法)과 영산재(재·제·천도)의 재(齋)는 다른 개념으로 받아들여야 할 것인가? 사실 앞의 예 1·2·3)에서 설명한 현행 영산재 절차와 정의만 놓고 보면 영산작법과 영산재는 같은 개념으로 받아들일 수도 독립된 의식으로도 인정하기 힘들다. 이유는 영산작법을 독립된 의식으로 인정하기 위해서는 무엇보다도 영가천도의 개념을 포함하고 있어야 하기 때문이다.638) 물론 위에서 설명한 「대회소」(수설대회소)에는 선망부모를 비롯한 일체 무주고혼의 왕생극락을 발원하기 위해 의식을 봉행하고 있음을 밝히고 있지만 위 내용을 조선시대에 간행된 의식집의 영산작법 부분에서는 확인하지 못한 의식문이다.639) 그러나 영산작법에는 대회소 외에 삼보소(三寶疏)에도 「특위추천 전항영혼」(特爲追薦 前項靈魂독)640), 즉 '특별하게 모신영혼을 추모하고 천도하기 위해'라는 대목이 등장하고 있다. 또한 이후 창혼(唱魂)에서 「원아 금일재자 모인복위 소천망 모인영가 당령복위 상서선망 사존부모 열위영가 왕생서방안락찰」(願我今日齋者某人伏爲所薦亡某人靈駕當靈伏爲上逝先亡師尊父母列位靈駕往生西方安樂刹)641)을 서원하고 있다.

그렇기에 이와 같은 영산작법, 석가모니 부처님이 영취산에서 중생을 위해 설법하시던 모습을 재현한 의식을 통해 불·보살을 찬탄하고 법사 스님의 설법으로 지혜를 증득하며 증청묘법다보여래·영산교주석가모니불·극락도사아미타불·문수보현대보살·관음세지대보살·

---

638) 영산작법절차만 분리하여 살펴보더라도 기·승·전·결이 분명하게 정립된 의식으로 여길 수 있지만 현재 범패승이나 일반 불자의 입장에서는 영가를 위한 시식(施食)이 빠져 있기 때문에 완전히 독립적인 의식으로 인식하기에는 왠지 부족하다고 느낄 수 있을 것이다. 당연히 시왕각배재의 필요성이 대두될 수 있다.

639) 그러므로 이 '대회소'는 수륙재 관련 의식집 간행된 이후 필요에 의해 추가된 것으로 짐작한다.

640) 安震湖, 『釋門儀範』, 上, 121쪽.

641) 安震湖, 『釋門儀範』, 上, 125쪽.

영산회상불보살을 비롯한 각 성현에게 예(禮·拜)를 드리고 육법공양을 올리는 공덕이 곧 살아 있는 자와 죽은 자 모두를 위로할 수 있는 의식으로 이해할 수 있다.

더욱이 지금까지 알려진 불교의식의 종류 중 각배재(各拜齋)에 관한 정의를 통해 현재 대부분의 범패승은 각배재가 곧 시왕각배재로 인식하고 있어 영산작법의 독립성에 의문을 제기하고 있는 것이 사실이다. 그러나 필자는 각배재는 반드시 영산각배(靈山各拜)와 시왕각배(十王各拜)로 나눠 정리해서 두 의식이 전혀 다른 목적으로 존재하고 있음을 상기시키고자 한다. 즉, 영산각배의 대상은 불타·달마·승가를 비롯한 각각의 일체 성현에게 예를 올리는 것을 목적으로 하고 있고 시왕각배는 명부세계 시왕을 중심으로 한 중단 성현을 대상으로 하고 있기 때문이다. 그러므로 영산각배재를 시왕각배재와 동일한 의식일 것으로 여긴다면 이는 의식 자체를 잘못 이해하고 있는 것으로 볼 수 있다.

그러므로 영산작법은 영산각배재에 해당하기 때문에 현재 영산재와 같이 굳이 시왕각배재를 포함하지 않더라도 하나의 독립된 재 의식으로 여길 수 있으며 이는 '作法과 齋' 동일한 의미로 해석하여 서로 다른 목적이 아닌, 같은 의미의 두 단어로 이해할 수 있다.[642]

3) 괘불이운과 영산작법의 연관성

현재, 대부분의 범패승은 괘불이운과 영산작법을 서로 깊은 관련이 있는 의식으로 여긴다. 재 의식에서 괘불이운을 봉행하면 당연히 영산작법을 하는 것으로 이해하고 또 영산작법을 위해서는 당연히 괘불을

---

642) 그러므로 작법과 재는 불·보살을 찬탄하고 공양하는 일체 행위로 정의할 수 있고 이는 결수작법·예수작법·운수단작법 등의 명칭에서도 동일하게 적용할 수 있다.

모셔야 하는 것으로 인식한다.

『석문의범』의 영산각배(영산재) 절차에서 확인할 수 있듯이 영산각배재를 봉행하기 위해서는 먼저 괘불이운을 봉행해야 한다. 이미 설명한 대로 영산작법은 영취산의 설법모습을 재현한 의식이기 때문이다. 그러면 조선시대 의식집의 영산작법에서 현재와 같이 영산작법을 설행할 경우 반드시 괘불이운의식을 봉행할 것을 주문하고 있을까?

앞장에서 확인한 영산작법을 기술하고 있는 의식집은 대부분 17세기 이후에 간행되었다. 이와 관련한 현존하는 괘불들도 모두 17세기 이후에 제작된 대형 작품들로 기록상으로 전하는 괘불을 모두 합하여 보면 조선 후기에 제작된 괘불은 100여 점에 이르고 있다. 그중 제작연대가 가장 빠른 작품은 전남 나주 죽림사에 소장된 1622년의 죽림사 괘불로 보물 1279호로 지정되었다.[643]

결국 의식집의 간행시기와 괘불의 제작연대가 비슷한 시기에 이뤄졌음을 확인할 수 있다. 그렇기에 앞에서 소개한, 당시 간행된 의식집 『오종범음집』과 『천지명양수륙재의범음산보집』의 영산작법의식에서 괘불을 사용한 흔적을 발견할 수 있다.[644] 그러나 조선 후기의 여러 의식집에서 영산작법에 앞서 괘불이운의식을 통해 영산회를 봉행했다거나 실제로 영산작법에 괘불을 사용했다는 조선시대의 기록은 찾아볼 수 없다.

오히려 수륙재·기우재(祈雨齋)·예수재·점안식(點眼式) 등의 다양한 의식에서 사용한 것으로 나타난다. 조선시대 불교의식에서 괘불을 사용한 흔적[645]은 임진왜란 이전 사명대사가 일본에서 포로를 소

---

643) 李英淑, 「朝鮮後期 掛佛幀 硏究」(박사학위논문, 동국대학교 대학원, 2003), 12쪽.

644) 『오종범음집』에 「或掛佛幀 靈山會作法則先告四菩薩八金剛護國掛佛幀后作法爲始可也」로 기술되어 있고 『천지명양수륙재의범음산보집』에는 「괘불이운」(掛佛移運)의식이 존재하고 있어 영산작법에서 괘불을 사용하였음을 짐작할 수 있다. 李英淑, 「朝鮮後期 掛佛幀 硏究」, 42쪽.

환해 올 때 봉행했던 기우재를 시작으로 모두 6회(임진왜란 이전·1776·1915·? 무진년 7월(안국사)·? 무진년 7월(송덕문)·영수사)가 확인되고 예수재 2회[1796·1806(유점사)], 수월도량공화불사 2회[1768(축서사)·1897(봉원사)], 사십구재 1회[1904(마곡사)], 성도재 1회[1766(통도사)], 점안식 1회[점안식(1809(흥국사)], 수륙재 2회[1695(적천사)·1832(마곡사)] 등이 보인다.

이와 같은 자료를 근거로 보면 조선시대 불교 의식에서 괘불을 모신 이유가 법당에서 행할 수 없는, 규모가 큰 의식을 봉행하거나 야외에서 의식을 행할 경우 법당 내에 모셔진 후불탱화나 불상을 옮겨 의식을 봉행할 수 없는 상황으로 인해 제작된 것으로 짐작할 수 있다. 그리고 이미 괘불을 제작할 당시부터 행했던 의식 등이 수륙재와 생전예수재를 비롯한 다양한 의식으로 확대하고 있었다는 사실은 곧 괘불이 어느 특정한 의식을 위해 제작된 것이 아니라 야외에서 행하는 모든 의식에서 사용할 수 있도록 제작되었음을 알게 한다.

그러므로 현행 영산재가 야외에서 주로 봉행되기 때문에 괘불이운 의식 후 영산작법을 봉행하는 것은 당연한 절차로 받아들일 수 있어도 영산작법을 위해 괘불이운을 봉행한다는 고정관념은 그릇된 해석으로 판단할 수 있다. 또한 괘불을 모셨다고 해서 영산작법을 봉행한다는 것은 잘못된 편견이다. 즉, 괘불이운과 영산작법은 그 목적을 달리하는 의식일 뿐, 서로 연관 지어 해석할 필요는 없다고 본다.

현행 재 의식 절차는 대부분 견기이작형으로 이뤄져 있다. 누구에게나 견기이작형 의식 절차는 참고의 대상일 뿐 정법이라 단언할 수 없다. 만약, 견기이작형 의식 절차를 그대로 받아들여 목적이 다른 독립된 의식들을 잘못 조합한다면 동일한 성현을 반복해서 청하거나 공양 올리게 된다. 더군다나 살아 있는 자를 위한 재 목적에 중점을 둬

---

645) 李英淑,「朝鮮後期 掛佛幀 硏究」, 42~45쪽.

야 할 생전예수재의 경우 망자의 시식을 위한 의식진행에 보다 큰 비중을 두는 형식으로 견기이작하고 있어 정작 중요한 상·중단 관욕의식은 물론 본 의식절차를 제대로 읽어보지도 못하고 끝내고 있다. 현행 생전예수재와 같이 말이다. 오후 2~3시간 동안, 생전예수재를 봉행한다는 것이 과연 가능한가? 잘잘못을 따지기 이전에 깊이 고민해볼문제다.

[그림 75] 괘불탱화646)

---

646) 1644년 제작된 충남 공주 신원사 괘불도(왼쪽), 1627년 충남 부여 무량사
괘불도(오른쪽). 김정희, 『불화, 찬란한 불교 미술의 세계』, 311쪽, 312쪽.

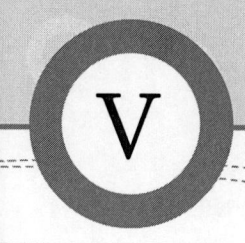

V 생전예수재의 재현에 관한 제안

그럼 동일한 목적의 의식을 반복적으로 진행하거나 시간의 제약을 이유로 의식을 축소하는 현행 생전예수재를 어떻게 하면 그 목적에 꼭 맞는 올바른 의식으로 재정립할 수 있을까? 필자는 다음과 같은 견기이작형 의식 절차의 구성을 제시하고자 한다.[647]

먼저, 각 사찰에서 의식을 진행하기에 용이한 현실적인 시간대는 통상적으로 오전 10시에서 오후 4시까지이다. 이와 같은 낮 시간대를 이용해 재 의식을 진행한다면 오전 10시부터 약 2시간 30분 정도 의식을 진행하고 이후 약 1시간 정도 점심공양으로 이어진다. 그리고 오후 2시부터 약 2시간에 걸쳐 의식을 진행하면 모든 재 의식이 끝난다. 결국 의식 진행으로 활용할 수 있는 시간은 총 4시간 30분 정도이다. 이와 같은 시간대를 활용하여 의식을 진행하기 위해서는 다음과 같은 절차를 제시할 수 있다.

---

[647] 생전예수재 본 의식 절차는 1576년 저본 절차에 바탕을 두고 『석문의범』에 기술된 『예수시왕생칠재의찬요』를 중심으로 하였음을 밝힌다.

[표 23] 생전예수재 절차 I 648)

	야외 괘불을 모실 경우
식전 의식	괘불이운 → 조전의식(중단)
1부: 오전	불·보살찬탄의식 → 통서인유 → 엄정팔방 → 주향통서 → 주향공양 → 소청사자 → 안위공양 → 봉송사자(청장·물장) → 소청성위 → 봉영부욕 → 찬탄관욕 → 인성귀위 → 헌좌안위 → 보례삼보
점심공양	식당작법
2부: 오후	소청명부 → 청부향옥 → 가지조욕 → 제성흘욕 → 출욕참성 → 참례성중 → 헌좌안위 → 소청고사판관(금은전이운) → 보례삼보 → 수위안좌 → 제위진백 → 가지변공(상단) → 가지변공(중단·화청) → 가지변공(하단) → 공성회향 → 경신봉송 → 화재수용 → 봉송명부
도량 밖 의식 (무주고혼)	대령 → 관욕 → 상단·중단배례 → 전시식

위와 같은 절차로 의식을 진행한다면 앞에서 제시한 의식 진행 시간을 좀 더 효율적으로 활용할 수 있다. 일반적으로 사찰에서 재 의식의 시작은 오전 10시부터 시작하는 것은 모든 사부대중, 즉 의식에 참여하는 일반 신도가 모두 사찰에 운집할 수 있는 시간대이기 때문이다. 그러나 식전의식은 일반 신도가 참여하지 않고 진행해도 무방한 의식임으로 오전 의식이 시작하기 전에 미리 행사 진행을 할 수 있어 결국 전체적인 의식 진행을 원만하게 할 수 있다.649) 그러므로 식전의식은 글자 그대로 생전예수재를 봉행하기에 앞서 도량을 준비하는 과정에 중점을 둔다. 이른 아침에 미리 괘불이운을 통해 괘불을 모셔놓고 중단, 명부시왕이 모셔질 단 앞에 미리 준비한 예수재 용품을 옮긴 후 증명법사 스님과 법주 스님 등이 조전의식을 행함으로써 명부시왕전에 참여대중의 전생 빚 등을 올바른 법식에 의해 만들어놓는다.

---

648) 괘불을 모시고 야외에서 행할 경우.
649) 만약 오전 10시부터 식전 의식을 진행한다면 이 의식만으로도 오전 내내 의식을 진행할 것이다.

필자는 괘불을 모시는 목적을 야외에서 재 의식을 행하기 위한 방편으로 한정지어 생각하고자 한다. 사실, 법당 내에 모셔 자리한 불상이나 후불탱화를 야외로 옮기기에는 많은 어려움이 있기 때문이다. 그러므로 괘불 이운은 특정한 목적, 예를 들어 "영취산에서 부처님이 설법하는 장면을 재현하기 위해 모셨다"라는 등의 확대 해석650)보다는 재 의식을 야외에서 행할 수밖에 없을 경우 법당 내에 모셔진 불상과 같은 역할을 담당하는 것으로 한정 지어 생각해야 한다. 또한 이와 같은 이유로 당연히 식전에 행해야 하는데 가령 법당 내에서 생전예수재를 봉행한다고 하면 불상을 모셔오는 의식을 따로 행하지 않듯이 괘불을 미리 모셔놓아야 곧 그 장소가 법당과 같은 역할을 대신할 수 있기 때문이다. 한 가지 유념해야 할 것은 반드시 괘불이운 의식을 통해 괘불을 모셔야 한다.651)

또한 제시한 절차 중 시련의식의 생략은 상단, 증명단과 하단, 고사판관 등을 제외하고 진행하는 중단 시련 의식에 해당하므로 필자가 정의한 시련 의식의 구성 내용에 부합하기 때문이다.652) 물론, 『천지명양수륙재의범음산보집』에 상단 불·보살을 모셔오는 「주시련작법」

---

650) 물론 영산작법의 불보살 찬탄 내용으로 봐서 이와 같은 해석이 무조건 틀린 것은 아니다. 단지 괘불을 모시는 것은 어느 재 의식에나 가능하다는 것이다. 생전예수재나 수륙재, 시왕각배재 등 일체 모든 재 의식에서 얼마든지 모실 수 있는 것이지 가령 현행 영산재와 같은 어느 특정한 재 의식만을 상징하는 것만은 아니라는 것이다.

651) 즉, 아무 절차 없이 그냥 괘불을 모시는 것이 아니고 의식집에서 기술·제시된 의식 절차 그대로 모셔야 올바른 법식이 될 수 있다.

652) 물론, 시련의식에 관한 설명을 통해 재 의식에 초대받은 모든 대상이 곧 시련 의식 대상에 해당할 수 있다. 당연히 생전예수재 상단의식에서 「범석이주 사대천왕중」(梵釋二主 四大天王衆)을 청해 모신다면 현행 시련의식과 동일한 성현이므로 현재와 같은 중단 시련의식을 진행해도 무방할 것이다. 그러나 이미 언급한 대로 시련의식의 대상은 상단과 중단 그리고 하단에 초대받은 모든 성현에 해당한다. 문헌자료를 확인한 결과 어느 특정한 대상만을 위해 시련을 설행하지 않았기 때문이다.

(畫侍輦作法)653)이 명시되어 있기는 하나 수륙재와 영산작법654)에서 봉행했을 것으로 추정할 뿐 근대에 들어 여느 재 의식에서 봉행한 흔적을 발견할 수 없고655) 현행 영산재에서도 상단에 모셔질 불·보살을 청하는 상단 시련의식을 접해본 적이 없어 시련의식은 포함하지 않았다. 다만, 생전예수재 설행을 위해 초대받은 상단 증명단과 중단 명부성현 그리고 하단 고사·판관 등을 모두 청해, 마중할 수 있는 시련 작법을 조선시대에 간행된 문헌 자료에서 발견하거나 보다 깊은 연구를 통해 이론화하여 시연할 수만 있다면 이후 얼마든지 생전예수재 의식 절차에 포함할 수 있을 것으로 기대한다.

생전예수재 의식 절차에 포함하지 않은 대령과 관욕의식 그리고 망자를 위한 시식은 재 의식 설행이 곧 살아 있는 자와 더불어 일체 모든 중생을 위한 평등 공양임을 감안하여 의식을 진행하도록 한다. 다만, 생전예수재를 설행하기 위해 결계한 도량 밖에 대령단과 욕실방을 마련하고 본 도량에서 살아 있는 자를 위한 생전예수재를 진행하는 것과는 별개로 의식을 진행한다. 또한, 비록 망자의 신분이지만 생전예수재를 위해 도량에 초대된 상단과 중단 성현을 친견할 수 있도록 관욕의식 후 도량에 잠시 들러 일체 성현에게 예를 올릴 수 있도록 한다.656) 다음 도량 밖에서 무주고혼만을 위한 전시식 혹은 화엄시식을 진행함으로써 공양을 베푼다. 도량 밖에서 무주고혼을 위한 의식의 진행 절차는 대령 → 관욕(상단, 중단의 불·보살 친견) → 대령단안치 → 전시식의 순으로 구성한다.

점심공양은 상황에 따라 식당작법을 시연하여 불가에 전해지는 전

---

653) 朴世敏, 『韓國佛教儀禮資料叢書』, 제3집, 58쪽.
654) 여기에서 말하는 영산작법을 현행 영산재로 혼동해서는 안 된다.
655) 물론, 시련 의식은 수륙재와 영산작법에서도 별개의 작법임을 밝히고 있다.
656) 당연히, 무주고혼에게 공양의식을 베풀기 위해 2~3명의 범패승은 따로 소임을 맡아 도량 밖 대령단 앞에서 영가들을 위한 의식을 베풀고 금강경과 아미타경 등을 생전예수재가 진행되는 동안 염송한다.

통적인 공양의식을 일반 재가불자에게 소개하도록 하고 참석대중 모두가 공양의 진정한 의미를 이해하고 경험할 수 있도록 해야 한다.657)

[표 24] 생전예수재 절차 II 658)

법당 내에서 의식을 봉행할 경우	
식전 의식	조전의식
1부: 오전	불·보살찬탄의식 → 통서인유 → 엄정팔방 → 주향통서 → 주향공양 → 소청사자 → 안위공양 → 봉송사자(청장·물장) → 소청성위 → 봉영부욕 → 찬탄관욕 → 인성귀위 → 헌좌안위 → 보례삼보
점심공양	식당작법
2부: 오후	소청명부 → 청부향옥 → 가지조욕 → 제성홀욕 → 출욕참성 → 참례성중 → 헌좌안위 → 소청고사판관(금은전이운) → 보례삼보 → 수위안좌 → 제위진백 → 가지변공(상단) → 가지변공(중단·화청) → 가지변공(하단) → 공성회향 → 경신봉송 → 화재수용 → 봉송명부
법당 밖 의식 (무주고혼)	대령 → 관욕 → 상단·중단배례 → 전시식

만약 야외가 아닌 법당 내에서 의식을 진행할 경우에는 식전 의식에서 괘불이운 의식을 생략하고 바로 조전의식을 한 후 상단을 바라보고 찬탄의식659)을 시작한다. 이후 진행은 [표 23] 생전예수재 절차 I과 동일하다.

조선시대 재 의식은 주로 밤에 봉행했음을 각 의식문에서 확인할 수 있다. 가령, 진령게의 「금야금시내부회」(今夜今時來赴會)와 같은

---

657) 현재 대부분의 불교의식 학자들은 식당작법이 마치 영산재에만 해당하는 것으로 오해하는데 그렇지 않다. 재 의식이 진행되는 동안 공양이 이뤄질 경우 사부대중이 당연히 식당작법의 절차에 의해 공양을 올리는 것이 마땅하다. 공양을 하는 것도 재 의식의 일부이기 때문이다.
658) 괘불을 모시지 않고 법당 내에서 행할 경우.
659) 찬탄의식은 『석문의범』에 기술된 예수작법 준비의식을 말하고 이는 제시한 다른 절차에도 동일하게 적용한다.

게송은 당시 의식 봉행시점이 야간임을 짐작할 수 있게 하는데 야간에 의식을 행한다고 해서 괘불을 모시지 않는다거나 꼭 법당 내에서 봉행해야만 하는 것은 아니다.660) 그러므로 야간에 의식이 봉행될 경우라도 시간대만 바뀔 뿐 의식에는 차이가 없다. 오히려 필자는 시간을 충분히 활용할 수 있는 야간에 생전예수재를 봉행할 것을 권한다. 더군다나 사부대중이 더욱 집중하여 기도에 동참할 수 있기 때문에 종교의식 참여도를 높일 수 있고 더불어 참석대중에게 보다 깊은 믿음을 불러일으킬 수 있을 것으로 기대한다.

야간에 의식을 봉행할 경우는 저녁공양 이후 저녁 예불에 맞춰 의식을 시작하되 오후 시간을 통해 미리 괘불이운과 조전의식을 마무리하고 예불 이후 찬탄의식을 시작으로 생전예수재를 봉행한다. 1부 의식이 끝난 후 식당작법을 통해 공양을 하거나 간단히 휴식시간을 갖고 상황에 따라 각 단을 설명하는 법문을 설함으로써 참석 대중에게 생전예수재에 관한 이해를 돕는 방안 등을 모색한다면 더욱 의미 있는 종교의식으로 자리 잡을 수 있을 것이다.

18세기, 선문(禪門) 중흥의 종주(宗主)로서 추앙받았던 백파 긍선은 『작법귀감』 서문에 불교 의례가 갖춰야 할 기본적인 형식으로 "상단과 중단 그리고 하단에 이르는 3단(壇)을 갖추되 반드시 6도(度), 육바라밀을 포함해야 한다"661)고 기술하였다. 잊지 말아야 할 것은 필자가 제시한 이와 같은 의식 절차도 결국 견기이작형 재 의식이다. 말 그대

---

660) 유교를 숭상하였던 조선시대에는 왕실 주도의 불교 재 의식과 국가의례의 설행 날짜를 상서원에서 관장했던 것으로 전해진다. 특히, 국행 수륙재의 경우 봄과 가을에 주로 행해졌을 것으로 추측하는데 이는 왕실 주도의 국가의례의 설행과도 깊은 연관성이 지니고 있는 것으로 보인다. 더군다나 불교 재 의식을 밤에 설행했다는 것은 야외 활동에 지장이 없는 계절과 날짜를 택일한 것으로 추측한다. 다산 연구소 김세종 교수, 2010년 12월 증언.

661) 一貫禮備三壇理該六度仍. 白坡 亘璇, 『作法龜鑑』(木版本, 全羅道 長城 白羊山 雲門庵, 1827), 上卷, 3쪽.

로 상황에 따라 의식 절차를 재구성한 하나의 기준 제시일 뿐, 반드시 따라야 하는 것은 아니다. 그러나 위와 같은 의식 절차는 전해지는 독립된 의식집을 근거로, 살아 있는 자를 위한 설행 목적을 담아 구성하고 있기에 현 실정에 맞는 생전예수재로 정착할 수 있을 것으로 여긴다. 한가지, 이와 같은 견기이작형 재 의식을 봉행하기 위해서는 기존에 설행해온 의식 절차가 무조건 옳다는 고정관념을 반드시 수정해야 한다. 『반야심경』에서 부정의 논리를 통해 지혜를 증득하듯, 정법을 통해 사법을 타파하는 파사분(破邪分)과 같이 삿된 고정관념을 버리는 것, 그것이 곧 우리가 추구해야 하는 불교적 근본 사상이기 때문이다.

결론

한국 불교 의식은 이 땅에 불교가 유입하면서부터 현재에 이르고 있는, 우리가 확인할 수 있는 가장 오래된 무형문화유산 중 하나다. 삼국시대를 거쳐 고려시대에 이르는 동안 불교가 국가와 사회 민중에게 미친 영향은 실로 대단했음을 부인할 수는 없다. 조선이 개국한 후 유교를 숭상(崇尙)하는 사회풍토 속에서 불교는 감당하기 힘든 탄압(彈壓)을 겪어왔지만 유교가 포용할 수 없는 종교적 신앙을 불교에서 찾으려는 소수의 사대부와 민중에 의해 어렵게나마 그 명맥을 유지할 수 있었다. 더군다나 16~17세기, 임진왜란과 병자호란 등의 국가적·사회적 시련기는 당시 민중불교가 뿌리내리는 계기가 되었고 불교 의식 또한 민중의 아픔을 위로하여 사후에는 현세(現世)의 고통에서 벗어나고자 하는 염원(念願)을 담은 재(齋) 의식으로 새롭게 정립하는 과정을 겪게 되었다.

본 연구에서 다루는 생전예수재는 바로 위와 같은, 조선시대 민중이 가장 큰 고초를 겪던 시련기에 정립된 불교 의식이다. 이는 현재까지도 윤달이 드는 해에 각 사찰에서 봉행하는 대표적인 한국 불교의식으로 자리하고 있다. 그러나 견기이작형(見機而作形), 현행 재 의식 절차를 그대로 받아들여 그 목적과는 상관없이, 그저 겉으로 보여주기 위한 일회성 행사로 전락하거나 재가 불자의 참여도를 높이기 위한 수단으로 선망부모를 비롯한 망자(亡者)에 중심을 두고 의식 절차를 구성하는 등 그 의미가 상실되어 가고 있는 실정이다. 그렇기에 본 연구는 이와 같은 망자의 천도 목적만을 중심으로 진행하는 현행 견기이작형 재 의식의 오류와 문제점을 지적하여 현 실정에 맞는 생전예수재 의식 절차와 진행을 제시하는 데 목적을 두었다.

먼저 제1장「현행 생전예수재의 절차와 음악적 구성」중 제1절 '현행 생전예수재의 절차'에서, 전해지는『불설관정수원왕생시방정토경』(佛說灌頂隨願往生十方淨土經)과 『불설예수시왕생칠경』(佛說預修十王生七經)·『예수천왕통의』(預修薦王通儀)·『불설수생경』(佛說壽生經) 등을 통해 생전예수재 정립 배경을 확인하였다. 이와 같은 재 의식 정립은 불교의 지옥신앙이 중국에 유입되어 중국 도교 사상과 합일(合一) 하는 과정에서 파생된 종교 신앙인 지장·시왕사상을 배경으로 하고 있다. 특히, 16세기에는 민중들의 사회 도피적 심리와 내세에 대한 간절한 열망, 지옥구제에 대한 바람 등을 불교 재 의식에 포함시킴으로써 자연스럽게 예수시왕생칠재 설행으로 연결되어 현행 생전예수재로 전해지고 있다. 또한 이와 같은 종교적 사상체계와 예경 대상의 정립은 현행 영산재와 수륙재를 비롯한 크고 작은 천도재에도 영향을 미친 것으로 확인하였다. 그러므로 지장·시왕사상은 조선 불교 재 의식이 새롭게 정비되는 과정에 결정적인 역할을 했던 것으로 여길 수 있다. 현재, 송강 스님의『요집』에 근거한 현행 생전예수재 절차는 모두 33편으로 오전과 오후, 1·2부로 나눠 설행하고 있다. 특히 1부에 포함된 시련·대령·관욕·괘불이운·영산작법 등의 설행은 현행 재 의식의 구성 절차와 동일한데 이는 견기이작형 재 의식 절차를 아무런 의심 없이 받아들인 결과로 보인다.

제2절 '현행 생전예수재의 음악적 구성'에서는 재 의식 진행을 위한 악기 연주를 알아보았는데, 이미 불교가 종교 신앙으로 정립된 시점부터 음악과 의식이 공존하였고 이 중 현행 재 의식에서 소리의 시작과

연결 그리고 무용의 반주와 의식의 마무리 등을 진행하는 악기인 태징(太鉦)은 목탁·요령·소북·태평소과 더불어 가장 중요한 법구(法具)로 인식한다. 더군다나 시련의식을 통해 일반 학자가 쉽게 정립할 수 없는 태징 연주법을 설명하여 태징 연주에 관한 기존 이론의 한계를 지적하였다. 특히, 의식 진행에 따라 달라지는 다양한 태징 연주법을 모두 15가지로 새롭게 정립하여 시련·대령·관욕·신중작법·괘불이운·영산작법·조전점안·금은전이운·전시식 등에 적용, 의식 진행에 참고하도록 하였고 각 악기를 그림 기호로서 표시해 범패승과 학자가 현행 불교 의식 진행을 보다 쉽게 이해할 수 있도록 했다.

　제2장 「조선시대 생전예수재의 절차와 음악적 구성」, 제1절 '조선시대 생전예수재의 절차'에서는 조선시대 숭유억불 정책 하에서도 수많은 불교 의식집이 천도(薦度)와 불사(佛事), 기복(祈福) 등 다양한 목적으로 간행되었음을 확인하였다. 16~17세기, 『예수시왕생칠재의찬요』의 간행은 영가천도(靈駕薦度) 목적인 수륙재와 생자(生者)의 복덕과 극락왕생을 발원하는 생전예수재가 공존하고 있었음을 의미한다. 『예수시왕생칠재의찬요』는 1935년 편찬된 『석문의범』에도 실려 있는데, 이는 당시, 시대적 요구에 부흥하여 혁신적인 개혁으로 불교 발전을 이룩하고자 했던 개혁 승려들과는 달리 일본불교의 영향으로 유입된 찬불가(讚佛歌)와 법회(法會) 개혁 등을 수용하면서도 한편으로는 각 사찰에 전해지던 범음집을 수집, 전통적인 불교 의식 발전을 도모하려 했던 안진호 스님의 편찬 목적을 엿볼 수 있다. 그러나 『석문의범』도 생전예수재의 절차만큼은 의식 진행을 반복하는 오류가 발견된다.

　이는 과거 1576년, 1632년 간행된 『예수시왕생칠재의찬요』 절차를 확인함으로써 증명할 수 있는데 1576년 저본의 경우, 상단과 중단 그리고 하단의 공양의식을 명확하게 구분한 정례 의식으로 볼 수 있고 1632년 저본은 공양의식과 회향의식을 축소한 약례로 여길 수 있어 만약, 저본의 확인 없이 『석문의범』의 『예수시왕생칠재의찬요』로 생전예수재를 진행할 경우, 상단과 중단 그리고 하단의 공양의식을 반복하는 오류를 범하게 된다. 이와 같은 의식 진행 절차를 기초로 2010년 1월 24일 불찬범음연합회 청룡사에서 봉행한 조선시대 예수시왕생칠재 복원 법회는 조선시대 생전예수재를 설행하는 목적과 진행 절차를 올바르게 이해하는 데 크게 일조하였다.

제2절 '조선시대 생전예수재의 음악적 구성'에서는 현재까지 전해지는 불교의식의 염불 성(聲)에 관한 종류와 의미가 1980년대, 당시 범패승의 증언만으로 정립된 이론임을 확인하고 접근 관점에 차이를 들어 바깥채비와 안채비의 모순을 지적하였다. 그리고 이를 소리의 특징만으로 다시 분류하여 짓소리 · 홑소리 · 화청(和請) · 유치성(由致聲) · 착어성(着語聲) · 편게성(片偈聲) · 개계성(開啓聲) · 게탁성(偈鐸聲) 등으로 나눠 새롭게 정립할 것을 제시하였다. 이어 조선시대 생전예수재가 현행 재 의식과는 달리 주로 독(獨)소리로 진행하는 점을 들어 의식 진행에 결정적인 영향을 주고 있는 유치성과 개계성, 편게성, 소성 등을 기존 연구 성과물과 범패승 증언을 바탕으로 정리하였다.

제3장 「현행 생전예수재와 조선시대 생전예수재 비교」, 제1절 '의식 절차의 비교'에서는 현행 생전예수재와 조선시대 생전예수재의 절차는 물론, 영산재 절차와의 비교를 통해 현행 생전예수재의 오전 재 의식 절차가 견기이작형 현행 재 의식 절차를 그대로 흡수, 진행함을 지적하고 이로 인해 결국, 생전예수재 구성을 위해 중요한 상단과 중단 관욕의식 등을 생략 · 축소하는 문제점을 고민하였다. 이어지는 제2절 '생전예수재에 포함된 영산재의 해석'에서는 단지, 시간이 없다는 이유로 이미 생략 · 축소해버린 소리와 절차를 복원하기 위해 기존 영산재에 포함된 절차상의 의문점을 다른 각도로 접근, 설명하였다. 먼저, 3일 영산재를 하루에 시연하며 발생하는 절차상의 문제점을 지적하고 영산작법이 하나의 독립된 '영산각배재'에 해당할 수 있음을 설명하였다. 그리고 각각 그 목적을 달리하는 의식인 괘불이운과 영산작

법을 현행 재 의식에서 따로 분리하여 인식할 것을 주문하였다. 이는 기존에 전해지는 현행 재 의식 절차와 구성이 단지, 참고 사항일 뿐 무조건 따라야 하는 의식 절차가 아님을 강조한 것이다.

제4장「생전예수재 재현에 관한 제안」에서는 조선시대 생전예수재와 관련한 『예수시왕생칠재의찬요』를 근거로 현 실정에 맞는 견기이작형 생전예수재 절차를 새롭게 구성·제안하였다. 괘불이운과 조전의식을 포함한 식전의식을 비롯하여 불·보살 찬탄에서 보례삼보까지를 오전의식으로 소청명부에서 봉송명부까지의 오후의식으로 분류하는 의식 절차가 바로 그것이다. 다만, 현재 연구를 진행하고 있는 상단·중단·하단 시련의식을 비롯하여 무주고혼을 위한 대령·관욕·시식 등은 정확한 문헌자료와 설행 근거가 마련되는 대로 추가로 구성, 정리할 것이다. 현 시대에 맞게 정립한 생전예수재 의식 절차와 음악적 구성은 재 의식 현장에서 활용할 수 있도록『補正 生前預修齋』라는 명칭으로 분류하여 따로 정리, 발간하였다. 『보정생전예수재』에는 구해·현성 스님의 자문을 바탕으로 태징 연주법과 소리·사물반주 등을 정리, 기호로 표시하고 현재까지 전해지고 있는 소리의 경우 악보를 실어 설명하였다. 그리고 이미 사라진 소리의 경우엔 1576년 저본에 기술된 [ㄱ]기호를 모두 본문에 옮김으로써 유치성과 개계성 그리고 편게성 등을 염송할 때 창자(唱者)가 어디에서 소리를 지어야 할지 표시하였다.

숭유억불 정책 하에서도 불교 의식을 위해 간행된 조선시대의 수많은 의식집은 오직 불교 의식을 후대에 올바르게 전하고자 했던 선조사 스님들의 피와 땀의 결실이다. 재 의식 또한 수많은 승려들에 의해 다듬어진 불교문화의 꽃이다. 그 구성과 절차를 통해 당시, 시대 상황과 참석 대중의 심성을 엿볼 수 있는 귀중한 문화유산이다. 그렇기에 의식의 절차와 의식문을 구성하는 단 하나의 글자라도 함부로 바꾸거나 생략할 수 없다. 그런데도 무지한 현재의 범부들은 어제의 스승이 그렇게 해왔다는 이유를 앞세워 의식집의 절차를 무시하고 의식집을 함부로 수정, 축소, 생략하기를 반복한다. 옛 조사 스님들이 그렇게 하지 말라고 의식집으로 엮어 전했는데도 말이다.

물론, 불교의 가르침과 같이 모든 것은 상황에 따라 변해갈 수밖에 없기 때문에 어쩌면 견기이작형, 현행 생전예수재의 절차와 구성이 무조건 오류를 지니고 있다고 단언할 수는 없다. 현행 재 의식 절차 또한, 여전히 변화와 수정을 거듭하는 견기이작이 진행 중이기 때문이다. 그러나 현재와 같이 상황이 허락하지 않는다고 해서 무작정 의식을 축소하거나 혹은, 원전을 무시한 채 임의로 의식 절차를 바꿀 수는 없다. 의식에 포함된 내용은 각각 그 의미와 목적 그리고 종교적 사상을 담고 있기에 어느 것 하나도 가볍게 여길 수 없기 때문이다. 그러므로 만약, 의식 절차를 수정해서 견기이작해야 한다면 올바른 기준을 제시한 후 진행해야 한다. 그 목적을 상실하지 않도록 말이다.

언제부터인가 현행 불교 의식은 남에게 보여주기 위한 무대 공연처럼 변해버렸다. 그 목적과는 상관없이 말이다. 이제라도 그 목적에 맞게 재정비해야 한다. 재 의식은 관객에게 보여주기 위해 존재하는 무대공연이 아니며, 사찰 재정만을 늘리기 위한 수단으로 존재하는 것은 더더욱 아니다. 현세의 고통에서 벗어나고픈 모든 중생, 바로 우리 모두에게 무한한 안식을 주는 거룩한 행위임을 잊지 말아야 한다.

참고문헌

① 원전자료

大愚 集述, 『預修十王生七齋儀纂要』, 木板本, 安東鶴駕山: 廣興寺, 1576(宣祖 9).

白坡 亘璇, 『作法龜鑑』, 木版本, 全羅道 長城 白羊山 雲門庵, 1827(純祖 27).

智還 編, 『天地冥陽水陸齋儀梵音刪補集』, 道林寺, 1739.

智還 編, 『天地冥陽水陸齋儀梵音刪補集』, 간행자 미상, 1782.

「佛說壽生經」, 影印本, 『續藏經』, 第87卷.

「佛說預修十王生七經」, 影印本, 『續藏經』, 第150卷.

「佛說地藏菩薩發心因緣十王經」, 影印本, 『續藏經』, 第150卷.

「佛說灌頂隨願往生十方淨土經」, 影印本, 『高麗大藏經』, 第10卷.

『文宗實錄』, 卷9, →『朝鮮王朝實錄』.

『世宗實錄』, 卷64, →『朝鮮王朝實錄』.

『成宗實錄』, 卷172, →『朝鮮王朝實錄』.

『高麗大藏經 지식베이스』, 인터넷: http://kb,sutra,re,kr/ritk/index,do.

② 단행본

古典刊行會 編, 『高麗史節要』, 서울: 東國文化社, 1960.

大阪府立圖書館 編, 『富岡文庫善本書影』, 京都: 小林寫眞製版所, 1936(昭和

11).

大正一切經刊行會 編,『大正新修大藏經』, 서울(ソウル): 寶蓮閣, 1981.

東國大學校韓國佛敎全書編纂委員會 編,『韓國佛敎全書』, 서울: 東國大學校出版部, 1989.

古典刊行會 編,『高麗史節要』, 서울: 東國文化社, 1960.

權近,『陽村集』, 서울: 민족문화추진회, 1980, 卷12.

『佛敎大辭典 上・下』, 서울: 홍법원, 1998.

『佛母大孔省明王經 外』, 서울: 동국대학교 부설 동국역경원, 1999.

『韓國佛敎撰述文獻總錄』, 서울: 동국대학교 불교문화연구소, 1976.

『브리태니커세계대백과사전』, 서울: 웅진출판주식회사, 1993.

『통일불교성전』, 서울: 재단법인 대한불교진흥원 출판부, 1997.

『한국민족문화대백과사전』, 서울: 웅진출판주식회사, 1997.

姜在黙・李錫後,『點眼儀文』, 서울: 創造企劃, 1993.

_____,『水陸儀文』, 서울: 創造企劃, 1993.

_____,『靈山儀文』, 서울: 創造企劃, 1993.

_____,『預修儀文』, 서울: 創造企劃, 1993.

姜昔珠 編譯,『原本解釋 地藏經』, 서울: 弘法院, 1983.

이민수・김두재・최윤옥 옮김,『月燈三昧經 外』, 서울: 동국대학교 부설 동국역경원, 2001.

김광식,『韓國近代佛敎史硏究』, 서울: 민족사, 1996.

김성배,『한국불교가요의 연구』, 서울: 아세아문화사, 1973.

김영규・김인택,『불교전통작법무』, 부산: 삼불사, 2005.

김정희,『극락을 꿈꾸다』, 서울: (주)보림출판사, 2008.

_____,『조선시대 지장시왕도 연구』, 서울: 一志社, 1996.

_____,『불화, 찬란한 불교 미술의 세계』, 서울: 도서출판 돌베개, 2009.

김종명,『한국중세의 불교의례: 사상적 배경과 역사적 의미』, 서울: 문화과지성사, 2001.

김효탄,『고려사불교관계사료집』, 서울: 민족사, 2001.

노동은,『한국근대음악사 1』, 서울: 도서출판 한길사, 1995.

동봉정휴,『일원곡 권1~13』, 광주: 대한불교조계종우리절, 2003.

무량수경 간행위원회 옮김,『무량수경』, 광주: 생활인의 불교도량 광륵사, 1998.

무비 스님, 『지장보살본원경(上·下)』, 서울: 도서출판 窓, 2005.

文明大, 『佛敎美術槪論』, 서울: 東國大學校 附設 譯經院, 1980.

문명대, 『한국불교미술사』, 서울: 한국언론자료간행회, 1997.

文化公報部 文化財管理局 編, 『한국민속종합조사보고서』, 서울: 文化公報部 文化財管理局, 1981.

朴三愚, 『예수재의범』, 서울: 보연각, 1984.

박범훈, 『韓國佛敎音樂史研究』, 서울: 장경각, 2000.

朴世敏, 『韓國佛敎儀禮資料叢書』, 서울: 保景文化社, 1993.

백파 긍선. 김두재 옮김, 『작법귀감』, 서울: 동국대학교출판부, 2010.

법현, 『불교음악감상』, 서울: 운주사, 2005.

법현, 『불교음악 영산재 연구』, 서울: 운주사, 1997.

法會研究院 編譯, 『常用佛敎儀式解說』, 서울: 정우서적, 2005.

법회연구원, 『부모은중경·목련경·우란분경 외』, 서울: 情宇書籍, 1997.

辯長 撰, 『淨土宗要集 卷1~6』, 極樂寺, 天保2(1831).

비구 만다, 『생전예수재(生前豫修齋) 참회의 공덕』, 서울: 문예마당, 2003.

釋曉鸞, 『淨土三部經 講說』, 서울: 도서출판 반야회, 2003.

松江, 『要集』, 서울: 범음 범패 오송강 연구소, 2002.

심상현, 『佛敎儀式各論』, 서울: 한국불교출판부, 2001.

安震湖, 『釋門儀範』, 京城: 卍商會, 1935(昭和10年).

安震湖, 『釋門儀範』, 서울: 法輪社, 2000.

안정산 譯, 『閻羅王授記經四衆逆修十王生七往生淨土經』, 서울: 東洋書籍, 1982.

이민수 옮김(일연 지음), 『三國遺事 上·下』, 서울: 汎友社, 1986.

李元燮 譯 (韓龍雲 著), 『朝鮮佛敎維新論』, 서울: 万海思想研究會, 1983.

이은성 著, 『韓國의 冊曆, 上·下』, 서울:電波科學社, 1978.

李惠求, 『韓國音樂序說』, 서울: 서울大學校出版部, 1985.

이지형, 『생전예수재』, 서울: 도서출판 동림, 1992.

張相澈, 『勸供 各拜 靈山 注解旋譜要集』, 전주: 太古宗寶相寺, 1988.

전인평, 『한국음악 장단의 역사와 논리』, 서울: 중앙대학교 출판부, 2004.

_____, 『아시아음악의 이해』, 서울: 중앙대학교 출판부, 2005.

정각(문상련), 『한국의 불교의례』, 서울: 운주사, 2002.

정각, 『불교의례의 의미와 구분』, 서울: 동국역경원, 1998.

정광호, 『근대한국불교관계연구』, 서울: 인하대출판부, 1994.

정창역 번역(파드마삼바바 지음), 『티벳死者의 書』, 서울: 시공사, 1998.

崔錫老, 『韓國史의 再照明』, 서울: 讀書新開社出版局, 1977.

추영환·추송학, 『지장경』, 서울: 생활문화사, 1992.

한광호, 『ART OF THANGKA』, 서울: 도서출판 예경, 1998.

韓萬榮, 『佛敎音樂硏究』, 서울: 서울大學校出版部, 1982.

韓萬榮·全仁平, 『東洋音樂』, 서울: 삼호출판사, 1989.

黃壽永, 『佛敎와 美術』, 서울: 悅話當, 1987.

홍윤식, 『韓國의 佛敎美術』, 서울: 대원정사, 1994.

_____, 『食堂作法』, 서울: 문화재관리국, 1982.

_____, 『佛敎儀式과 音樂』, 서울: 대원정사, 1988.

_____, 『三國時代의 佛敎信仰儀禮』, 서울: 대한불교진각종, 1988.

_____, 『靈山齋』, 서울: 대원사, 1996.

③ 논문

具美來, 「"사십구재"의 의례체계와 의례주체들의 죽음 인식」, 박사학위논문, 안동대학교 대학원, 2005.

구미래, 「윤달의 민속심리와 주술·종교적 특성: 길흉관념의 형성과 전개를 중심으로」, 『比較民俗學』 제36집, 서울: 비교민속학회, 2008, 331~61쪽.

권기종, 「『지장경』: 지극한 예배 공양과 염불 수행으로 중생을 구제한다」, 『불교와문화』 통권 제97호, 서울: 대한불교진흥원, 2008, 102~105쪽.

권태전, 「甘露幀畫에 나타난 風俗畫的인 要素에 관한 硏究」, 석사학위논문, 영남대학교 교육대학원, 1997.

김경집, 「한국불교 개화기 교단사 연구」, 박사학위논문, 동국대학교 대학원, 1996.

김동찬, 「靈山齋 梵唄·作法의 태징(鐃)에 대한 硏究」, 석사학위논문, 동국대학교 문화예술대학원, 2008.

김민정, 「범패 성(聲)에 대한 연구: 영산재를 中心으로」, 석사학위논문, 동국대학교 문화예술대학원, 2008.

金秀暎, 「甘露幀畫의 下段 欲界部分에 대한 硏究」, 석사학위논문, 경원대학교 대학원, 1997.

김순미, 「朝鮮朝 佛敎儀禮의 詩歌 硏究: 梵音刪補集을 중심으로」, 박사학위논
　　문, 경성대학교 대학원, 2005.

金純美, 「『天地冥陽水陸齋儀梵音刪補集』 板本考」, 『東洋漢文學硏究』 제17집,
　　부산: 東洋漢文學會, 2003, 27~76쪽.

金廷恩, 「朝鮮時代 三藏菩薩圖 硏究」, 석사학위논문, 동국대학교 대학원,
　　2002.

金廷禧, 「朝鮮後期 地藏菩薩畵의 硏究: 18世紀의 作品을 中心으로」, 碩士學位
　　論文, 韓國精神文化硏究院, 1982.

　　　　, 「固城 玉泉寺 冥府殿 圖像의 硏究: 地藏보살화와 十王圖를 중심으로」,
　　『정신문화연구』 제32권, 성남: 韓國精神文化硏究院, 1987, 255~78쪽.

김완정, 「근대일본불교의 한국 내 활동과 그 영향」, 석사학위논문, 동국대학
　　교 대학원, 1998.

김윤희, 「朝鮮 後期 冥界佛畵 現王圖 硏究」, 석사학위논문, 홍익대학교 대학
　　원, 2007.

金應起, 「靈山齋의 構成과 그 信仰的 意義에 관한 硏究」, 석사학위논문, 동국
　　대학교 불교대학원, 1994.

　　　　, 「生前豫修齋 儀式 構成과 梵唄: 上壇權供 儀式 構成 中心으로」, 『禪
　　武學術論集』 제12권, 서울: 國際禪武學會, 2002, 333~57쪽.

김정희, 「조선시대 명부전 도상의 연구」, 박사학위논문, 한국정신문화연구원,
　　1992.

金眞熙, 「高麗時代 地藏菩薩圖의 服飾에 관한 硏究」, 석사학위논문, 동아대학
　　교 대학원, 1996.

김태곤, 「同音集에 나타난 짓소리 연구: 引聲・擧靈山 선율을 中心으로」, 석
　　사학위논문, 동국대학교 문화예술대학원, 1999.

金鶴子, 「韓國 佛敎音樂의 歷史的 展開에 관한 硏究」, 석사학위논문, 원광대
　　학교 교육대학원, 2000.

金惠瑛, 「韓國 佛敎儀式의 茶偈 硏究」, 석사학위논문, 성신여자대학교 문화산
　　업대학원, 2009.

金熙俊, 「朝鮮前期 水陸齋의 設行」, 『湖西史學』 제30집, 서울: 湖西史學會,
　　2001, 27~75쪽.

金熙俊, 「朝鮮前期 水陸齋의 設行」, 석사학위논문, 한국교원대학교 교육대학

원, 2001.

南宮 사라, 「麗末鮮初 地藏菩薩像 硏究」, 석사학위논문, 이화여자대학교 대학원, 2007.

南希叔, 「16~18세기 佛敎儀式集의 간행과 佛敎大衆化」, 『韓國文化』 제34집, 서울: 서울大學校韓國文化硏究所, 2004, 97~165쪽.

_____, 「朝鮮後期 佛書刊行 硏究: 眞言集과 佛敎儀式集을 中心으로」, 박사학위논문, 서울대학교 대학원, 2004.

노명열, 「불교 법고 리듬에 관한 연구」, 석사학위논문, 중앙대학교 대학원, 2007.

_____, 「한국 불교 의식 진행을 위한 태징 연주법에 관한 연구 I」, 『중앙대학교 국악대학 박사과정 학술논문집』 제3집, 서울: 중앙대학교 대학원 2008, 25~60쪽.

_____, 「생전예수재(生前豫修齋)에 관한 연구1」, 『제5회 중앙대학교 대학원 음악학과 한국음악전공 학술 발표회 자료집』 제5집, 서울: 중앙대학교 대학원 2009, 61~84쪽.

노부영, 「梵唄의 太鉦法에 對한 硏究: 常主勸供을 중심으로」, 석사학위논문, 서울대학교 대학원, 1992.

노현석, 「불교의 지옥고찰: 정법념처경을 중심으로」, 석사학위논문, 동국대학교 대학원, 1985.

文相連, 「現行 『千手經』 硏究」, 석사학위논문, 동국대학교 대학원, 1995.

関東俊, 「「朝鮮佛敎維新論」의 硏究」, 석사학위논문, 연세대학교 교육대학원, 1987.

閔景煥, 「香花偈作法 구성에 관한 연구: 중요무형문화재 제50호 작법무 中心으로」, 석사학위논문, 동국대학교 문화예술대학원, 2005.

朴璥善, 「佛敎音樂에 있어서 梵唄와 讚佛歌의 音樂的 特性硏究」, 석사학위논문, 계명대학교 교육대학원, 1985.

朴相甲, 「佛敎經典에 나타난 法師像 硏究」, 석사학위논문, 동국대학교 불교대학원, 2006.

박범훈, 「불교음악의 전래와 한국적 전개에 관한 연구」, 박사학위논문, 동국대학교 대학원, 1998.

박정민, 「甘露幀畵의 圖像變遷에 관한 硏究」, 석사학위논문, 동국대학교 문화예술대학원, 1999.

박종민,「한국불교의례집의 간행과 분류:『韓國佛教儀禮資料叢書』와『釋門儀範』을 중심으로」,『역사민속학』제12호, 서울: 한국역사민속학회, 2001, 109~24쪽.

불교사편집부,「예수재와 선행실천」,『佛教』통권610호, 서울: 불교사, 2006, 42~45쪽.

서의석,「고려말, 조선전기의 지장보살도 연구」, 석사학위논문, 세종대학교 대학원, 1992.

서정매,「예불문의 선율구조에 관한 연구」,『韓國音樂史學報』제40호, 서울: 韓國音樂史學會, 2008, 271~305쪽.

沈祥鉉,「說法儀式에 대한 考察: 韓國佛教 儀式集을 중심으로」,『東方論集』제1집, 서울: 동방대학원대학교 출판부, 2007, 59~97쪽.

沈曉燮,「佛教前期 水陸齋 設行과 儀禮」,『東國史學』제40집, 서울: 東國史學會, 2004, 219~46쪽.

_____,「조선전기 靈山齋의 성립과 그 양상」,『菩照思想』제24집, 서울: 佛日出版社, 2005, 247~82쪽.

안병길,「近代 佛教音樂에 關한 硏究」, 석사학위논문, 중앙대학교 교육대학원, 1999.

安智源,「高麗時代 國家 佛教儀禮 硏究: 燃燈・八關會와 帝釋道場을 중심으로」, 박사학위논문, 서울대학교 대학원, 1999.

梁智澔,「朝鮮後期 水陸齋 硏究」, 석사학위논문, 동국대학교 대학원, 2002.

延濟永,「甘露幀畵의 造成背景과 薦度對象의 變化」, 석사학위논문, 고려대학교 대학원, 2003.

_____,「儀禮的 관점에서 甘露幀畵와 水陸畵의 內容 비교」,『불교학연구』제16호, 서울: 불교학연구회, 2007, 265~97쪽.

오경후,「朝鮮後期 佛教界의 變化相」,『慶州史學』제22집, 경주: 경주사학회, 2003, 247~267쪽.

윤은희,「甘露王圖 圖像의 形成 문제와 16, 17세기 甘露王圖 硏究」, 석사학위논문, 동국대학교 대학원, 2003.

玉娜穎,「『灌頂經』과 7세기 신라 밀교」, 석사학위논문, 숙명여자대학교 대학원, 2005.

이남허,「生前預修齋」,『佛教』제44호, 서울: 한국불교태고종 총무원, 1974, 18~19쪽.

이미향, 「항일 측면에서 본 불교음악운동」, 『大覺思想』 제9집, 서울: (재)대한 불교조계종 대각회 대각출판부, 2006, 267~94쪽.

_____, 「『釋門儀範』 歌曲篇의 음악유형 연구」, 『韓國佛敎學』 통권 제47집, 서울: 韓國佛敎學會, 2007, 401~31쪽.

이성원, 「만해 한용운의 불교사상 연구: 『朝鮮佛敎維新論』을 중심으로」, 석사 학위논문, 영남대학교 교육대학원, 1991, 31쪽.

이연경, 「四多羅尼 바라춤에 관한 연구: 경제와 완제의 비교를 통하여」, 석사 학위논문, 동국대학교 문화예술대학원, 2009.

이욱, 「朝鮮前記 冤魂을 위한 祭祀의 변화와 그 의미: 水陸齋와 여祭를 중심 으로」, 『종교문화연구』 제3호, 오산: 한신인문학연구소, 2001, 169~87쪽.

李英淑, 「朝鮮後期 掛佛幀 硏究」, 박사학위논문, 동국대학교 대학원, 2003.

이용운, 「朝鮮後期 三藏菩薩圖와 水陸齋儀式集」, 『美術資料』, 서울: 國立中央 博物館, 2005, 91~122쪽.

李泰浩, 「朝鮮時代 木板本『父母恩重經』의 變相圖 板畵에 관한 硏究」, 『書誌 學硏究』 제19권, 서울: 書誌學會, 2000, 219~53쪽.

全惠淑·金眞熙, 「高麗時代 地藏菩薩圖의 服飾에 관한 硏究」, 『服飾文化硏究』 제18호, 서울: 服飾文化學會, 1999, 177~95쪽.

정남근, 「불교의식과 태평소에 관한 연구」, 석사학위논문, 동국대학교 문화예 술대학원, 2000.

정동하, 「일제식민지하에 있어서 한국불교」, 석사학위논문, 한국정신문화연구 원, 1987.

池美玲, 「高麗後期·朝鮮前期 地藏菩薩圖의 服飾變遷 硏究」, 석사학위논문, 전남대학교 대학원, 2001.

편무영, 「시왕 신앙을 통해 본 한국인의 타계관」, 『민속학연구』 제3호, 서울: 국립민속박물관, 1996.

표창진, 「한말일제하 일본불교의 침투와 조선불교계의 재편」, 석사학위논문, 한국외국어대학교 교육대학원, 1998.

皮敎正, 「禮佛儀式에 관한 硏究: 現行하는 禮佛儀式을 中心으로」, 석사학위논 문, 동국대학교 문화예술대학원, 2005.

④ 시청각 자료

『구월사 생전예수재』, 서울: 청룡사, 2009.

『구해 스님 생전예수재 설명』, 서울: 청룡사, 2008.

『금룡사 생전예수재』, 서울: 청룡사, 2009.

『도리사 생전예수재』, 서울: 청룡사, 2009.

『마곡사 생전예수재』, 서울: 청룡사, 2009.

『보현암 생전예수재』, 서울: 청룡사, 2009.

『불교예술의 美 영산재』, 서울: 홍원사, 2001.

『사자암 영산재』, 서울: 홍원사, 1985.

「시련·대령·관욕·괘불이운·시식·봉송」, 『봉원사 영산재』, 서울: 홍원사, 2003.

「식당작법·상단」, 『봉원사 영산재』, 서울: 홍원사, 2003.

『안동 봉정사 영산재』, 서울: 홍원사, 2004.

「영산작법」, 『봉원사 영산재』, 서울: 홍원사, 2003.

『중요무형문화재 지정 기념 봉원사 영사재』, 서울: 홍원사, 1988.

『진관사 생전예수재』, 서울: 청룡사, 2009.

『청룡사 예수시왕생생칠재 복원 법회』, 서울: 청룡사, 2010.

『홍원사 생전예수재』, 서울: 청룡사, 2009.

부록
참고 악보

통서인유편

소리: 구 해(2007)

채보: 오 혁(2008)

생 칠 지 이 지

사 아 세 간 지 진 재

건 명 왕 지 승

식 진 백 미 법 연 삼

승 으 복 원

대 성 대 사

♩ = 80

삼 신 대 각 대 권 대 화 제 위 명 관 부 사 가

지 실 령 원 만

엄정팔방편

채보: 오 혁(2008)

우 워ㅡㅡㅡ 우ㅡ구ㅡㅡㅡ

이ㅡㅡ성 취ㅡㅡ 이ㅡㅡ 아

ㅡ하ㅡ유 쇄 정 영 호 마 다 라 니 이

근ㅡ당ㅡㅡㅡ 아ㅡ 선 념ㅡㅡㅡ

주향통서편

소리: 구 해(2007)

채보: 오 혁(2008)

♩= 63

절 이ㅡㅡ 이ㅡㅡㅡㅡㅡㅡ

백 화ㅡㅡㅡ 인 온ㅡㅡ 육 수

우 우ㅡ 복 우 헤 에 헤ㅡ 아

ㅡㅡ자 설ㅡ 일 로 지ㅡ

보ㅡ훈ㅡ 제 찰ㅡ 으ㅡㅡ 지 중

ㅡㅡㅡ 결ㅡ 서 애

주향공양편

소리: 구 해(2007)

채보: 오 혁(2008)

소리: 구 해(2007)

채보: 오 혁(2008)

안위공양편

소리: 구 해(2007)

채보: 오 혁(2008)

봉송사자편

소리: 구 해(2007)

채보: 오 혁(2008)

유치

소리: 구 해(2007)

채보: 오 혁(2008)

개 문_____ 월 조__ 장 공 영 락 천 장__ 지 수__

능 인 출 세_____ 지 수 만 휘__ 지 기 시 이 강 수 정 이 추 월 림__

헌좌안위

소리: 구 해(2007)

채보: 오 혁(2008)

절 이_____ 도 량__ 영 결

성 가 운 진__ 기 중 유 감__ 지 심 필 부 무 사 지_____ 망

자_____ 제 불 보 살

인 체__ 헌 성__ 기 림 청 정__ 지 화__ 연 의__ 취 장 엄__ 지 묘 좌

하 유 현 좌 지 게 대 중 수 언 후 화_____

청부향욕편

소리: 구 해(2009)
채보: 서정매(2010)

가지게

연주·채보: 혜 일(2009)

태징
북

보　　　　　　공양　　　　진언

옴　아　아　나　삼　바　바

바　라　홈　　　옴　아　아　나

삼　바　바　　바　라　홈

옴　　　　　　아　아　나　삼　바　바

바　라　홈　　　　　보

회향　　　진언　　　　옴　삼　마　라

삼　마　라　미　만나　사　라　마하　자　가　라바홈

옴　　삼　마　라　삼　마　라

미　만나　사　라　마하　자　가　라바홈

38

옴　　　　　　삼　마　라　삼　마　라

41

미　만나　사　라　마　하　자　가　라바훔

45

관욕쇠

연주·채보: 혜 일(2009)

태징
북

5

10　　　　　x3　　　　　x3　　　　　x3

13　　　　　x3　　　　　x3

15　　　　　x3

18

내림게

연주 · 채보: 혜 일(2009)

운집 쇠: [운집쇠]

연주˙채보: 혜 일(2009)

신중작법·시련터 시작 쇠: [시작쇠 I]

연주˙채보: 혜 일(2009)

일반적인 시작 쇠: [시작쇠 II]

연주˙채보: 혜 일(2009)

운집 쇠와 시작 쇠 연결: [운집·시작쇠]

연주˙채보: 혜 일(2009)

몰아뛰는 쇠와 시작 쇠의 연결: [몰쇠 · 시작쇠]

주 · 채보: 혜 일(2009)

태징
북

거불(擧佛) 쇠: [거불쇠]

연주 · 채보: 혜 일(2009)

태징
북

세 망치: [세망치]

연주 · 채보: 혜 일(2009)

태징
북

몰아뛰는 쇠: [몰아뛰기]

연주 · 채보: 혜 일(2009)

태징
북

몰아뛰는 쇠 약례: [몰·약쇠]

연주·채보: 혜 일(2009)

거불 쇠로 마치고 연결하는 쇠: [거불·연결쇠]

연주·채보: 혜 일(2009)

몰아뛰는 쇠로 마치고 연결하는 쇠: [몰·연결쇠]

연주·채보: 혜 일(2009)

한 망치: [한망치]

연주·채보: 혜 일(2009)

평염불을 마치는 쇠: [염불마침쇠]

연주·채보: 혜 일(2009)

평염불을 마치며 게송과 연결하는 쇠: [염불연결마침쇠]

연주·채보: 혜 일(2009)

약례로 진행할 경우의 마침 쇠: [마침쇠]

연주·채보: 혜 일(2009)

사다라니 바라무: 변식진언

연주·채보: 혜 일(2009)

무 량 위 덕 자 재 광 명 승 묘

력 변 식 다 라니 나 막 살 바 다 타

아 다 야 바 로 기 제 오 옴 삼 마 래 에 삼 마

라 야 오 옴 나 막 살 바 다 타 아 다 야 바 로

기 제 오 옴 삼 마 래 에 삼 마 라 야 오 옴 나 막

살 바 다 타 아 다 야 바 로 기 제 오 옴 삼 마

래 에 삼 마 라 야 오 옴

사다라니 바라무: 시감로수진언

연주·채보: 혜 일(2009)

사다라니 바라무: 일자수륜관진언

연주·채보: 혜 일(2009)

태징
북

일　　　　자 수 류 관 진 언 옴　　바 음 바 음

밤 바 흠 옴　　　바 음 바 음 밤 바 흠 옴

바　　음　　바　　음　　밤바흠

사다라니 바라무: 유해진언

연주·채보: 혜 일(2009)

태징
북

유　　　해 진 언 나 무 사 만 다 못 다 남 오 옴

바 에 염 나 무 사 만 다 못 다 남 오 옴

바 에 염 나 무 사 만 다 못 다 남 오 옴

바 에 염 나 무

신중작법: 창불 I

연주ㆍ채보: 혜 일(2009)

태징
북

봉　　청　　여 래 화 현 원 만 신 통 대 예

적　　　　　금　　강　　성　　자

신중작법: 창불 II

연주ㆍ채보: 혜 일(2009)

태징
북

봉　　청　　관 찰 무 상 소 행 평 등 무 수

대　　　　　자　　재　　천　　왕

요잡바라

연주ㆍ채보: 혜 일(2009)

태징
북

욕건만나라선송

연주·채보: 혜 일(2009)

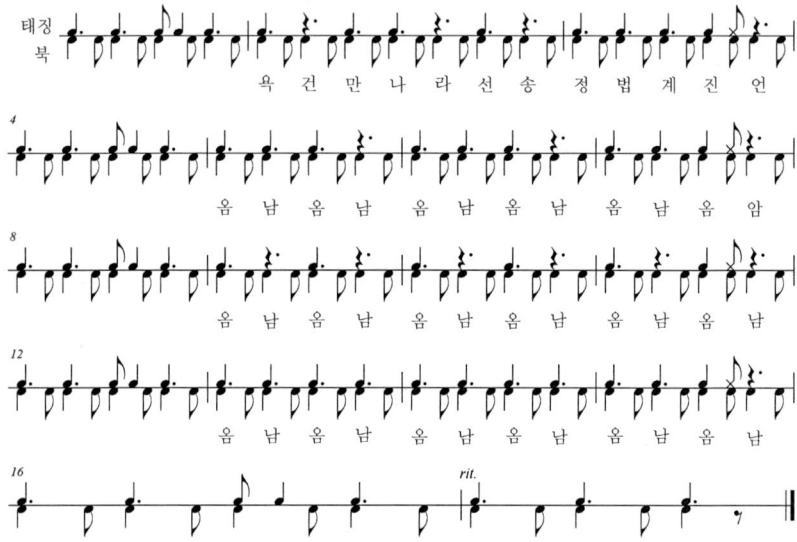

태징
북

욕 건 만 나 라 선 송 정 법 계 진 언

4

옴 남 옴 남 옴 남 옴 남 옴 남 옴 암

8

옴 남 옴 남 옴 남 옴 남 옴 남 옴 남

12

옴 남 옴 남 옴 남 옴 남 옴 남 옴 남

16

rit.

천수바라

연주·채보: 혜 일(2009)

태징
북

나 모 라 다 나 다 라 야 야 나 막

7

알 야 바 로 기 제 새 바 라 야 모 지

13

사 다 바 야 마 하 사 다 바 야 마 하 가 로

19

니 가 야 오 옴 살 바 바 예 수 다 라 나 가 라 야

24 다 사 명 나 막 가 리 다 바 이 맘 알 야

30 바 로 기 제 새 바 라 다 바 니 라 간 타 나 막

36 하 리 나 야 마 발 타 이 사 미 살 발 타

40 사 다 남 수 반 아 에 염 살 바 보 다 남 바 바 마 라

45 미 수 다 감 다 냐 타 오 옴 아 로 게 아 로 가 마 지

50 로 가 지 가 란 제 혜 혜 하 례 마 하 모 지

56 사 다 바 삼 마 라 삼 마 라 하 리 나 야 구 로

62 구 로 갈 마 사 다 야 사 다 야 도 로 도 로

66 미 연 제 마 하 미 연 제 다 라 다 라 다 린 나 례

71 새 바 라 자 라 자 라 마 라 미 마 라 아 마 라 몰 제

76 예 혜 혜 로 게 새 바 라 라 아 미 사 미 나 사 야

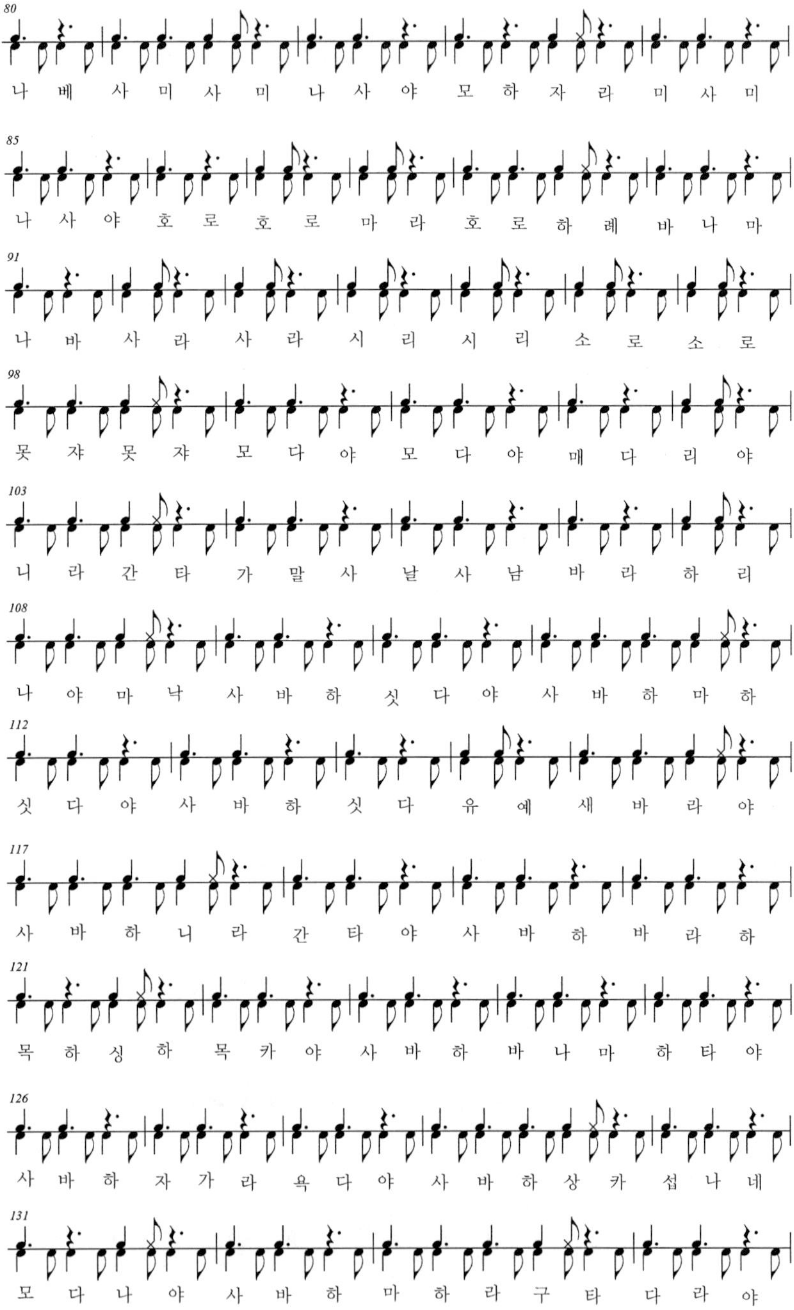
80
나 베 사 미 사 미 나 사 야 모 하 자 라 미 사 미
85
나 사 야 호 로 호 로 마 라 호 로 하 례 바 나 마
91
나 바 사 라 사 라 시 리 시 리 소 로 소 로
98
못 쟈 못 쟈 모 다 야 모 다 야 매 다 리 야
103
니 라 간 타 가 말 사 날 사 남 바 라 하 리
108
나 야 마 낙 사 바 하 싯 다 야 사 바 하 마 하
112
싯 다 야 사 바 하 싯 다 유 예 새 바 라 야
117
사 바 하 니 라 간 타 야 사 바 하 바 라 하
121
목 하 싱 하 목 카 야 사 바 하 바 나 마 하 타 야
126
사 바 하 자 가 라 욕 다 야 사 바 하 상 카 섭 나 네
131
모 다 나 야 사 바 하 마 하 라 구 타 다 라 야

사 바 하 바 마 사 간 타 이 사 시 체 다 가 릿 나

이 나 야 사 바 하 마 가 라 잘 마 이 바 사 다 야

사 바 하 나 모 라 다 나 다 라 야 야 나 막 알 야

바 로 기 제 새 바 라 야 사 바 하

향화게 I

연주·채보: 혜 일(2009)

태징
북

accel.

rit.

향화게 II

연주 · 채보: 혜 일(2009)

향화게 III

연주 · 채보: 혜 일(2009)

화의재바라

연주·채보: 혜 일(2009)

나 무 사 만다 못 다 남 오옴

바 자나 비로 기제 사 바 하 나무 사 만다

못 다 남 오옴 바 자나 비로 기제 사 바 하 나무

사 만다 못 다 남 오옴 바 자나 비로 기제

사바하